Konzeption eines CRM-Anreizsystems

D1669572

HAMBURGER SCHRIFTEN ZUR MARKETINGFORSCHUNG

herausgegeben von Michael Zerres

Band 19

Enno E. Wolf

Konzeption eines CRM-Anreizsystems

Konzeption eines Anreizsystems zur Unterstützung
einer erfolgreichen Implementierung von
Customer Relationship Management

Rainer Hampp Verlag   München und Mering   2002

Bibliografische Information Der Deutschen Bibliothek

Die Deutsche Bibliothek verzeichnet diese Publikation in der Deutschen Nationalbibliografie; detaillierte bibliografische Daten sind im Internet über http://dnb.ddb.de abrufbar.

ISBN: 3-87988-703-9
Hamburger Schriften zur Marketingforschung: ISSN 1430-5429
1. Auflage, 2002

© 2002   Rainer Hampp Verlag   München und Mering
Meringerzeller Str. 10   D – 86415 Mering

www.Hampp-Verlag.de

∞   *Dieses Buch ist auf säurefreiem und chlorfrei gebleichtem Papier gedruckt.*

Liebe Leserinnen und Leser!
Wir wollen Ihnen ein gutes Buch liefern. Wenn Sie aus irgendwelchen Gründen nicht zufrieden sind, wenden Sie sich bitte an uns.

Vorwort des Herausgebers

In dem Ausmaß, in dem der Wettbewerb eine Verschärfung erfährt, Wachstumsraten und Margen zurückgehen, gewinnen Ansätze der *Kundenorientierung* an Relevanz. In dieser Phase des Bemühens um Wettbewerbsvorteile gilt Customer Relationship Management (CRM) – ein umfassendes Konzept zur Verbesserung von Kundenorientierung eines Unternehmens – heute als ein Erfolg versprechender Ansatz. Obwohl die wachsende Einsicht des Managements bezüglich der Notwendigkeit von mehr Kundenorientierung und –service zu signifikanten Investitionen in CRM geführt hat, kann man nicht davon sprechen, dass CRM überall erfolgreich umgesetzt worden ist. Die Implementierung von CRM stellt viele Unternehmen vor anspruchsvolle Herausforderungen. Es gilt, die Unternehmensstrategie entsprechend kundenorientiert auszurichten, den Kunden in den Mittelpunkt der unternehmerischen Aktivitäten zu stellen. Dies impliziert eine am Kunden orientierte Unternehmensführung und -kultur, darüber hinaus eine entsprechende Ausgestaltung der Organisation auf allen Ebenen sowie eine Anpassung der betroffenen Prozesse. Eine *besondere Herausforderung* liegt dabei in der Gestaltung eines unterstützenden *Anreizsystems*, das dieses Vorhaben optimal zu realisieren hilft.

Die vorliegende Untersuchung von Enno E. Wolf leistet vor dem beschriebenen Hintergrund einen Beitrag zur Lösung derjenigen Probleme, die eine erfolgreiche Implementierung von CRM gefährden. Ihr wissenschaftlicher Beitrag besteht einmal darin, eine *strukturierte Abhandlung* über das *Themengebiet CRM* zu liefern; zum anderen will sie das identifizierte Forschungsdefizit hinsichtlich der Anreizgestaltung beim CRM-Konzept schließen, indem sie ein Gestaltungsmodell *eines allgemeinen CRM-Anreizsystems* zur Verfügung stellt.

Die vorliegende Untersuchung vermag sicherlich, die wissenschaftliche CRM-Debatte insbesondere in Bezug auf die CRM-Anreizgestaltung anzuregen und weiter voranzutreiben. Die Erkenntnisse aus dieser Untersuchung liefern dazu einen wesentlichen Beitrag: Zum einen lässt sich so die Komplexität der Anreizproblematik von CRM besser durchdringen, entsprechende Ansätze werden handhabbarer. Zum anderen kann das vorliegende Gestaltungsmodell in seiner an vielen Stellen sehr konkret ausdifferenzierten Form durch andere Experten auf bestimmte Branchen übertragen, dabei angepasst und entsprechend weiter konkretisiert werden. Neben einem neuen Blickwinkel auf die Problematik der CRM-Anreizgestaltung, den die vorliegende Untersuchung insgesamt bietet, kann aus der entwickelten Konzeption eine Vielzahl von neuen Erkenntnissen für die Wissenschaft abgeleitet werden; daneben vermag das CRM-Anreizsystem auch für die Managementpraxis eine Reihe von Implikationen zu liefern.

Prof. Dr. Michael Zerres

Hamburger Universität für Wirtschaft und Politik   Hamburg, im Oktober 2002

Vorwort des Verfassers

Meine Beratungserfahrungen in unterschiedlichen Industrien – und in diesem Zusammenhang einige konkrete Projekte bei Klienten – haben mir die konzeptionellen Defizite von CRM-Vorhaben sowie die evidenten Umsetzungsprobleme mehrfach klar vor Augen geführt. Das zentrale Schnittstellenthema eines CRM-Anreizsystems ist bis dato aus wissenschaftlicher und – nicht überraschend – dementsprechend auch in der betrieblichen Praxis bisher nicht ausreichend genug untersucht worden, obwohl dies schon seit Jahren in der relevanten wissenschaftlichen Diskussion gefordert wird. Um die Erfolgsrate entsprechender Vorhaben in Zukunft zu verbessern, muss das zu CRM unterstützenden Anreizstrukturen bestehende Forschungsdefizit beseitigt werden. Dies ist primäres Ziel der vorliegenden Untersuchung. Damit wird ein elementarer Baustein des CRM-Konzeptes mit Inhalt gefüllt, womit sich in Zukunft die Realisierung von CRM-Vorhaben erfolgreicher als bisher gestalten lassen sollte.

Mein besonderer Dank gilt jenen Kollegen aus Wissenschaft und Praxis, die mir geholfen haben, das Themengebiet der vorliegenden Arbeit zu finden und im permanenten Dialog sukzessive weiter einzugrenzen. Ferner möchte ich allen Teilnehmern an Workshop, Befragungen sowie an den vielen erfolgten Expertengesprächen noch einmal meinen Dank aussprechen.

Es gibt einen Kreis von Personen, ohne die ich diese Arbeit so nicht hätte schreiben können: Insbesondere mein Doktorvater Prof. Dr. Michael Zerres, der mich immer wieder aus den Untiefen konzeptioneller Navigation herausführte, dabei stets auch den Blick auf die praktische Relevanz am Horizont schärfte und insgesamt meinen stilistischen Verfehlungen vehement entgegen getreten ist, ist entsprechender Dank auszusprechen. Mein Dank gilt auch Herrn Prof. Dr. Schramm, der das Zweitgutachten dieser Arbeit übernahm, sowie Herrn Prof. Dr. Hühnerberg, dem Drittkorrektor dieser Arbeit. Besonderen Dank möchte ich auch Tim Hilpert zu Teil werden lassen, der mittlerweile Experte in CRM und Anreizsystemen sein dürfte; Till Talaulikar danke ich für das profunde Feedback zu einigen Teilen meiner Arbeit. Dank möchte ich auch meinen restlichen Freunden gegenüber aussprechen, die ich – während dieser Zeit – sträflich vernachlässigt habe, die mich aber immer noch kennen und mögen. Bedanken möchte ich mich auch bei meinen Eltern Hartmut und Jutta, die mich in jeglicher Hinsicht mit allen Kräften unterstützt haben und immer wieder aufmunternd in Rat, Tat und Wort zur Seite standen. Besonderen Dank möchte ich auch meiner Freundin Tina aussprechen, die für unseren Urlaub auf Hawaii Fragestellungen zu CRM und angrenzenden Bereichen vorsorglich verboten hatte; sie war in jeglicher Hinsicht stabilisierend und aufmunternd zugleich. Ich bin ihr zu tiefem Dank verpflichtet.

Dipl.-Ing. Enno E. Wolf   Hamburg, im September 2002

Inhaltsübersicht

Inhaltsverzeichnis

7

Abbildungsverzeichnis

1 Einleitung

1.1 AUSGANGSLAGE UND PROBLEMSTELLUNG

1.1.1 Wandlungstendenzen des Unternehmensumfeldes

Wirtschaft und Gesellschaft befinden sich seit längerer Zeit in einem sich immer schneller vollziehenden Übergangsprozess von der klassischen Industriegesellschaft hin zu einer Wissens- und Dienstleistungsgesellschaft.[1] Die "*Dritte Industrielle Revolution*"[2], an deren Ende die "*nachindustrielle Gesellschaft*"[3] steht, bringt grundsätzliche Veränderungen mit sich, die die betroffenen Wirtschaftsblöcke mit ihren Volkswirtschaften und damit auch die darin befindlichen Unternehmen vor vielfältige Herausforderungen stellen.[4] Die grundlegenden Veränderungen der Wirtschaftswelt, deren wesentliche Treiber unter anderem gesellschaftlicher Wandel, Globalisierung, Technologieentwicklung und Innovationsgeschwindigkeit sind, führen insbesondere für Unternehmen zu einer Vergrößerung der Komplexität und der Dynamik ihrer Umwelt.[5]

Auf diese Veränderungen in der Umwelt *müssen* Unternehmungen adäquat reagieren, um ihr Überleben in der Wirtschaftswelt langfristig sicherstellen zu können.[6] Unter diesen Umständen wird auch die Führung von Unternehmen immer schwieriger, denn die bewährten Erfolgsrezepte aus der Vergangenheit sind nicht immer als Antwort auf die *heutigen* Wandlungen und die damit verbundenen Probleme geeignet.[7] Die Diskontinuitäten in der Unternehmensumwelt können - wenn ihnen *nicht* entsprechend durch die

---

[1] Vgl. Krogh (2000), S.1; Hubig (1998), S.6; Piller (2000); Rudolph & Rudolph (2000), S.16; Picot & Reichwald & Wigand (1998), S.6; Krogh & Roos (1996), S.1; Zahn (1998), S.41; Krogh & Roos et al. (1998), S.8; Probst & Raub & Romhardt (1999), S.19

[2] Vgl. Rifkin (1997), S.48

[3] Vgl. Bell (1989); Achrol (1991), S.77; Davis (1987), S.194

[4] Vgl. Bell (1989), Hinterhuber & Matzler (2000),Vorwort, S.V

[5] Vgl. Guthof (1995), S.1; Schindler (2000), S.1

[6] Vgl. Dörfler (1993), S.1; Guthof (1995), S.1

[7] Vgl. Hinterhuber & Matzler (2000),Vorwort, S.V

Unternehmensführung begegnet wird - die Überlebens- und Entwicklungsfähigkeit einer Unternehmung negativ beeinträchtigen oder sogar deren Fortbestand gefährden.[8]

Der Übergang in eine zunehmend dynamische Wirtschaftsgesellschaft führt für viele Unternehmen zu wachsendem Druck:[9] So werden sie zum Beispiel vermehrt mit neuen Wettbewerbern konfrontiert, die mit innovativen Geschäftsmodellen in traditionelle Märkte eindringen und deren Rahmenbedingungen verändern (beispielsweise Online-Banken im Banksektor).[10] Diese neuen Geschäftsmodelle stellen bisherige Ansätze des Austausches von Gütern und Dienstleistungen vielfach in Frage.[11] Um etwa im Direct-Banking Erfolg zu haben, ist ein völlig neues Geschäftssystem notwendig, das sich mit eigenen Spielregeln grundlegend vom Ansatz der bisherigen Banken unterscheidet: Positionierung, Kosten, Preisgestaltung und Kundenbearbeitung sind fundamental anders als in der alten *"Bankwelt."*[12]

Die Kapazität hat in vielen Märkten die Nachfrage überholt.[13] Die damit wachsende Marktsättigung führt zu einem zunehmenden Verdrängungswettbewerb unter den Unternehmen; zugleich wird es immer schwieriger und kostspieliger, neue Kunden zu gewinnen.[14] Als besonders anschauliches Beispiel für diesen Wandel können die traditionellen Unternehmen der Automobilindustrie dienen: Gerade diese Branche sieht sich in ihren Märkten tiefgreifenden Strukturveränderungen ausgesetzt.[15] Für viele Märkte sinkt die Nachfrage und das Volumen wird von einer erhöhten Anzahl von Wettbewerbern umkämpft; gleichzeitig schrumpfen vielfach die Margen.[16]

Um die Kosten für Entwicklung und Produktion neuer Modelle zu reduzieren und die kritische Mindestmenge im Absatz schneller zu erreichen, werden Entwicklung und Produktion von manchen Herstellern zusammen durchgeführt, obwohl diese auf dem-

---

[8] Vgl. Bleicher (1992), S.5; Hinterhuber & Matzler (2000),Vorwort, S.V

[9] Vgl. Geldinstitute (1999), 11/12, S.35; Rudolph & Rudolph (2000), S.16; Achrol (1991), S.77; auch Karg (2001), S.1; Rieker (1995), S.1; Kotler & Armstrong (2001), S.667

[10] Vgl. Geldinstitute (1999), 11/12, S.35f.; Berger & Hoock (1998), S.863; Albert (2000), S.352; Walter (2000), S.9; Betsch (1998), S.432; Dick & Basu (1994), S.99

[11] Vgl. Hildebrand & Mairon (2001), S.76

[12] Vgl. Berger & Hoock (1998), S.863f.; Peppard (2000), S.315-316

[13] Vgl. Grant & Schlesinger (1995), S.60; insbesondere Abschnitt 2.3.1 zu marktspezifischen Herausforderungen

[14] Vgl. Albert (2000), S.352; Bliemel & Eggert (1998), S.37

[15] Vgl. Dünzl & Kirylak (1995), S.405; Bauer & Huber et al. (1997), S.168

[16] Vgl. Simonian (1996), S.I; Bauer & Huber et al. (1997), S.168

selben Markt Konkurrenten bleiben.[17] Dies führt als Resultat zu in Design, Qualität und Preis nahezu gleichwertigen Produkten (Minivan von Ford/VW, Minivan von Lancia, Fiat und Peugeot).

1.1.2 Grundsätzlicher Imperativ der Kundenorientierung für Unternehmen

Im Stadium einer nahezu undifferenzierten Ausprägung vieler Produkte bieten sich den Unternehmen zum Beispiel zusätzliche kundenorientierte Services und Dienstleistungen an, die ihnen ermöglichen, sich vom Wettbewerb her zu unterscheiden.[18] Diese Zusatzleistungen - auch *Value-Added-Services* genannt - sind Sekundärleistungen, die in Kombination mit einem Produkt oder einer Dienstleistung oder einer Kombination aus beidem, angeboten werden.[19]

Nach SWIFT (2001) kann der Service am Kunden als einziges Hauptmerkmal der Differenzierung zu anderen Anbietern angesehen werden.[20] Unternehmen können mit Hilfe von Zusatzservices und umfassenden Dienstleistungen wieder *anders* sein und dem Kunden einen zusätzlichen individuellen Vorteil bieten. Gleichzeitig kann mit Hilfe solcher Zusatzservices wieder eine höhere Qualität der Kundenkontakte erreicht werden, die in Folge zunehmender Automatisierung der Kommunikation teilweise rückläufig gewesen sind; damit kann grundsätzlich auch ein positiver Beitrag zur Festigung der Kundenbeziehung erreicht werden.[21]

Diese Entwicklung läuft parallel mit Veränderungen im Kundenverhalten.[22] Im Vergleich zu früher sind Kunden von heute in der Regel *besser informiert* und *anspruchsvoller*.[23] Viele Produkte werden von ihnen als austauschbare Standardprodukte erkannt,[24] die sich

---

[17] Vgl. Diller (1995), S. 442 spricht von "Entwicklungspartnerschaften"; Littig (2002), S.18

[18] Vgl. Brandt & Schneider (2001), Geleitwort; Bennion (1987), S.9ff.; Herrmann & Huber (1997), S.4; Grönroos (1997), S.417;

[19] Vgl. Meffert & Burmann (1998), S.388

[20] Vgl. Swift (2001), S.11

[21] Vgl. Meffert & Burmann (1998), S.387

[22] Vgl. Leptien (1996), S.1; Rudolph & Rudolph (2000), S.23; Copulsky & Wolf (1990), S.16; Albert (2000), S.352; Walter (2000), S.9; Brandt & Schneider (2001), S.15,16; Kehl & Rudolph (2001), S.254; Höfner & Schuster (1992), S.123; Pine & Peppers et al. (1995), S.103; Wilson (1993), S.125 und S.127

[23] Vgl. Levitt (1983), S.88; Picot & Reichwald et al. (1998), S.4; Rudolph & Rudolph (2000), S.18u S.23; Gerecke (2001), S.235; Günter & Platzek (1992), S.110; Wäscher (2000), S.404

[24] Vgl. Rudolph & Rudolph (2000), Geleitwort; Gerecke (2001), S.235; Krafft (2002), S.1; Peter (1997), S.1

- wenn überhaupt - nur geringfügig über den Preis unterscheiden. Als Beispiel genannt sei in diesem Zusammenhang das Leistungsprogramm von Banken, das in der Wahrnehmung von Kunden immer weniger unterscheidbarer wird.[25] Kunden von heute wünschen von den Unternehmen zusätzliche, mit dem Produkt verbundene Dienstleistungen, bei nahezu unverändertem Preis:[26] Sie verlangen insbesondere Flexibilität, Verfügbarkeit und Kreativität.

Für Unternehmen gilt sogar zunehmend, Kundenbedürfnisse *sofort* zu befriedigen. Die Zeitspanne zwischen der Äußerung des Bedürfnisses seitens des Kunden sowie dem Wunsch nach dessen Erfüllung wird immer kürzer: Zeitverzögerungen in Folge organisatorischer oder prozessualer Schwierigkeiten innerhalb einer Unternehmung werden von vielen Kunden nicht mehr unkritisch hingenommen.[27] So müssen in Zukunft etwa Bankdienstleistungen *"überall und zu jeder Zeit für den Kunden zu nutzen sein."*[28] McKENNA (1999) hat in diesem Zusammenhang den Begriff *Realtimegesellschaft* eingeführt.[29] Häufig gehen Kunden mit ihren Forderungen darüber noch hinaus, indem sie Leistungen erwarten, die die üblichen Erwartungen übertreffen.[30] Erschwerend für die betroffenen Unternehmen kommt hinzu, dass heute neben den beschriebenen Veränderungen im Verhalten von Kunden deren Konsumverhalten immer inkonsistenter wird und damit aus Unternehmenssicht im Sinne einer planbaren Nachfrage schwerer vorhersehbar ist.[31]

In der wissenschaftlichen Diskussion wird nun vielfach die Ansicht vertreten, dass im augenblicklichen Übergangsprozess nur besonders kundenorientierte Unternehmen langfristig überleben werden:[32] *"We are in the age of the customer. As we step over the threshold of the new millennium, we are entering the age of the "never satisfied cus-*

---

[25] Vgl. Meffert & Burmann (1998), S.388

[26] Vgl. Geldinstitute (1999), H.11-12, S.35; Hinterhuber & Matzler et al. (2000), S.7

[27] Vgl. Picot & Reichwald at al. (1998), S.4; Hinterhuber & Friedrich et al. (2000), S.5f; Pine et al. (1995), S.103

[28] Vgl. Berger & Hoock (1998), S.863

[29] Vgl. McKenna (1999); der Begriff Real Time wurde Mitte der 90er Jahre unter anderem durch McKenna verbreitet

[30] Vgl. Rudolph & Rudolph (2000), S.18; zu Kundenerwartungen auch Bruhn (2000), S.1031ff.

[31] Diese Erscheinung wird in der Literatur etwa als hybrides Verhalten oder hybride Konsumstruktur bezeichnet. Vgl. zum Beispiel Meffert (1999), S.107; Schmalen (1994), S.1221ff. oder Krafft (2002), S.1

[32] Vgl. Helmke & Dangelmaier (2001); Hermanns & Flory (1997), S.602; Krüger (1999), S.116; Gerecke (2001), S.235; Payne & Frow (1997), S.475; Hermanns & Thurm (2000), S.469; Rieker (1995), S.1; Kehl (2001), S.203; Günter & Platzek (1992), S.110; Hinterhuber & Friedrich et al. (2000), S.6f., S.11; Homburg & Jensen (2000), S.56

tomer. " Leading enterprises seeing the need to become more customer centric, are turning to customer relationship management (CRM) as a way to succeed. "[33] HER-MANNS & FLORY (1997) sehen ebenfalls Kundenorientierung als eine *"wichtige Überlebensstrategie"* für Unternehmen;[34] auch nach PILLER (1998) stellt diese die für das Überleben wichtigste, zugleich aber auch schwierigste Herausforderung im heutigen turbulenten Wettbewerbsumfeld dar.[35]

Organisationen, die konsequent die Kundenorientierung verbessern und es damit schaffen, gute Beziehungen zu ihren Kunden aufzubauen, können einen wichtigen Wettbewerbsvorteil erzielen,[36] weil sie eher in der Lage sind, wichtige Wirtschaftstrends frühzeitig zu erkennen und den Einsatz von Ressourcen in den Bereichen Prozesse und Qualität zu optimieren. Der positive Beitrag der Kundenorientierung zum Unternehmenserfolg scheint mittlerweile nach MATZLER & STAHL (2000) ausreichend bestätigt worden zu sein.[37] Diejenigen Unternehmen, die diese Entwicklung zu mehr Kundenbezug allerdings *ignorieren*, laufen Gefahr, langfristig im Wettbewerb zu unterliegen.[38] Unternehmen tendieren - wie die Erfahrung vielfach gezeigt hat - dazu, sich auf den Ergebnissen und Erfolgen aus früheren Zeiten auszuruhen und den Kunden dabei zunehmend aus den Augen zu verlieren:[39] Prominente Beispiele dafür sind etwa die Traditionsunternehmen *Harley-Davidson Motor Company* und *Rank Xerox.*

In dem Ausmaß, in dem der Wettbewerb eine Verschärfung erfährt, Wachstumsraten und Margen zurückgehen, gewinnen Ansätze der *Kundenorientierung* an Relevanz.[40] Unter sich verschärfenden Wettbewerbsbedingungen und steigenden Akquisitionskosten von Neukunden ist es zunehmend schwieriger geworden, *allein* durch eine offensive und rein

---

[33] Vgl. Golterman (1999), S.10 (Gartner Group (1999)); Albert (2000), S.352
[34] Vgl. Hermanns & Flory (1997), S.602; Wäscher (2000), S.403f.; Meyer & Ertl (1998), S.174f.
[35] Vgl. Piller (1998), S.1
[36] Vgl. Flint & Wodruff & Gardial (1997), S.163; Diller (1996), S.81; Günter & Platzek (1992), S.110; Meyser & Schaffer (2001), S.59; Wilson (1993), S.134; Gouthier & Schmid (2001), S.233-234
[37] Vgl. Matzler & Stahl (2000), S.629; Homburg & Jensen (2000), S.56
[38] Vgl. Swift (2001), S.6; Copulsky & Wolf (1990), S.16
[39] Vgl. Hinterhuber & Matzler (2000), Vorwort, S.VI; Kotler & Armstrong (2001), S.672
[40] Vgl. Hinterhuber & Matzler (2000), S.VI; Eggert (2001), S.89; Kotler & Bliemel (2001), S.75; Dick & Basu (1994), S.99; Filatrault & Lapierre (1997), S.214; Hermanns & Thurm (2000), S.469; Karg (2001), S.2; Reichheld (2001), S.76ff.; Günter & Helm (2001), S.11; Lasogga (2000), S.372; Stauss & Neuhaus (2000), S.69; Kotler & Armstrong (2001), S.667 und S.675; Fröschle (2001), S.6; Stock (2002), S.60

auf Expansion und Neukundengewinnung ausgerichtete Strategie zu wachsen.[41] Vor dem Hintergrund des steigenden wirtschaftlichen Drucks haben viele Unternehmen den *Kunden* und insbesondere die *Beziehung* zu diesem wiederentdeckt[42] und den *Imperativ* hin zu mehr Kundenorientierung[43] erkannt; *Kundenorientierung bedeutet dabei eine Ausrichtung der gesamten Wertschöpfungskette der Unternehmung nach den Bedürfnissen des Kunden.*[44]

Kundenorientierung konzentriert sich als ein eher defensiv geprägter Ansatz größtenteils auf den bestehenden Kundenstamm und dessen Optimierung. Sie verzeichnet einen zunehmenden Stellenwert in der betrieblichen Praxis und wird immer mehr zu einem festen Bestandteil unternehmerischer Strategien.[45] Vor diesem Hintergrund gerät die Kundenbeziehung in den Mittelpunkt unternehmerischer Betrachtungen.[46]

Kundenbeziehungen - so die allgemeine Annahme - besitzen grundsätzlich das Potenzial, zusätzliche Werte für Kunden und Unternehmen und damit auch für die Shareholder zu schaffen: Mit erhöhter Kundenzufriedenheit und daraus möglicherweise resultierender Kundenbindung sind prinzipiell höhere Umsätze realisierbar und damit auch - wie zahlreiche empirische Studien zu belegen scheinen - mehr Gewinn.[47] Angesichts eines möglichen positiven Beitrages von Kundenbeziehungen zum Erfolg eines Unternehmens gewinnen der Aufbau und das Management von Kundenbeziehungen, die in der Zwischenzeit vielfach sogar als Investitionsobjekte angesehen werden, an Bedeutung.[48] Aus diesen Ausführungen wird ersichtlich, dass der Ansatz einer *kundenorientierten Unternehmensführung* prinzipiell einen positiven Beitrag zur Realisierung von

---

41 Vgl. etwa Heskett & Jones & Loveman et al. (1994), S.57; Fornell & Wernerfelt (1987), S.337. Trotzdem ist eine solche Strategie der Vergrößerung von Marktanteilen und Hinzugewinnung neuer Kunden häufig noch Schwerpunkt der Strategien vieler Unternehmen, dabei bestehen häufig Tendenzen, den bestehenden Kundenstamm zu vernachlässigen. Vgl. dazu etwa Meyer & Schaffer (2001), S.64; Peppers & Rogers (1997), S.52f.

42 Vgl. Hermanns & Flory (1997), S.602; Rapp (2000), S.12; Rudolf-Sipötz (2001), S.1; Meffert (2000b), S.117

43 Vgl. Mattsson (1998), S.39; Payne & Rapp (1999), Vorwort; Matzler & Stahl (2000), S.626; absatzwirtschaft (2000), H.7, S.100

44 Vgl. Hermanns & Thurm (2000), S.469; Hermanns & Flory (1997), S.603; Jaworski & Kohli (1996), S.121; Meyer & Schaffer (2001), S.63; Bleicher (1997), S.47; Hinterhuber & Matzler (2000), S.X; differenzierter Stock (2002), S.60f.; zur Marktorientierung vgl. etwa Slater & Narver (1995), S.63ff.

45 Vgl. Payne & Rapp (1999), S.V; Krafft (2002), S.1; Brandt & Schneider (2001), Geleitwort; Homburg & Stock (2001), S.13; Herrmann & Huber & Braunstein (2000)

46 Vgl. Meyer & Schaffer (2001), S.59

47 Vgl. Rapp (2000), S.43; Swift (2001), S.3 u. S.9; Krafft (2002), S.2; Bliemel & Eggert (1998), S.37; Diller (1996), S.81f.; Reichheld (1996), S.59

48 Vgl. Plinke (1989); Eggert (2001), S.42

Unternehmenszielen liefern kann.[49] Innerhalb eines solchen Ansatzes werden Konzepte gesucht, mit denen Kundenbeziehungen wertmäßig bestimmt und verbessert werden können.[50]

Die Ausschöpfung von Potenzialen aus Kundenbeziehungen hätte eigentlich immer schon ein grundlegendes Ziel unternehmerischer Tätigkeit sein müssen; aber erst heute sind die entsprechenden technologischen Möglichkeiten gegeben, die in Kunden getätigten Investitionen direkt mit den Rückflüssen zu verbinden,[51] indem komplexe Computersoftware es erleichtert, Verhaltensweisen von Kunden umgehend zu erfassen, zu strukturieren und auszuwerten.[52] Ferner erlauben die neuen Technologien den effizienten, direkten und personalisierten Kontakt mit Kunden und damit deren kosten- und bedürfnisgerechte Ansprache durch das Unternehmen.[53]

1.1.3 Entwicklungsphasen von Optimierungsansätzen

Die Erkenntnis, dass Kundenbeziehungen wichtig sind, ist für Unternehmen nicht un- bedingt neu. Sie konnten es sich aber auf Grund der früher bestehenden Marktgegeben- heiten oftmals leisten, den Kunden zu vernachlässigen. Über lange Zeit hin haben sich viele Organisationen so eher auf die traditionellen Zielgrößen, wie Produktivität, Markt- anteil, Umsatz, Kosten und Qualität, konzentriert und dabei das Potenzial der Kunden- beziehungen mehr oder minder unberücksichtigt gelassen.[54]

Wettbewerbsvorteile[55] wurden in der Vergangenheit vielfach aus der Optimierung der Prozess- und Kostenseite gezogen, etwa durch die Ansätze des Total Quality Manage- ment (TQM)[56] und Business Prozess Reengineering (BPR). So haben viele Unternehmen im Zeitraum vom Ende der 80er bis Mitte der 90er Jahre eine primär nach innen

---

[49] Vgl. Krafft (2002), S.2

[50] Vgl. Kehl (2001), S.203; Günter & Helm (2001), Vorwort; Eggert (2001), S.42; Meyer & Schaffer (2001), S.66; Hinterhuber & Matzler (2000), S.IX; Stahl & Hinterhuber et al. (2000), S.182

[51] Vgl. Grant & Schlesinger (1995), S.59 u. S.60

[52] Vgl. Computerwoche (1999), H.50, S.18

[53] Vgl. Eggert & Fassott (2001), Vorwort, S.5

[54] Vgl. Grant & Schlesinger (1995), S.62; Heskett & Jones & Loveman et al. (1994), S.50

[55] Von einem Wettbewerbsvorteil kann nach Meyer & Ertl (1998), S.174 gesprochen werden, wenn eine "Unternehmung einen Leistungsvorteil gegenüber seinen Wettbewerbern besitzt"

[56] Die Basisidee von TQM ist die kontinuierliche Verbesserung der vom Kunden wahrgenommen Qualität der Pro- dukte und Dienstleistungen einer Unternehmung. Vgl. Buzzell (1997), S.508; Kotler & Armstrong (2001), S.680f.

gerichtete Umstrukturierung der Organisation sowie ein umfassendes Reengineering der Geschäftsprozesse hinter sich gebracht:[57] Vielfach wurden dabei einzelne Funktionen, wie etwa Entwicklung, Produktion und Logistik beziehungsweise die Geschäftsprozesse innerhalb einer Unternehmung, über die Bereiche hinweg in Bezug auf Qualität und Ertrag hin verbessert.[58]

Zudem wurde versucht, Wettbewerbsvorteile durch überlegene Produkt- und Dienstleistungseigenschaften zu erlangen; dies stellte sich angesichts von deren wachsender Austauschbarkeit zunehmend als unwirksam heraus.[59] Die Bedeutung entsprechender Vorhaben schwindet allerdings, sobald die realisierbaren Potenziale ausgeschöpft worden sind.[60] Die immer weniger fruchtbare Erschließung betriebsinterner Verbesserungspotenziale sowie die nachlassende Erreichbarkeit von Wettbewerbsvorteilen durch Produkt- und Dienstleistungseigenschaften haben schließlich die Bereitschaft in vielen Unternehmen geweckt, sich wieder mehr nach außen hin, dass heißt in Richtung auf den Kunden zu orientieren.[61] Damit entsprechen sie dem bereits beschriebenen derzeit zu beobachtenden Trend zu mehr Kundenbezug.

Mit der zunehmenden Bedeutung des Kunden und der Kundenbeziehung müssen Unternehmen von heute insbesondere auch im Marketing neue Wege einschlagen, um mit ihren Wettbewerbern Schritt halten zu können und somit den zukünftigen Anforderungen eines dynamischen Umfeldes zu entsprechen.[62] Lange Zeit herrschte in vielen Unternehmen der Ansatz eines transaktionsorientierten Marketing vor.[63] Beim dazugehörigen transaktionalen Austausch befindet sich eine genau definierte Aktion im Vordergrund mit klar bestimmtem Beginn und Endpunkt.

Nachdem die mittel- bis langfristig angelegten Beziehungen zum Kunden wieder an Bedeutung gewonnen haben, findet eine anhaltende Wandlung verschiedener Märkte von

---

[57] Vgl. Buzzell (1997), S.508; Hildebrand & Mairon (2001), S.76
[58] Vgl. Buzzell (1997), S.508; Meffert (2000b), S.117; Rapp (2000b), S.13 und S.15
[59] Vgl. Palmer (1994), S.571; es wird heute immer einfacher, Produkte zu kopieren. Deshalb versuchen viele Firmen, sich über Services zu differenzieren. Payne & Frow (1999), S.801; Fröschle (2001), S.6; Kehl (2001), S.203; Burmann (1991), S.249 stellt für viele Märkte steigende Produktqualität fest.
[60] Vgl. Reiß (1997), S.17f.; Homburg & Hocke (1998), S.296; Krafft (2002), S.1
[61] Vgl. Homburg & Bruhn (2000), S.5; Gartner Group (1999); Hermanns & Thurm (2000), S.470
[62] Vgl. Die Bank (1999), H.11/12, S.34; Copulsky & Wolf (1990), S.16; George & Freeling et al. (1997); Buzzell (1997), S.499f.
[63] Vgl. Meyer & Oevermann (1995), S.1341; Meyer & Schaffer (2001), S.66

Verkäufermärkten zu Käufermärkten statt. Gerade auf vielen neuen Märkten entwickelt sich das Verkaufsgeschehen von der ursprünglichen Abwicklung einfacher Transaktionen hin zum Management von komplexen Beziehungen weiter.[64] Dabei wird die Rolle des Kaufes als reine Transaktion überschritten und die Phasen davor, während des Kaufes als auch danach rücken verstärkt in das Zentrum des Marketinginteresses.[65] Bei diesem eher beziehungsorientierten Austausch wird auf eine Serie von Transaktionen über einen längeren zeitlichen Verlauf hin abgestellt.[66]

Vor dem Hintergrund der beschriebenen Veränderungen werden also nicht nur mögliche Formen der Weiterentwicklung von Marketing und dessen Ziele diskutiert,[67] sondern es wird auch erkannt, dass es einen neuen Rang erhalten wird. Aktuelle empirische Untersuchungen haben gezeigt, dass der Kundenbindung als Marketing- beziehungsweise als Unternehmensziel von vielen Unternehmen der höchste Stellenwert beigemessen wird.[68] Aus der neuen Rolle[69] des Marketing beziehungsweise der Modifikation seiner Ziele ergibt sich die Notwendigkeit von entsprechenden Anpassungen in der Unternehmensorganisation.[70]

Wenn von den Organisationen der Unternehmen gefordert wird, den Kunden und die Schaffung von Wert für diesen in den Mittelpunkt ihrer Aktivitäten zu stellen,[71] müssen diese vor allem damit beginnen, ihre Organisationsstrukturen entsprechend zu verändern.[72] Der Prozess der Transformation hin zu kundenorientierten Strukturen hat begonnen, ist aber in vielen Unternehmungen bisher noch nicht abgeschlossen.[73] Im

---

[64] Vgl. Levitt (1983), S.87; Christopher & Payne et al. (1991); Schwetz (2000); Webster (1992), S.1ff.; Grönroos (1994), (1995); Gummesson (1997); Payne (2000), S.1; Krafft (2002), S.2; Simon & Homburg (1998), S.19
[65] Vgl. Payne (2000), S.2
[66] Vgl. Rapp (2000), S.23f.; Payne & Rapp (1999), Vorwort; Payne (2000), S.1; Sheth & Sharma (1997), S.91; Comer & Zirger (1997), S.204; Meyer & Schaffer (2001), S.66; Cornelsen (2000), S.18
[67] Vgl. Kotler (1997); Buzzell (1997); Meffert (2000), S.22ff.; Achrol (1991), S.77; Doyle (1995), S.23ff.; Wilson (1993), S.128; Webster (1992), S.10; Storbacka (1997), S.479; Morris & Pitt (1994), S.553ff.; Kotler & Armstrong (2001), S.667
[68] Vgl. unter anderem Fritz & Oelnitz (2001); Diller (1996), S.81; Eggert (2000), S.119f.; Reichheld (1993), S.73; absatzwirtschaft (2000), (2001), (2002); Meyer & Oevermann (1995), S.1340; Buzzell (1997), S.503
[69] Vgl. Buzzell (1997), S.508-509; Bleicher (1997), S.39
[70] Vgl. Homburg & Workman & Jensen (2000), S.459; Achrol (1991), S.77; Cravens (1995); Doyle (1995); Webster (1992); Webster (1997); Kotler (1997), S.492f.; Buzzell (1997), S.499; George & Freeling & Court (1997); Lynch (1994), S.527ff.
[71] Vgl. Narver & Slater (1990); Day (1990); Band (1991); Slater & Narver (1994); Naumann (1995)
[72] Vgl. George & Freeling & Court (1997); Rapp (2000b), S.16
[73] Vgl. Homburg & Workman & Jensen (2000), S.467; Berger & Hoock (1998), S.860

Rahmen dieser Umwandlung sind zum Beispiel die Umgestaltung bestehender Organisationsstrukturen hin zu kundenorientierten Formen, eine Anpassung des zu Grunde liegenden Zielsystems der Unternehmung und die entsprechende Modifikation von Anreizstrukturen hochkomplexe Aufgaben des organisatorischen Wandels und vielfach außer Acht gelassene "kritische Stolpersteine" auf dem Weg zur erfolgreichen Umsetzung der Ansätze zur Kundenorientierung. Auf diese Punkte wird im weiteren Verlauf der vorliegenden Darstellung noch näher einzugehen sein.

In dieser Phase des Bemühens um Wettbewerbsvorteile gilt Customer Relationship Management (CRM) - ein umfassendes Konzept zur Verbesserung von Kundenorientierung eines Unternehmens - heute als ein Erfolg versprechender Ansatz.[74]

Neu ist in diesem Zusammenhang vor allem, dass neben bisherigen Schwerpunkten wie dem Management von Produkten und Prozessen insbesondere die Bindung zum Kunden als zentraler Punkt für eine Verbesserung der Kundenorientierung gesehen wird.[75] Zudem eröffnen sich durch neue Technologien weitere Möglichkeiten.[76] Das CRM-Konzept basiert als ein Ansatz des beziehungsorientierten Marketing auf einer Reihe von diesen Ansätzen immanenten Grundsätzen: *Kundenorientierung, Individualisierung* und *Dialogorientierung*,[77] mit denen den Anforderungen des wirtschaftlichen Umfeldes zumindest teilweise begegnet werden kann. CRM hat sich in traditionellen sowie in neuen Industrien für Unternehmen als praktikables Differenzierungsmerkmal zu Wettbewerbern etabliert und teilweise bereits auch bewiesen.[78] So zeigen etwa schon die frühen Untersuchungen von REICHHELD & SASSER (1990), REICHHELD (1993) sowie STORBACKA (1994) eine zunehmende Anzahl von Fällen, in denen Beziehungen zum Kunden die Basis für ein profitables Geschäft sein können.

[74] Vgl. Diller (1995), S.447; auch Peppard (2000), S.312; Sheshunoff (1999), S.56; Fröschle (2001), S.6
[75] Vgl. Eggert (2001), S.89
[76] Vgl. Link (2001), S.53
[77] Vgl. Diller (2001), S.67f.
[78] Vgl. Bach & Österle (2000) sowie Abschnitt 2.3.4.2

Die Tauglichkeit des CRM-Konzeptes ist zum Beispiel ablesbar an verschiedenen strategischen Fragen, die sich Unternehmen stellen müssen, welche sich für die Anwendung und Implementierung von CRM entschieden haben:[79]

- Was sind die profitabelsten Kunden der Unternehmung?

- Welche Dienste und Produkte müssen diesen Kunden angeboten werden, damit sie langfristig oder sogar das ganze Leben lang als Kunde bei der Unternehmung bleiben?

- Wie kann man neue profitable Kunden gewinnen - ebenfalls mit der Zielsetzung, eine dauerhafte Kundenbindung zu erreichen?

Nach RAPP (2000) stellt CRM somit eine logische Weiterentwicklung der bereits bestehenden Ansätze von TQM und BPR zur Optimierung der inneren Abläufe und Funktionen dar.[80] Die nachstehende Abbildung illustriert die Entwicklungsphasen dieser Optimierungsansätze zum Erreichen von Wettbewerbsvorteilen (vgl. Abbildung 1.1). Prinzipiell erfolgte eine Entwicklung von innen nach außen, parallel dazu wurden von einzelnen Funktionen ausgehend interne Prozesse und anschließend die nach außen gerichteten Prozesse der Unternehmung optimiert.

---

[79] Vgl. Rapp (2000b), S.15
[80] Vgl. Rapp (2000b), S.15; vgl. auch Ausführungen von IDC (1999b), S.4; Fröschle (2001), S.5f.

ABBILDUNG 1.1: ENTWICKLUNGSPHASEN VON OPTIMIERUNGSANSÄTZEN

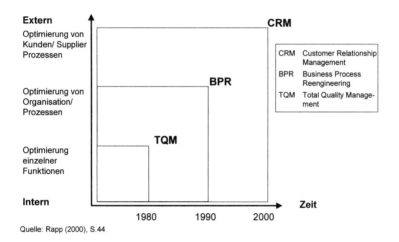

Quelle: Rapp (2000), S.44

1.1.4 CRM als ein Ansatz zur Erreichung von Wettbewerbsvorteilen

Nach Meinung vieler Experten aus Wissenschaft und Praxis wird nicht nur eine allgemeine Kundenorientierung, sondern insbesondere auch ein richtig konzipiertes und konsequent implementiertes CRM für die Unternehmen und Organisationen zunehmend wettbewerbsentscheidend sein:[81] *"Today, as ever, it may be their survival that is at stake if they do not institute it [CRM] appropriately or correctly for their markets and customers."*[82]

Als umfassender Ansatz zur Begegnung des Trends zu mehr Kundenorientierung und zur Verbesserung von Kundenbeziehungen - *"Kundenorientierung ohne CRM - oder wie immer man es sonst auch nennt - ist undenkbar"*[83] - scheint CRM für viele Entscheidungsträger in Unternehmen ein Erfolg versprechendes und gleichzeitig praktikables Instrument zu sein, Kundenbeziehungen zu verbessern, dadurch Stabilität zu schaffen und

---

[81] Vgl. Schwede (2000), S.7
[82] Vgl. Swift (2001), S.6
[83] Vgl. Brandt & Schneider (2001), S.297

mit einer sichereren Position im Wettbewerb[84] Wachstum für die Unternehmung zu generieren:[85]"*CRM stellt mit Sicherheit einen wesentlichen, zukünftigen Erfolgsfaktor für Unternehmen dar.*"[86]

Insofern steht CRM heute zunehmend auf der Prioritätsliste von Unternehmensführungen ganz oben.[87] Die GARTNER GROUP (1999) bestätigt diese Entwicklung in einem ihrer letzten CRM-Reports: *"Executives as never before are seeking guidance and direction on realizing the right CRM vision for their enterprise and ways to put it into action."*[88] FRIELITZ et al. (2001) kommen in einer CRM-Studie zu folgendem Schluss:"*Wer künftig auch Erfolg haben will, muss sich mit CRM sofort beschäftigen*" oder "*Für Unternehmen, die überleben wollen, ist CRM ein absolutes Muss.*"[89] Angesichts der oftmaligen Kurzlebigkeit von Wettbewerbsvorteilen kann allerdings CRM wieder an Wirkung verlieren, sobald alle Unternehmen CRM implementiert haben und erfolgreich praktizieren.[90]

Insbesondere Unternehmen aus den Vereinigten Staaten von Amerika erweisen sich als Vorreiter des Trends hin zu mehr Kundenorientierung und einem verbesserten Management von Kundenbeziehungen. So haben viele nordamerikanische Firmen bereits ehrgeizige CRM-Vorhaben erfolgreich implementiert. Beispiele hierfür sind der Computerhersteller *Dell* und die Einzelhandelskette *Wal-Mart*:[91] Bei *Dell* etwa kann sich ein Kunde jeden technisch möglich Computer individuell über das Internet selbst zusammenstellen, den Status der Bestellung sowie den Verlauf des Transportweges lückenlos nachvollziehen. Dell ist ein prominentes Beispiel für die erfolgreiche umfassende kundenorientierte Ausrichtung der Organisation einer Unternehmung.[92]

Nach einer aktuellen CRM-Studie der META GROUP beschäftigten sich im Jahre 2000 nahezu 100 % der befragten US-Unternehmen mit der Beziehung zu ihren Kunden und

---

[84] Vgl. Payne (2000), S.1; Backhaus (1997), S.23; Gerecke (2001), S.235; Gierl (2000), S.13

[85] Vgl. McKenzie (2001), S.36; Payne (2000), S.1; Stauss & Seidel (1996), S.18f.; Peppard (2000), S.312

[86] Vgl. absatzwirtschaft (2000), H.7, S.104

[87] Vgl. Garrett (2000), S.6

[88] Vgl. Golterman (1999), S.10 (Gartner Group (1999))

[89] Vgl. Frielitz et al. (2000), S.100

[90] Vgl. Rudolph & Rudolph (2000), S.17; Link (2001), S.8; Abschnitt 2.3.2.3

[91] Vgl. Swift (2001), S.21f.; die erfolgreichsten Finanzdienstleister wachsen nach Betsch (1998), S.434 im eigenen Kundenstamm

[92] Vgl. http://www. Dell.com; Garrett (2000), S.4

arbeiten seitdem an einer IT-seitigen Unterstützung. In Deutschland betrug dieser Anteil hingegen nur 34 %; viele Unternehmen sind noch in der CRM-Konzeptphase.[93] Deutschland hat auf diesem Gebiet - wie das übrige Europa auch - also noch einigen Nachholbedarf.[94] Eine Studie aus dem Jahr 2000 stellt fest, dass 46% der Unternehmen in Deutschland sich noch nie mit dem Thema CRM auseinandergesetzt haben.[95] Der Markt für CRM (Software, Beratung und Implementierung) nimmt allerdings auch hier seit Jahren an Größe zu und wird in Zukunft nach Aussagen von Analysten weiterhin wachsen. Den Aufholtrend in Europa kann man aus dem dort besonders starken CRM-Marktwachstum ableiten; dies zeigt eine Untersuchung von IDC aus dem Jahre 1999.[96] Diese Entwicklung wird teilweise beschleunigt durch die voranschreitende Globalisierung.[97] In deren Rahmen üben die USA auch in diesem Bereich zunehmend Druck auf ihre Handelspartner in Europa aus und bringen so ihre entsprechenden Wettbewerber in Zugzwang.

Der hier beschriebene Trend ist weltweit besonders bei Firmen der "New Economy" und des klassischen Software-Sektors zu beobachten, die eindeutig von der Wiederentdeckung der Potenziale von Kundenbindung und Kundenorientierung profitieren. So gibt es zum Beispiel Softwareanbieter wie *Siebel, Vantive* und *Broadvision*, die mit ihren CRM-Software-Produkten für diesen Ansatz erfolgreich eine Marktlücke im Softwaresektor besetzt haben und darin erheblich gewachsen sind.[98] Der Trend zu CRM hat auch etablierte Software-Anbieter dazu veranlasst, zukunftsträchtig in ihre Enterprise Resource Planning (ERP)[99] Standard-Softwarepakete CRM-unterstützende Prozesse und Funktionalitäten zu integrieren und damit ihre bereits bestehenden Lösungen zu erweitern.[100]

Im Laufe der letzten Jahre wurden konsequent immer mehr Unternehmensbereiche mit in CRM-Lösungen einbezogen: Die kundenzentrische Ausrichtung der Unternehmen könnte

---

[93] Vgl. Computerwoche (1999), H.50, S.18

[94] Vgl. Schwede (2000), S.10; Sweat (2001), S.1

[95] Vgl. absatzwirtschaft (2000), H.7, S.100

[96] Vgl. IDC (1999), S.4; IDC (1999b), S.1f.; Meredien Research (2000), Cherry Tree (2000), S.4

[97] Vgl. Schrempp (1997); Berger (1997); Krystek (1997)

[98] Zu einer Übersicht einschlägiger CRM-Anbieter vgl. die Untersuchung von Cherry Tree (2000), S.21f. und CRM-2002 Studie der absatzwirtschaft (2002) mit einem neueren Überblick

[99] Systeme wie zum Beispiel SAP R3, Oracle 11

[100] Vgl. Mattheis & Vietor (2000), S.21; Küll (2000), S.31f.; Lindemayer (2001), S.48; Fröschle (2001), S.10

so zumindest auf der Systemseite schrittweise Gestalt annehmen.[101] Genannt seien aktuell SAP mit eigenem CRM-System und der Akquisition von Commerce One, Oracle mit Oracle Front Office und PeopleSoft mit der Übernahme des CRM-Software Anbieters Vantive.

Die derzeit gute Auftragslage der CRM-Branche ist ein Indiz dafür, dass sich der beschriebene Trend verstärken könnte.[102] Am Ende dieser zu erwartenden Konvergenzentwicklung wird voraussichtlich ein Zusammentreffen von CRM- und ERP-Anbietern stehen: Das Ergebnis ist wahrscheinlich eine vollständig integrierte "IT-Systemlandschaft" für die Unternehmen.

Die nachstehende Abbildung verdeutlicht schematisch das Zusammenwachsen dieser beiden Bereiche (vgl. Abbildung 1.2).

ABBILDUNG 1.2: TREND ZUR KONSOLIDIERUNG DES CRM-/ERP-MARKTES

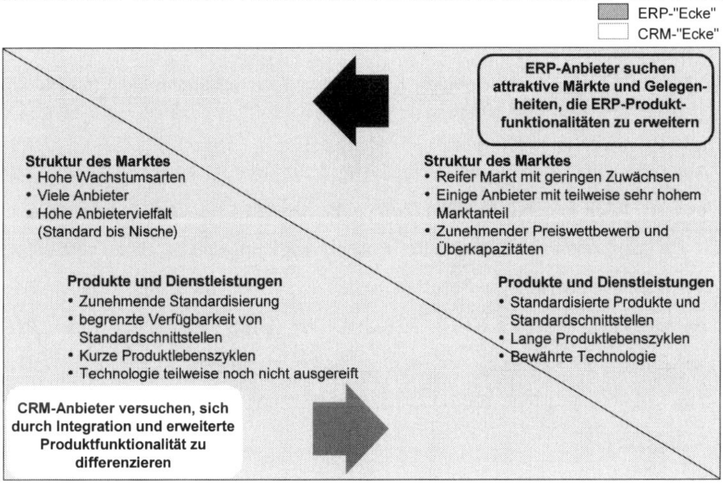

Quelle: Gartner Group, IDC, Meta Group, Computerwoche

---

[101] Vgl. Schwede (2000), S.7
[102] Vgl. Holzner (1998), Nr.51, S.128f.; Fröschle (2001), S.8f.

Es werden komplette Branchen- und Industrielösungen entstehen, die nahezu alle Geschäftsvorgänge unter der Berücksichtigung aller Kanäle *"straight through"* durchführen sowie ein hohes Maß an branchenspezifischen Funktionalitäten aufweisen, eine Entwicklung, die im ERP-Bereich bereits teilweise realisiert ist.

1.1.5 Zentrale Problemfelder des CRM-Konzeptes

Obwohl die wachsende Einsicht des Managements bezüglich der Notwendigkeit von mehr Kundenorientierung und -service zu signifikanten Investitionen in CRM geführt hat - in der Industrie hört man gelegentlich von Investitionssummen für global tätige Unternehmen von 50 - 70 Mio. US-Dollar für CRM[103] -, kann man nicht davon sprechen, dass CRM überall erfolgreich umgesetzt worden ist. In ihren Anfängen war die CRM-Debatte zunächst durch verheißungsvolle Versprechungen und durch eine Vielzahl positiver Berichte von Softwareanbietern und Unternehmensberatungen geprägt: So sollten Gewinnmargen, Vertriebsleistung und Kundenzufriedenheit um einige Prozentpunkte verbessert werden können.[104] Die Anfangseuphorie ist heute vielfach verflogen und Ernüchterung ist eingekehrt.

Einige Autoren stellen zum gegenwärtigen Umsetzungsstatus im Hinblick auf CRM Folgendes fest: Nach PAYNE (2000) haben es die meisten Organisationen bisher *nicht* geschafft, die Prinzipien von CRM und Relationship Marketing entsprechend umzusetzen und wachsenden Kundenwert zu schaffen beziehungsweise langfristige Kundenbeziehungen zu entwickeln.[105] Nach KEHL & RUDOLPH (2001) verursachen viele CRM-Projekte erheblich mehr Kosten als veranschlagt, liefern gleichzeitig aber weniger Nutzen als versprochen.[106] Für LINK (2001) weisen viele CRM-Vorhaben ebenfalls grundlegende Mängel auf.[107]

Diese Aussagen werden bestätigt durch die Tatsache, dass sich in der letzten Zeit Nachrichten aus der Unternehmenspraxis von *gescheiterten* CRM-Projekten häufen:[108] Auch

---

[103] Vgl. Garrett (2000), S.6, sowie Abbildung 1.2
[104] Vgl. Eggert (2001), S.89
[105] Vgl. Payne (2000), S.2; Meyer & Ertl (1998), S.171
[106] Vgl. Kehl & Rudolph (2001), S.260
[107] Vgl. Link (2001), Geleitwort
[108] Vgl. Eggert (2001), S.89; absatzwirtschaft (2002), H.2, S.43; Peppard (2000), S.312

die GIGA GROUP stellte auf einer internationalen CRM-Konferenz Anfang 2001 fest:
"*60-80% of customer Relationship Management (CRM) projects fail to deliver positive returns.*"[109] Die folgende Abbildung zeigt eine Übersicht zum Thema Zufriedenheit und Nutzen von CRM (vgl. Abbildung 1.3).

ABBILDUNG 1.3: ZUFRIEDENHEIT UND NUTZEN VON CRM

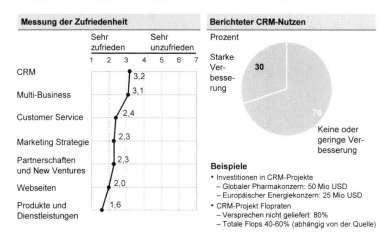

Quelle:Meta Group CRM Conference Findings (2000); Sales and Field Automation Magazine (2000), Juni

Die Ergebnisse, die in der vorstehenden Ausführung dargestellt sind, basieren auf einer aktuellen Untersuchung; die Ergebnisse zeigen, dass 60 - 80 % der CRM-Ansätze nicht das liefern, was sie ursprünglich versprochen hatten, und 30 - 50% ganz scheitern.[110]

Angesichts durchschnittlicher Projektkosten von 20 - 30 Mio. US Dollar in großen Unternehmen ist ein Scheitern solcher Projekte mit einem beträchtlichen finanziellen Schaden für die betroffenen Unternehmen verbunden;[111] außerdem können durch ein gänzliches Misslingen solcher Vorhaben zusätzlich Opportunitätskosten entstehen, die das Über-

---

[109] Vgl. GIGA Group (2001); Kinikin (2000), S.1
[110] Vgl. Lee (2000), S.4; Die Bank (1999), H.11/12, S.34f; Biskamp (2001), S.26; absatzwirtschaft (2000), H.7, S.103; Wirtschaftswoche (2001), H.36, S.58; Kinikin (2000), S.1; Rigby et al. (2002), S.102; Boslet (2001), S.1
[111] Vgl. unter anderem Rigby & Reichheld et al. (2002), S.102

leben der gesamten Organisation gefährden können, da die Unternehmensressourcen gegebenenfalls anderweitig hätten Erfolg versprechender eingesetzt werden können.[112]

Mit der Einführung von CRM in einem Unternehmen sind in der Praxis vielfach eine Reihe von Schwierigkeiten verbunden.[113] Die Aufgabenstellung erweist sich als sehr komplex und damit anfällig für konzeptionelle Mängel und Versäumnisse. Zudem können bei CRM-Umsetzungsprojekten Fehler in der Projektleitung und in der Positionierung des Projektes zum Misserfolg führen. Die Entwicklungsgeschichte von CRM lässt eine Reihe *zentraler Probleme* deutlich werden, die es unbedingt vorab zu klären gilt, wenn nicht Unzufriedenheit mit den Ergebnissen des Vorhabens beziehungsweise ein gänzliches Scheitern die Konsequenz sein soll. Die Ursachen für den mangelnden Erfolg bei einem CRM-Vorhaben in der Praxis sind mannigfaltig und zugleich vielschichtig und bestehen im Wesentlichen darin, dass im Vorfeld die für den CRM-Ansatz *erforderlichen Rahmenbedingungen unzureichend* ausgestaltet worden sind.[114] Daneben fehlt es vielfach an einem *umfassenden CRM-Konzept* sowie an den *grundlegenden Kundeninformationen*. Im Verlaufe der Implementierung ist häufig eine *sehr IT-seitige Ausrichtung* anzutreffen. Nachfolgend sollen kurz die wichtigsten *Hindernisse* für eine erfolgreiche Umsetzung von CRM skizziert werden.

Defizite interner Voraussetzungen in den Bereichen Strategie, Kultur und Organisation:
Die Implementierung von CRM stellt viele Unternehmen vor anspruchsvolle Herausforderungen. Es gilt, die Unternehmensstrategie entsprechend kundenorientiert auszurichten, den Kunden in den Mittelpunkt der unternehmerischen Aktivitäten zu stellen. Dies impliziert eine am Kunden orientierte Unternehmensführung und -kultur, darüber hinaus eine entsprechende Ausgestaltung der Organisation auf allen Ebenen sowie eine Anpassung der betroffenen Prozesse. Die meisten Unternehmen übersehen allerdings im Zusammenhang mit einer CRM-Initiative, dass effizientes Management von Kundenbeziehungen mit der soeben beschriebenen grundlegenden Veränderung der Unternehmensorganisation in Richtung auf eine zunehmende Kundenorientierung einhergeht: Nach dem Konzept "*structure follows strategy*" müsste CRM in den Führungssystemen

[112] Vgl. McKenzie (2001), Vorwort S.V; Homburg & Sieben (2000), S.475
[113] Vgl. Kehl & Rudolph (2001), S.254; IDC (1999), S.9f.; Link (2001), S.V; Peppard (2000), S.312
[114] Vgl. Homburg & Sieben (2000), S.475f; Link (2001), Geleitwort; Kehl & Rudolph (2001), S.259ff.; allgemeiner Homburg & Bruhn (2000), S.26

(wie auch dem Anreizsystem) eines Unternehmens verankert werden; dies ist nach LINK (2001) in der Praxis vielfach jedoch nicht erfolgt und viele CRM-Vorhaben "*versanden*" infolgedessen.[115]

Zudem müssen alle Mitarbeiter den Ansatz "*internalisieren*" und dem Wertesystem entsprechend leben; ein solches Verhalten ist durch ein Anreizsystem zu fördern. Eine *besondere Herausforderung* liegt also in der Gestaltung eines unterstützenden Anreizsystems, das dieses Vorhaben optimal zu realisieren hilft.[116] Gerade an dieser Hürde - der Ausgestaltung von für den CRM-Ansatz spezifischen Anreizmechanismen - scheitern viele Unternehmen. Ein Hauptgrund für die beobachteten Fehlschläge ist demgemäß die mangelnde Vorbereitung der Unternehmensstruktur auf Kundenorientierung. Unerlässlich dafür ist auch eine vorherige umfassende Analyse und gegebenenfalls ein entsprechendes Reengineering organisatorischer Prozesse in der Unternehmung.[117]

Fehlendes Konzept für CRM: Ein weiterer Hauptgrund ergibt sich durch konzeptionelle Schwächen in der operativen Umsetzung des als notwendig erkannten CRM-Konzeptes in der unternehmerischen Praxis.[118] McKENNA (1999) stellt in diesem Zusammenhang ein gewisses *Erkenntnisdefizit* beim Management hinsichtlich der inhaltlichen Bedeutung von CRM und der mit diesem Ansatz verbundenen Implikationen für die Unternehmung fest.[119] Vielfach mangelt es an der systematischen Planung von CRM im Vorfeld einer entsprechenden Initiative.[120] Schwächen in der Schaffung der internen Voraussetzungen für CRM entstehen prinzipiell auch, wenn Unklarheit herrscht über die dem CRM-Konzept zu Grunde liegenden Annahmen und Prozesse. So sollten vor Beginn eines CRM-Vorhabens eigentlich grundlegende Entscheidungen und Parameter innerhalb der Erstellung des Konzeptes festgelegt worden sein: Dies umfasst zum Beispiel die Bestimmung strategischer Fragestellungen, wie die Frage nach der grundlegenden Stoßrichtung der CRM-Initiative, der Festlegung der Zielkundensegmente, der Bestimmung der relevanten Kontaktkanäle und einer Determinierung der jeweiligen Prioritäten. Ferner

---

[115] Vgl. Link (2001), S.19; Uhde (2000), S. 335; allgemein Chandler (1962); Homburg & Jensen (2000), S.55ff.

[116] Vgl. Link (2001), S.19; auch Rigby & Reichheld & Schefter (2002), S.104

[117] Vgl. Garrett (2000), S.3

[118] Vgl. McKenna (1999). S.37f. ; Hermanns & Thurm (2000), S. 470; Meyer & Ertl (1998), S.171; Rigby & Reichheld & Schefter (2002), S.102f. ; Peppers & Rogers (1999c), S.3

[119] Vgl. Payne (2000), S.2; McKenna (1999), S.37f.; auch Rigby & Reichheld & Schefter (2002), S.102

[120] Vgl. Homburg & Sieben (2000), S.485

sind im Vorfeld Umfang, Verantwortlichkeiten innerhalb des Vorhabens sowie die Schaffung der Datengrundlage zu planen und festzulegen.

Unzureichende Kundeninformationen: Im Rahmen beziehungsorientierter Ansätze sind Kundeninformationen von grundlegender Bedeutung für die Erstellung von Kunden-wertschätzungen oder zur Messung von Kundenbindung. Verwendung finden dabei Profil-, Kauf-, Service- und Kontaktdaten.[121] In vielen Unternehmungen sind die für den CRM-Ansatz unerlässlichen grundlegenden Kundeninformationen allerdings weder in notwendigem Umfang noch in ausreichender Qualität vorhanden.[122] Häufig erfolgt keine eindeutige Abgrenzung zwischen Daten und Information. Das Sammeln von Daten allein genügt nicht, um die relevanten Kundeninformationen bereitzustellen. Erschwerend kommt in einer Vielzahl der Fälle hinzu, dass analytische Fähigkeiten und damit das insgesamt erforderliche Know-how nicht ausreichend vorhanden sind, um aus Kun-dendaten die relevanten Kundeninformationen zu extrahieren.

Übermäßiger IT-Einsatz in der Implementierung: Probleme können schließlich auch entstehen, wenn sich Firmen bei der Lösung ihrer CRM-Problematik allzusehr auf den Einsatz von Informationstechnologie konzentrieren und dabei die konzeptionellen und strukturellen Aspekte des Vorhabens vernachlässigen.[123] Das notwendige Ausmaß des Einsatzes von Informationstechnologie ist vielen Unternehmen nicht von vornherein klar. Vielfach wird daher ein Zuviel an IT realisiert, um "auf der sicheren Seite zu sein". Dieser IT-Aktivismus, der in der Praxis vielfach CRM-Initiativen dominiert, führt häufig dazu, dass viele konzeptionelle Fragestellungen ungelöst bleiben und dass deshalb die ambitionierten Erwartungen der Unternehmensleitung in Bezug auf die Resultate von CRM nicht erfüllt werden können.[124] Er kann außerdem - wie bereits beschrieben - in vielen Fällen zum Scheitern entsprechender CRM-Ansätze führen.[125]

---

[121] Vgl. Homburg & Sieben (2000), S.477

[122] Vgl. Homburg & Sieben (2000), S.475; Kahle & Hasler (2001), S.214; Link (2001), Geleitwort; Pine et al. (1995), S.103; Albert (2000), S.353

[123] Vgl. Eggert (2001), S.89; Plakoyiannaki & Tzokas (2000), S.11; Gerth (2001), S.104; Link (2001), Geleitwort; Peppard (2000), S.324; Rapp (2000b), S.13

[124] Vgl. Homburg & Sieben (2000), S.475

[125] Vgl. Andersen & Andreasen (1999); Eggert (2001), S.89

Festzustellen bleibt, dass die Ursache des Scheiterns der meisten Projekte weniger in der Komplexität der verwendeten Informationstechnik liegt[126] als in den zu Grunde liegenden Konzeptionen. Die nachstehende Abbildung fasst die wesentlichen Hürden für eine erfolgreiche Umsetzung von CRM zusammen (vgl. Abbildung 1.4).

ABBILDUNG 1.4: CRM-HINDERNISSE

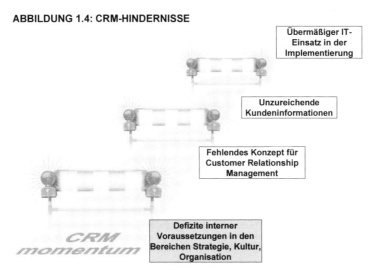

Quelle: Eigene Darstellung

Es gibt allerdings auch einige Unternehmen (zum Beispiel General Electric, Dell, Lufthansa, Wal-Mart, Tesco; Sears, Roebuck & Company), die wesentlich erfolgreicher als andere in der praktischen Implementierung und Anwendung von CRM sind,[127] obwohl sie nahezu die gleichen Prozesse, Werkzeuge und unterstützenden IT-Lösungen verwenden und auch vergleichbare Rahmenbedingungen haben.

Viele der in Kundenorientierung erfolgreichen Unternehmen haben ihre Anreizsysteme im Hinblick auf eine stärkere Berücksichtigung langfristiger kundenorientierter Zielsetzungen erweitert oder modifiziert:[128] *Sears, Roebuck & Company* haben zum Beispiel im Rahmen ihrer sehr erfolgreichen Einführung von CRM eine Anpassung der Führungs-

---

[126] Vgl. Emmert & Buchta & Elgass (2000), S.23
[127] Vgl. Rapp (2000); Payne & Frow (1999), S.800; Reichheld (2001), S.76ff.
[128] Vgl. Beispiele bei Homburg & Jensen (2000), S.56

strukturen innerhalb der Unternehmung und damit verbunden eine entsprechende Neuausrichtung der Unternehmenskultur sowie sogar eine umfassende Anpassung der Anreizsysteme für die Mitarbeiter durchgeführt.[129]

"*Loyalty Leaders*" beteiligen ihre Mitarbeiter am Erfolg, der sich aus der erfolgreichen
Bindung von Kunden ergibt:[130] "*Commissions are structured to encourage long-term
thinking. [...] thus rewarding agents for servicing existing customers, not just for drawing
new business.*"[131] "*Bonuses can be based on aggregate customer retention rates, and
commissions can be designed to be small initially but grow the longer the customer stays
with the firm.*"[132]

Aus den vorausgegangenen Betrachtungen ergeben sich nun eine Reihe von Kernfragen
zum Erfolg von CRM:

- Warum scheitern so viele CRM-Projekte in der Praxis?

- Was genau unterscheidet die erfolgreichen CRM-Anwender von den nicht erfolgreichen?

- Was sind die allgemeinen Grundlagen und notwendigen Voraussetzungen von erfolgreichem CRM? Insbesondere:

  o Wie kann CRM vor allem in der Organisation der Unternehmung erfolg-
    reich implementiert werden?

  o Welche Rolle spielt dabei das unterstützende *Anreizsystem*?

---

[129] Vgl. Payne (2000), S.4
[130] Vgl. Reichheld (1993), S.69; Venohr & Zinke (2000), S.167
[131] Vgl. Reichheld (1993), S.72
[132] Vgl. Reichheld (1993), S.69; auch Levitt (1983), S.93

1.2 ZIELSETZUNG DER ARBEIT

Im Rahmen dieser Untersuchung soll vor dem beschriebenen Hintergrund ein Beitrag zur Lösung derjenigen Probleme geleistet werden, die eine erfolgreiche Implementierung von CRM gefährden. Da sich die aufgedeckten Defizite bei der Schaffung interner Voraussetzungen als eine der Hauptursachen des Scheiterns von CRM-Vorhaben in Unternehmen herauskristallisiert haben und da sich in diesem Zusammenhang das Fehlen geeigneter Anreizstrukturen für CRM als *wesentliche* konzeptionelle Schwachstelle gezeigt hat, soll es vornehmliches *Ziel* dieser Untersuchung sein, einen entsprechenden Ansatz für ein geeignetes *Anreizsystem* zu liefern, das die erfolgreiche Realisierung des CRM-Konzeptes unterstützt.

Um dieses Hauptziel erreichen zu können, ist eine Reihe weiterer zentraler Aspekte umfassend zu bearbeiten: Dies führt für die vorliegende Untersuchung zu folgenden Schwerpunkten:

- Herausarbeitung notwendiger *Voraussetzungen* von CRM sowie seiner wesentlichen Bestandteile.

- Ableitung eines theoretisch fundierten *Bezugsrahmens* für das zu entwickelnde Anreizsystem für CRM sowie die Bestimmung entsprechender Anforderungen und Annahmen.

- Überprüfung bestehender Anreizsysteme im Hinblick auf eine mögliche Verwendung bestimmter Gestaltungselemente innerhalb der Konzeption eines CRM-Anreizsystems.

- Bestimmung der wesentlichen Systembestandteile des zu gestaltenden Anreizsystems für CRM.

- Analyse seiner Aussagekraft.

Im Vordergrund dieser Untersuchung stehen wissenschaftliche Erkenntnisziele; daneben werden einige Ergebnisse interessante Erkenntnisse für die unternehmerische Praxis bereitstellen.

1.3 STAND DER WISSENSCHAFT UND FORSCHUNGSDEFIZIT

Zwischen CRM-Vision und -Implementierung in der Realität ist zur Zeit eine signifikante Lücke auszumachen:[133] Auf der einen Seite steht die eher strategische Forderung nach mehr Kundenorientierung, verbesserten Kundenbeziehungen sowie stärkerer Kunden-bindung, auf der anderen Seite steht das komplexe Problem[134] der Umsetzung einer derartigen Kundenorientierung und der entsprechenden Maßnahmen in der Unter-nehmung[135] sowie das damit verbundene Scheitern von entsprechenden Initiativen.

Der CRM-Ansatz hat sich als sehr vielschichtig gezeigt,[136] da er im Unternehmen die Bereiche Strategie, Technologie, Prozesse und Organisation betrifft[137] und die Unter-nehmung bei der Konzeption und Einführung vor zahlreiche große Herausforderungen stellt: Eine der größten Herausforderungen ist dabei nach PEPPERS & ROGERS (1999) nicht nur, wie schon angedeutet wurde, die Transformation der Organisation mit ihren Prozessen, sondern hier speziell das Erreichen eines Umdenkens der Mitarbeiter.[138] So wird es vielfach als wesentlich einfacher erachtet, neue operative Prozesse zu definieren und entsprechende IT-Werkzeuge zu installieren, als die Einstellungen und Verhaltens-weisen von Mitarbeitern zu ändern, die diese tragen sollen.

Angesichts der einerseits zunehmenden Bedeutung von CRM für die betriebliche Praxis (wie auch für die Wissenschaft) sowie der andererseits bekanntlich hohen Misserfolgs-quoten bei CRM-Projekten muss es verwundern, dass es bisher *keine umfassende Ab-handlung* gibt, die sich mit der Inzentivierung von CRM durch ein entsprechend ange-passtes System in der Organisation beschäftigt.

Sowohl das Fachgebiet Anreizsysteme wie auch das von CRM sind bisher für sich isoliert und dabei mehr oder weniger umfassend dargestellt worden. Nachfolgend wird unter besonderem Blickwinkel des Forschungsdefizits bei *CRM-Anreizsystemen* der Stand der Forschung auf beiden Gebieten zusammengefasst.

---

[133] Vgl. McKenzie (2001), S.VIII; Fournier & Dobscha & Mick (1998), S.4
[134] Vgl. McKenzie (2001), S.VIII, S.38; Kehl & Rudolph (2001), S.254
[135] Vgl. Hermanns & Flory (1997), S.603; Flint & Woodruff & Gardial (1997), S.164
[136] Vgl. Helmke & Dangelmaier (2001), S.3; Kehl & Rudolph (2001), S.260
[137] Vgl. Tiwana (2001), S.61; Berg & Nelson (2000), Gartner Group (2000), S.8; Kehl & Rudolph (2001), S.260
[138] Vgl. Peppers & Rogers (1999), S.91f.

1.3.1 Stand der Forschung zu CRM

CRM - ein wissenschaftlich fundierter Ansatz, der maßgeblich an den Universitäten von Atlanta, Cranfield und Stockholm entwickelt wurde[139] und der Ende der 90er Jahre die anderen Ansätze zur Kundenorientierung weitergeführt hat,[140] ist als Themenkomplex in zahlreichen Abhandlungen diskutiert worden:[141]

PEPPERS & ROGERS (1993) haben zu Beginn der 90er Jahre und später (1999a, 1999b) mit ihren Werken zum One-to-One Marketing einen wesentlichen Beitrag für die Grundlagen von CRM geschaffen. SHETH & PARVATIYAR (1994) haben in ihrer umfassenden und theoretisch fundierten Abhandlung "*Relationship Marketing: Theory, Methods and Applications*" die Herausforderungen gezeigt, denen sich Unternehmen ausgesetzt sehen. Auch die Abhandlung von PAYNE & CHRISTOPHER (1995) liefert eine umfassende Auseinandersetzung mit dem Konzept des Relationship Marketing und zeigt insbesondere die Bedeutung und das Potenzial von Kundenbeziehungen und Kundenorientierung auf. NEWELL (1997) hat in seinem Buch "*The New Rules of Marketing*" den Ansatz entsprechend verfeinert und liefert praktische Ideen, wie insbesondere mit Kundeninformation in diesem Zusammenhang umzugehen ist. Er legt einen Schwerpunkt auf die Beantwortung der Frage, wie ein besonders kundenorientiertes Marketing für eine Unternehmung aussehen könnte.

Aktuell liegen zudem zahlreiche Erfahrungen zu Initiativen auf diesem Gebiet und angrenzenden Bereichen aus der Unternehmenspraxis sowie einige neuere wissenschaftliche Beiträge vor:[142] So geben beispielsweise LEE (2000), HOFMANN (2000), BROWN (2000), RAPP (2000), BACH & ÖSTERLE (2000), LINK (2001), TIWANA (2001), GREENBERG (2001), HELMKE & DANGELMAIER (2001), SWIFT (2001) und BURNETT (2001) in ihren Beiträgen umfassende Darstellungen von CRM, die teilweise durch zahlreiche Fallbeispiele aus der Praxis Erläuterung finden. Einige dieser

---

[139] Vgl. Rapp (2000), S.42
[140] Vgl. Brown (2000), Vorwort
[141] Vgl. Peppers & Rogers (1993), (1999a) & (1999b); Sheth & Parvatiyar (1994); Payne & Christopher (1995); Newell (1997)
[142] Vgl. zu neueren Darstellungen etwa Lee (2000); Hofmann (2000); Bach & Österle (2000); Brown (2000); Rapp (2000); Tiwana (2001); Greenberg (2001); Helmke & Dangelmaier (2001); Swift (2001); Burnett (2001); Eggert & Fassott (2001)

Autoren setzen dabei noch bestimmte Schwerpunkte: SWIFT (2001) konzentriert sich auf den CRM-Prozess sowie den Einsatz von Informationstechnologie, LEE (2000) widmet sich der Beseitigung von mit CRM verbundenen Missverständnissen, BACH & ÖSTERLE (2000) berichten in Fallbeispielen über eine Vielzahl von CRM-Projekten in der Praxis und TIWANA (2001) untersucht insbesondere das Zusammenspiel von CRM und Wissensmanagement. HELMKE & DANGELMAIER (2001) betrachten den CRM-Markt mit seinen Anbietern und die jeweiligen Funktionalitäten einzelner CRM-Software-Lösungen. LINK (2001) beleuchtet in seinem Sammelband einzelne Implementierungsaspekte und zeigt sinnvolle Möglichkeiten des Einsatzes von Informationstechnologie im Rahmen von CRM auf. Die Autoren EGGERT & FASSOT (2001) untersuchen in ihrer aktuellen Abhandlung schließlich CRM unter dem besonderen Blickwinkel der neuen Technologien sowie der sich daraus ergebenden Möglichkeiten für Konzeption, Ausgestaltung und Implementierung von eCRM.

Weder in den wissenschaftlichen Standardwerken zu CRM (und angrenzenden Bereichen wie Relationship Marketing) noch in den neueren Beiträgen insgesamt wird ein *Anreizsystem für CRM* bereitgestellt, das helfen könnte, CRM erfolgreich in der Organisation der Unternehmung zu implementieren. Zwar zeigen vor dem beschriebenen Hintergrund die Arbeiten von REICHHELD (1997); HOMBURG & DAUM (1997); HOMBURG & JENSEN (2000) und GÜNTER & HELM (2001) eine erste überzeugende Darstellung einiger Zusammenhänge zwischen Kundenorientierung, Kundenwert und Zielsystemen und der Steigerung von Kundenloyalität auf; diese Ansätze, die im Hinblick auf die vorliegende Untersuchung prinzipiell in die richtige Richtung zeigen, gehen allerdings für die hier relevante Problemstellung über einige Ideen und Empfehlungen nicht hinaus.

Die in der Literatur anhaltende Forderung namhafter Autoren aus Wissenschaft und Praxis nach dem Einsatz neuer beziehungsweise der Anpassung bestehender Anreizsysteme in der Organisation einer Unternehmung in Verbindung mit der Einführung von CRM und verwandten Ansätzen ist vor dem geschilderten Hintergrund nicht überraschend: Schon Mitte der 80er Jahre - etwa zeitgleich mit der Entstehung des CRM-Wegbereiters *Relationship Marketing* - hat GRÖNROOS (1983) die Bedeutung von Organisation und Mitarbeitern im Zusammenhang mit Ansätzen zur Verbesserung der

Kundenbeziehung festgestellt.[143] Die Forderungen nach organisatorischer Einbettung entsprechender Ansätze hat sich über den Zeitverlauf hin intensiviert und konkretisiert: Die Implementierung eines Ansatzes, der den Kunden als wichtige *"Ressource"* in den Mittelpunkt des unternehmerischen Geschehens stellt, erfordert dabei nach ANDERSON, FORNELL & LEHMANN (1994) eine Anpassung der betrieblichen Strukturen und Anreize: *"Implementing a customer asset orientation means aligning the firm's processes, resources, performance measures, and organizational structure for treating customers as an asset."*[144] MEYER & OEVERMANN (1995) haben festgestellt, dass die Umgestaltung der Organisation im Hinblick auf Kundenorientierung sowie die entsprechende Anpassung der Anreizsysteme zentrale Voraussetzung für eine erfolgreiche Implementierung von Kundenbindungsaktivitäten darstellt: *"Voraussetzung für eine erfolgreiche Implementierung der Kundenbindungsaktivitäten ist ein organisatorischer Wandel, welcher die Kundenorientierung des Unternehmens, insbesondere der Prozesse, Leistungen, Systeme, Mitarbeiter in den Mittelpunkt der Aktivitäten stellt."* In diesem Zusammenhang *"müssen auch die Anreizsysteme entsprechend angepasst werden."*[145] GRÖNROOS (1996) betont insbesondere die Relevanz der Mitarbeiter einer Unternehmung, wenn der Erfolg des Beziehungsansatzes gewährleistet werden soll: *"the success of relationship marketing is to a large extent dependent on the attitudes, commitment and performance of the employees. If they are not committed to their role as parttime marketers, and are not motivated to perform in a customer-oriented fashion, the strategy fails. Hence success on the external marketplace requires initial success internally in motivating employees and getting their commitment to the pursuit of a relationship marketing strategy."*[146] Nach Ansicht der Autoren MEYER & ERTL (1998) ist es für den Erfolg von Ansätzen zur Kundenorientierung unbedingt notwendig, *"daß Kundenorientierung durch die Geschäftsführung aktiv vorgelebt und gefördert sowie durch geeignete organisatorische Maßnahmen unterstützt wird."*[147] Die CRM-Experten PEPPERS & ROGERS (1999) fordern dementsprechend die Untersuchung und An-

---

[143] Vgl. Grönroos (1983)
[144] Vgl. Anderson & Fornell & Lehmann (1994), S 63
[145] Vgl. Meyer & Oevermann (1995), S.1350
[146] Vgl. Grönroos (1996b), S.15
[147] Vgl. Meyer & Ertl (1998), S.176, allgemeiner S.174

passung der Anreizsysteme in der Organisation, um eine erfolgreiche Implementierung von CRM-Maßnahmen sicher stellen zu können. *"One of the most critical challenges facing the 1to1 enterprise is the need to compensate salespeople and others for encouraging and ensuring customer loyalty [...] If customer loyalty and profitability are your real objectives, then you should be exploring compensation systems that reward sales reps (and others)."*[148] BRUHN & HOMBURG (2000) weisen in ihrem umfassenden Handbuch über Kundenbindungsmanagement grundsätzlich darauf hin, dass *"sämtliche Ansätze zur Kundenbindung"* nur erfolgreich umsetzbar sind, *"wenn sie von den Mitarbeitern getragen und aktiv gestaltet werden."* In diesem Zusammenhang habe eine Umgestaltung der Unternehmenskultur in Richtung Kundenorientierung zu erfolgen. Einen Beitrag dazu leisten unter anderem *"kundenorientierte Anreizsysteme."*[149] Desgleichen gilt es nach BRUHN & HOMBURG (2000), die internen Voraussetzungen für entsprechende Ansätze zu schaffen, bevor Kundenbindungsmanagement in der Praxis implementiert werden kann. Eine Unternehmung wird auf dem externen Markt nur erfolgreich sein können, wenn der interne Markt - die Mitarbeiter - entsprechend motiviert, loyal und mit ihrer Tätigkeit zufrieden sind.[150] Auch nach HENNING-THURAU & HANSEN (2000) muss eine Unternehmung, bevor sie mit Hilfe des CRM-Konzeptes überhaupt zufriedene und loyale Kunden schaffen kann, die Zufriedenheit und Loyalität der Mitarbeiter innerhalb der Unternehmung als zwingende Voraussetzung erreicht haben.[151] Ein solcher Ansatz könnte mit *"internal marketing"*[152] erreicht werden, das auf einer Reihe von internen Maßnahmen sowie auf Initiativen bezüglich der Personalpolitik basiert und das insbesondere darauf abzielt, die Beziehungen innerhalb der Organisation der Unternehmung zu verbessern sowie kundenorientiertes und motiviertes Personal hervorzubringen.[153] Internal Marketing ist die geeignete Strategie der Unternehmung, kundenorientiertes Personal zu gewinnen und zu entwickeln.[154]

---

[148] Vgl. Peppers & Rogers (1999b), S.256 und S.263
[149] Vgl. Homberg & Bruhn (2000), S.26
[150] Vgl. Liljander (2000), S.161
[151] Vgl. Henning-Thurau & Hansen (2000), S.11
[152] Vgl. Bruhn (1995); Grönroos (1990); Jeschke & Schulze & Bauersachs (2000); Liljander (2000)
[153] Vgl. Henning-Thurau & Hansen (2000), S.12
[154] Vgl. Grönroos (1990)

HOMBURG & SIEBEN (2000) fordern im Kontext von CRM die "*Schaffung von Anreizsystemen.*"[155] Ähnlich sehen CRM-Experten der GIGA GROUP (2000) nach umfangreichen Studien zu CRM-Projekten in der Praxis die Notwendigkeit, die organisatorischen Anreizsysteme anzupassen.[156] BORDOLOI (2000) weist auf die großen Veränderungen innerhalb der Organisation hin, die mit einer Einführung von CRM verbunden sind. So sind möglicherweise die "*Compensation Structures*" der Organisation im Hinblick auf CRM anzugleichen.[157] BROWN (2000) geht in seinem aktuellen Buch "*Customer Relationship Management*" auf die Unzufriedenheit von Unternehmen mit bestehenden Anreizsystemen im Zusammenhang mit CRM ein.[158] TIWANA (2001) fordert: "*Successful KCRM initiatives need fundamental readjustment of corporate culture, strong leadership and financial and nonfinancial reward structures that together gain the hearts of employees and motivate them.... Reconfigure reward structures to encourage knowledge sharing and relationship building.*"[159]

Nach CAUFIELD (2001) ist es für den langfristigen Erfolg von CRM essentiell, Karrieremanagement, Leistungsbeurteilung sowie *Anreizstrukturen* im Zusammenhang mit neuen Ansätzen zu versehen "*..now requires new approaches to staff career management, performance, measurement, and compensation incentives.*"[160]

LINK & GERTH (2001) fordern in ihrem aktuellen Werk zu eCRM im Zusammenhang mit der Einführung neuer Wettbewerbsstrategien, dass entsprechend dem "*structure follows strategy*"-Konzept die CRM-Strategie organisatorisch verankert wird. Dafür sind die Führungssysteme wie auch das Anreizsystem entsprechend anzupassen: CRM "*..bedingt gravierende Änderungen in den Führungssystemen der Unternehmung, konkret im Werte-,Organisations-,Controlling- und im Anreizsystem.*" Nach Meinung der beiden Autoren "*muss im Anreizsystem des Unternehmens sichergestellt werden, dass die Zielerreichung bei diesen Messgrößen zu einem erheblichen Teil mit der Gewährung materieller und immaterieller Belohnungskomponenten gekoppelt wird.*"[161] LINK (2001)

---

[155] Vgl. Homberg & Sieben (200), S.499
[156] Vgl. Kinikin (2000), S.2 (Giga Group (2000))
[157] Vgl. Bordoloi (2000), S.6
[158] Vgl. Brown (2000), S.100
[159] Vgl. Tiwana (2001), S.66f. und S.262.
[160] Vgl. Caufield (2001), S.5; Caufield (2001), S.21
[161] Vgl. Link & Gerth (2001), S.313 u. S.314

40

verlangt die Erweiterung der Anreizsysteme von Unternehmen im Hinblick auf die CRM-Zielgrößen sowie eine *spürbare* Verknüpfung der Zielerreichung mit Belohnungskomponenten.[162] Auch HELMKE & DANGELMEIER (2001) - zwei Autoren aus der Praxis - postulieren eine Modifikation des bestehenden Anreizsystems der Unternehmung, insbesondere für den Vertrieb im Hinblick auf CRM und Kundenorientierung.[163] Auch nach RIGBY & REICHHELD et al. (2002) müssen "*organizations and its processes- job descriptions, performance measures, compensation system*" restrukturiert werden, bevor CRM überhaupt erfolgreich sein kann.[164]

Eine nähere Betrachtung der vorstehenden Beiträge aus Wissenschaft und Praxis lässt folgende Schlussfolgerung plausibel erscheinen: Die meisten Abhandlungen der Autoren gehen mit ihren Forderungen nach Schaffung oder Anpassung geeigneter Anreizstrukturen für CRM nicht über eine Zusammenstellung von einigen *allgemeinen Anforderungen* oder *Postulaten* hinaus. Bisher ist in der relevanten wissenschaftlichen CRM-Literatur - trotz bestehender *anhaltender* Forderung nach einem solchen System - kein umfassender strukturierter Ansatz aufgezeigt worden, der geeignet wäre, die Änderungsbedarfe bestehender Anreizsysteme im Hinblick auf CRM (wie zum Beispiel die Erweiterung bestehender Zielsysteme um kundenorientierte CRM-Zielgrößen und die entsprechende Definition geeigneter Indikatoren zur Messung solcher Ziele sowie deren Verknüpfung mit Vergütungsbestandteilen) zu analysieren beziehungsweise die Thematik eines CRM-Anreizsystems breiter zu untersuchen, ein solches zu gestalten und entsprechend systematisch im Unternehmenszusammenhang darzustellen.

1.3.2 Stand der Forschung zur kundenorientierten Anreizgestaltung

Anreizsysteme sind bereits seit längerer Zeit Gegenstand der wissenschaftlichen Forschung und dementsprechend in Wissenschaft und Praxis in zahlreichen Abhandlungen diskutiert worden.[165] Die Betrachtung der Thematik erfolgt dabei aus verschiedenen

[162] Vgl. Link (2001), S.19
[163] Vgl. Helmke & Dangelmeier (2001), S.10, u.S.11
[164] Vgl. Rigby & Reichheld et al. (2002), S.104
[165] Vgl. für den deutschsprachigen Raum etwa Becker (1990); Grewe (2000), Dörfler (1993), Baumgartner (1992), Leptien (1996); Gedenk (1994); Petersen (1989); Schanz (1991); Hagen (1985); Winter (1996); Bleicher (1985); (1992); Dörfler (1993); Wälchli (1995); Guthof (1995)

Blickwinkeln, wie zum Beispiel aus der Sicht der Organisationstheorie sowie der Motivations- und Verhaltenstheorie;[166] dies hat zu entsprechenden Schwerpunkten in der einschlägigen Fachliteratur geführt. Das Gebiet der Anreizsysteme ist in seiner Gesamtheit mittlerweile so komplex und weitläufig, dass sich diese Untersuchung primär auf eine Betrachtung einiger richtungsweisender Darstellungen aus dem deutschen Sprachraum beschränkt (grundlegende Abhandlungen aus dem englischen Sprachraum haben insgesamt Eingang in die deutschen Darstellungen gefunden und werden daher an dieser Stelle nicht weiter gesondert explizit aufgeführt).

Im *deutschen Sprachraum* sind im Hinblick auf die wissenschaftliche Diskussion zum Forschungsgebiet der Anreizsysteme folgende Beiträge besonders hervorzuheben: HAGEN (1985) lieferte relativ früh einen für diesen Sprachraum umfassenden Beitrag zur Problematik der Anreizsysteme; er zeigte in diesem erste Schwächen und mögliche Gestaltungsoptionen für optimalere Ansätze auf. Die Notwendigkeit einer stärkeren strategischen Ausrichtung von Anreizsystemen wird bereits in dieser Darstellung offensichtlich. BECKER (1990) gab mit seiner Abhandlung zu Anreizsystemen für Führungskräfte einen systematischen Überblick über Anreizsysteme und die Möglichkeiten ihrer Gestaltung. Dabei diskutierte der Autor erstmals eine Reihe von neuen strategischen Ansätzen und hat damit zur Beeinflussung der wissenschaftlichen Diskussion über Anreizsysteme im deutschen Sprachraum entscheidend beigetragen. SCHANZ (1991) hat mit seiner umfassenden und fundierten Gesamtdarstellung von Anreizsystemen wesentliche Grundlagen geschaffen, den Zusammenhang mit der Mitarbeiterführung sowie einige grundlegende Probleme aufgezeigt. DÖRFLER (1993) untersuchte Anreizsysteme im Zusammenhang mit der Unternehmensführung und unterzog dabei bestehende Ansätze einer kritischen Würdigung. Der Verfasser beschäftigte sich insbesondere mit der unterstützenden Wirkung von Anreizsystemen im Hinblick auf einen Beitrag zur Flankierung von in der Praxis anzutreffenden Zielen. WÄLCHLI (1995) zeigte in seiner umfangreichen und vielzitierten Darstellung die Mängel bestehender Ansätze in Bezug auf eine konsequente strategische Ausrichtung auf; er propagierte vor diesem Hintergrund ein ganzheitliches und integriertes Anreizsystem zur Förderung von strategischem Denken und Handeln bei Führungskräften. Ein weiterer

---

[166] Vgl. Kossbiel (1994), S.75-93

vielbeachteter Beitrag von GUTHOF (1995) befasste sich mit der Gestaltung von Anreizsystemen unter der besonderen Berücksichtigung der Unternehmungsentwicklung; dabei wird insbesondere die Notwendigkeit der Veränderung von Anreizsystemen in Folge verschiedener Anforderungen in den einzelnen Entwicklungsphasen einer Unternehmung hervorgehoben. Mit der Problematik der Anreizgestaltung im Bereich der Forschung und Entwicklung befasste sich LEPTIEN (1996) und zeigte Ansätze zu einer effizienten Anreizgestaltung für diesen Bereich auf.

WINTER (1996) führte in seiner Dissertation an, dass die Mehrzahl der untersuchten Entlohnungssysteme in ihrer damaligen Form nur unzureichend auf die Motivationslage von Führungskräften Einfluss zu nehmen vermochte. Im Verlauf seiner Untersuchung wurden in bestehenden Anreizsystemen Mängel nachgewiesen und basierend auf der Kenntnis dieser Schwachstellen mögliche Gestaltungsoptionen von Anreizsystemen für die Unternehmensführung vorgeschlagen. Eine neuere Darstellung von GREWE (2000) kommt zu dem Schluss, dass bestehende Darstellungen zu Anreizsystemen bisher weitgehend den Implementierungsaspekt vernachlässigt haben. Nach Ausarbeitung wesentlicher Stellhebel der Implementierung erfolgt der Vorschlag eines Ansatzes für ein umfassendes Management für die Praxis.

Vor dem Hintergrund der hier vorliegenden Problemstellung sind neben diesen angeführten *allgemeineren* Ansätzen noch speziellere *Beiträge* zu Anreizsystemen, Entlohnungsmodellen und Vergütungsformen im Vertrieb von möglicher Relevanz. So lieferte etwa KRAFFT (1995) einen wichtigen Beitrag zur Gestaltung von Entlohnungssystemen im Außendienst: Die Vielfalt von Ansatzmöglichkeiten wurde aufgezeigt und unter Verwendung der Neuen Institutionenlehre Handlungsempfehlungen abgeleitet. Inzwischen liegt eine Vielzahl von neueren Beiträgen vor.[167] Inhaltlich fokussieren sich die meisten Darstellungen auf den Vertrieb und betrachten die dort einschlägigen Problemstellungen, wie beispielsweise Leistungsorientierung, Mitarbeiterführung, Provisionsberechnung und Entgelthöhen.[168] Exemplarisch sei an dieser Stelle nur eine

---

[167] Albers (1995); Jaeger (1996); Chen & Chang (1996), S.125ff.; Hoegen (1996); Wienkamp & Kramarsch & Becker (1997); Joseph & Kalwani (1998), S.147ff.; Yang & Kao (1998), S.57ff.; Koppenburg & Becker (1999), Bartol (1999); Jung & Riegler (1999), S.421ff.; Gosh & John (2000), S.348ff.; Holubeck & Rohde (2000); Bastian (2000); Homburg & Jensen (2000), S.55ff.; Wagner (2001); Hamel (2001), S.403ff.

[168] Vgl. unter anderem Trauzettel (1999), S.49

Auswahl von Beiträgen genannt: JOSEPH & KALWANI (1998) haben empirisch den wachsenden Stellenwert von leistungsabhängigen Bonuszahlungen im Vertrieb untersucht und belegt.[169] Boni dienen demnach dazu, die Leistungen zu steigern und Verhalten zu induzieren, das mit den Vertriebszielen konsistent ist. YANG & KUO (1998) lieferten in ihrer Darstellung ein einfaches Modell für Vergütungsstrukturen im Vertrieb. JUNG & RIEGLER (1999) zeigten auf, wie die Informationen aus dem Management Accounting System im Falle der Akquisition von neuen Kundensegmenten zu Fehlschlüssen bei den "*commission rates*" führen können, weil der Vertrieb über umfangreichere Informationen verfügen könnte als das System.[170] So sollten auch die bei den Vertriebs-Mitarbeitern vorhandenen Informationen bei der Bestimmung der "*commission rate*" mit einbezogen werden. Die Autoren CHEN & CHANG (1999) entwickelten in ihrem Beitrag ein allgemeines Modell zur Bestimmung eines "*optimal compensation plan*" für den Vertrieb unter der Berücksichtigung externer Einflussgrößen sowie der Fähigkeiten einzelner Mitarbeiter. GOSH & JOHN (2000) beleuchteten in einer empirischen Untersuchung die Voraussagen und Annahmen der Agency-Theorie im Hinblick auf die Vergütung der Vetriebsmitarbeiter. Hervorzuheben ist auch der Beitrag von HAMEL (2001). Der Autor diskutiert die Problematik der Integration des Kundenwertes im Rahmen einer kundenwertorientierten Anreizgestaltung.

Vor dem Hintergrund der Mehrdimensionalität des CRM-Konzeptes und der übergeordneten Problemstellung liefern die vorstehenden Beiträge bezüglich der Konzeption eines CRM-Anreizsystems keine zusätzlichen Erkenntnisse, die über die aus den allgemeinen Abhandlungen gewonnenen hinausgehen.

Viele in der Praxis bestehende Ansätze von Anreizsystemen im Vertrieb werden im Hinblick auf ihre CRM-Unterstützungspotenziale kritisiert, da diese sich zumeist auf die Transaktion, den eigentlichen Verkaufsakt, sowie die Kundenakquisition beziehen.[171] Ein klassisches Hauptziel des Vertriebes ist es, Umsatz zu generieren; dies wird entsprechend durch umsatzbezogene Anreize unterstützt. Nach REICHHELD (1993) gelingt es bisher Unternehmen vielfach nicht, die Boni von Mitarbeitern an Tätigkeiten auszu-

---

[169] Vgl. Joseph & Kalwani (1998), S.158
[170] Vgl. Jung & Riegler (1999), S.438
[171] Vgl. Jackson (1994); Wotruba (1996); Haag (1992), S.38; Levitt (1983), S.89; Doyle (1995), S.27

richten, die Kundenwert und Loyalität unterstützen.[172] Anreize im Vertrieb, die auf eine alleinige Steigerung von Verkauf und eine Verbesserung der Kundenakquisition abzielen, stehen nach PEPPERS & ROGERS (1999) nicht im Einklang mit den Zielsetzungen des CRM,[173] wenn dabei der Beziehungsaspekt nicht angemessen berücksichtigt wird: So wird es zur Aufgabe der Unternehmensführung, die Anreizsysteme entsprechend anzupassen: "*and structuring the sales-compensation system as to further the mission of creating long-term, profitable customer relationships, rather than settling quick-hit, isolated transactions.*"[174] Auch REICHHELD (2001) stellt in seiner Untersuchung der "*Loyalty Leaders*" in vielen Fällen eine Unausgewogenheit bestehender Anreizstrukturen in Bezug auf eine angemessene Belohnung von Bindungsaktivitäten fest.[175]

Die bloße Anwesenheit *irgendeines* Anreizsystems genügt nicht, ein solches kann sogar für CRM nachteilig wirken: Nach HOLT (1999) ist eines der Haupthindernisse für eine erfolgreiche Entwicklung von Kundenbeziehungen und damit von CRM das Bestehen eines Anreizsystems, das allein auf Verkauf und Transaktion abzielt und nicht oder zu wenig auf den Aufbau dieser Kundenbeziehungen.[176]

In der Zwischenzeit haben Organisationen im Zuge zunehmender Kundenorientierung bereits ansatzweise damit begonnen, im Vertrieb die Aspekte der Kundenzufriedenheit und Kundenbindung mit in die entsprechenden Anreizsysteme zu integrieren.[177] Erfahrungen aus der Praxis haben nach LINK (2001) allerdings gezeigt, dass Führungskräfte oftmals die Vorteile von CRM nicht ausreichend erkennen und es dementsprechend nicht ausreichend "*energisch*" unterstützen.[178] Allerdings gibt es auch positive Erkenntnisse aus dem Gebiet der Anreizsysteme: Der Mitarbeiter kann durch gezielte Anreize *kundenorientierter* werden.[179]

Die allgemeinen Ansätze zu Anreizsystemen liefern insgesamt sehr gute Darstellungen der Begrifflichkeiten, der allgemeinen Zusammenhänge bezüglich der Anreizgestaltung

---

[172] Vgl. Reichheld (1993), S.64
[173] Vgl. Peppers & Rogers (1999), Kapitel 8
[174] Vgl. Peppers & Rogers (1999b), S.267
[175] Vgl. Reichheld (2001), S.81
[176] Vgl. Holt (1999); Henning-Thurau & Hansen, (2000), S.17
[177] Vgl. Biong & Selnes (1995), (1996).
[178] Vgl. Link (2001), S.5
[179] Vgl. Homburg & Stock (2000)

sowie einer klaren Systematisierung einzelner Gestaltungsdimensionen. Sie setzen dabei Schwerpunkte der Anreizgestaltung bei einzelnen Aspekten, wie Führungskräfte-motivation, Unternehmensentwicklung und Strategiekonzeption. Die für den Vertrieb oder den Außendienst konzipierten Ansätze weisen - wenn sie nicht mit der CRM-Zielsetzung kollidieren - teilweise in die richtige Richtung, indem versucht wird, den Ansatz der *Kundenorientierung* zu unterstützen. Sie reichen aber vor dem Hintergrund der beschriebenen Problemstellung und der negativen Auswirkungen von Fehlschlägen bei CRM-Vorhaben in der Praxis offensichtlich bei weitem nicht aus. Aus Sicht des Forschungsgebietes der Anreizsysteme ist die für eine CRM-Konzeption erforderliche Gestaltung eines unterstützenden Anreizsystems bisher nicht erfolgt.

1.3.3 Forschungsdefizit im Hinblick auf CRM-Anreizsysteme

Die bisher erfolgten Ausführungen und insbesondere die bis in die letzte Zeit immer wieder geäußerte Forderung namhafter Autoren nach geeigneten Anreizstrukturen für CRM und verwandte Bereiche zeigen deutlich ein bestehendes *Forschungsdefizit*: KLEE (1999) und insbesondere HENNING-THURAU & HANSEN (2000) weisen explizit auf diese Forschungslücke in Folge der Vernachlässigung der Entwicklung von Werkzeugen insbesondere von Anreizsystemen zur Implementierung von beziehungsorientierten Marketingansätzen hin: "*Implementation issues are another largely-neglected aspect of relationship marketing with massive practical relevance. [...] Organizational issues in relationship marketing implementation include the creation of an appropriate organizational structure, a powerful personnel policy that incorporates adequate incentive and reward systems for company employees...*"[180] Zu einem ähnlichen Schluss kommt KRAFFT (1999) in seiner Sammelrezension. Nach Meinung des Autors besteht ein Defizit in Bezug auf das Wissen über geeignete, das Beziehungs-Management unter-stützende Anreizsysteme. So fehlen nach KRAFFT (1999) "*adäquate Anreiz- und Führungssysteme, die dem langfristigen Charakter eines Beziehungs-Managements gerecht werden.*"[181] Für HOMBURG & JENSEN (2000) ist es erstaunlich, wie wenig

---

[180] Vgl. Henning-Thurau & Hansen (2000), S.16 und S.17; Klee (1999)
[181] Vgl. Krafft (1999), S.527

sich die Wissenschaft mit kundenorientierten Vergütungssystemen befasst, obwohl deren Relevanz insgesamt zugenommen hat.[182]

Folgende Kernfragen konkretisieren dieses *Erkenntnisdefizit* im Hinblick auf CRM:

- Wie sieht ein wirksames Anreizsystem aus, das es zu implementieren gilt, damit die Mitarbeiter der Unternehmung dazu bereit sind, CRM in notwendiger Art und Weise zu unterstützen?

- Was sind die entsprechenden Systemkomponenten und wer sind die Akteure eines solchen Systems? Was sind sinnvolle Systemgrenzen und entsprechende Perspektiven in einem solchen System?

- Wie kann ein solches Anreizsystem in die Organisation einer Unternehmung sinnvoll eingebettet werden?

- Wie kann man CRM selbst durch ein solches Anreizsystem kontinuierlich anpassen und schrittweise verbessern und wie sieht dabei eine entsprechende Rückkopplung aus?

Diese Fragen werden in der Literatur von Anreizsystemen sowie in der relevanten Marketingliteratur bisher *nicht zufriedenstellend* beantwortet; aus wissenschaftlicher Perspektive muss dies im Hinblick auf eine vollständige theoretische Durchdringung des Forschungsgebietes CRM als *unbefriedigend* bezeichnet werden. Gerade in konzeptioneller Hinsicht ist in Bezug auf die organisatorische Dimension von CRM ein Erkenntnisdefizit zu geeigneten diesen Ansatz flankierenden Anreizstrukturen zu konstatieren. Es besteht daher aus wissenschaftlichem Interesse ein *Handlungsbedarf* zum Schließen dieses Erkenntnisdefizites.

Ursache dieses Forschungsdefizites könnte sein, dass CRM eine relativ junge Disziplin ist, die theoretisch bisher nicht vollständig aufbereitet werden konnte und deshalb wissenschaftlich noch nicht eine befriedigende Gesamtreife besitzt. LEE (2000) vergleicht CRM mit einem "*Medikament*", das zu schnell auf den Markt gekommen ist und dessen unerforschte Nebenwirkungen die Unternehmung gegebenenfalls sogar "*ums Leben bringen*" können: "*CRM has proved to be a relatively untested drug that was*

---

[182] Vgl. Homburg & Jensen (2000), S.60

rushed to market before discovery of its powerful side effects."[183] Ferner ist CRM ein extrem dynamisches Gebiet mit einem sich schnell ändernden gesellschaftlichem und wirtschaftlichem Umfeld, begründet vor allem duch den Wandel der Industriegesellschaft zur Wissens- und Dienstleistungsgesellschaft, den Wandel der individuellen Leistungs- gesellschaft zur wissensteilenden Gemeinschaft sowie den Wandel der Technologien und der gesellschaftlichen Werte.

Nachdem nun die Erkenntnislücke und die damit verbundenen ungeklärten Frage- stellungen aufgezeigt werden konnten, gilt es nun noch diesbezüglich, die unter- nehmerische Praxis zu betrachten.

Dabei wird - was nicht überraschen dürfte - ein erheblicher Nachholbedarf in der Anpassung und Ausgestaltung von Anreizsystemen im Zusammenhang mit Ansätzen zur Kundenorientierung deutlich. Die aktuelle Umfrage *Sales Excelllence 2001* offenbart die Auswirkungen des Forschungsdefizites für die Praxis: Die Untersuchung identifizierte die Vergütungssysteme im Zusammenhang mit der Implementierung von Ansätzen zur Kundenorientierung und des Kundenbeziehungsmanagements als *eine* wichtige Schwach- stelle. In vielen Unternehmen unterbleibt danach die "*Anpassung der Vergütungssysteme an kundenorientierte Vertriebsstrategien zumeist, weil sie eines der zähesten Dinge im Unternehmen sind.*"[184] Bei der Einführung eines kundenorientierten Ansatzes entsteht vielfach ohne die Anpassung der Vergütungssysteme eine "*Inkonsistenz zwischen der strategischen Ausrichtung des Vertriebes und dem, was Vergütungssysteme hono- rieren.*"[185] Diese Inkonsistenz kann für die Unternehmung zu suboptimalen Zuständen führen und/oder sogar zum Scheitern entsprechender Ansätze. Vor diesem Hintergrund besteht ein Nachholbedarf "*bei der Nutzung variabler kundenorientierter Vergütungs- bestandteile*"[186] im Rahmen eines entsprechenden CRM-Anreizsystemes.

Zusammenfassend lässt sich feststellen, dass eine umfassende Analyse und eine darauf aufbauende strukturierte Darstellung der für den CRM-Erfolg in der Unternehmung

---

[183] Vgl. Lee (2000), S.2
[184] Vgl. absatzwirtschaft (2000), H.10, S.48
[185] Vgl. absatzwirtschaft (2000), H.10, S.48
[186] Vgl. absatzwirtschaft (2000), H.10, S.48

notwendigen Anreizsysteme zu CRM fehlen. Damit besteht zur Zeit ein Erkenntnisdefizit in der Marketingwissenschaft mit teilweise sehr negativen Folgen für die unternehmerische Praxis. Das Risiko für CRM-Projekte zu scheitern ist aus Erfahrung ohne
die entsprechende Anpassung eines unterstützenden Anreizsystems sehr hoch; insbesondere sind die Kosten für gescheiterte CRM Projekte signifikant. Somit besteht sowohl
aus wissenschaftlichem wie auch aus praktischem Interesse die Notwendigkeit, dieses
Defizit zu beseitigen.

Bevor nun im Folgenden auf den Ablauf dieser Untersuchung eingegangen wird, soll
zunächst die zum Einsatz gelangende wissenschaftliche Methodik vorgestellt werden.

1.4 WISSENSCHAFTLICHE METHODIK

Ein passendes Modell für ein CRM-Anreizsystem findet sich in der einschlägigen Fachliteratur nicht; auch sind die Rahmenbedingungen für die Gestaltung eines solchen Systems in ihrer Gesamtheit bisher unbekannt. Es ergibt sich daher die Notwendigkeit, zunächst einmal grundsätzliche Rahmenbedingungen und Zusammenhänge bezüglich eines CRM-Anreizsystemes zu identifizieren. Ferner sind die Forschungsgebiete CRM und Anreizsysteme im Hinblick auf ihre konzeptionellen und inhaltlichen Beiträge für ein solches CRM-Anreizsystem zu untersuchen. Vor dem Hintergrund des Problems fehlender Zusammenhänge und Modelle gebietet sich im Rahmen der vorliegenden Arbeit eine *empirisch explorative Vorgehensweise* zum Beheben dieses Erkenntnisdefizites.

Die Methodik zum Erreichen des Zieles dieser Arbeit basiert auf einer Kombination des theoretischen mit dem empirischen Erkenntnisprozess und geht prinzipiell auf ULRICH (1981) zurück.[187] ULRICH (1981) hat diesen Forschungsansatz ausführlich beschrieben. Es ist ein hypothesengeleiteter Forschungsansatz, der nach einer Erarbeitung der praxisrelevanten Probleme, Theorien und Verfahren über eine Erfassung und Untersuchung des spezifischen Anwendungszusammenhanges zur Ableitung von Beurteilungskriterien, Gestaltungsregeln und Gestaltungsmodellen führt, die anschließend im Anwendungszusammenhang überprüft werden.

Im ersten Schritt soll dazu ein theoretischer Bezugsrahmen entwickelt werden. Dabei werden bestehende theoretische Konzepte und Modelle zu CRM und zu Anreizsystemen aufgegriffen, um einen Bezugsrahmen für ein CRM-Anreizsystem zu erarbeiten. In dieser Phase werden *Voraussetzungen, Anforderungen* und *Annahmen* für das zu entwickelnde Gestaltungsmodell generiert. Zu diesem Zwecke werden Experten im Rahmen einer *explorativen Voruntersuchung* befragt, um den Bezugsrahmen und insbesondere die identifizierten Voraussetzungen, ermittelten Anforderungen und getätigten Annahmen und den darauf aufbauenden Modellrahmen des zu gestaltenden theoriegeleiteten CRM-

---

[187] Vgl. Ulrich (1981), S.2ff, insbesondere S.20; auch Ulrich (1984), S.31ff.; Ulrich (1988), S.174ff.

Anreizsystemes bereits im Vorfeld zu begründen, auf Vollständigkeit hin zu prüfen und dabei unter Umständen auch weiter einzugrenzen.

Damit kann die Entwicklung des Modells bereits im Vorfeld auf die relevanten Aspekte konzentriert werden. Bei der Ausdifferenzierung der Bestandteile des theoriegeleiteten CRM-Anreizsystems ergeben sich daraus eine Reihe von Gestaltungsfragen, die im Rahmen der weiteren Konkretisierung des Modells zu klären sind.

Nachdem vom Verfasser die Konzeption eines adaptiven eher theoriegeleiteten CRM-Anreizsystems erstmalig aufgezeigt sein wird, soll im Anschluss daran ein innovatives Gesamtkonzept für ein CRM-Anreizsystem entwickelt werden.

Im einem zweiten Schritt hat daher eine weitere Ausgestaltung des entwickelten Modells im Hinblick auf einzelne Elemente unter Einbezug einer Expertenbefragung auf Basis der *Delphi-Methode* zu erfolgen. Die Delphi-Methode hat sich in diesem Zusammenhang zu einer viel verwendeten Methode etabliert und ist ausführlich bei GORDON & HELMER (1964), BECKER (1974), TIMPE & ZANGEMEISTER (1995), HÄDER (2000), (2002) HÄDER & HÄDER (2000) beschrieben worden.[188] Sie wird im Rahmen dieser Arbeit in der *Zielvariante* der Erfassung von Meinungsspektren verwendet; insbesondere gilt es dabei, zu den bestimmten Gestaltungsfragen die Sichtweise der Experten zu erfragen und das gewonnene Meinungsspektrum bei der weiteren Ausgestaltung entsprechend zu berücksichtigen. Dazu wird ein Fragebogen verwendet, dessen Erstellung mit Hilfe von Experten im Vorfeld abgesichert werden konnte.

Erkenntnisse aus der Befragung, die sich aus dem jeweiligen Rücklauf ergeben, werden entsprechend der Vorgehensweise des Delphi-Ansatzes zusammengefasst, strukturiert und fließen als konsolidierte Erkenntnisse in das innovative Modell eines CRM-Anreizsystemes mit ein.

Für die Systementwicklung bieten sich grundsätzlich eine Reihe von Methoden an. Die Entwicklung des Anreizsystemes erfolgt in Anlehnung an die allgemeinen Methoden der Gestaltung interdisziplinärer Systeme, bekannt unter anderem aus der Systemtheorie und Systemtechnik und bei BRUHNS (1991), HABERFELLNER & DAENZER (1997),

---

[188] Vgl. Gordon & Helmer (1964), (1965); Becker (1974); Timpe & Zangemeister (1995); Häder (2000), (2002); Häder & Häder (2000)

ROHPOHL (1999) und PATZAK (1982) mehrfach geschildert.[189] Exemplarisch werden hier *Kybernetisches Prinzip* - DIN (19226), ROPOHL (1975) und TIMPE & ZANGE-MEISTER (1995), *das Modellprinzip* - JÄGER (1994), das *Prinzip der hierarchischen Strukturierung* - so bei BÜCHEL (1969), TIMPE & ZANGEMEISTER (1995) sowie das *Blackbox Prinzip* - wie etwa bei ASHBY (1956) genannt.[190]

Ferner werden für die inhaltliche Ausgestaltung des CRM-Anreizsystemes die in der einschlägigen Fachliteratur zu Anreizsystemen vorgeschlagenen Heuristiken herangezogen, wie sie etwa bei BECKER (1987) und WÄLCHLI (1995) zu finden sind. Sie sind für den Einsatz im Rahmen dieser Untersuchung entsprechend anzupassen.

---

[189] Vgl. auch Wolf (1998)
[190] Vgl. Bruns (1991); Haberfellner & Daenzer (1997); Ropohl (1975), (1979), (1999); Patzak (1982); DIN (19226); Jäger (1994); Timpe & Zangemeister (1995); Büchel (1969); Ashby (1956); Becker (1987); Wälchli (1995)

1.5 VERLAUF DER UNTERSUCHUNG

Aus der Zielsetzung der Untersuchung und den damit verbundenen einzelnen Schritten zur Erreichung dieser Ziele ergeben sich eine Reihe von Schwerpunkten innerhalb des Verlaufes der Darstellung. Die vorliegende Arbeit ist - im Anschluss an die Einleitung (*Teil 1*) - in sechs weitere Hauptteile unterteilt:

Teil 2 beschäftigt sich mit dem Konzept des CRM und beinhaltet eine Untersuchung bestehender aktueller Ansätze und den diesen zu Grunde liegenden Begriffsbildungen. Im Verlauf dieser Betrachtung werden die begrifflichen Grundlagen gelegt, zentrale CRM-Komponenten herauskristallisiert sowie aktuelle Herausforderungen für ein CRM-Konzept betrachtet. Wichtig für den weiteren Verlauf der Arbeit sind die Erkenntnisse über Schwachstellen bisheriger CRM-Ansätze sowie ein tieferes Verständnis der notwendigen Vor-aussetzungen für erfolgreiches CRM. Aus den allgemeinen Erkenntnissen sowie den Schwachstellen im Besonderen wird ein Bezugsrahmen für die Realisierung von CRM innerhalb der Managementkonzeption einer Unternehmung entwickelt sowie ein für CRM sinnvolles Prozessmodell vorgestellt. Aus den Ausführungen dieses Teiles lassen sich besondere Schlussfolgerungen im Hinblick auf die Betrachtung der Problematik von Anreizsystemen im CRM-Umfeld für den sich anschließenden Teil 3 sowie für die Gestaltung des CRM-Anreizsystems in Teil 4 ableiten.

Teil 3 enthält eine Untersuchung bestehender Anreizsysteme unter Einnahme eines CRM-Blickwinkels. Die Analyse bestehender Ansätze und Konzepte soll allgemeine Erkenntnisse zu notwendigen Voraussetzungen von Anreizsystemen liefern, die bei der späteren Entwicklung des CRM-Anreizsystems berücksichtigt werden müssen. Insbesondere die Kenntnis allgemeiner Gestaltungsgrundsätze, Schwachstellen und Grenzen bestehender Konzepte sowie die Anforderungen an Anreizsysteme im Allgemeinen stellen für die Gestaltung des CRM-Anreizsystems in Teil 4 eine wichtige Grundlage dar.

Teil 4 beinhaltet die wesentliche Entwicklungsarbeit und die ausführliche Darstellung eines adaptiven, eher theoriegeleiteten Anreizsystems für CRM. Dieser geht eine Zusammenstellung wesentlicher Voraussetzungen, Anforderungen und Annahmen für ein zu entwickelndes CRM-Anreizsystem voraus, die sich aus den vorherigen Teilen ergeben haben. Dabei wird die gesamte Entwicklung in einen statischen und einen dynamischen

Designschritt aufgeteilt. Zudem werden die einzelnen Gestaltungsdimensionen im Hinblick auf CRM ausdifferenziert.

Teil 5 umfasst die empirische Analyse zur Beantwortung offener Gestaltungsfragen unter Verwendung der Delphi-Methode. Dieser Teil enthält insbesondere die Konzeption der Untersuchung, die Auswahl der Experten sowie die Durchführung. An seinem Ende werden die aufbereiteten und zusammengefassten Ergebnisse der Analyse stehen.

Teil 6 beinhaltet die Integration der Forschungsergebnisse in das zu entwickelnde Gesamtkonzept eines innovativen CRM-Anreizsystems.

Teil 7 enthält im Wesentlichen eine Schlussbetrachtung und zeigt dabei zudem weiteren Forschungsbedarf auf.

Die folgende Abbildung gibt den vorstehenden Verlauf der Untersuchung sowie die Stufen des Erkenntnisgewinnes wieder (vgl. Abbildung 1.5).

ABBILDUNG 1.5: STRUKTUR UND ERKENNTNISFLÜSSE DER ARBEIT

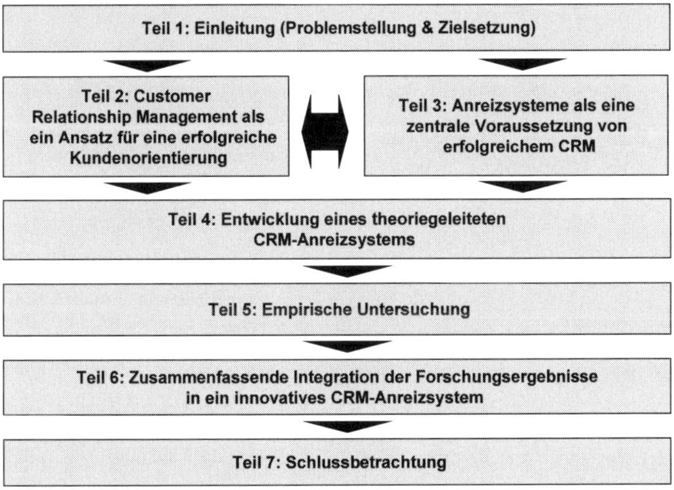

Teil 1: Einleitung (Problemstellung & Zielsetzung)

Teil 2: Customer Relationship Management als ein Ansatz für eine erfolgreiche Kundenorientierung

Teil 3: Anreizsysteme als eine zentrale Voraussetzung von erfolgreichem CRM

Teil 4: Entwicklung eines theoriegeleiteten CRM-Anreizsystems

Teil 5: Empirische Untersuchung

Teil 6: Zusammenfassende Integration der Forschungsergebnisse in ein innovatives CRM-Anreizsystem

Teil 7: Schlussbetrachtung

Quelle: Eigene Darstellung

2 CRM-Konzept als ein Ansatz für eine erfolgreiche Kundenorientierung

Das Vorhaben der Gestaltung eines CRM-Anreizsystems macht es erforderlich, im Vorfeld der Entwicklung zunächst ein genaueres Verständnis dafür zu erlangen, was im Rahmen dieser Arbeit unter CRM verstanden werden soll. Im vorliegenden Teil soll es *darüber hinaus* gelingen, ein umfassendes Verständnis für bestehende Defizite im Zusammenhang mit dem CRM-Ansatz unter besonderer Berücksichtigung des Aspektes der Anreizgestaltung für CRM innerhalb der Organisation zu gewinnen. Ferner sollen aus CRM-Perspektive grundsätzliche *Voraussetzungen*, *Anforderungen* und *Annahmen* für die Gestaltung eines CRM-Anreizsystemes abgeleitet werden.

Dazu wird zunächst die für den weiteren Verlauf der Untersuchung erforderliche Begrifflichkeit zum CRM-Konzept schrittweise entwickelt. Im Hinblick auf die spätere Entwicklung des CRM-Anreizsystems werden dabei besonders wichtige Aspekte, wie zum Beispiel die CRM-Definition, CRM-Dimensionen und einzelne inhaltliche Gesichtspunkte wie Zielsetzung, Attribute und unterstützende Prozesse, vertieft. Zum Abschluss dieses zweiten Teiles werden nach einer Analyse von Schwachstellen bestehender CRM-Ansätze Forderungen an erfolgreiches CRM aufgestellt, ein allgemeiner CRM-Bezugsrahmen für die Vorbereitung der Anreizgestaltung sowie ein CRM unterstützendes Ziel- und Prozessmodell vorgeschlagen.

Die nachfolgenden Ausführungen basieren auf einer umfassenden Analyse der wissenschaftlichen Fachliteratur, auf aktuellen Erfahrungsberichten und den dazu vorliegenden einschlägigen Veröffentlichungen aus der betrieblichen Praxis sowie weiteren Erkenntnissen, die zum einen der beruflichen Erfahrung des Verfassers zuzuordnen sind, zum anderen aus einzelnen Expertengesprächen im Laufe der Zeit gewonnen werden konnten.

2.1 ENTSTEHUNG DES CRM-KONZEPTES UND SYSTEMATISIERUNG DER BEGRIFFE

Als Vorbereitung für den Einstieg in die inhaltliche Betrachtung des CRM-Konzeptes wird zunächst gezeigt, wie CRM in den Entwicklungsprozess des Marketing einzuordnen ist. Hier wird deutlich, welche wissenschaftlichen Ursprünge CRM gehabt hat und aus welcher Debatte heraus es entstanden ist. Zum Abschluss dieses Abschnittes werden zentrale Begriffe des CRM-Konzeptes geklärt und systematisiert sowie eine dem weiteren Verlauf der Untersuchung zu Grunde liegende Definition von CRM gegeben.

2.1.1 Entstehung von CRM

2.1.1.1 CRM im Entwicklungsprozess des Marketing
Vorläufer von CRM und seine Entwicklung
Ein Studium der einschlägigen Marketing-Literatur gibt Aufschluss über die Entwicklung von Ansätzen zur Verbesserung von Kundenorientierung.[191] Eine umfassende Darstellung der Herkunft und der Entwicklung einzelner Konzepte findet sich bei verschiedenen Autoren.[192] Nach BRUHN & HOMBURG (2000) exisitiert eine Vielzahl von Strömungen in der Wissenschaft, die dem Ansatz des Kundenbindungsmanagements vorausgegangen sind: Dies sind zum einen *verhaltenswissenschaftliche Modelle* der 70er Jahre sowie zum anderen die Ansätze des *Relationship Marketing* seit den 80er Jahren.[193]

Als Erkenntnis- und Forschungsobjekt findet die Kundenbeziehung gegen Ende der 70er Jahre zunehmende Bedeutung in der Marketingwissenschaft. Im Business-to-Business-Bereich sowie im Dienstleitungsmarketing hat man seit Ende der 70er Jahre damit begonnen, Theorien und Konzepte zum besseren Verständnis von Beziehungen zwischen Abnehmern und Anbietern zu erarbeiten sowie dabei verschiedene Kanäle mit einzubeziehen und sich im Dienstleistungsbereich mit den Besonderheiten von Austauschbeziehungen zwischen Anbieter und Abnehmer zu befassen.[194] Das daraus entstehende *Beziehungsmarketing* stößt in Wissenschaft und Praxis seit Mitte der 80er Jahre auf

---

[191] Vgl. Meyer & Ertl (1998), S.171; Eggert & Fassott (2001), Vorwort, S.V
[192] Vgl. Bruhn & Homburg (2000), S.6.f; Eggert & Fassott (2001), S.8; Link et al. (1997)
[193] Vgl. hierzu Plinke (1989); Dwyer et al. (1987); Gummesson (1987); Peck (1999); Payne & Rapp (1999), S.4.
[194] Vgl. Bonoma & Zaltman (1978); Stern & Reve (1980); Meyer (1983)

zunehmendes Interesse.[195] Das Konzept des *Relationship Marketing* als eines zentralen Ansatzes dieser Strömung ist in der Literatur erstmals explizit von BERRY (1983) im Zusammenhang mit dem Dienstleistungsbereich erwähnt worden und seitdem immer wieder Gegenstand von Untersuchungen gewesen.[196] Die sich seit dieser Zeit kontinuierlich vollziehende wissenschaftliche Diskussion zum *Relationship Marketing* hat einen erheblichen Einfluss auf die Entwicklung einer erweiterten Sicht- und Denkweise im Marketing nehmen können. Dieser Ansatz ist in der Wissenschaft relativ schnell aufgenommen worden und hat bis heute Bedeutung behalten. Nach Ansicht verschiedener Autoren hat das *Relationship Marketing* im letzten Jahrzehnt seinen endgültigen internationalen Durchbruch erlangen und sich dabei zu einem der zentralen Forschungsansätze in der Marketingdisziplin entwickeln können.[197]

Auch das *Database Marketing* stellt einen Vorläufer von CRM dar. Vorangetrieben wurde es durch den seit Mitte der 80er Jahre beginnenden sprunghaften Anstieg der technologischen Entwicklung mit ihren besonderen Auswirkungen - insbesondere durch die verbesserte Leistungsfähigkeit der Computer- und Datenbanktechnologie - für die gesamte Marketingdisziplin. In diesem Zusammenhang bildete sich das *Database-Marketing* heraus, das durch eine informationstechnologisch unterstützte Erfassung, Aufbereitung und Auswertung von Kundeninformationen Einfluss auf die Steuerung von Kundenbeziehungen nehmen wollte.[198]

Mit Hilfe von immer schneller arbeitenden Computern entwickelte sich daneben auch das *Computer-Aided-Selling* oder - wie im amerikanischen Sprachraum eher geläufig - die *Sales-Force-Automation*. Im Rahmen dieser Ansätze wurde im Wesentlichen versucht, den Außendienst bei seinen ausführenden Tätigkeiten duch Computertechnologie so zu unterstützen, dass Kosten und Verkaufszeit optimiert werden konnten. Kosten wurden zum Beispiel durch die Reduktion der Dauer von Verkaufsprozessen und eine Standardi-

---

[195] Vgl. Eggert & Fassott (2001), Vorwort, S.V

[196] Vgl. Berry (1983), S.25; weitere frühere Ansätze: Levitt (1983); Bund Jackson (1985); Chien (2000), S.583f.; Payne & Christopher & Clark et al. (1998)

[197] Vgl. Chien (2000), S.583; Bruhn & Homburg (2000), S.5; Eggert (2001), S.91

[198] Vgl. Eggert & Fassott (2001), S.6; Link & Tiedtke (2001), S.173; Link (2001), S.8; Link & Brändli et al. (1997). Nach Link & Hildebrand (1993) stellt Database Marketing *"Marketing auf Basis individueller Kundendaten"* dar.

sierung von Vorgängen, etwa bei Preiskalkulationen durch den Einsatz mobiler Computer vor Ort, gesenkt; die reine Verkaufszeit konnte auch in Folge der Vereinfachung von administrativen Vorgängen erhöht werden, etwa durch Vereinfachung von Reisekosten-abrechnungen.[199] Dieses *Computer-Aided-Selling* kann ebenfalls als ein Vorläufer von CRM bezeichnet werden.

Nachdem in den frühen 80er Jahren umfassenden Konzepten zur Kundenorientierung mit dem Schwerpunkt auf der Untersuchung von Zielgrößen, wie etwa der Kunden-bindung, sowie deren möglichem Einfluss auf den Erfolg der Unternehmung noch keine umfangreichere Bedeutung beigemessen worden war,[200] bildeten die erstmals Anfang bis Mitte der 90er Jahre erschienenen Untersuchungen zum speziellen Zusammenhang von *Kundenzufriedenheit* und *Kundenbindung* einen Meilenstein für die Entwicklung entsprechender Ansätze. Diese haben wesentlich zum Ansatz des Kundenbindungs- und Kundenbeziehungsmanagements und damit auch zur Entstehung von CRM beige-tragen.[201] In diesen Arbeiten wurde vielfach empirisch gezeigt, wie Kundenbeziehungen auf das Unternehmensergebnis positiv Einfluss nehmen können. In diesem Kontext ist nicht nur Relationship Marketing wieder verstärkt in den Vordergrund der Aufmerk-samkeit vieler Autoren gerückt und somit erneut Gegenstand aktueller Forschung ge-worden,[202] sondern Relationship Marketing *und* Kundenbindungsmanagement haben derzeit "*Hochkonjunktur*."[203] Auch CRM als eine mögliche Ausgestaltungsform des An-satzes zu mehr Kundenorientierung beziehungsweise zu verbesserten Kundenbezie-hungen und -bindungen wurde verstärkt Thema wissenschaftlicher Diskussion.[204]

Die folgende Abbildung illustriert noch einmal übersichtsartig die aufgezeigte Einbettung von CRM in den Entwicklungsprozess des Marketing (vgl. Abbildung 2.1).

---

[199] Vgl. zur ausführlichen Beschreibung der Entwicklung von CAS/SFA; Hermanns & Prieß (1987); Link & Hildebrand (1993), (1994), (1997); Schwede (2000), S.7

[200] Vgl. Payne & Frow (1994), S.798

[201] Vgl. insbesondere Reichheld & Sasser (1990); Fornell (1992); Fornell et al. (1996); Heskett et al. (1994)

[202] Vgl. Chien (2000)

[203] Vgl. Schäfer & Karlshaus & Sieben (2000), S.56

[204] Vgl. Computerwoche (1999), H.50, S.17; Homburg & Sieben (2000), S.475; absatzwirtschaft (2000), H.10, S.48; Link (2001), Vorwort

59

ABBILDUNG 2.1: CRM IM ENTWICKLUNGSPROZESS DES MARKETING

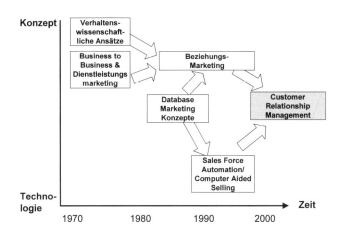

Quelle: In Anlehnung an Eggert & Fassott (2001), S.8

Paradigmenwechsel im Marketing

Der wachsende Stellenwert der Kundenbindung und -beziehung[205] und der damit verbundene Übergang zu neuen Ansätzen im Marketing lassen erkennen, dass sich im Marketing ein *Paradigmenwechsel* vollzogen hat,[206] in dessen Rahmen sich in vielen
Branchen ein Übergang vom transaktionsorientierten Marketing zu einem Marketing-
ansatz beobachten lässt, der die Beziehungen zum Kunden stärker in den Vordergrund
stellt.[207]

Die Erkenntnis, dass sich Dienstleistungen und Güter in grundsätzlichen Merkmalen
voneinander unterscheiden können, führte dazu, dass die Verwendung eines einheitlichen
Marketingansatzes für beide Bereiche in der Literatur zunehmend in Frage gestellt

---

[205] Vgl. Hermanns & Thurm (2000), S.470
[206] Vgl. Aijo (1996); Grönroos (1989), (1994) und (1996), S.315, (2000), S.20f.; Gummesson (1996); Kotler (1992),
S.50 ff; Payne & Rapp (1999), S.VI; Parvatiyar & Sheth (1994), S.1; Rieker (1995), S.2; Krafft (2002), S.V;
Bliemel & Eggert (1998), S.37; Filiatrault & Lapierre (1997), S.220; Hermanns & Thurm (2000), S.470; Payne
(2000), S.1; McKenna (1991); Webster (1992); Diller & Kusterer (1988). Kritisch dazu Backhaus (1997); Bliemel
& Eggert (1997); Eggert (1998); Coviello et al. (1997), S.516
[207] Vgl. Grönroos (1994); Backhaus (1997); Brodie et al. (1997); kritisch dazu Henning-Thurau & Hansen (2000)

wurde.[208] Der wachsende Zweifel[209] der wissenschaftlichen Gemeinschaft an der allgemeinen Gültigkeit bestehender Marketing-Konzepte für alle Marktformen sowie die erkennbare zunehmende Bedeutung von langfristigen Kundenbeziehungen, insbesondere in den Märkten für Dienstleistungen und industrielle Investitionsgüter, führten in der Vergangenheit zu zahlreichen wissenschaftlichen Projekten an verschiedenen renommierten Universitäten und Forschungsinstituten.[210] Parallel dazu setzte eine umfassende wissenschaftliche Debatte über die Gültigkeit bestehender Ansätze sowie die Notwendigkeit ein, neue Konzepte zu entwickeln, die den Netzwerk- oder den Beziehungsaspekt stärker berücksichtigen.

Die Erkenntnisse, die aus diesen und angrenzenden Forschungsvorhaben[211] der sich permanent erweiternden wissenschaftlichen "Community" auf diesem Gebiet erwuchsen, führten zu der Entwicklung einer Reihe neuer Konzepte im Rahmen des Marketing. Vorläufiges Resultat der anhaltenden Diskussion und Forschungsaktivitäten ist unter anderem die Bildung einer "*Familie*" von beziehungsorientierten Marketing-Ansätzen wie *Relationship Marketing, CRM, eCRM* und *One-to-One Marketing*. Die Unterschiede zwischen der Familie der beziehungsorientierten Konzepte, den "neuen" Ansätzen, und dem klassischen Ansatz des Transaktionsmarketing werden nachfolgend zusammengefasst. Zum besseren inhaltlichen Verständnis der Ansätze werden zunächst in der folgenden Abbildung deren wesentliche Merkmale gegenübergestellt (vgl. Abbildung 2.2).[212]

Traditionelle Marketing-Ansätze setzten danach grundsätzlich den Schwerpunkt auf die *Akquisition neuer Kunden*. Dabei steht der Verkauf, die reine Transaktion im Vordergrund. Bei diesem Transaktionsansatz ist der Wert für den Kunden unmittelbar mit dem ausgetauschten Produkt oder der erworbenen Dienstleistung verbunden und äußert sich in seiner Zahlungsbereitschaft. Bei den Formen des *Beziehungsmarketing* schwächt sich dagegen die bisherige zentrale Rolle des Produktes/der Dienstleistung ab, weil hier die

---

[208] Vgl. Gabbott & Hogg (1994), S.311; Bonoma & Zaltman (1978); Meyer (1983); Meffert (2000), S.25ff.

[209] Vgl. Payne (2000), S.1; Li & Nicholls (2000), S.460

[210] Vgl. Beispiele genannt bei Payne & Rapp (1999), Vorwort, S.VIf.: Cranfield University, Swedish School of Economics, Harvard Business School; Payne & Rapp (1999), S.3

[211] Vgl. Payne & Rapp (1999), S.4

[212] Vgl. Lasogga (2000), S.374; Wehrli & Wirtz (1997), S.127; Buzzell (1997), S.502; Li & Nicholls (2000), S.450

Relevanz des Umfeldes der Leistung zunimmt. Der Kunde erwartet einen Mehrwert vom Anbieter. So begleiten etwa Beratung, Training, Information, Wartung, Einbau und ßanderes den Verkauf des Produktes oder der Dienstleistung. Sind diese vom Kunden erwarteten Zusatzleistungen nicht ausreichend, kann es mitunter sein, dass das reine Produkt selbst wenig oder gar keinen Wert für den Käufer hat. Als anschauliches Beispiel kann in diesem Zusammenhang ein Industrieroboter fungieren.[213]

ABBILDUNG 2.2: VERGLEICH ZENTRALER EIGENSCHAFTEN DER MARKETINGANSÄTZE

Transaktionsorientiertes Marketing	Beziehungsorientiertes Marketing
• Fokussierung auf Einzelverkäufe	• Fokussierung auf den Erhalt von Kundenbeziehungen
• Kurzfristigkeit des Ansatzes	• Langfristigkeit des Ansatzes
• Qualität als Anliegen hauptsächlich der Produktion	• Schwerpunkt auf Kundenwerte
• Schwerpunkt auf Produkteigenschaften	• Hohe Bedeutung des Kundenservices
• Niedriger Stellenwert des Kundenservices	• Häufiger, kontinuierlicher Kundenkontakt
• Beschränktes Engagement für Kundenbelange	• Qualität als Anliegen aller Beteiligten
• Unregelmäßiger und oberflächlicher Kundenkontakt	

Quelle : In Anlehnung an Payne & Rapp (1999) , S.6

Merkmale des Paradigmenwechsels

Der Übergang vom transaktions- zum beziehungsorientierten Marketing vollzieht sich mittels einer Veränderung der Kundenbearbeitung und damit des Marketingverständnisses. In der Kundenbearbeitung findet ein grundlegender Richtungswechsel statt. Der Schwerpunkt der Marketingaktivitäten verlagert sich von der Akquisition von Neukunden hin zur Bindung und zum Erhalt bereits bestehender Kunden. Parallel dazu erfolgt eine Abkehr vom rein bereichsbezogenen Marketing hin zu einem breiteren Marketingverständnis, einem *bereichsübergreifenden* Marketingansatz.

---

[213] Vgl. Grönroos (1997), S.16

62

Die folgende Abbildung soll diesen Übergang zum beziehungsorientierten Marketing noch einmal schematisch deutlich machen (vgl. Abbildung 2.3).

ABBILDUNG 2.3: ÜBERGANG ZUM BEZIEHUNGSORIENTIERTEN MARKETING

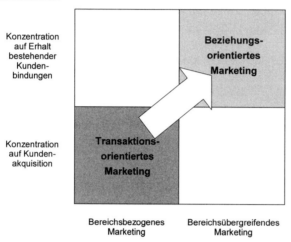

Quelle : In Anlehnung an Payne & Rapp (1999) , S.4

Diese vereinfachende Darstellung soll *nicht* suggerieren, dass ein derartiger Übergang *zwangsläufig* für alle Branchen stattfinden muss: Auch in Zukunft ist davon auszugehen, dass der transaktionsorientierte Marketingansatz - wo sinnvoll und notwendig - entsprechende Verwendung finden wird. Die Ansätze zum beziehungsorientierten Marketing ersetzen somit nicht bestehende Marketingkonzepte, sondern tragen zu einer *Erweiterung* des Konzeptraumes bei.

2.1.1.2 CRM im komplexen Kontext kundenorientierter Ansätze

Zum komplexen Themengebiet des beziehungsorientierten Marketing bietet die Fachliteratur eine große Konzept- und damit verbunden auch eine große Begriffsvielfalt. Die nachstehende Abbildung fasst illustrativ die wesentlichen Bezeichnungen von Ansätzen zur Kundenorientierung zusammen (Abbildung 2.4).

ABBILDUNG 2.4: BEISPIELE VON ANSÄTZEN ZUR KUNDENORIENTIERUNG

Quelle: Eigene Darstellung

Einige Autoren aus Wissenschaft und Praxis haben sich näher mit der vorliegenden Konzept- und Begriffsvielfalt beschäftigt. Dabei kristallisieren sich affirmative und kritische Sichtweisen heraus: Für die eine Gruppe von Autoren stellt die bestehende Begriffsvielfalt *kein* wirkliches Problem dar, da ihrer Auffassung nach *eine* grundsätzliche Idee alle Ansätze verbindet: Für PEPPERS & ROGERS (1999) ist zum Beispiel die Namensgebung von untergeordneter Bedeutung: "*It doesn't really matter what we call this new competitive idea, now sweeping through boardrooms and dominating business planning everywhere. We have called it 'one-to-one marketing' or simply '1-to-1'. Others have created alternate terms, such as customer relationship management (CRM), enterprise relationship management (ERM), customer intimacy, real-time marketing, among others.*"[214] Die Grundidee liegt für die beiden Autoren in der Entwicklung und im Management individueller Beziehungen mit individuellen Kunden. Auch für HERMANNS & THURM (2000) handelt es sich bei CRM, One-to-One Marketing beziehungsweise Kundenbeziehungsmanagement um einen grundlegenden "*Ansatz.*"[215]

---

[214] Vgl. Peppers & Rogers (1999), S.7; ähnlich Peppers & Rogers (1999c), S.3
[215] Vgl. Hermanns & Thurm (2000), S.469

In diesem Umfeld gibt es auch Autoren, die die Begriffe gewollt synonym miteinander verwenden; so verwendet PAYNE (2000) zum Beispiel Relationship Marketing explizit synonym für CRM.[216]

Daneben sind in der Literatur bezüglich der Inflation an Konzeptbezeichnungen und deren synonymer Verwendung auch *kritische* Stimmen zu finden.[217] So sehen zum Beispiel die Autoren BRUHN & HOMBURG (2000) die Ansatzvielfalt und die damit bestehenden Überschneidungen und begrifflichen Ungenauigkeiten mit Bedenken.[218] In ihren Augen werden viele Ansatzbezeichnungen oft synonym, dabei aber gleichzeitig eher *falsch* verwendet.[219] So steht auch DILLER (2001) einer zu unpräzisen Verwendung der Begrifflichkeiten unter einem Oberbegriff wie dem von CRM ablehnend gegenüber.[220]

Der Unterschied zwischen beiden Gruppen könnte sich dadurch ergeben, dass die erstere im Bereich des beziehungsorientierten Marketing im Wesentlichen nur einen zentralen Ansatz erkennt, so dass unterschiedliche Bezeichnungen nicht wirklich bedeutsam sind. Die zweite Gruppe dagegen erkennt verschiedene Ansätze, die unterschiedliche Bezeichnungen erfordern.

Verschiedene Ansätze unterscheiden sich allerdings auch nur durch die Ausbildung von Schwerpunkten: So setzen zum Beispiel die Autoren GRÖNROOS, SHAW, RAPP, PEPPERS & ROGERS und CHRISTOPHER unterschiedliche "*Nuancen.*"[221] Wird die besondere Akzentuierung einzelner Ansätze mit einem eigenen Begriff tituliert, so steigt konsequenterweise die Anzahl der bestehenden Begriffe weiter an.

2.1.2 Systematisierung der Begriffe

Aus der Vielfalt der bestehenden, im vorigen Abschnitt aufgezeigten Ansätze eines beziehungsorientierten Marketing sticht CRM mittlerweile hervor, da es mit Hilfe modernster technologischer Mittel bewährte Prinzipien der Kundenbindung und -

---

[216] Vgl. Payne (2000), S.1
[217] Vgl. Bruhn & Homburg (2000); Diller (2001); Meltzer (2001), S.324
[218] Vgl. auch absatzwirtschaft (2000), H.7, S.104; McKenzie (2001), S.41; Payne (2000), S.2; McKenna (1999), S.37f.
[219] Vgl. Homburg & Bruhn (2000)
[220] Vgl. Diller (2001), S.67
[221] Vgl. Shaw (2001), S.23f.

beziehung wiederzubeleben vermag.[222] Bevor näher auf die Definition und Abgrenzung von CRM-Begrifflichkeiten eingegangen werden kann, soll im Folgenden zunächst die *Kundenbeziehung* als zentrales Handlungsobjekt von CRM betrachtet werden,[223] zu deren Verbesserung CRM das vorrangige Konzept darstellt.[224]

2.1.2.1 Kundenbeziehung als Handlungsobjekt von CRM

Kundenbeziehung und Kundenbindung rücken heute wieder verstärkt in den Mittelpunkt des unternehmerischen Interesses. Im Rahmen von CRM wird in diesem Zusammenhang in der Praxis versucht, vor allem auch das bewährte Konzept des Einzelhandels zu übernehmen: Es gilt vereinfacht, "*den Tante-Emma Laden im Massenmarkt zu schaffen*"[225], und das mit Hilfe des Einsatzes moderner Technologien und Kommunikationsmittel.

Diese Neubelebung bewährter Prinzipien zur Bildung und Verbesserung von Kundenbeziehungen und -bindungen und ihre Übertragung auf einen Massenmarkt dürfte allerdings nicht immer unproblematisch verlaufen, da die wirtschaftlichen und gesellschaftlichen Bedingungen von heute im Vergleich zu denen von früher grundlegend verschieden sind. Es ist daher notwendig, die bewährten Konzepte den heutigen Verhältnissen anzupassen.

Dies geht nicht ohne eine weitere Betrachtung des Phänomens der Kundenbeziehung.[226] Erstaunlich ist, dass obwohl allgemein von *Kundenbeziehungen* gesprochen wird, der Begriff in der Literatur bisher nur selten genauer untersucht worden ist;[227] auch hier fehlt eine klare Begriffs- und Modellbildung; ein Versäumnis, das häufig zu Kritik geführt hat.[228]

---

[222] Vgl. Wirtschaftswoche (1998), H.51, S.128; Helmke & Dangelmaier (2001), S.5; Pfeiffer (2000), S.13; auch Peppard (2000), S.312

[223] Kundenbeziehung wird im Folgenden nicht weiter ausgeführt, weil nur Kundenbindung als eine Spielart von Kundenbeziehung im Rahmen des CRM-Konzeptes im Vordergrund steht.

[224] Vgl. Kahle & Hasler (2001), S.214; Link (2001), Geleitwort; Link (2001), S.3

[225] Vgl. Holzner (1998), Wirtschaftswoche, H.51, S.128f.; Swift (2001), Einleitung; Rudolph & Rudolph (2000), S.25

[226] Das Phänomen Kundenbindung wird an späterer Stelle in dieser Arbeit ausführlicher behandelt - eine genauere Betrachtung an dieser Stelle wäre ein inhaltlich zu umfassender Vorgriff auf spätere Ausführungen und soll daher hier nicht erfolgen.

[227] Vgl. McLoughlin & De Burca (1996), S.1013; Sheaves & Barnes (1996), S.216; Eggert & Stief (1999); Rieker (1995); Plinke (1997); Blois (1996), S.107, (1998); Bagozzi (1995), S.275; Bliemel & Eggert (1997); Eggert (2001), S.42; Diller (1994), S.1; Meyer & Schaffer (2001), S.66; Lasogga (2000), S.379f.; Barnes (1994), S.561ff.; Grönroos (2000), S.32f.

[228] Vgl. Bagozzi (1995), S.275; Fournier (1998), S.4; Filiatrault & Lapierre (1997), S.221; Fassott (2001), S.1

Nach DILLER (1994) kann eine Kundenbeziehung definiert werden als "*von öko-nomischen Zielen geleitete Interaktionsprozesse verbunden mit personalen Kontakten, langfristigen Geschäftsperspektiven und damit verbunden einer investiven Kompo-nente.*"[229]

Nach EGGERT & STIEF (1999) gibt es zwei mögliche Sichtweisen auf eine Kundenbe-ziehung.[230] Zum einen die *handlungsorientierte*, zum anderen die *zustandsorientierte* Perspektive. Für die *handlungsorientierte Perspektive* kommt eine Beziehung dadurch zustande, dass eine Reihe von Transaktionen zwischen gleichen Parteien durchgeführt wird.[231] PLINKE (1997) definiert ganz ähnlich eine Beziehung als eine "*Folge von Markttransaktionen zwischen einem Anbieter und einem Nachfrager, die nicht zufällig ist.*"[232] Die *zustandsorientierte Sichtweise* geht dagegen davon aus, dass erst eine Be-ziehung vorliegt, wenn der Kunde diesen Zustand auch wirklich so wahrnimmt. SHEAVES & BARNES (1997) formulieren diese Erkenntnis wie folgt: "*no relationship exists unless the customer believes it exists.*"[233]

Da letztlich fast jeder Austausch in der Praxis - abgesehen von auf anonymen Märkten stattfindenden Transaktionsprozessen, wie zum Beispiel an Börsen - eine wie auch immer geartete Beziehung darstellt, rückt nach EGGERT (2001) die Frage nach dem Bestehen einer Beziehung in den Hintergrund;[234] vielmehr interessiere, wie eine bestehende Be-ziehung sinnvoll ausgestaltet und beeinflusst werden könne. In diesem Zusammenhang werden Aspekte wie *Intensität* und *Qualität* einer Beziehung wichtig.[235]

Der Aufbau und die Unterhaltung von Geschäftsbeziehungen erfordern Investitionen persönlicher wie finanzieller Art und Weise. Die daraus resultierenden Rückflusse machen sich allerdings erst langfristig bemerkbar. Daher scheint es angebracht, die Kun-denbeziehung als Investitionsobjekt anzusehen.[236] Das aktuelle Interesse der Marketing-

---

[229] Vgl. Diller (1994), S.1

[230] Vgl. Eggert & Stief (1999); auch Rieker (1995), S.43

[231] Vgl. Rieker (1995), S.43; Plinke (1989), S.307f.; Levitt (1983), S.87ff.

[232] Vgl. Plinke (1997), S.23 u. S.44f.

[233] Vgl. Eggert (2001), S.89f.; Sheaves & Barnes (1997), S.216-217, S.242

[234] Vgl. Eggert (2001), S.89; Gadde & Snehota (1999), S.3; Meyer & Schaffer (2001), S.66

[235] Vgl. Diller (1996); Eggert (2001), S.89f.; zur Relationship Quality: Henning-Thurau (2000), S.131; umfassender Henning-Thurau & Klee (1997)

[236] Vgl. Eggert (2001), S.42; Plinke (1989); Helm (2001), S.114; Tomczak & Rudolf-Sipötz (2001), S.129; Stahl & Matzler & Hinterhuber (2001), S.354

forschung gilt dabei insbesondere der Frage, ob und inwiefern durch geeignete Ansätze der Wert von Kundenbeziehungen gemessen und gesteigert werden kann.[237] Dabei rücken neben der Effektivitätskomponente wie der Fähigkeit Kunden zu binden, Effizienzkriterien wie damit verbundene Kosten und Ressourcenbindung in den Vordergrund.[238]

2.1.2.2 CRM als vorrangiges Konzept zur Förderung der Kundenbindung

Unter der Vielzahl bestehender Ansätze zur Kundenorientierung steht das *Customer Relationship Management* heute im Vordergrund: "*But, clearly, now, the term Customer Relationship Management has overtaken the market.*"[239]

Obwohl CRM also inzwischen den Oberbegriff für eine umfassende Bewegung zu mehr Kundenorientierung, zu einer Verbesserung von Kundenbindung und Schaffung intensiverer Kundenbeziehungen darstellt, ist er für sich selbst aber bisher *nicht* einheitlich definiert worden. Die Dominanz des CRM-Konzeptes führt offensichtlich nicht auch automatisch zu einer klaren CRM-Begrifflichkeit. Dem Oberbegriff CRM wird eine Vielzahl unterschiedlicher Strömungen und Ansätze zugeordnet, die zum Teil sehr heterogen erscheinen und ihrerseits wieder verschiedenste Begriffswelten gebildet haben.[240] Dabei sind Überschneidungen und Umdeutungen feststellbar. Je nach Herkunft der CRM-Experten werden unterschiedlichste Blickwinkel auf den CRM-Ansatz eingenommen.[241] In der Literatur wird *auch* in diesem Zusammenhang von "*Begriffswirrwarr*" gesprochen.[242]

Die Ursachen für die Vielfalt an Auffassungen liegen unter anderem darin, dass das CRM-Konzept innerhalb des Unternehmens eine Reihe von organisatorischen Bereichen betrifft und dementsprechend aus den jeweiligen Perspektiven betrachtet und diskutiert wird. In Verbindung mit CRM spielen Bereiche, wie zum Beispiel Marketing, IT und Produktion, eine wichtige Rolle.

---

[237] Vgl. Krafft (1999), S.512; Rudolf-Sipötz (2001), S.2; Günter & Helm (2001), Vorwort; Cornelsen (2000), S.2; Meyer & Schaffer (2001), S.65f.; Rapp (2000b), S.15
[238] Vgl. Günter & Helm (2001), Vorwort und S.5
[239] Vgl. Brown (2000), Vorwort; Harvard Management Update (2000), S.1; Eggert & Fassott (2001), S.3; Link (2001), Geleitwort; Link (2001), S.2
[240] Vgl. Walter (2000) S.12; Greenberg (2001), S.13; Brown (2000); Swift (2001); Rapp (2000); Tiwana (2001)
[241] Vgl. Keese & Graf (2000), S.164
[242] Vgl. Eggert & Fassott (2001), S.7

Zudem grenzt das CRM-Konzept an eine Reihe von unterschiedlichen Wissensgebieten an und bildet mit diesen einzelne Schnittstellen; dies führt wiederum zu weitergehenden Fragestellungen. Beispiele für solche assoziierbaren Themengebiete sind etwa IT-Management, Controlling, Organisation, Marketing, Psychologie und die Kommunikationswissenschaft.[243] Zum anderen ist in Wissenschaft und Praxis das Verständnis von CRM unterschiedlich weit gefasst. Die bestehenden CRM-Sichtweisen können dabei sehr eng, aber auch umfassender sein; so sind zum Beispiel mit einem CRM-Konzept isolierte Einzelmaßnahmen gemeint oder auch ganzheitliche, unternehmensweite Ansätze.

Wissenschaft und Praxis ist es bisher nicht gelungen hier eine *einheitliche Sprache* und ein *gemeinsames Verständnis* zu finden; dies untermauern auch die Ergebnisse einer aktuellen CRM-Studie von FRIELITZ et al. (2000): *"Es ist immer noch so, dass, obwohl "Customer Relationship Management" heutzutage in aller Munde ist, vor genaueren Definitionen und Abgrenzungen bereits auf der begrifflichen Ebene zurückgeschreckt wird."*[244] Man kann vermuten, dass gerade, weil CRM zur Zeit sehr "populär" ist und sich zusätzlich anhaltend weiterentwickelt, der Begriff bisher keine eindeutige und allgemein anerkannte Definition erhalten hat.[245]

Um zu einer zumindest für diese Arbeit klärenden Begriffsabgrenzung zu gelangen, gilt es zunächst, die bestehenden CRM-Definitionen zu systematisieren.

2.1.2.3 Kategorisierung bestehender CRM-Definitionen nach CRM-Dimensionen

Die Vielzahl der vorstehend deutlich gewordenen Definitionen und die damit verbundene Unübersichtlichkeit gebieten eine entsprechende *Kategorisierung*. Ein solches Vorgehen erleichtert die Begriffsauswahl für diese Untersuchung. Zunächst ist dafür ein geeigneter Kategorisierungsrahmen zu finden. Der Verfasser schlägt an dieser Stelle eine Systematisierung nach CRM-Dimensionen vor. Ein solche Vorgehensweise erscheint sinnvoll, da die CRM-Dimensionen wesentliche Ausprägungsformen des Konzeptes umreißen.

---

[243] Vgl. Walter (2000), S.12
[244] Vgl. absatzwirtschaft (2000), H.7, S.104
[245] Vgl. Rapp (2000)

LEE (2000) und TIWANA (2001) beschreiben CRM in diesem Zusammenhang als in vier interdependente und seqenziell miteinander agierende Dimensionen unterteilbar.[246]

Bestimmung und Erklärung der CRM-Dimensionen
Die CRM-Dimensionen *Strategie, Prozess, Unternehmenskultur und Organisation* sowie *Technologie* sind in der nachfolgenden Abbildung dargestellt (vgl. Abbildung 2.5). Ihre jeweiligen Inhalte werden anschließend weiter ausgeführt.

ABBILDUNG 2.5: DIMENSIONEN VON CRM

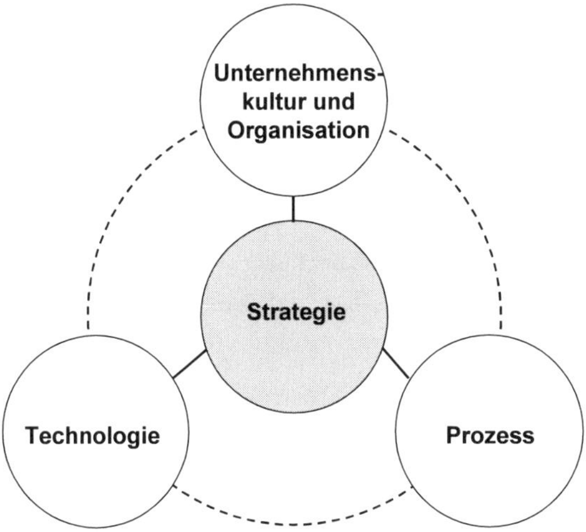

Quelle: In Anlehnung an Tiwana (2001), S.61

Strategie-Dimension: Als *Strategie* bedeutet CRM die grundlegende Anpassung oder Veränderung des Geschäftsansatzes eines Unternehmens hin zu mehr Kunden-orientierung und zur Erschließung des Potenzials von Kundenbeziehungen. [247] In dieser Dimension erfolgt die Bestimmung der Zielvorgaben und damit der Prioritäten, die das Konzept setzt. Hier werden die Haupthebel für die Transformation einer Unternehmung

---

[246] Vgl. Lee (2000), S.13; Tiwana (2001), S.61; Homburg & Sieben (2000), S.493f.; Kehl & Rudolph (2001), S.272; Nelsen & Berg (2000), S.8
[247] Nach Hermanns & Thurm (2000), S.470 besitzt CRM eine *strategische Perspektive*.

festgelegt, die Kommunikationskanäle zugeordnet und die betroffenen Kundensegmente bestimmt.

Prozess-Dimension: CRM als *Prozess* ist im engsten Sinne der "CRM-Regelkreis", der bei der Sammlung von Daten, ihrer Strukturierung und Analyse entsteht. Über Kanäle werden Kunden kontaktiert und durch Kampagnen bearbeitet. So verstanden ist CRM Bestandteil der Geschäftslogik und damit ein Teil der Prozesslandschaft eines Unternehmens.

Technologie-Dimension: CRM als *Technologie* umfasst typische CRM-Systembestandteile, wie zum Beispiel operatives, kommunikatives und analytisches CRM, die in der IT- und Prozesslandschaft einer Unternehmung wiederzufinden sind.[248]

Organisations-Dimension: CRM als *organisatorisches* Konzept regelt in struktureller Hinsicht die kundenorientierte Ausrichtung einer Unternehmung in Bezug auf Geschäftsprozesse und Organisation. CRM ist danach mit dem Gedanken der Kundenorientierung und Kundenbeziehung im Leitbild und in der Kultur einer Unternehmung verankert und beeinflusst damit grundlegende Werte und Verhaltensweisen innerhalb eines Unternehmens.

Anhand der dargestellten CRM-Dimensionen kann die Breite des jeweiligen Verständnisses eines CRM-Ansatzes bestimmt werden. So setzen *eng* gefasste Definitionen von CRM ihren Schwerpunkt im Wesentlichen bei *einer* Dimension, wohingegen *breite* Ansätze *mehrere* oder sogar *alle* Dimensionen umfassen können. Nachstehend werden zunächst einige Beispiele von Definitionen gegeben, die sich klar in *einer* der Dimensionen wiederfinden lassen und damit den Begriff im *engen* Sinne definieren.[249]

---

[248] Zur Klärung der einzelnen IT-Komponenten, wie operativem, kommunikativem und analytischem CRM, vgl. Abschnitt 2.5.2.4

[249] Interessant ist der Aspekt, dass einige der zitierten Autoren CRM zunächst an einer Stelle klar und präzise definieren, im fortschreitenden Zusammenhang der jeweiligen Ausführungen diese Definitionen von CRM allerdings nachträglich auf zusätzliche CRM-Dimensionen ausweiten. Beispiele sind Lee (2000), Tiwana (2001), Swift (2001). Gerth (2001), S.104 sieht eine solche zu enge Auslegung von CRM als problematisch an. Dies legt die Vermutung nahe, dass der CRM-Begriff durch die Autoren am Anfang ihrer Darstellungen zu eng definiert worden ist. Für die nachfolgende Kategorisierung bestehender Begriffsbildungen wurden die anfänglichen Definitionen der Autoren verwandt und nicht die Ausweitungen beziehungsweise die späteren Interpretationen.

Beispiele für die Strategie-Dimension: SMOCK & WATKINS (2000) definieren wie folgt: *"CRM is a customer focused business strategy designed to optimize profitability, revenue and customer satisfaction."* THOMPSON (2001) formuliert entsprechend. [250]

Beispiele für die Prozess-Dimension: SHAW (2001) versteht unter CRM: *"Customer relationship management is an interactive process for achieving the optimum balance between corporate investments and the satisfaction of customer needs to generate the maximum profit."*[251] Auch BROWN (2000) setzt den Schwerpunkt seiner Definition beim Prozess, TIWANA (2001) desgleichen. [252]

Beispiele für die Unternehmenskultur- und Organisations-Dimension: GARRETT (2000): *"CRM means different things to many people, but at its heart it means becoming a customer-focused organization."*[253] Eine in dieselbe Richtung weisende CRM-Definition gibt unter anderem FLETCHER (2001).[254]

Beispiel für die Technologie-Dimension: Nach SCHULTZ (2000) ist CRM *"a technology-driven solution to sales and marketing management. It focuses primarily on managing the information flow between the buyer and the seller, such as lead management and telemarketing support, seeking efficiencies in sales-force costs."*[255] In der einschlägigen Produktbeschreibung namhafter CRM-Anbieter, wie zum Beispiel Siebel Systems, SAP, Peoplesoft und Oracle, finden sich zahlreiche Anhaltspunkte dafür, dass CRM dort ebenfalls primär als eine Technologie beziehungsweise als ein System gesehen wird.

Das von HELMKE & DANGELMAIER (2001) stammende Beispiel erklärt CRM wie folgt: *"Unter Customer Relationship Management (CRM) ist die ganzheitliche Bearbeitung der Beziehung eines Unternehmens zu seinen Kunden zu verstehen. Kommunikations-, Distributions-, und Angebotspolitik sind nicht weiterhin losgelöst voneinander zu betrachten, sondern integriert an den Kundenbedürfnissen auszurichten."*[256]

---

[250] Vgl. Smock & Watkins (2000), CRM-Forum; Thompson (2001) in Greenberg (2001), S.38
[251] Vgl. Shaw (2001), S.23ff.
[252] Vgl. Brown, (2000), S.8; Tiwana (2001), S.6
[253] Vgl. Garrett (2000), S.3
[254] Vgl. Fletcher (2001) in Greenberg (2001), S.14
[255] Vgl. Schultz (2000), S.11
[256] Vgl. Helmke & Dangelmaier (2001), S.4

Um eine möglichst saubere Begrifflichkeit zu erzielen, ist es vor allem nötig, CRM von prominenten verwandten Konzepten innerhalb der Familie kundenorientierter Ansätze, also von Relationship Marketing, eCRM und One-to-One Marketing, abzugrenzen (vgl. Abbildung 2.6).

ABBILDUNG 2.6: CRM ALS VORRANGIGES KONZEPT ZUR FÖRDERUNG DER KUNDENBEZIEHUNG

Quelle: Eigene Darstellung

2.1.2.4 Abgrenzung von CRM und Relationship Marketing

Stellenwert von Relationship Marketing

Relationship Marketing beschäftigt seit längerer Zeit die Wirtschaftswissenschaft[257] und hat als wissenschaftlich fundierter Marketing-Ansatz in den letzten Jahren ein erhebliches Wachstum erfahren.[258] Es ist so zu einem der prominentesten Themen der Marketing-

---

[257] Vgl. Christopher et al. (1991); Grönroos (1994); Gummesson (1994); Sheth & Parvatiyar (1995); Ravald & Grönroos (1996); Morgan & Hunt (1994); Mattson (1998), S.37; Payne & Rapp (1999), S.3; Brodie et al. (1997), S.383; Coviello et al. (1997), S.502

[258] Vgl. Buzzell (1997), S.504; Gummesson (1987); Copulsky & Wolf (1990); Henning-Thurau (2000), S.127; Mattsson (1998), S.37

literatur geworden.[259] Einige Kritiker werfen dem Ansatz allerdings mangelnde theoretische Verankerung vor.[260]

Begriffsklärung

Nach GRÖNROOS (1996) kann Relationship Marketing wie folgt definiert werden: *"Relationship marketing is to identify and establish, maintain and enhance relationships with customers, and other stakeholders, at a profit, so that the objectives of all parties involved are met. This is done by mutual exchange and fulfillment of promises."* Diese Definition befindet sich im Einklang mit einer der ersten Service-Marketing Definitionen von BERRY (1983): *"Relationship Marketing is a strategy to attract, maintain and enhance customer relationships"* sowie der in der aktuellen Marketing-Literatur zu findenden Begrifflichkeit.[261] Es bedeutet danach eine Fokussierung des Interesses auf bereits bestehende Kunden sowie auf den Wertaspekt der Beziehung zwischen Kunde und Anbieter.[262]

Das Konzept basiert im Wesentlichen auf den Erkenntnissen von drei unterschiedlichen wissenschaftlichen Ansätzen. Der Ansatz der neuen Institutionenökonomie versucht, mit Hilfe von Transaktionskosten-Theorie und Agency-Theorie den Beziehungsbegriff greifbarer und damit erklärbarer zu machen.[263] Der *Netzwerkansatz* befasst sich dagegen hauptsächlich mit der Unternehmung und ihren vielfachen Beziehungen im Rahmen des Business-to-Business Marketing.[264] Nach MEFFERT (2000) gehört *Relationship Marketing* in diese Kategorie.[265] Nach DILLER (1995), (2000) basiert es auf einem Satz von grundsätzlichen Prinzipien wie Individualisierung, Information, Investment, Interaktivität, Integration, Intention und Selektivität.[266]

---

[259] Vgl. Diller & Kusterer (1988); Diller (2000); Dwyer & Schurr & Oh (1987); Grönroos (1994); Fournier & Dobscha & Mick (1998), S.2; Backhaus (1997), S.21; Payne & Rapp (1999); Brodie et al. (1997)

[260] Vgl. Palmer (1994), S.571

[261] Vgl. Berry (1983), S.25; Sheth & Parvatiyar (1994); Christopher & Payne & Ballantyne (1991); Grönroos (1994), (1996); Parvatiyar (1996); Copulsky & Wolf (1990), S.16.f.; Barnes (1994), S.561ff.; Brodie et al. (1997); Coviello et al. (1997), S.502; Li & Nicholls (2000), S.449-450

[262] Vgl. Palmer (1994), S.572, Payne & Frow (1998), S.475; Payne & Rapp (1999), S.3; Filatrault & Lapierre (1997), S.214; Rieker (1995), S.42f.; Peppers & Rogers et al. (1999c), S.3f.

[263] Vgl. Henning-Thurau & Hansen (2000), S.4; Mishra & Heide & Cort (1998)

[264] Vgl. Low (1996); Mattsson (1998); auch Brodie et al. (1997), S.384; Grönroos (1994), S.352; Coviello et al. (1997), S.514-515

[265] Vgl. Meffert (2000)

[266] Vgl. Diller (1995), S.443f.; (2000)

In seiner Anwendung kann Relationship Marketing nach PALMER (1994) in verschiedenen Organisationen unterschiedliche Ausprägungen und entsprechende Implikationen aufweisen, wie etwa Loyalty-Programme oder After-Sales Marketing.[267] Die
Umsetzung des Konzeptes in der Praxis scheint allerdings nicht problemlos zu laufen.
"Relationship Marketing is powerful in theory but troubled in practice."[268] Das kann
daran liegen, dass der Ansatz insgesamt sehr umfassend ist und bei einer vollständigen
Implementierung viele Unternehmen überfordert sind.

Abgrenzung zum CRM-Konzept

Die wissenschaftliche Literatur stellt *Relationship Marketing* grundsätzlich in einen
größeren Kontext als CRM. Bei den meisten der Relationship Marketing-Ansätze werden
alle Beziehungen einer Unternehmung zur Umwelt mit einbezogen.[269] Diese Ansätze befassen sich nach HERMANNS & THURM (2000) mit dem Beziehungsgeflecht, in dem
die Unternehmung und ihre wichtigsten Partner, wie beispielsweise Lieferanten, Kunden, Absatzmittler und Mitarbeiter, stehen.[270] Nach HOMBURG & BRUHN (2000) ist
Kundenbindungsmanagement nur als *ein* Teil von Relationship-Marketing aufzufassen.[271] CRM konzentriert sich dagegen auf die Beziehung zum Kunden im Besonderen,[272] der einen der wichtigsten Partner für ein Unternehmen darstellt. In diesem
Sinne könnte CRM unter das breitere Konzept des Relationship Marketing subsumiert
werden und als dessen praktische Weiterentwicklung in einem wichtigen Aspekt angesehen werden.[273]

2.1.2.5 Abgrenzung von CRM und eCRM

Stellenwert von eCRM

eCRM hat sich gegen Ende der 90er Jahre als eigene Disziplin herausgebildet. Es geht auf
die konzeptionelle Forschung des Beziehungsmarketing sowie die dort entwickelten Ansätze zur Vertriebssteuerung- und Automatisierung zurück. eCRM ist damit - gleichgültig
wie der Begriff letztlich formuliert wird - der neuen Familie von Marketingansätzen zu-

---

[267] Vgl. Filatrault & Lapierre (1997), S.213ff.
[268] Vgl. Fournier & Dobscha & Mick (1997), S.2; Payne & Rapp (1991), S.3
[269] Vgl. unter anderem Meffert (2000b), S.119
[270] Vgl. Hermanns & Thurm (2000), S.469; Payne & Rapp (1991), S.3; Clark & Peck et al. (1993), S.35
[271] Vgl. Homburg & Bruhn (2000), S.5
[272] Vgl. Hermanns & Thurm (2000), S.470; Meffert (2000b), S.119
[273] Vgl. Fassott (2001), S.1

zuordnen. Nach einer Analyse von GREENBERG (2001) hat es verschiedene Versuche gegeben, eCRM als eigenen von CRM unabhängigen Begriff zu etablieren.[274] Der Begriff habe sich in einer Phase entwickelt, in der Unternehmen mit Kunden über neue Kanäle zu kommunizieren begannen. Nach dieser Zeit sei der Begriff allerdings wieder in die Bedeutungslosigkeit abgesunken, da fast alle CRM-Konzepte die neuen Kanäle berücksichtigen sowie gängige CRM-Lösungen heute über eigene Internetkanäle verfügen. GREENBERG (2001) sieht bereits das "Ende" der eCRM-Debatte. Nach seiner Ansicht wird es nur noch im Rahmen des Marketing für einige CRM-Lösungen verwendet.[275] Abweichend davon ist allerdings festzustellen, dass eCRM gerade in der letzten Zeit wieder in den Blickwinkel vieler Autoren gerückt ist.[276]

Begriffsklärung von eCRM

Es ist zu vermuten, dass es sich bei eCRM im Rahmen der oben bereits erwähnten Begriffsflut nur um eine "Begriffspermutation" handelt. Nach Ansicht von EGGERT & FASSOTT (2001) kann eCRM wie folgt definiert werden: "*eCRM umfaßt die Analyse, Planung und Steuerung der Kundenbeziehungen mit Hilfe elektronischer Medien, insbesondere des Internet, unter dem Ziel einer umfassenden Ausrichtung des Unternehmens am Kunden.*"[277]

Ein Blick auf die relevante Literatur führt zu dem Resultat, dass auch der eCRM-Begriff - wie der CRM-Begriff - ein weit gefasstes Bedeutungsspektrum besitzt; dies erschwert eine Abgrenzung. Auch hier sind engere und weitere Definitionen des Begriffs festzustellen; zum einen wird eCRM relativ eng interpretiert als ein zusätzlicher Bestandteil im Instrumentarium der Marketingfunktion. Zum anderen wird eCRM als der Teil von CRM gesehen, der sich mit den neuen elektronischen Kanälen und ihren besonderen Möglichkeiten im Hinblick auf das Management von Kundenbeziehungen beschäftigt und damit in diesem Sinne als ein *Unterbegriff* von CRM verstanden.[278] Daneben gibt es auch Autoren mit einer etwas umfassenderen Sicht. FRIELITZ (2000) et al. sehen eCRM als eine Unternehmensphilosophie an.[279] Auch KOTLER & BLIEMEL (2001) interpretieren

[274] Vgl. Greenberg (2001), S.30
[275] Vgl. Greenberg (2001), S.31
[276] Vgl. Eggert & Fassott (2001); Fassott (2001); absatzwirtschaft (2001); Bartz (2001), S.13f.; Teltzrow (2001)
[277] Vgl. Eggert & Fassott (2001), S.5
[278] Vgl. Link & Gerth (2001), S.308
[279] Vgl. Frielitz et al. (2000), S.4f.

eCRM vor diesem Hintergrund als die elektronisch gestützte Realisierung des traditionellen Leitgedankens im Marketing.[280]

Abgrenzung zum CRM-Konzept

Die Frage, ob es grundsätzliche Unterschiede zwischen eCRM und CRM gibt oder nicht, ist Gegenstand einiger Abhandlungen in der Literatur. Sie wird von vielen Autoren explizit verneint: So *negieren* HELMKE & DANGELMEIER (2001) die Existenz eines fundamentalen Unterschiedes zwischen den Ansätzen.[281] Unterschiede sind, wenn überhaupt, in der Bedeutung der verwendeten Technologien zur Umsetzung des CRM-Konzeptes zu sehen.[282]

Die Einordnung des Begriffes ist - und das ist nicht verwunderlich - davon abhängig, wieviel man ihm inhaltlich zuordnet: Fasst man eCRM als umfassenderen Ansatz zur Kundenorientierung auf, der unter Verwendung neuer Technologien darauf abzielt, das traditionelle Leitdenken der Marketingdisziplin umzusetzen, dann ist der Begriff nicht weit von einer breiten Auffassung von CRM entfernt und mit diesem vergleichbar. Wenn eCRM allerdings sehr eng interpretiert wird, ist es innerhalb des CRM-Gebietes anzusiedeln (dann entspräche es der "e-Komponente " von CRM mit dem Schwerpunkt bei den elektronischen Medien). Diese Sichtweise ist in der Literatur wohl sehr verbreitet, so dass demnach der eCRM-Begriff unter das übergeordnete *CRM*-Konzept subsumierbar ist.[283]

2.1.2.6 Abgrenzung von CRM und One-to-One Marketing

Begriffsklärung von One-to-One Marketing

Unter *One-to-One Marketing* kann man einen Marketing-Ansatz verstehen, der die Bedürfnisse des individuellen Kunden in konsequentester Form in den Mittelpunkt stellt. Es beinhaltet so im Extrem eine atomare Betrachtung des Kunden, der bei Segmentgröße n=1 ein "*Segment of One*" ausbildet.[284]

---

[280] Vgl. Kotler & Bliemel (2001), S.34ff.

[281] Vgl. Helmke & Dangelmaier (2001), S.3

[282] Vgl. auch Garrett (2000), S.4

[283] Vgl. auch Hettich & Hippner & Wilde (2000), S.1364; Eggert (2001), S.89; Fassott (2001), Vorwort

[284] Vgl. Helmke & Dangelmaier (2001), S.8; Pine II & Peppers & Rogers (1995), S.103; Peppers & Rogers et al. (1999c), S. 4; Segment of One: © BCG

Abgrenzung zu CRM

One-to-One-Marketing kann nur schwer von CRM abgegrenzt werden, zu sehr ist es mit dessen Konzept verwoben. Im Rahmen eines voranschreitenden CRM-Vorhabens werden innerhalb der Kundenentwicklung und -betreuung kontinuierlich Kundeninformationen zusammengetragen; dabei werden insbesondere auch sogenannte Softfaktoren gewonnen, die die speziellen Kundenpräferenzen, wie zum Beispiel aus Kundensicht bevorzugter Kommunikationskanal, gewünschte Kontaktzeiten und -intervalle, grundsätzliche Interessen, soziales Umfeld, gesellschaftliche und geschäftliche Verbindungen, finanzielle Verpflichtungen und fixe Ausgaben, enthalten. Diese Informationen dienen unter anderem dazu, die anfänglich bestehenden Kundensegmente sukzessive immer weiter zu verfeinern, bis letztlich der individuelle Kunde deutlich wird. One-to-One-Marketing kann aus effizient praktiziertem CRM hervorgehen.[285] In diesem Sinne ist es als eine Erscheinungsform von fortgeschrittenem CRM zu interpretieren und in einem solchen Fall dann ebenfalls unter das CRM-Konzept subsumierbar.

Die vorstehenden Ausführungen haben deutlich werden lassen, dass eine Trennung der beziehungsorientierten Marketingkonzepte doch relativ einfach und plausibel erfolgen kann und dass ein in sich schlüssiges Begriffssystem möglich ist, das in Zukunft in Empirie und Theorie Verwendung finden sollte: eine Erkenntnis, die vor dem Hintergrund der anfänglich aufgezeigten Begriffsvielfalt *so* nicht zu erwarten war. Die gesamte ausufernde kontrovers gehaltene Begriffsdebatte erscheint so wenig sinnvoll. Im Übrigen handelt es sich hier oftmals um aus Management- beziehungsweise Beraterkreisen generierte Begriffe ohne inhaltliche Substanz.

2.1.2.7 Begriffswahl für CRM im Rahmen dieser Untersuchung

Um im weiteren Verlauf dieser Untersuchung von einer einheitlichen Begrifflichkeit ausgehen zu können, gilt es nun - vor dem Hintergrund der vorstehenden Begriffsabgrenzungen -, eine nachvollziehbare Arbeitsdefinition für CRM zu formulieren.

Der Formulierung einer zu *engen* Definition stehen bei dieser Zielsetzung zunächst folgende Einwände entgegen: Eine begrenzte Sicht trifft den Kern des umfassenden Ansatzes von CRM nicht und würde im weiteren Verlauf der Untersuchung eine Auf-

---

[285] Vgl. Die Bank (1999), H.11/12, S.36-37

weichung der Terminologie wahrscheinlich machen, wie sich das bei vielen Autoren in der Literatur mit anfänglich zu enger Sichtweise zu CRM bereits mehrfach gezeigt hat.

Eine zu enge Fassung des Begriffes an dieser Stelle der Darstellung erscheint auch vor dem Hintergrund der zu vollziehenden Gestaltung eines CRM-Anreizsystemes nicht vorteilhaft. So könnte der Blickwinkel auf das CRM-Anreizsystem bereits im Vorfeld der Gestaltung zu sehr eingeschränkt und damit der Aussagegehalt des Systems verringert und seine Anwendbarkeit erschwert werden.[286] Das zu entwickelnde Anreizsystem für CRM wird sich sinnvollerweise auf alle CRM-Dimensionen beziehen müssen. Würde man hier zum Beispiel die Dimension Prozesse bereits ausklammern, würden - wie sich im weiteren Verlauf der Untersuchung zeigen wird - wesentliche Bestandteile eines derartigen Anreizsystems bereits im Vorfeld unberücksichtigt bleiben.

Unter Einbezug der Besonderheiten des CRM-Konzeptes sowie in Anbetracht des Anspruches, ein möglichst umfassendes Modell eines CRM-Anreizsystems zu liefern, ist daher für diese Darstellung vorteilhafterweise eine möglichst *breit* gehaltene CRM-Definition zu wählen. Eine solche Fassung des CRM-Begriffes kann dadurch erreicht werden, dass *alle CRM-Dimensionen* in der Begriffsbildung Berücksichtigung finden. So bemerkt auch LEE (2000) zu den unterschiedlich breiten Definitionen zu CRM: "*None of these common descriptions, good or bad, express the totality of CRM. But add the first half and you pretty much get the picture.*"[287]

Die aktuelle relevante Literatur führt zu einer aktuellen CRM-Definition von WALTER (2000): "*CRM ist ein ganzheitlicher strategischer Ansatz zur kundenorientierten Ausrichtung von Unternehmen. Wesentliche Komponenten sind neben der Strategiedefinition im CRM die daraus resultierende Ausgestaltung der Kundenbeziehungen, die Konzeption von Organisation/Prozessen und der Einsatz von IT-Systemen/ Technologien.*"[288] Diese Begriffsauffassung besitzt zwar die für den weiteren Gang dieser Untersuchung erforderliche Breite; sie lässt dabei allerdings konkretere, dem CRM-Konzept immanente Zielsetzungen, wie *Verbesserung der Kundenbindung* und *Erhöhung*

---

[286] Vgl. etwa Kammel (1991), S.26
[287] Vgl. Lee (2000), S.3
[288] Vgl. Walter (2000), S.13

der Kundenprofitabilität, unberücksichtigt. Deren Berücksichtigung führt nun zu folgender Arbeitsdefinition (vgl. Abbildung 2.7).

ABBILDUNG 2.7: CRM-DEFINITION IM RAHMEN DIESER UNTERSUCHUNG

CRM DEFINITION

CRM ist ein ganzheitlicher strategischer Ansatz zur kundenorientierten Ausrichtung von Unternehmen mit den Zielen einer Verbesserung der Kundenbindung und einer Erhöhung der Kundenprofitabilität.

Wesentliche Komponenten sind neben der Strategiedefinition im CRM die daraus resultierende Ausgestaltung der Kundenbeziehungen, die Konzeption von Organisation/ Prozessen und der Einsatz von IT-Systemen/ Technologien

Quelle : Um konkrete CRM-Zielsetzungen ergänzte CRM-Definition nach Walter (2000), S.13

2.2 AUSGESTALTUNG ZENTRALER CRM-KONZEPT-KOMPONENTEN

Um ein Anreizsystem für CRM entwickeln zu können, ist es notwendig, das CRM-Konzept inhaltlich noch weiter zu durchdringen. Um dies zu erreichen, ist es erforderlich, die *zentralen* inhaltlichen Komponenten eines CRM-Konzeptes, wie zum Beispiel Zielsetzungen, Haupteigenschaften und unterstützende Prozesse einer vertiefenden Betrachtung zu unterziehen. Begonnen wird mit einer Untersuchung der allgemeinen Zielsetzungen von CRM.

2.2.1 Bestimmung der Zielsetzungen von CRM

Zur Bestimmung der Zielsetzungen werden bestehende CRM-Zielsetzungen in der Literatur auf gemeinsame inhaltliche Stoßrichtungen hin untersucht. Anschließend werden die für diese Untersuchung weiter verwendeten CRM-Zielsetzungen abgeleitet und ihre prinzipielle Wirkungsweise auf den Unternehmenserfolg aufgezeigt.

Analyse von Zielsetzungen bestehender CRM-Ansätze
Die aufgezeigte Begriffsvielfalt zu CRM suggeriert ebenfalls eine Heterogenität diesbezüglicher Zielsetzungen. Ob sich diese Vermutung bestätigen lässt, soll weiter untersucht werden. Dazu werden einschlägige Zielsetzungen aus der Literatur identifiziert und auf inhaltliche Gemeinsamkeiten hin untersucht. Die Befunde sollen anschließend zu einer Extraktion zentraler Zielrichtungen und einer dementsprechenden Systematisierung führen. In der relevanten Literatur zu CRM lassen sich in der Tat eine Vielzahl von unterschiedlichen CRM-Zielsetzungen erkennen.[289] Die folgende Abbildung systematisiert chronologisch eine Reihe aktueller CRM-Zielsetzungen (vgl. Abbildung 2.8).

ABBILDUNG 2.8: ÜBERSICHT BESTEHENDER CRM-ZIELSETZUNGEN

Autoren	Kundenbeziehungs/ bindungskomponente	Kundenprofitabilitäts- komponente	Sonstige
HOMBURG & SIEBEN (2000)	Erhöhung der Kundenbeziehung ✓	Erhöhung der Profitabilität der Kundenbeziehung;Optimierung des Kundenportfolios ✓	
RAPP (2000)	Optimierung der Kundenbeziehung ✓	Optimierung der Kundenbeziehung ✓	Gewinnung hochwertiger Neukunden
LEITZMANN & KEESE (2000)	Optimaler Ausbau und Aufbau von Kundenbeziehungen ✓	Profitabilität der Kundenbeziehungen ✓	
HETTICH & HIPPNER & WILDE (2000)	Aufbau und Festigung von Kundenbeziehungen ✓	profitable Kundenbeziehungen ✓	
BERSEN & SMITH & THEARLING (2000)		Verbesserung der Profitabilität ✓	
LASOGGA (2000)	Entwicklung lanfgristiger Kundenloyalität ✓		

---

[289] Vgl. Homburg & Sieben (2000), S.475; Rapp (2000), S.47; Leitzmann & Keese (2000), S.1142; Hettich & Hippner & Wilde (2000), S.1346; Bersen & Smith & Thearling (2000), S.44; Rieper (2000), S.22; Caufield (2001), S.17; Rudolph & Rudolph (2000), Vorwort; Lasogga (2000), S.373; Frielitz et al. (2000) in absatzwirtschaft (2000), H.7, S.101; Nelsen & Berg (2000), S.8; Link (2001), S.2; Gerth (2001), S.104; Helmke & Dangelmaier (2001), S.5f.; Tiwana (2001), S.23; Swift (2001), S.12; Thomson (2001) in Greenberg (2001), S.38; Brandt & Schneider (2001), S.297; Gerecke (2001), S.235

CAUFIELD (2001)			Optimierung der Profitabilität des Kundenportfolios	✓		
RUDOLPH & RUDOLPH (2001)	Kundenbindung	✓			Zielgerichtete Identifikation von Neukunden	
RIEPER (2000)	Steigerung und Erhöhung der Kundenbindung	✓	Profitabilität der Kundenbeziehungen	✓	Optimierung des Kontaktmanagements	
FRIELITZ ET AL. (2001); absatzwirtschaft Studie	Erstellung, Aufbau und Festigung von Kundenbeziehungen	✓	profitable Kundenbeziehungen	✓		
LINK (2001)	Herstellung, Aufrechterhaltung und Nutzung von Kundenbeziehungen	✓	erfolgreiche Kundenbeziehungen	✓		
HELMKE & DANGELMAIER (2001)	Kundenzufriedenheit, Kundenbindung	✓	Optimierung der Wirtschaftlichkeit der Kundenbeziehung	✓	Verbesserung Qualität der Kundenbearbeitung	

TIWANA (2001)	Verbesserung der Kundenbindung, -zufriedenheit, -loyalität	✓	Verbesserung der Einnahmenströme bestehender Kunden	✓	Verbesserung Akquisition und Konversion	
SWIFT (2001)	Verbesserung von Kundenbindung- und von Kundenloyalität	✓	Erhöhung der Kundenprofitabilität	✓	Verbesserung Kundenakquisition	
GERTH (2001)	Bindung bestehender Kunden	✓	Verbesserung des Wertes von Kundenbeziehungen	✓	Gewinnung richtiger Kunden	
THOMSON (2001)	Entwicklung von langfristigen Kundenbeziehungen	✓	Profitabilität von Kundenbeziehungen	✓		
BRANDT & SCHNEIDER (2001)	Kundenzufriedenheit, Kundenloyalität und Kundenbindung	✓				
GERECKE (2001)	Kundenbestandssicherung	✓	Optimierung Kundenwert	✓	Optimierung Kundenidentifizierung	

Quelle: Eigene Darstellung

Ableitung der allgemeinen CRM-Zielsetzungen

Der Vergleich der Inhalte der angeführten CRM-Zielsetzungen führt nahezu für alle Autoren zu der Erkenntnis, dass trotz Begriffsvielfalt die bestehenden CRM-Konzepte grundsätzlich in eine Richtung weisen. Die folgende Abbildung soll vereinfachend illustrieren, dass selbst bei unterschiedlichem CRM-Verständnis die übergeordneten Zielsetzungen prinzipiell die gleichen sind (vgl. Abbildung 2.9).

ABBILDUNG 2.9: CRM ANSPRUCHSSPEKTRUM UND ZIELSETZUNG

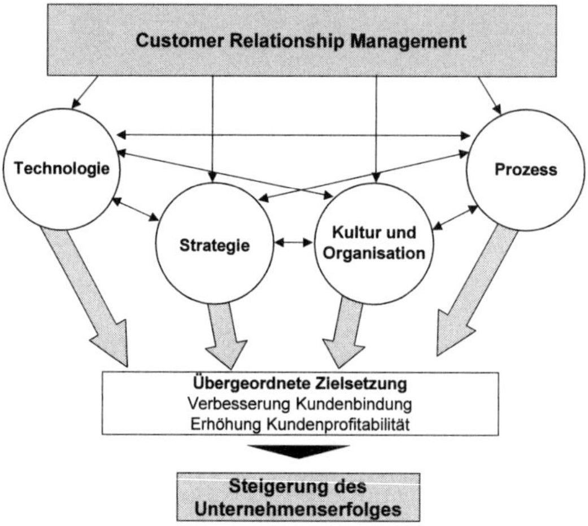

Quelle: Eigene Darstellung

Diese übergeordneten Zielsetzungen lassen sich dabei durch zwei wesentliche Bereiche konkretisieren: Zum einen ist in der Mehrheit der Fälle eine *Bindungs-* oder *Beziehungskomponente* identifizierbar (Stichwörter wie zum Beispiel Kundenzufriedenheit, Loyalität, Kundenbearbeitung, -bindung oder -beziehung weisen darauf hin), die verstanden wird als Ansatz zur Verbesserung des Verhältnisses zum Kunden; zum anderen ist der Aspekt der *Profitabilität* von Kunden in den Kundenbeziehungen und der Gewinnung von richtigen neuen Kunden klar bestimmbar (Stichwörter wie zum Beispiel Kundenwert, Wirtschaftlichkeit, Profit, Optimierung machen dies deutlich).

Die vorstehenden Ausführungen haben deutlich werden lassen, dass die mit CRM verbundenen übergeordneten Zielsetzungen, nämlich die Verbesserung der Kundenbindung und die Erhöhung der Kundenprofitabilität, nur grundsätzlicher Ausdruck der allgemeinen Zielsetzungen von *Effizienz* und *Effektivität* sind. In diesem Sinne können die vielen anderen, oftmals aus Management- beziehungsweise Beraterkreisen generierten Formulierungen diesbezüglicher Zieldefinitionen keine prinzipiell neuen Inhalte liefern.

Beziehung der CRM-Zielgrößen zum Unternehmenserfolg
Die vorstehende Abbildung zeigt, dass das Wesen der CRM-Zielgrößen in einem Beitrag zum Unternehmenserfolg besteht (vgl. Abbildung 2.9). Diese möglichen Beiträge sind Gegenstand der nachstehenden Betrachtungen. Im Folgenden wird zunächst die mögliche Leistung des CRM-Konzeptes in Bezug auf die klassischen Ziele einer Unternehmung, wie Steigerung des Gewinnes, Erhöhung der Sicherheit und Verbesserung des Wachstums untersucht.[290]

Beitrag zum Unternehmensgewinn: In Bezug auf den Beitrag zum Unternehmensgewinn können sowohl Kundenbindung und Kundenprofitabilität positive Auswirkungen aufweisen. Die *Kundenbindung* kann einerseits dazu beitragen, die *Erlöse* eines Unternehmens zu erweitern, zum anderen kann die *Kostensituation* entsprechend verbessert werden. Bezüglich der *Erlöse* ist festzustellen, dass gebundene Kunden weniger empfindlich auf eine Erhöhung des Preises reagieren, so dass bei ihnen ein erweiterter Spielraum in Bezug auf die Festlegung von Preisen,[291] das heißt auch vielfach eine geringere *Preissensibilität* besteht. Diesem Spielraum sind in der Praxis allerdings Grenzen gesetzt, denn häufig fordern insbesondere Stammkunden besondere Preisnachlässe. Der positive Zusammenhang zwischen Rentabiliät und dem Grad der Kundenbindung bildet den Gegenstand zahlreicher Untersuchungen.[292] Hervorgehoben sei an dieser Stelle die vielzitierte Studie von REICHHELD & SASSER (1991),[293] der zu Folge der Gewinn, den eine Unternehmung aus Kunden ziehen kann, *prinzipiell* mit der Dauer der Beziehung ansteigt: Die Überschüsse nehmen über die Zeit gesehen zu.[294] Nach dieser Untersuchung hat die Abwanderungsrate profitabler Kunden einen signifikanten Einfluss auf das Unternehmensergebnis.[295]

---

290 Vgl. unter anderem auch Diller (1996), S.81; Dittrich (2000)
291 Vgl. Dichtl & Schneider (1994), S.11; Slywotzky & Shapiro (1994), S.90; Zeithaml et al. (1996), S.33
292 Vgl. Reichheld & Sasser (1991), S.110f.; Anderson & Fornell et al. (1994); Kalwani (1995), S.14
293 Vgl. Reichheld & Sasser (1991), S.108ff.
294 Vgl. auch Seyfried (1998), S.354
295 Vgl. Reichheld & Sasser (2000). S.139f.

Die Kundenbindung kann danach den Gewinn einer Unternehmung bei Weitem mehr beeinflussen als etwa die klassischen Faktoren, wie Betriebsgröße, Marktanteil oder Stückkosten. Maßnahmen zur Verbesserung der Kundenbindung erfahren unter *diesem* Gesichtspunkt eine wesentliche Aufwertung.[296] Damit wird das Erreichen eines hohen Niveaus von Kundenbindung nach MEFFERT (2000) für marktorientierte Unternehmen zur "*strategischen Aufgabenstellung.*"[297]

Bezüglich der *Kostenseite* wird in der Literatur immer wieder angeführt, dass es wesentlich günstiger sei, bestehende Kunden zu betreuen als neue Kunden zu akquirieren.[298] Dieser Unterschied kann nach neuesten Studien eine Größenordnung von unter Umständen Faktor 5 ausmachen.[299] So sinken bei bestehenden Kunden über die Zeit vielfach die Transaktionskosten, weil diese - in Form von Verwaltungs-, Betreuungs- und Vertriebskosten - abnehmen können. Eine Bonitätsprüfung führt man zum Beispiel nicht bei jeder Transaktion durch, sondern meist am Anfang einer Beziehung. Neben den verringerten Transaktionskosten können auch durch eine Verringerung von Streuverlusten im Rahmen von Marketingaktivitäten Kosten verringert werden. Darüber hinaus sind die Kosten für die Neuproduktentwicklung mittels des Einbezuges von Kunden in der Entwicklungsphase reduzierbar.[300]

Der Beitrag der *Kundenprofitabilität* lässt sich ablesen am Verhältnis der pro Kunde erzielten *Erlöse* zu den dazu verursachten *Kosten*. Erlöse können zum Beispiel mittels geeigneter gewinnsteigernder Maßnahmen verbessert werden, wobei diese durchaus Kosten verursachen können. Ferner kann durch die Konzeption von für den Kunden wertbringenden Produkten und Dienstleistungen stimulierend auf die Erlösseite eingewirkt werden.

Beitrag zum Unternehmenswachstum: In Bezug auf den Beitrag zum Unternehmenswachstum kann Kundenbindung durch die Faktoren *Kundenpenetration* und *Kundenstammerweiterung* beitragen. Vor dem Hintergrund der Sättigung vieler Märkte und des zunehmenden Kampfes um Neukunden bekommen die durch Kundenbindung generierten

---

[296] Vgl. Reichheld & Sasser (2000), S.146; Diller (1996), S.81

[297] Vgl. Meffert (2000)

[298] Vgl. Burmann (1991), S.258; Treis & Wolf (1995), S.337; Zeithaml & Berry et al. (1996), S.33; Bund Jackson (1985), S.3; Schmengler & Thieme (1995), S.131; Jeschke (1995), S.203; Oliver (1999), S.33; Kehl (2001), S.208

[299] Vgl. Swift (2001), S.9; Meyer & Roos (1998), S.132, Tiwana (2001), S.26; Christopher & Payne et al. (1991); Filialtraut & Lapierre (1997), S.213; Finkelman & Goland (1990), S.5; Kern (1999), S.999

[300] Vgl. Buchanan & Gillies (1990), S.525

Wachstumseffekte immer mehr Bedeutung.[301] Eine intensive Kundenbeziehung kann dazu führen, dass die Kundenpenetration verbessert wird: Cross-Selling, Up-Selling werden ermöglicht, gleichzeitig steigen das Volumen und die Frequenz der Käufe an.[302] Daneben kann das Wachstum durch eine Erweiterung des Kundenstammes erfolgen. Stammkundschaft führt durch Weiterempfehlung und insbesondere Mund-zu-Mund-Propaganda zu einer Erweiterung der Kundenbasis.[303] Diese Form der Werbung ist kostengünstig und aus Sicht der Neukunden besonders vertrauenswürdig. Ein zufriedener Kunde vermehrt nach empirischen Analysen seine positiven Erfahrungen um den Faktor 3.[304]

Durch intelligentes kundenspezifisches Vorgehen können außerdem *Akquisitionskosten* bei der Neukundengewinnung verringert werden.[305] Es gibt bezogen auf den Kundenstamm *gute* und *schlechte* Kunden. Gute Kunden bringen durch positive Kundenprofitabilität einen gewünschten Beitrag zum Unternehmenserfolg, schlechte Kunden hingegen schmälern den Erfolg eines Unternehmens. Unter den schlechten Kunden gibt es solche, die über den zeitlichen Verlauf zu guten Kunden werden könnten, andere werden es hingegen nie.

Beitrag zur Sicherheit: In Bezug auf den Beitrag zur Sicherheit bietet ein treuer Kundenstamm, der sich also längerfristig an ein Unternehmen bindet und regelmäßig von diesem Leistungen bezieht, diesem eine gewisse Form von Stabilität. Das liegt zum einen an der mit der Dauer der Beziehung ansteigenden beidseitigen *Toleranz* bei Unternehmung und Kunde; so führen zum Beispiel Fehler auf der Unternehmensseite, wie eine falsche Lieferung, nicht sofort zum Verlust des betreffenden Kunden. Probleme und Konflikte werden gemeinsam gelöst; dies kann wiederum den Zusammenhalt positiv fördern. Zum anderen lassen sich im Laufe der Zeit von der Unternehmung Wechselbarrieren aufbauen, die die Kundschaft an einem Wechsel zur Konkurrenz hindern können.

---

[301] Vgl. Peter (1997), S.43

[302] Vgl. Kern (1999), S.999; Hermann & Huber & Braunstein (2000), S.294 zum Cross-Buying; Betsch (1998), S.436; Kotler & Armstrong (2001), S.673. Die Erklärung der Begriffe sowie der Zusammenhänge erfolgt in der Wirkungskette weiter unten in diesem Abschnitt. Meyer &Ertl (1998), S.174 sprechen von einer *Kausalkette*.

[303] Vgl. Hermann & Huber & Braunstein (2000), S.294

[304] Vgl. Netzel & Ebner (1997), S.291-294

[305] Vgl. Betsch (1998), S.436

Damit wird die Kundenbasis auch gegen Angriffe der Konkurrenz abgeschottet beziehungsweise immunisiert.[306] Solche Wechselbarrieren können auch seitens des Kunden entstehen. Durch den intensiven Kontakt zum Kunden kann das Unternehmen genau solche Produkte und Dienstleistungen entwickeln, die die Klientel wünscht, und sich damit einen Vorsprung vor der Konkurrenz sichern.

Die bisher betrachteten Größen Gewinn, Wachstum und Sicherheit können als *Hilfsgrößen* zur Demonstration des Einflusses von CRM auf den Unternehmenserfolg dienen. An ihnen lässt sich allerdings dieser Beitrag nur indirekt ablesen. Daneben besteht eine weitere Möglichkeit, den CRM-Beitrag zum Unternehmenserfolg aufzuzeigen; dieses mal aber direkt: Ein solches Vorgehen verknüpft den Unternehmenserfolg, der sich im *Shareholder-Value* manifestiert, mit dem *Customer-Lifetime-Value* (CLV)-*Ansatz*.[307] Dabei wird die Anzahl der Kunden mit den jeweiligen Kundenwerten multipliziert und stellt so für die Anteilseigner ein maßgebliches Indiz für den Wert eines Unternehmens dar.[308] In diesem Zusammenhang ermöglicht das Konstrukt des CLV eine Konkretisierung.[309]

Die CRM-Zielsetzungen *Kundenbindung* und *Kundenprofitabilität* tragen nun - wenn beide gleichzeitig optimiert werden - selbst direkt zu einer Verbesserung des Wertes des Kundenstammes, des gesamten Customer-Lifetime-Values eines Unternehmens bei. Über diese Beziehung wirkt die durch CRM unterstützte Steigerung des Kundenwertes direkt auf den Erfolg einer Unternehmung, indem sie anteilig zu einer Verbesserung des Unternehmenswertes führt und damit einen Beitrag für die Anteilseigner einer Unternehmung zu liefern vermag.

Mit der *Verbesserung der Kundenbindung* und der *Optimierung der Kundenprofitabilität* sind die allgemeinen CRM-Zielsetzungen identifiziert worden. Diese besitzen für ein CRM-Konzept und damit auch für ein CRM-Anreizsystem eine derart *zentrale* Bedeu-

---

[306] Vgl. Treis & Wolf (1995), S.339; Müller & Riesenbeck (1991), S.68f.; Hansen & Jeschke & Schöber (1995), S.81; Peter (1997), S.56; Hermann & Huber & Braunstein (2000), S.294

[307] Vgl. Tomczak & Rudolf-Sipötz (2001), S.129; Hansotia & Wang (1997), S.8; zum Shareholder Value etwa Uhde (2000), S.334; Albach (2000), S.3ff.

[308] Vgl. Günter (2001), S.216; Rust & Zeithaml & Lemon (2000)

[309] Vgl. Stahl & Matzler & Hinterhuber (2001), S.357f.

tung, dass im Rahmen des später zu entwickelnden CRM-Bezugsrahmens hier ein näheres Eingehen notwendig sein wird.

2.2.2 Bestimmung der Haupteigenschaften von CRM

Das CRM-Konzept kann neben der Bestimmung der allgemeinen Zielsetzungen inhaltlich auch im Hinblick auf die Ausgestaltung zentraler Eigenschaften eine weitere Konkretisierung erfahren.[310] Die nachstehende Abbildung fasst zunächst die Haupteigenschaften von CRM überblicksartig zusammen (vgl. Abbildung 2.10).

ABBILDUNG 2.10: HAUPTEIGENSCHAFTEN VON CRM

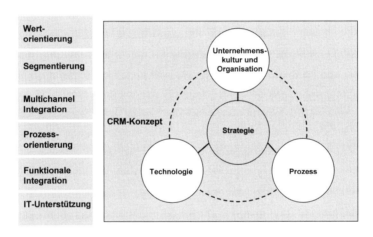

Quelle: Eigene Darstellung

Wertorientierung: Handlungen im Rahmen des CRM-Konzeptes sind durch den *Wert* eines *Kunden oder Kundensegmentes* bestimmt.[311] Damit verbunden ist vielfach eine bewusste Ungleichbehandlung von Kunden.[312] Bezüglich des Wertes, den bestimmte Kunden besitzen, gibt es erhebliche Unterschiede.[313] Der Segmentzugehörigkeit entsprech-

---

[310] Vgl. Homburg & Sieben (2000), S.475 sprechen von CRM-Prinzipien. Vgl. auch Hippner et al. (2001), S.27f.
[311] Vgl. Gerth (2001), S.110
[312] Vgl. Link (2001), S.2; Henning-Thurau (2000), S.130; Kehl (2001), S.203
[313] Vgl. Shapiro et al. (1987), S.102; Payne & Frow (1999), S.803; allgemein Hallberg (1995)

end wird die Betreuung ausgestaltet.[314] So werden Kunden mit hohem Potenzial durch intensive und persönliche Betreuung, andere weitgehend mit Hilfe automatisierter Prozesse und Instrumente bedient. In Bezug auf die Gewinnung von Neukunden ist eine unmittelbare Einordung in Segmente erforderlich, um Bedarfe und Erwartungen effizient und wertorientiert bedienen zu können.[315]

Segmentorientierung: Das CRM-Konzept basiert auf der Segmentierung von Kunden: "*Not all customers are created equal.*"[316] Dadurch erreicht man Kunden, die eine ähnliche Struktur in Bezug auf Bedürfnisse, Preissensitivität, Qualitätsanspruch, Nutzungsprofile sowie die gewünschten Vertriebswege aufweisen. Für eine Segmentierung können soziodemographische Ansätze, Segmentierungen nach Kaufverhalten oder etwa die Einteilung der Kunden in sogenannte *Lebenswelten* Verwendung finden.[317] Ferner finden auch *Schichtmodelle* Anwendung, die die Bedürfnisse und Verhaltensweisen von Kunden besser zu verstehen helfen sowie eine Einteilung in *Milieus* und *Lebensstile*.[318] Nach Segmenten wird die Kundenbearbeitung entsprechend ausgerichtet.[319] Auf dieser Basis wird eine besonders kundenindividuelle Ansprache und Produktion möglich, die dabei ungleich sein kann.[320] Gruppiert man Kunden zum Beispiel nach Kostenbeitrag und erzielbarem Preis, erhält man eine andere mögliche Form von Kundensegmentierung: Bestimmte Kundengruppen geben sich mit weniger Qualität und Service zufrieden, wollen aber auch entsprechend weniger bezahlen.[321] Kunden können über den Zeitverlauf hin einzelne Segmente durch *Segmentmigration* durchlaufen.

Multichannel-Orientierung: Multichannel-Orientierung bedeutet, dass ein Kunde ein Unternehmen über alle Kanäle hinweg konsistent wahrnimmt. Die Integration erfolgt durch *Konsistenz* in Beratung und Kommunikation:[322] Zum einen werden *Verkauf und Beratung* sowie das Produktangebot über alle Kanäle hinweg konsistent angeboten; dabei

---

[314] Vgl. Rudolph & Rudolph (2000), S.13; Payne & Frow (1999), S.808f.; Kehl (2001), S.203; Günter & Helm (2001), S.10
[315] Vgl. Rudolph & Rudolph (2000), S.14
[316] Vgl. Hallberg (1995); auch Kehl (2001), S.203; Reichheld (2001), S.79; Reichheld (1993), S.65
[317] Vgl. Steinig (1998), S.293; Storbacka (1997), S.480f.; Rangan et al. (1992), S.72ff.; Krüger (1999), S.117
[318] Vgl. Seyfried (1998), S.358f.
[319] Vgl. Krüger (1999), S.117; Payne & Frow (1999), S.797ff.
[320] Vgl. Piller (1998), S.2
[321] Vgl. Shapiro et al. (1987), S.104
[322] Vgl. Emmert & Buchta & Elgass (2000), S.23; Peppard (2000), S.319

wird der jeweils effizienteste Kanal für eine Leistung verwendet; zudem soll hier eine Beratung auch bei Verwendung unterschiedlicher Kanäle zu gleichen Ergebnissen führen. Zum anderen zeigt sich in der *Kommunikation* eine Integration darin, dass Statusinformationen kanalübergreifend aufeinander abgestimmt sind. Der Kunde hat kanalunabhängig das Gefühl, dass man seinen Fall und seine Bedürfnisse kennt.[323]

Prozessorientierung: CRM vollzieht sich prozessual unter der Verwendung sämtlicher kundenorientiert zu gestaltender Unternehmensprozesse. In Bezug auf den konkreten CRM-Prozess heißt Prozessorientierung iteratives Testen, Kontrollieren, Bewerten von CRM-Maßnahmen und erfasst alle Interaktionen mit dem Ziel, vom Kunden zu lernen und zugleich die Segmentierung des Kundenstammes weiter zu verfeinern. Ferner wird im Rahmen der Unternehmensprozesse die übliche Interaktion mit dem Kunden auf Kundenbedürfnisse und -verhalten hin optimiert.

Funktionale Integration: Das CRM-Konzept zeichnet sich durch eine starke Koordination und Kooperation zwischen den einzelnen Funktionen innerhalb einer Unternehmung aus. So kann das funktionsübergreifende CRM bestmöglich ausgeführt werden. Typische betroffene Marketingbereiche sind Vertrieb, Beschwerdemanagement und Kundendienst;[324] insbesondere die Zusammenarbeit dieser Bereiche an den organisatorischen Schnittstellen sowie über die CRM-relevanten Prozesse hinweg sollte sich für Kunden reibungslos vollziehen.

IT-Unterstützung: Der CRM-Ansatz basiert auf dem intensiven Einsatz von IT.[325] Nur mittels moderner Kommunikationsmittel, Systeme und Datenbanken wird es möglich, kundenindividuellen Service und Produkte für eine Vielzahl von Kunden bereitzustellen. Die IT unterstützt CRM bei der Sammlung, Auswertung und Analyse von Kundendaten. Sie werden dabei in *lernenden Systemen* hinterlegt. Außerdem erleichtert IT die Interaktion mit dem Kunden und führt zu einer effizienten Kundenbearbeitung über die für den Kunden relevanten Kanäle durch eine Automatisierung von bestimmten Prozessschritten.

---

[323] Vgl. Mattheis & Vietor (2000), S.18; Klawa (2000), S.12
[324] Vgl. Frielitz et al. (2000), S.100
[325] Vgl. Payne (2000), S.2

Die vorstehende zusammenfassende Betrachtung der CRM-Haupteigenschaften, die hier erstmals in vollem Umfang durchgeführt wurde, stellt eine wesentliche Erkenntnis in Bezug auf die Vielschichtigkeit des Konzeptes dar und damit eine Voraussetzung für eine entsprechende Konzeptausgestaltung.[326]

2.2.3 Ableitung eines geeigneten CRM-Prozesses

Angesichts des gleichgerichteten CRM-Zielkorridors ist zu vermuten, dass die vielfältigen CRM-Ansätze auf Prozessebene eine ähnliche Vorgehensweise aufzeigen. Nachfolgend werden einige aktuelle CRM-Konzepte exemplarisch bezüglich der zu Grunde liegenden CRM-Prozesse miteinander verglichen. Gewählt wurden die Ansätze der CRM-Experten SWIFT (2001), RAPP (2000) und BROWN (2000), da besonders diese ausführlich auf diesbezügliche Prozesse eingegangen sind.[327] Die nachstehende Abbildung gibt die von diesen jeweils vorgeschlagenen Prozesse vereinfacht und für den Vergleich entsprechend aufbereitet wieder (vgl. Abbildung 2.11).

ABBILDUNG 2.11: CRM-PROZESSE IM VERGLEICH

SWIFT CRM process cycle	RAPP 5 phase approach of CRM	BROWN 3 phase CRM model
Ⓐ Knowledge discovery • Customer identification, segmentation, and prediction	① Customer analysis and specification	① Customer acquisition phase (Transaction) • Loyalty measurements • Profitability measurements
Ⓑ Market planning • Defines customer offers, delivery channels, schedules etc.	② Differentiated relationship strategies	Customer retention phase ② (Relation) • Customer satisfaction measurement
Ⓒ Customer interaction • Management of customer communications • Customer care and interactions	③ Design of relationship processes and tools ④ Implementation of systematical customer management	• Measurement of loyalty changes and profitability changes
Ⓓ Analysis and refinement • Capturing data from dialogs and learning from customers	⑤ Learning from customer relations	Strategic customer care ③ phase (Dialog) • Loyalty enhancement • Profitability measurement • Customer satisfaction checking

Quelle: Eigene Darstellung; inhaltlich nach den jeweiligen Autoren

---

[326] In der relevanten Fachliteratur findet man ein Eingehen auf lediglich einzelne CRM-Eigenschaften
[327] Vgl. Swift (2001); Rapp (2000); Brown (2000); auch Lasogga (2000), S.377

Auf den ersten Blick besitzen die Prozesse eine unterschiedliche Phasenanzahl, andere Bezeichnungsweisen und gewisse inhaltliche Verschiedenheiten; zudem ist ihr konzeptioneller Ansatzrahmen unterschiedlich weit gefasst. Ihnen gemeinsam ist aber:

- die Nähe des Prozesses zum Kunden, der im Mittelpunkt der jeweiligen Betrachtung steht,

- der zyklische und iterative Charakter der Vorgehensweise,

- die Existenz einer strukturierten Vorgehensweise und

- die Ähnlichkeit von einzelnen Prozess-Elementen, das heisst gemeinsame Subprozesse (Kundengewinnung, -entwicklung, -bindung, Lernen aus Kundenverhalten und -beziehung sowie Feedback).

Der diesen CRM-Ansätzen zu Grunde liegende logische Prozess ist in der folgenden Abbildung beschrieben (vgl. Abbildung 2.12).

ABBILDUNG 2.12: ALLGEMEINER CRM-PROZESS

Quelle: Eigene Darstellung

Dieser CRM-Prozess oder CRM-Regelkreis findet auch in der betrieblichen Praxis Anwendung.[328] Es handelt sich dabei um einen allgemeinen und plausiblen Prozess zur Beschreibung der Vorgehensweise zur Durchführung segmentspezifischer CRM-Maßnahmen.

Begonnen wird dabei mit der Datensammlung zu bestimmten Kunden (*Datensammlung und Segmentierung*). Die Kunden werden anhand spezieller Kriterien segmentiert. Für diese Segmente werden spezifische Maßnahmen entworfen und durchgeführt, wie zum Beispiel eine Treueaktion für Kunden mit hohem Wertpotenzial. Im Zuge dieser Maßnahme werden die Kunden durch die entsprechenden Kanäle angesprochen, zum Beispiel mittels eines Anschreibens oder durch ein Call-Center. Die Rückläufer der Aktionen werden gesammelt, konsolidiert und anschließend einer umfassenden Auswertung unterzogen. Bei der Durchführung von CRM-Maßnahmen sowie bei der späteren Analyse werden die erworbenen Erkenntnisse gesammelt und als Feedback in zukünftige Aktionen eingespielt (*Lernvorgang, Anpassung und Verfeinerung*).

Die bei einem Durchlauf gewonnenen Informationen werden dazu verwendet, die Segmentgröße zu verkleinern, indem die Kunden und ihre Bedürfnisse und Verhaltensweisen schrittweise näher bestimmt werden. Am Ende eines mehrfach durchlaufenen Prozesses stünde das *Segment-of-One*.

Die Implementierung der vorgestellten Prozesse beziehungsweise des vom Verfasser hier vorgeschlagenen CRM-Prozesses und ihre effiziente Ausführung innerhalb des Geschäftssystemes eines Unternehmens entsprechen einem begrenzten beziehungsweise sehr maßnahmenorientierten CRM-Prozessansatz. Kunde und Unternehmen stehen allerings in der betrieblichen Praxis in vielfältiger Art und Weise in Kontakt zueinander. Dieser Kontakt, über den Beziehungen positiv beeinflusst werden können, vollzieht sich durch eine Vielzahl von *Prozessen*. Innerhalb des später zu entwickelnden CRM-Bezugsrahmens wird es darum gehen, hier die Notwendigkeit einer umfassenderen Prozesssicht aufzuzeigen sowie diese entsprechend Berücksichtigung finden zu lassen.

---

[328] Vgl. Kahle & Hasler (2001), S.218

2.2.4 Bestimmung von Grenzen des CRM-Konzeptes

Es gibt unterschiedliche Faktoren, die zur Begrenzung beziehungsorientierter Marketingansätze führen. Von diesen werden die wichtigsten nachfolgend zusammengefasst.

Ethische Bedenken und Gesetzgebung: Vor dem Hintergrund zunehmender Datenerfassung sprechen ethische Bedenken für eine Beschränkung solcher Ansätze. Diese Bedenken lassen sich in der Datenschutzdebatte wiederfinden. Gesetzliche Regelungen legen fest, welche individuellen Daten gespeichert werden dürfen.[329] Der Entwicklung hin zum "gläsernen Kunden" wirken zum Beispiel das *Bundesdatenschutzgesetz* (BDSG) auf Bundesebene, das *Teledienstdatenschutzgesetz* (TDDSG) oder die *Datenschutzverordnung* der Europäischen Union sowie auch das Standesrecht der Marktforscher, der ESOMAR-Kodex, entgegen. In der Praxis ist es oftmals mit Schwierigkeiten behaftet, alle Vorschriften gleichzeitig einzuhalten.[330]

Kundenspezifische Grenzziehung: Auch Kunden können CRM mehr oder weniger explizit eine individuelle Grenze setzen. Für Unternehmen stellt sich die Frage: "*Wieviel CRM wollen Kunden überhaupt?*"[331] Hinsichtlich der Vorteile für die Anbieterseite besteht in der Literatur weitgehend Klarheit. Fraglich ist, wie die Nachfrageseite das Konstrukt langfristiger Geschäftsbeziehungen bewertet. Diesbezügliche Initiativen müssen von Kunden *angenommen* und insbesondere auch *wertgeschätzt* werden. Für den Kunden muss sich durch kundenorientierte Maßnahmen ein klarer Vorteil bieten.[332] Man kann die *positiven Effekte* für den Kunden grundsätzlich in Effektivitäts- und Effizienzvorteile klassifizieren.[333] Beachtet man die zu Grunde liegende Beziehungs-Nutzen-Funktion der Nachfrageseite nicht genug, kann der Ansatz ins Gegenteil umschlagen.[334] Wenn die Privatsphäre eines Kunden unerwünscht verletzt wird,[335] kann dieser abwandern.[336] Problematisch wird es insbesondere dann, wenn Unternehmen unsensitiv

---

[329] Vgl. Computerwoche (1999), H.50, S.17f.; Zimmerling & Werner (2001), S.168f; Schötthofer (2001), S.276ff.; allgemein auch Bäumler (2000); Reischel (2001); Klenk et al. (2000), S.35ff.

[330] Vgl. Die Zeit (2001), Nr.18, 26.April, Wirtschaft, S.29

[331] Vgl. Computerwoche (1999), H.50, S.18; Fournier & Dobscha & Mick (1998), S.4

[332] Vgl. Backhaus (1997), S.23; Sheth & Parvatiyar (1995), S.256; auch Tjosvold & Wong (1994), S.302

[333] Vgl. Backhaus (1997), S.25

[334] Vgl. Fournier & Dobscha & Mick (1998), S.4; Backhaus (1997), S.28; Meffert (2000b), S.130

[335] Vgl. Fournier & Dobscha & Mick (1998), S.6,7

[336] Vgl. Gierl (2000), S.15

vorgehen oder manipulativ auf Kunden einzuwirken versuchen.[337] Viele Kunden fühlen sich schon heute angesichts steigender Komplexität und gleichzeitiger Unüberschaubarkeit der Märkte überfordert: CRM-Maßnahmen können in ihrer Summe für Kunden erdrückend wirken.[338]

Wirtschaftlichkeit: Zu beachten ist bei der Gestaltung von Ansätzen zur Kundenorientierung deren wirtschaftlicher Nutzen, denn schließlich sind sie nicht Selbstzweck.[339] Insbesondere ist hier die Frage zu klären, welchen Vorteil das jeweilige Verhältnis zwischen Einsatz und Resultat erbringt und ob die Intensität einer Geschäftsbeziehung sich überhaupt lohnt.

Technologische Möglichkeiten: Bezogen auf CRM ist der "*gläserne Kunde*" praktisch bereits realisierbar. Allerdings sind der Technologie und ihrer Verwendung auch heute noch praktische Grenzen gesetzt. So stellt die intelligente Sammlung, Verarbeitung und Auswertung der Vielzahl und Vielfältigkeit bestehender Daten eine anspruchsvolle Herausforderung dar, der nur wenige Unternehmen gewachsen sind. Alle Daten zu erfassen, derer man habhaft werden kann, ist in der Regel nicht sinnvoll: Die "Datenfriedhöfe" in vielen Unternehmen zeigen, dass Daten *allein* nicht zum Erfolg einer CRM-Initiative führen.

---

[337] Vgl. Fournier & Dobscha & Mick (1998), S.3

[338] Vgl. Backhaus & Büschken (1995), S.141; auch Fournier et al. (1998), S.4

[339] Vgl. Hinterhuber & Martzler (2000); Vorwort, S.VII; Diller (2001), S.68; Rudolf-Sipötz (2001), S.1f.

2.3 AKTUELLE HERAUSFORDERUNGEN AN CRM-KONZEPTE

2.3.1 Herausforderungen

In der Einleitung wurden bereits einige der wesentlichen, aus dem dynamischen wirtschaftlichen und gesellschaftlichen Umfeld herrührende Herausforderungen für Unternehmen aufgezeigt. Eine spätere Konzeptgestaltung erfordert aber eine Identifikation und Zusammenstellung *sämtlicher* Herausforderungsursachen.[340]

Die dramatischen Veränderungen der Markt- und Wettbewerbsbedingungen bewirken für viele Unternehmen einen zunehmendem wirtschaftlichen Druck.[341] Gerade aus dem dynamischen Umfeld lässt sich die wachsende Bedeutung von Kundenorientierung in bestimmten Industrien und damit auch von Kundenbindungs- und Kundenbeziehungsmanagement ableiten. In einem sich immer schneller verändernden Umfeld muss notwendigerweise sowohl der Zugang wie auch der langfristige Kontakt zum Kunden zu einem "*strategischen Erfolgsfaktor*"[342] avancieren. Kundenorientierung wird damit zur strategischen "*Überlebensfrage*" für viele Unternehmen. Die genauere Kenntnis der zentralen Treiber des Wandels der Unternehmensumwelt ist für die Ausgestaltung eines CRM-Konzeptes sowie für die Gestaltung eines CRM-Anreizsystemes von zentraler Bedeutung.

Das CRM-Konzept und seine Komponenten sind idealerweise so zu gestalten, dass Unternehmen bei der Anpassung im Hinblick auf die neuen Anforderungen des Umfeldes unterstützt werden. Aus diesem Grunde wird zunächst kurz auf die allgemeinen Treiber dieses Wandels und anschließend auf die daraus resultierenden Herausforderungen für Unternehmen eingegangen.

Die Weltwirtschaft ist heute nicht mehr nur eine Ansammlung von abgeschotteten Volkswirtschaften, sondern "*als Systemganzes zu sehen.*"[343] Es entsteht ein neues zunehmend vernetztes Gebilde, ein interdependentes *Wirtschaftssystem*, das sich über den

---

[340] In der Fachliteratur wird bisher in diesem Zusammenhang lediglich - oftmals unsystematisch und undifferenziert - auf einzelne dieser Herausforderungen eingegangen.
[341] Vgl. Hermanns & Flory (1997), S.602; Achrol (1991), S.77; Picot & Reichwald & Wigand (1998), S.2
[342] Vgl. Walter (2000), S.9
[343] Vgl. Zahn (1996), S.2

gesamten Globus erstreckt.[344] *Globalisierung,*[345] *Deregulierung und Freihandel,*[346] *Freiheit im Kapitalverkehr*[347] *sowie die Weiterentwicklung der Technologie*[348] stellen dabei die wesentlichen Ursachen für die Veränderungen innerhalb des wirtschaftlichen Umfeldes vieler Unternehmen dar.[349] Im Vorfeld ist zu bemerken, dass die Ursprünge wirtschaftlichen Wandels in der Praxis nicht völlig isoliert voneinander betrachtet werden können, sondern im Sinne des eben angeklungenen Systemgedankens eine Vernetzung untereinander besitzen. Sie wirken daher in ihrem Gesamteffekt auf die Unternehmensumgebung ein. Die nachfolgende Abbildung illustriert die Treiber der Veränderung im wirtschaftlichen Umfeld von Unternehmen (vgl. Abbildung 2.13).

ABBILDUNG 2.13: URSPRÜNGE WIRTSCHAFTLICHEN WANDELS

Quelle: Eigene Darstellung

---

[344] Vgl. Berg (1999), Vorwort
[345] Vgl. Fletcher (1998), S.3; Weizsäcker (1999), S.47; S.5; Piller (2000), S.90; Krystek & Zur (1997), S.3f.; Härtel & Jungnickel (1996), S.39; Montgomery (1996), S.XVII; Zahn (1996), S.2; Fletcher (1998)
[346] Vgl. Zahn (1998), S.45; Montgomery (1996); Payne & Frow (1997), S.464f.; Buzzell (1997), S.499; S.13; Stahl & Gringsby (1997), S.2f.; Berger (1997), S.20; Nilsson (1996)
[347] Vgl. Rapp (2000b), S.13; Rudolf-Sipötz (2001), S.3; Meyer & Schaffer (2001), S.59f.; Rust & Zeithaml & Lemon (2000), S.4; Rudolph & Rudolph (2000), S.17; Krystek & Zur (1997), S.3
[348] Vgl. Arbeitskreis Organisation (1996), S.658; Piller (2000), S.87; Schönert (1998), S.273f.; Zahn (1998), S.45; Rudolph & Rudolph (2000); Hoitsch & Lingau (1995), S.390; Pine et al. (1993); Wehrli & Wirtz (1997), S.116
[349] Vgl. etwa Gerecke (2001), S.235

Angesichts dieser Veränderungen der Wirtschaftswelt ergeben sich eine Reihe von Herausforderungen, die sich in den Kategorien *Markt* (mit Veränderungen auf Nachfrageseite[350] und Angebotsseite[351]), *Technologie*[352] und *Gesellschaft*[353] zusammenfassen lassen.[354]

2.3.2 CRM-Konzept als Ansatz zur Begegnung dieser Herausforderungen

In der Literatur besteht Einigkeit über die Konsequenzen, die sich aus den zuvor gezeigten Entwicklungen für Unternehmen ergeben.[355] Betrachtet man die Trends einmal zusammengefasst in ihrer Wirkung, gelangt man vor allem zu der Schlussfolgerung, dass Unternehmen die *Bedürfnisse* ihrer Kunden besser erkennen und erfüllen müssen sowie die *Beziehungen* zu ihren Kunden auf eine nach den Grundsätzen der Kundenorientierung angepasste Basis stellen sollten.[356] Mehr Sicherheit, Rentabilität und Wachstum sind in einer Phase stagnierender Märkte sowie sich permanent verändernder Kundenbedürfnisse von zunehmender Relevanz.[357] Anbieter können im Verdrängungswettbewerb Vorteile gegenüber den Wettbewerbern erzielen, wenn sie es über die Zeit geschafft haben, den Kundenstamm eng an das Unternehmen zu binden, zu optimieren und damit gegen Abwanderungstendenzen abzusichern.[358] Damit wird die Verbesserung von Kundendienst, Kundenzufriedenheit und Kundenbindung für viele Unternehmen zu einer

---

[350] Vgl. Lynch (1994), S.534; Krafft (2002), S.1; Seyfried (1998), S.360; Rapp (2000b), S.17, (2000), S.12; Grönroos (1997), S.5; Rudolph & Rudolph (2000), S.24; Fournier et al. (1998), S.3; Piller (1998), S.21; Frese (1995), S.158; Hildebrand (1997), S.2f.; Kahn (1998), S.45f; Kirschke et al. (1998), S.58; Mertens (1995), S.503; Naisbitt & Aburdene (1991), S.375 f.; Stahl & Gringsby (1997), S.228; Storbacka (1997), S.479

[351] Vgl. Grönroos (1997), S.3; Schwetz (2000), S.5; Buzzell (1997), S.501; Swift (2001); D'Aveni (1994); Rudolph & Rudolph (2000), S.21; Berger (1997), S.19; Müller-Stewens et al. (1997), S.97; Yip (1996), S.16; Ciborra (1993), S.9; Simons & Westermann (1997), S.14

[352] Vgl. Mertens (1995), S.503; Seyfried (1998), S.360; Zipkin (2002), S.70ff.; Nöken et al. (1998), S.58; Helmke et al. (2001), S.1; Garrett (2000), S.4; Backhaus (1997), S.22; Buzzell (1997), S.501

[353] Vgl. Picot et al. (1998), S.4; Toffler (1970), S.19f.; Weizsäcker (1999), Nöken et al. (1998), S.58; Pepels (1986), S.17ff.; Beck (1986), S.205f.; Bullinger (1997), S.75f.; Hildebrand (1997), S.12f.; Piller (2000), S.79ff; Schanz (1991), S.6

[354] Vgl. Hoitsch & Lingnau (1995), S.390; Picot & Reichwald & Wigand (1998), S.3; Krafft (2002), S.1

[355] Vgl. Kahn (1998), S.45; Kohli & Jaworski (1990); Helmke & Dangelmaier (2001), S.1

[356] Vgl. Helmke & Dangelmaier (2001), S.1

[357] Vgl. Diller (1996), S.81

[358] Vgl. Diller (1996), S.81

Angelegenheit von entscheidender strategischer Wichtigkeit.[359] CRM verspricht dafür, ein geeigneter Lösungsansatz zu sein.[360]

2.3.2.1 Steigende Bedeutung von CRM in der Unternehmenspraxis
CRM auf der Agenda der Unternehmensführung

Die soeben beschriebene Erkenntnis führt für viele Unternehmensleitungen zu einer erhöhten Aufmerksamkeit in Bezug auf Ansätze zur Kundenorientierung und damit maßgeblich auch zu CRM. So interessieren sich Geschäftsführungen insbesondere für CRM und dessen "*verheißungsvolle Nutzenpotentiale.*"[361] Nach einer Analyse von IDC steht CRM in der Zwischenzeit auf der Prioritätsliste ganz oben.[362] Nach LEE (2000) hat CRM den Durchbruch vollzogen.[363] Eine aktuelle GARTNER-Analyse bestätigt ebenfalls diesen Trend.[364] Nach einer anderen aktuellen Studie fürchten 58 % der Geschäftsführer befragter Unternehmen den Verlust von Wettbewerbsstärke, falls ihr Unternehmen im Bereich Kundenbindungsmanagement *nicht* mit der Konkurrenz Schritt halten kann.[365] Vor dem Hintergrund der feststellbaren Zunahme an Relevanz des Themas CRM - sowie von dessen von Experten prognostizierter weiter ansteigender Bedeutung - wird innerhalb vieler Unternehmen in letzter Zeit vermehrt in CRM-Konzepte und unterstützende Softwarelösungen investiert.[366]

Entwicklung des CRM-Beratungsmarktes

Untersuchungen namhafter Analysten von AMR, IDC, Meridien Research, META - und GARTNER Group haben gezeigt, dass der weltweite "CRM-Beratungsmarkt" sich in den letzten Jahren besonders dynamisch entwickelt hat und nach Meinung der Experten auch weiter so entwickeln wird:[367] Betrachtet wurden im Rahmen der AMR-Studie Einnahmen aus CRM-Lizenzen, -Wartung und -Implementierung der Top CRM-Software Firmen aus den USA. Nach AMR betrug demnach der Markt für CRM 1998 2,6 Mrd. US

---

[359] Vgl. Die Bank, Geldinstitute, H.11/12, S.34; Homburg & Bruhn (2000), S.6
[360] Vgl. Tiwana (2001), S.23
[361] Vgl. Emmert & Buchta & Elgass (2000), S.23
[362] Vgl. IDC (1999); Garrett (2000), S.6; auch Rigby & Reichheld & Schefter (2002), S.101
[363] Vgl. Lee (2000), S.2
[364] Vgl. Golterman (1999), (Gartner Group (1999))
[365] Vgl. Emmert & Buchta & Elgass (2000), S.23
[366] Vgl. Frielitz et al. (2000), S.4f.; Meridien Research (2000), S.1-2; Geldinstitute (1999), H.11/12, S.34
[367] Zur Gartner Vorhersage vgl. Wirtschaftswoche (2001), H.36, S.58; Kinikin (2000), S.1

Dollar, 1999 schon etwa 3,51. Bis 2003 erwartet AMR ein weiteres Wachstum auf 16,8 Mrd. US Dollar.[368] IDC hat in einer Studie mit etwas weiter gefasstem Untersuchungsrahmen die Entwicklung des Marktes für CRM-Lösungen und diesbezüglichen Beratungsleistungen in den letzten drei Jahren analysiert: *"The services market related to implementing and manageing CRM solutions exhibits strong growth worldwide, representing a $24,8 billion market in 1998. The CRM services market includes all consulting, implementation and outsourcing services related to CRM. By 2003 it is predicted to reach nearly $94 billion, growing at a five year Compound Annual Growth Rate (CAGR) of 30.5%. European growth is expected to average 27.7% between 1998 and 2003."*

Wie die hier vorgestellten Ergebnisse zahlreicher Marktstudien zu CRM eindrucksvoll verdeutlichen, streuen die Aussagen zu Marktgröße und Wachstum erheblich; dies ist sicherlich auch auf unterschiedliche Interessenlagen zurückzuführen. Grundsätzlich deuten jedoch alle auf einen insgesamt positiven Trend hin.[369]

2.3.2.2 Branchenbeispiele zum Einsatz von CRM-Konzepten
Während die Mehrzahl von CRM-Vorhaben in der Praxis scheitert, hat CRM sich in manchen Unternehmen der Branchen Finanzdienstleistungen, Autoreparatur, Beratung und Luftfahrtindustrie bewähren können.[370] BACH & ÖSTERLE (2000) beschreiben eine Reihe von CRM-Vorhaben, zum Beispiel bei der *Credit Suisse*, der *Direkt Anlage Bank AG*, *Lichtenstein Global Trust (LGT)* und der *NZZ*. HERMANNS & THURM (2000) nennen *Lufthansa*, *American Express*, *American Airlines*, *Tesco*, *Wal-Mart* als CRM-Vorreiter.[371] Es scheint zudem, dass CRM sich in manchen Fällen auch in der New-Economy bewähren konnte. Beispiele dort sind nach TIWANA (2001) Online-Dienstleistungen, Musik per Internet, Informationsdienste und Web gestützte Applikationen.

---

[368] Vgl. AMR Research Report (1999), S.3
[369] Vgl. Die Bank, Geldinstitute (1999), H.11-12, S.34
[370] Vgl. Tiwana (2001), S.54; Bach & Österle (2000); Ahlert & Becker & Knackstedt et al. (2002); absatzwirtschaft (2000), H.12, S.50f.; weitere Beispiele bei Fröschle & Mörike (2001)
[371] Vgl. Hermanns & Thurm (2000), S.470

Die Heterogenität der Beispiele zeigt, dass CRM grundsätzlich für jeden Anbieter unabhängig vom jeweiligen Wirtschaftszweig potenziell von ökonomischem Interesse sein kann. Im Hinblick auf das in dieser Arbeit zu entwickelnde Anreizsystem erscheint es daher *nicht* sinnvoll, sich direkt auf eine bestimmte Industrie zu konzentrieren, ohne zunächst die Thematik im Rahmen eines allgemeinen Ansatzes analysiert und diskutiert zu haben. Vor diesem Hintergrund ist für das zu entwickelnde Modell die Annahme von *Branchenunabhängigkeit* zu setzten.

2.3.2.3 Vorgehensweise zur Eignungsprüfung in der Praxis

In der Literatur finden sich bisher nur wenige Ansätze, die den Anwendungszusammenhang von CRM ausführlich untersuchen.[372] Der Erfolg einer Implementierung von CRM hängt von verschiedenen Bedingungen ab. Es gibt offensichtlich Industrien, in denen die Anwendung von CRM-Konzepten nicht zu den gewünschten Ergebnissen führt, wohingegen andere für diese prädestiniert erscheinen; genauso besitzen Beschaffenheiten von Produkten und Dienstleistungen sowie die Struktur des Kundenstammes jeweils besondere Bedeutung. Die sich dabei ergebenden Konstellationen entscheiden über *Notwendigkeit*, *Möglichkeit* oder *Sinnlosigkeit* des Einsatzes von CRM-Konzepten. Um von vornherein *diejenigen* Fälle auszugliedern, in denen ein CRM-Ansatz wenig Erfolg versprechend erscheint, ist es notwendig, eine Vorgehensweise zu entwickeln, mit deren Hilfe eine erste Voreinschätzung der Erfolgsaussichten von CRM-Konzepten abgegeben werden kann.

Um zu bestimmen, ob ein CRM-Konzept zur Anwendung gelangen sollte oder müsste, sind die Betrachtungsfelder *Gegebenheiten des relevanten Marktes, Beschaffenheit von Produkten/Dienstleistungen* sowie *Eigenschaften/Bedürfnisse auf Kundenseite* einzubeziehen. Dies illustriert überblicksartig die nachstehende Abbildung (vgl. Abbildung 2.14). Die Ermittlung der Anwendungsmöglichkeiten für CRM-Konzepte kann demnach durch zwei prinzipielle Schritte erfolgen. Schritt 1: *Prüfung der Notwendigkeit des CRM-Einsatzes* und Schritt 2: *Prüfung der Eignung des Kundenstammes.*

---

[372] Vgl. Tiwana (2001); Peppers & Rogers (1999)

ABBILDUNG 2.14: ERMITTLUNG DES ANWENDUNGSBEDARFES VON CRM

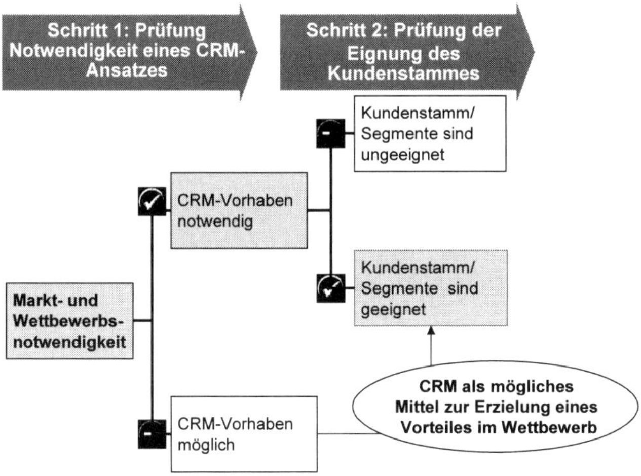

Quelle: Eigene Darstellung

Die inhaltlichen Bestandteile der jeweiligen Untersuchung sind in der folgenden Abbildung übersichtlich zusammengefasst (vgl. Abbildung 2.15).

ABBILDUNG 2.15: BETRACHTUNGSFELDER ZUR BEDARFSERMITTLUNG

Schritt 1: Prüfung der Notwendigkeit von CRM	Schritt 2: Prüfung der Eignung des Kundenstammes	CRM Einsatz ist notwendig bzw. sinnvoll
• Produkte & Dienstleistungen – hohe Komplexität – hohe Investitionskosten – hohes Betreibungsrisiko – hoher Erklärungsbedarf • Wettbewerbsaktivitäten – bestehendes / geplantes CRM-Vorhaben – steigender Wettbewerb • Markttrends und -entwicklung – sinkende Kundenloyalität – steigende Akquisitionskosten – sinkende Wechselkosten – fallende Transaktionskosten – zunehmende Sättigung	• Kundenbedürfnisse – Differenzierbarkeit der Bedürfnisse – Gruppierbarkeit der Bedürfnisse in Kundensegmente – Bestehen von Beziehungsaufgeschlossenheit oder -interesse • Kundenwert – Differenzierbarkeit nach Wert – Bestehen von Segmenten mit hohem Kundenwert – Bestehen eines Wertwachstumspotenzials bei bestimmten Segmenten	

Quelle: Eigene Darstellung

Innerhalb des *Schrittes 1* werden die Punkte *Eigenschaften von Produkten und Dienst-leistungen, Aktivitäten der Wettbewerber* und *Entwicklung allgemeiner Markttrends* be-trachtet. Ziel ist dabei eine Aussage darüber, ob beziehungsweise inwieweit sich CRM für eine Branche eignet.

Eigenschaften von Produkten und Dienstleistungen: Wo Einkäufe ein wahrgenommenes hohes Risiko bergen, wo eine Serie von Leistungen über eine längere Zeit erfolgt oder etwa wenn durch eine intensive Geschäftsbeziehung eine bevorzugte Behandlung erreicht werden soll, sind Beziehungen für Kunden wichtig.[373] Grundsätzlich dürften also Pro-dukte und Dienstleistungen mit folgenden Merkmalen geeignet sein für den Aufbau von Kundenbeziehungen:[374]

- Produkte und Dienstleistungen mit großer Komplexität und einem hohen Maß an benötigtem Kundenwissen,
- "Big-ticket"-Produkte und -Dienstleistungen,
- Spezialisierte und besondere Produkte und Dienstleistungen.

Aktivitäten des Wettbewerbs: Die Nowendigkeit von CRM hängt insbesondere davon ab, ob Wettbewerber CRM-Maßnahmen zur Kundenbindung anwenden. Je mehr die Wett-bewerber in Richtung Kundenorientierung investieren und in dieser Richtung Aktivität zeigen, desto höher wird für Unternehmen der Druck, selbst eine Aktivität in dieser Rich-tung anzustoßen.

Markttrends und Gegebenheiten: Im Rahmen der Markttrends sind solche Aspekte von Bedeutung, wie zum Beispiel Akquisitionskosten von Neukunden, Loyalität des Kunden-stammes, Transaktions- und Wechselkostenniveau, Marktsättigung und Marktreife. Nach TIWANA (2001) ist das Potenzial für CRM höher in den Industrien, in denen die Kosten eines Anbieterwechsels sinken, Transaktionskosten geringer werden, gleichzeitig aber die Akquisitionskosten ansteigen.[375] Es erscheint PALMER (1994) nicht sinnvoll, Be-ziehungsansätze etwa auf Märkten anzuwenden, wo *Commodity Produkte* ausgetauscht

---

[373] Vgl. Palmer (1994), S.573; Höfner & Schuster (1992), S.123 mit einem Beispiel
[374] Vgl. auch Helm (2001), S.114
[375] Vgl. Tiwana (2001), S.23; allgemeiner Buzzell (1997), S.503

werden, wo der Kunde gleichzeitig wenig Anreize für Treue hat und auf der Suche nach dem besten Preis ist.[376]

Schritt 2: *Prüfung der Eignung des Kundenstammes (Kundenbedürfnisse und -wert)*: Aus Unternehmenssicht macht es keinen Sinn, unbedingt alle Beziehungen zu personalisieren.[377] Auch weiterhin werden sich Anwendungsfelder für das klassische Transaktions-Marketing ergeben. Mitunter kann es aus Unternehmensperspektive heraus schwierig sein, die *richtige* Herangehensweise für bestimmte Kunden zu finden. So kann einmal ein transaktionsorientierter Ansatz sinnvoll sein, in anderen Fällen ein beziehungsorientierter Ansatz oder gar eine Verknüpfung beider.[378]

Die folgende Abbildung illustriert, bei welcher Konstellation CRM *bevorzugt* einzusetzen ist (vgl. Abbildung 2.16).

ABBILDUNG 2.16: EINSATZMATRIX VON CRM

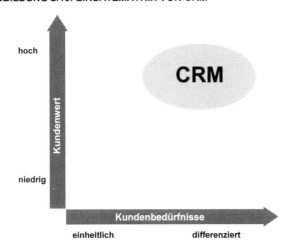

Quelle : In Anlehnung an TIWANA (2001), S.32

---

[376] Vgl. Palmer (1994), S.573
[377] Vgl. Tiwana (2001), S.30
[378] Vgl. Bund Jackson (1985), S.3

Ein *hohes Maß an differenzierten Bedürfnissen* und ein *hohes Maß an Differenzierung im Kundenwert* zugleich wäre demnach ideal für Beziehungsansätze und damit auch für CRM.[379] Eine solche Konstellation ist zutreffend für eine Reihe von Branchen. Besonders attraktiv wird ein Beziehungsansatz aus Unternehmenssicht immer dann, wenn eine *geringe* Anzahl von Kunden für den größten Teil am Gewinn verantwortlich sind. So gibt es Beispiele, in denen ein einstelliger Prozentsatz der Kundschaft die Hälfte von Umsatz und Gewinn ausmacht. Zur Verdeutlichung mag folgendes Beispiel einer Fluggesellschaft dienen. Für deren Gewinn ist weitgehend das Segment der Geschäftsreisenden verantwortlich; diese besitzen einen hohen und differenzierbaren Kundenwert. So stehen bei einer amerikanischen Fluggesellschaft 6% der Kunden für 24% der geflogenen Meilen und sogar für 40% des Umsatzes.[380]

Grundsätzlich ergeben sich entsprechend dieser Vorgehensweise unterschiedliche Konstellationen, von denen drei für die Praxis typische Situationen geschildert werden:

Fall 1: Zwingende *Notwendigkeit* von CRM: Wenn alle wesentlichen Wettbewerber schon über CRM verfügen - es also Branchenstandard ist - wird der Einsatz von CRM für ein Unternehmen ohne einen solchen Ansatz unabdingbar. Dem nachziehenden Unternehmen können bei Verzicht oder Verzögerung einer Einführung Nachteile entstehen. Der Vorteil läge in diesem Fall bei den anderen Unternehmen, die mittels des Konzeptes besonders erfolgreich werden könnten, beispielsweise durch individualisierte Angebote oder perfekten Service, und damit Druck auf die Implementierungsnachzügler ausüben könnte; die bei der Kundschaft an Attraktivität verlieren könnten.

Fall 2: *Möglichkeit* einer CRM-Einführung: Zum anderen gibt es Fälle, in denen der Einsatz von CRM-Konzepten möglich und zugleich sinnvoll erscheint, dass heisst wenn etwa die Beschaffenheit der Produkte und Dienstleistungen beziehungsweise der Kundenstamm geeignet erscheint; angesichts der Markt- und Wettbewerbsbedingungen ist ein solcher Schritt allerdings noch nicht unbedingt erforderlich. Die Einführung von CRM könnte sich dann als Vorteil im Wettbewerb darstellen. Ein Unternehmen könnte sich positiv durch kundenorientierte Prozesse, individualisierte Produkte und Service-

---

[379] Vgl. Tiwana (2001), S.30f.
[380] Vgl. Tiwana (2001), S.31; United Airlines Beispiel: Tax & Brown (2000), S.106

leistungen differenzieren. Der Vorteil des Erstanwenders läge dann bei dem einführenden Unternehmen, könnte sich allerdings dann wieder reduzieren, wenn CRM von allen Marktteilnehmern implementiert worden ist.

Fall 3: Unsinnigkeit einer CRM-Einführung: Es existieren durchaus auch Fälle, in denen der Einsatz von CRM grundsätzlich keinen Sinn macht, und zwar auf Grund der Markt- und Wettbewerbsbedingungen, der Produkt- und Dienstleistungsbeschaffenheit und/oder des expliziten Wunsches des Kunden, den Aufbau von Bindung und Beziehungen zu *unterlassen*. In solchen Fällen eingeführtes CRM hat wohl keine allzugroße Erfolgschance. Hier ist das Shipping Beispiel von JACKSON (1985) anzusiedeln; es zeigt das Scheitern eines Beziehungsansatzes in einem sehr preisorientierten *Commodity-Markt*; in dem die Markt- und Bedürfnisstruktur für CRM und vergleichbare Konzepte eher ungeeignet ist.[381]

Der hier zum ersten Mal vorgestellte systematische Prozessansatz für eine Entscheidungsfindung, bleibt trotz seines Naheliegens in der betrieblichen Praxis häufig unverständlicher Weise unberücksichtigt; seine konsequente Nutzung würde einem Scheitern diesbezüglicher Vorhaben in vielen Fällen entgegenwirken.

Auf Grund des Scheiterns vieler CRM-Projekte reicht es darüber nicht aus, allein die inhaltlichen Komponenten von CRM auszudifferenzieren, sondern es muss auch untersucht werden, welche Schwachstellen bestehende CRM-Ansätze aufweisen, das heißt, dass nicht nur konzeptionelle Schwächen, sondern auch praktische Insuffizienzen aufgezeigt werden müssen, die allerdings vielfach ihren Ursprung in programmspezifischen Mängeln haben. Die sich aus der anschließenden Untersuchung ergebenden Erkenntnisse ermöglichen Schlussfolgerungen für ein CRM-Anreizsystem, die ihrerseits wieder Voraussetzungen, Anforderungen und Annahmen für ein solches zu bestimmen helfen.

---

[381] Vgl. Bund Jackson (1985), S.4; auch Grönroos (1997), S.409

2.4 ANALYSE VON SCHWACHSTELLEN BESTEHENDER CRM-ANSÄTZE

Im Folgenden werden *allgemeine* Schwachstellen von CRM-Vorhaben zusammengefasst, wie sie sich aus der wissenschaftlichen und praxisorientierten Literatur ergeben. Diese Betrachtung der Schwachstellen beginnt mit offensichtlichen Mängeln im CRM-Konzept selbst; sie setzt sich fort mit durch die unzureichende Ausgestaltung seiner Eigenschaften verbundenen Problemen und schließt mit einer Analyse der Defizite bei der Implementierung. Im Rahmen der Konzeption eines CRM-Anreizsystemes wird später den beschriebenen Defiziten - soweit möglich und sinnvoll - durch innovative Systemgestaltung begegnet.

2.4.1 Identifikation zentraler Schwachstellen von CRM-Ansätzen

Konzeptionelle Schwächen

Begrenztheit bestehender CRM-Vorhaben: In der Theorie ist CRM ein umfassender und interdisziplinärer Ansatz,[382] der bei der Vielfalt der anfallenden Aufgaben eine enge Koordination der Propekte erforderlich macht.[383] Die meisten der bestehenden CRM-Vorhaben werden diesem Anspruch bisher nicht gerecht; vielfach kann man sogar eine eklatante Lücke zwischen Vision und Geschäftspraxis beziehungsweise das Fehlen eines integrierenden Gesamtkonzeptes feststellen.[384] Die Folge ist, dass in der Vergangenheit entsprechende Vorhaben immer wieder unkoordiniert angegangen worden sind, so dass lediglich *Insellösungen* entstanden sind.[385] Eine spezielle Begrenzung ergibt sich dadurch, dass bei vielen Konzepten der notwendige Blickwinkel des Kunden vernachlässigt wird.[386]

Begrenzte konzeptionelle Einbettung des Technologiebeitrages: Der Einsatz von Technologie und ihre Integration in entsprechende Konzepte sind bisher nicht ausreichend diskutiert worden, obwohl diese ein zentraler Baustein von beziehungsorientierten Marketing-

---

[382] Vgl. Garrett (2000), S.7
[383] Vgl. Keese & Graf (2000), S.164
[384] Vgl. Computerwoche (1999), H.50, S.17; Keese & Graf (2000), S.164; Payne & Rapp (1999), S.VI; Meyer & Roos (1998), S.136; Decker (2000), S.45; Rapp (2000b), S.16; Kehl & Rudolph (2001), S.266 und S.272; Hermanns & Thurm (2000), S.470; Payne (2000), S.4; Homburg & Bruhn (2000), S.7; Walter (2000), S.13, Schwede (2000), S.10; Garrett (2000), S.7; Rigby & Reichheld & Schefter (2002), S.102f.
[385] Vgl. Kehl & Rudolph (2001), S.266
[386] Vgl. Henning-Thurau & Hansen (2000), S.14; Barnes (1994), S.565

ansätzen ist.[387] Damit sind wesentliche mit Technologie verbundene Fragestellungen wissenschaftlich unzureichend durchdrungen worden.

Eigenschaftsbezogene Schwächen

Unzureichende Kundeninformation: Die für CRM notwendige Segmentierung und wertorientierte Behandlung von Kunden hängt von Verfügbarkeit und Qualität der vorhandenen Kundeninformationen ab.[388] In vielen Unternehmen ist beides nicht ausreichend gewährleistet.[389] Die Aufgliederung vieler Unternehmen in Geschäftsbereiche gestaltet die Datenlage insgesamt noch komplexer; die Vereinigung der Datenbestände hin zu *einer* kundenzentrischen Sichtweise bereitet erfahrungsgemäß Mühe.[390] Ferner sind die Kenntnisse von Datenerfassung, -auswertung und -gewinnung relevanter Kundeninformationen vielfach ungenügend.[391]

Unzureichendes Management von Vertriebskanälen: Die Mehrheit der Unternehmen hat es bisher nicht geschafft, bestehende Konflikte zwischen den Distributionskanälen zu beseitigen.[392] Die Kanäle werden in der Praxis vielfach isoliert voneinander eingesetzt;[393] dies verhindert ein klares Bild des Kunden auf die Unternehmung und erschwert Beratungs- und Kommunikationskonsistenz. Neue Kanäle führen zudem zu einer weiter ansteigenden Komplexität.[394]

Implementierungsschwächen

Unbefriedigende Ansätze zur Implementierung: Für beziehungsorientierte Marketingansätze fehlt es noch an wirkungsvollen Instrumenten zu deren Implementierung.[395]

Technologielastigkeit von CRM-Projekten: CRM wird in der Praxis zu oft als reine IT-Initiative verstanden;[396] dies hat zu einer starken Technologielastigkeit geführt, ohne dass

---

[387] Vgl. Henning-Thurau & Hansen (2000)

[388] Vgl. Kahle & Hasler (2001), S.214; Krüger (1999), S.117f.; Wäscher (2000), S.403

[389] Vgl. Hermanns & Thurm (2000), S.470; Kahle & Hasler (2001), S.214; Shapiro et al. (1987), S.106; Wäscher (2000), S.403

[390] Vgl. Meyer & Roos (1998), S.137

[391] Vgl. Keese & Graf (2000), S.165f.; Shapiro et al. (1987); Günter & Helm (2001), S.9; Köhler (2000), S.418

[392] Vgl. Leitzmann & Keese (2000), S.1142

[393] Vgl. Sarvilinna (2000); Peppard (2000), S.319-321

[394] Vgl. Gerth (2001), S.105; Duncan & Moriarty (1998), S.8

[395] Vgl. Henning-Thurau & Hansen (2000), S.12, S.17; Plakoyiannaki & Tzokas (2000), S.11; Narayandas (1998); Reichheld & Sasser (1990)

[396] Vgl. Gerth (2001), S.104; Peppard (2000), S.323

andere CRM-Dimensionen, wie Strategie, Organisation und Prozesslandschaft zuvor richtig ausgestaltet worden wären. Die Verwendung von Technologie *alleine* reicht nicht aus, um Kundenbindung sicherzustellen oder Kundenprofitabilität zu erhöhen.[397]

Widersprüchlichkeiten aus Kundensicht: Viele Unternehmen meinen, allein durch Kommunikation Kundenorientierung erreichen zu können. Dieser Ansatz greift zu kurz: Kunden sollten vielmehr durch Taten, zum Beispiel durch individuellen Service, überzeugt werden.[398] Das Streben nach Kundenorientierung darf nicht nur "*Lippenbekenntnis*" bleiben,[399] weil eine Kommunikation ohne entsprechende Handlungen die *Erwartungshaltung* von Kunden erhöht. Bleibt eine solche später unerfüllt, so kann das negative Auswirkungen auf die Zufriedenheit von Kunden haben.

Unzureichendes "Change-Management": Change-Management wird offenbar noch nicht in notwendigem Ausmaß zur Flankierung von CRM-Vorhaben eingesetzt. Ohne eine entsprechend unterstützte organisatorische Verankerung sind CRM-Ansätze vielfach aber zum Scheitern verurteilt.[400] Die Transformation der Organisation und damit die Veränderung der Mentalität der Mitarbeiter bedeuten nämlich einen langfristigen Prozess, bei dem Einstellungen, Abläufe und Verantwortlichkeiten neu zu definieren sind.[401] In der Praxis stößt das geforderte Umdenken auf Widerstände,[402] so dass viele Unternehmen diesen Prozess nicht vollziehen können.[403]

Schwierigkeit bei der Abschätzung des CRM-Nutzens: Die Nutzenschätzung von CRM macht in Wissenschaft und Praxis Probleme;[404] zum einen zum Beispiel, weil - wenn überhaupt - nur sehr grobe Erfolgsmessungen durchgeführt werden,[405] zum anderen, weil die mit der Implementierung verbundenen Kosten und die später erwachsenden Rückflüsse nur schwer ermittelbar sind.[406]

---

[397] Vgl. Albert (2000), S.353
[398] Vgl. Payne & Rapp (1999), Vorwort, S.VI
[399] Vgl. Lasogga (2000), S.373
[400] Vgl. Hermanns & Thurm (2000), S.470
[401] Vgl. Mattheis & Vietor (2000), S.19
[402] Vgl. Computerwoche (1999), Nr.50, S.18
[403] Vgl. Garrett (2000), S.8
[404] Vgl. Link (2001), S.16; Payne & Frow (1994), S.797, S.803; Schwede (2000), S.11
[405] Vgl. Meta Group (2000)
[406] Vgl. Sheth & Sharma (1997)

2.4.2 Implikationen für CRM und unterstützende Anreizstrukturen

Die Ausführungen über die Schwachstellen von CRM-Ansätzen lassen Erkenntnisse über CRM und die Gestaltung eines CRM-Anreizsystemes zu.

Notwendigkeit einer umfassenden CRM-Konzeption: Wenn eine entscheidende Schwäche bestehender CRM-Ansätze das Fehlen eines Gesamtkonzeptes ist, dann muss, bevor mit der Umsetzung konkreter Projekte begonnen werden kann, ein solches erstellt werden. Dabei ergibt sich insbesondere Klärungsbedarf zur CRM-Strategie, zu den durch CRM betroffenen Bereichen, zu Verantwortlichkeiten, Zielen und einzelnen Kanalprioritäten. Zugleich muss auch die konzeptionelle Integration von Technologie bedacht werden.

Wirtschaftlichkeit von CRM und CRM-Anreizsystemen: Vor dem Hintergrund der aufgezeigten zahlreichen Misserfolge sowie der Unzufriedenheit vieler Unternehmensführungen mit bestehenden CRM-Implementierungen ist die Forderung nach *Wirtschaftlichkeit* bei neuen und laufenden CRM-Projekten evident.

Notwendige Konkretisierung des CRM-Zielsystemes: Wenn der Nutzen von CRM bisher nur unzureichend messbar gewesen ist, kann das auf die fehlende Konkretisierung eines Zielsystemes von CRM zurückgeführt werden. Denn nur, was konkret bestimmt werden kann, ist auch messbar, kontrollierbar und damit steuerbar. Um messbar zu werden, benötigt CRM also ein umfassendes und zugleich ausdifferenziertes Zielsystem für verschiedene Ebenen und Prozesse in der betrieblichen Organisation.

2.5 ANFORDERUNGEN AN ERFOLGREICHES CRM

Im ersten Teil der Untersuchung ist die unzureichende Ausgestaltung der Rahmenbedingungen für CRM, die für das Scheitern von CRM-Projekten in der Praxis veranwortlich gemacht wird, bereits angeklungen. Die soeben erfolgte Schwachstellenanalyse geht in der detaillierten Untersuchung von CRM-Ansätzen darüber hinaus und zeigt, dass notwendige *Rahmenbedingungen* fehlen. Um die Untersuchung auf eine konzeptionell fundierte Basis zu stellen, ist es an dieser Stelle erforderlich, die unabdingbaren Voraussetzungen von CRM noch einmal zu reflektieren und dabei inhaltlich zu füllen.

2.5.1 Notwendige konzeptionelle Rahmenbedingungen für CRM

Die wesentlichen konzeptionellen Rahmenbedingungen für CRM sind das Vorhandensein einer umfassenden *CRM-Konzeption* und einer ausreichenden Basis an *Kundeninformationen*.

2.5.1.1 Bestehen eines umfassenden CRM-Konzeptes

Für den ganzheitlichen und koordinierten CRM-Einsatz müssen im Vorfeld grundsätzliche Fragen geklärt werden.[407] Dazu kann die Schrittfolge verwendet werden, die in der nachstehenden Abbildung veranschaulicht wird (vgl. Abbildung 2.17).[408]

ABBILDUNG 2.17: ERSTELLUNG EINES CRM-KONZEPTES

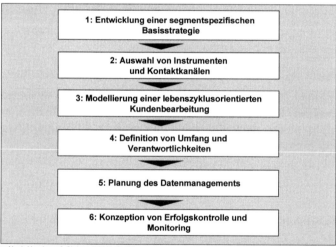

Quelle: Nach Homburg & Sieben (2000), S.486

Bestimmung der segmentspezifischen Basisstrategie: Im Vorfeld gilt es, die strategische Stoßrichtung der CRM-Initiative festzulegen. Dazu müssen die Zielsegmente im Kundensegmentportfolio identifiziert werden, welche besonders angesprochen und bearbeitet werden sollen.[409] Die Auswahl erfolgt durch eine intensive Analyse des Kundenstammes

---

[407] Vgl. Rapp (2000b)
[408] Vgl. Homburg & Sieben (2000), S.486
[409] Vgl. Homburg & Bruhn (2000), S.18

der Unternehmung mit Hilfe von geeigneten Segmentierungsansätzen. Organisationen müssen dafür grundsätzlich in der Lage sein, die Profitabilität von Kunden auf der Basis des Kundenwertpotenzials zu bestimmen.[410] Anschließend sind die Strategien für die Segmentbearbeitung festzulegen. Die Strategien zielen darauf ab, das Kundenportfolio im Sinne der CRM-Zielsetzung zu optimieren. "Topkunden" können zum Beispiel weiter "exklusiviert" werden, "schlechte" Kunden hingegen können abgestoßen werden, wenn sich eine Geschäftsbeziehung nicht mehr wirtschaftlich gestalten lässt.[411] Die Mitarbeiter müssen die Bedeutung einer *"Priorisierung der Kundenorientierung"* verstehen und internalisieren.[412]

Auswahl von Instrumenten und Kontaktkanälen: Kundenkontaktmanagement ist ein Kernelement bei der Umsetzung einer CRM-Strategie.[413] Zu berücksichtigen ist dabei insbesondere die Frage der Verwendung von Kanälen - die Zielsegmente haben ein bestimmtes Verhalten in Bezug auf die Verwendung von *Kontaktkanälen* -, außerdem die der Kanalprioritäten und möglicher Kanalkonflikte. Wenn das Kundenkontaktmanagement effizient und zugleich effektiv sein soll, ist es nötig, die richtigen Kommunikationswege zu bestimmen sowie die optimalen Instrumente zu wählen.[414]

Modellierung einer lebenszyklusorientierten Kundenbearbeitung: Im Rahmen einer lebenszyklusbasierten Kundenbearbeitung sind die erwarteten Kurven auf mögliche Verbesserungen hin zu untersuchen.[415] Die Identifikation der Lebenszyklus-Phase gibt Aufschluss über Potenziale in der Entwicklung des Kundenstammes. Auch Abweichungen vom erwarteten Verhalten können einen Hinweis auf notwendige CRM-Maßnahmen liefern.

Umfang der Verantwortlichkeiten: Die Implementierung eines CRM-Vorhabens setzt einen Überblick darüber voraus, welche betrieblichen Bereiche in welchem Ausmaß betroffen sind. Das können zum einen die "klassischen" Bereiche, wie Kundendienst, Vertrieb, aber auch die IT-Abteilung, Produktion und das Controlling sein. Innerhalb

---

[410] Vgl. Payne & Frow (1994), S.798
[411] Vgl. Homburg & Sieben (2000), S.487
[412] Vgl. Meyer & Ertl (1998),S.174
[413] Vgl. Leitzmann & Keese (2000), S.1142
[414] Vgl. Homburg & Sieben (2000), S.488; Homburg & Bruhn (2000), S.19f.; Diller (1995); Homburg & Faßtnacht (1998); Rapp (2000b), S.15
[415] Vgl. Seyfried (1998), S.355f.

dieser Bereiche ist die Verantwortlichkeit in Bezug auf CRM festzulegen.[416] Ferner ist ihre Zusammenarbeit zu bestimmen; Schnittstellen sind zu definieren. Die Festlegung von Verantwortlichkeiten ist hier auch insofern wichtig, als die Verantwortung für bestimmte Teile innerhalb der CRM-Konzeption zur Leistungsbeurteilung der Betroffenen dienen sollte. Durch gezielte Anreize kann darauf hingewirkt werden, dass Mitarbeiter ihre Aufgaben auch erfüllen.

Planung des Datenmanagements: Der Prozesscharakter des Datenmanagements verlangt nach besonderer Aufmerksamkeit, denn ihren vollen wirtschaftlichen Wert können Informationen erst dann entfalten, wenn sie systematisch gesammelt und aufbereitet werden. Ferner müssen sie allen betroffenen Mitarbeitern zur Verfügung stehen.[417] Aus diesem Grunde ist im Vorfeld festzulegen, *wie* Kundendaten sinnvoll aggregiert und strukturiert werden können. Ihre Aufbereitung kann im Rahmen eines Data-Warehouse-Ansatzes erfolgen, in dessen Verlauf Datenmodell, Zugriffsmöglichkeiten, Qualität und Verfügbarkeit geregelt werden. Zudem muss in der Organisation klar definiert werden, *wer* welche Kundendaten zu pflegen und *wer* welche Angaben zu aktualisieren hat.[418]

Erfolgskontrolle und Monitoring: Wenn der Erfolg einer CRM-Initiative überprüfbar sein soll, muss er durch geeignete CRM-Zielgrößen und entsprechende Kennzahlen messbar gemacht werden. Die Erfolgskontrolle lässt sich untergliedern in die Interaktionsebene Unternehmen-Kunde - hier können insbesondere die Kennzahlen Kundenprofitabilität und Kundenbindung gemessen und optimiert werden - und die Unternehmensebene - in diesem Zusammenhang wird speziell die Wirtschaftlichkeit einzelner CRM-Maßnahmen überprüft. Im Rahmen der Erfolgskontrolle und des Monitoring der entstehenden Kennzahlen ist im Sinne der kontinuierlichen Verbesserung ein Feedbackmechanismus zu etablieren.[419] Auf diese Weise sind Erfolge beziehungsweise Misserfolge von CRM-Maßnahmen zu erkennen; Lernprozesse werden in Gang gesetzt.

---

[416] Vgl. Krüger (1999), S.121
[417] Vgl. Seyfried (1998), S.363f.
[418] Vgl. Mattheis & Vietor (2000), S.20
[419] Vgl. Homburg & Sieben (2000), S.493

2.5.1.2 Vorhandensein einer ausreichenden Basis an Kundeninformationen
Wenn der Besitz einer umfangreichen Basis an Kundeninformationen heute ein entscheidender Wettbewerbsfaktor ist,[420] wenn er darüber hinaus für die beziehungsorientierten Marketingansätze unabdingbar ist, muss ein Unternehmen, dass CRM implementieren will, dafür die notwendigen Grundlagen schaffen.[421]

Diese Grundlagen werden durch ein kontinuierliches Sammeln, Strukturieren und intelligentes Interpretieren von Kundendaten gebildet. Über die Zeit wird es so einem Unternehmen möglich, kundenindividuelle Produkte und Dienstleistungen zu entwickeln, kundengerecht die Absatzkanäle zu optimieren, die Kommunikation gewohnheitsgerecht auszurichten sowie schließlich wertbasiert die Bindung zu einzelnen Kunden zu verbessern. Neben den typisch quantitativen Kundendaten, wie etwa finanziellen Kennzahlen, sind gerade auch qualitative Daten mit in diese Kundendaten einzugliedern.[422]

ABBILDUNG 2.18: CRM-RELEVANTE KUNDENINFORMATIONEN

Profildaten	Interaktion mit dem Kunden	Servicedaten, z.B.
• Konsument, z.B. – Name und Anschrift – Vertriebsregion – Kaufverhalten – Soziodemografische Merkmale • Unternehmen, z.B. – Ansprechpartner – Betreuende Geschäftsstelle – Branche – Leistungsprogramm – Mitglieder Buying Centers	• **Kennzahlen zur Profitabilität der Kundenbeziehung** – Umsätze des Kunden – Bonität, Zahlungsverhalten – Gewinn mit Kunden – Customer Lifetime Value • **Kennzahlen zur Stabilität der Kundenbeziehung** – Kundenzufriedenheitsindex – Kundenloyalitätsindex – Kundenbindungsrate – Kundendurchdringungsrate – Cross-Buying-Quote	• Allgemeine Kundenanfragen • Inanspruchnahme von Serviceleistungen • Reklamationen • Retouren
Kaufdaten, z.B. • Beziehungsdauer • Zeitpunkt des Kaufes • Kaufhistorie • Kaufhäufigkeit • Wieder- und Zusatzkäufe	• **Kennzahlen zum Ressourceneinsatz** – Kontaktkosten – Responsekosten – Durchschnittlicher Auftragswert – Aufwand für nicht fakturierte Serviceleistungen	**Kontaktdaten, z.B.** • Art, Kosten und Intensität der Kommunikationsaktivitäten • Häufigkeit der Kontakte • Zeitpunkt der Kontakte • Kundenbetreuer,-berater • Kontakthistorie

Quelle: Nach Homburg & Sieben (2000), S.477

[420] Vgl. Gerth (2001), S.104; Kehl (2001), S.203
[421] Vgl. Kehl (2001), S.205; Lasogga (2000), S.381
[422] Vgl. Homburg & Sieben (2000), S.477

Die für CRM notwendigen Kundeninformationen lassen sich in *Profil-, Kauf-, Service-* und *Kontaktdaten* unterteilen. Darüber hinaus ergeben sich im Zusammenspiel des Unternehmens mit dem Kunden eine Reihe von Kennzahlen, die Aussagen zur Stabilität und Profitabilität der Kundenbeziehung und -bindung liefern können. Diese Zusammenhänge werden in der vorstehenden Darstellung zusammengefasst (vgl. Abbildung 2.18).

Die genannten Daten sollten in einer speziellen Kundendatenbank abgelegt werden, die die Grundlage für das Entstehen kundenspezifischen Wissens ist.[423] Nur mit ihrer Hilfe können die gewünschten Analysen durchgeführt werden.[424]

2.5.2 Schaffung der Rahmenbedingungen innerhalb der Unternehmung

Für ein erfolgreiches CRM ist es genauso erforderlich, geeigente betriebliche Rahmenbedingungen zu schaffen.[425] Dafür gilt es, notwendige Anpassungen in den Bereichen Strategie, Unternehmenskultur und Organisation, Prozesse und Technologie vorzunehmen.[426] Diese Anpassungen bilden den Gegenstand der nachfolgenden Betrachtung.

2.5.2.1 Implikationen für die Unternehmensstrategie

Erfolgreiches CRM setzt eine *kundenorientierte Unternehmensstrategie* voraus. Im Idealfall lässt sich ein strategisches *CRM-Programm* aus der bestehenden Unternehmensstrategie entwickeln,[427] wenn diese diesbezüglich eine realistische und gleichzeitig verständliche Vision besitzt.[428] Dem CRM-Ansatz immanente Zielsetzungen müssen im Rahmen der Unternehmensstrategie dann nur noch zu explizit erklärten *Unternehmenszielen* werden.[429]

---

[423] Vgl. absatzwirtschaft (2000), H.7, S.102; Copulsky & Wolf (1990), S.18

[424] Vgl. Gerth (2001), S.104f.; Peppard (2000), S.313

[425] Vgl. Homburg & Sieben (2000), S.493; Rudolph & Rudolph (2000), Geleitwort; Rigby et al. (2002), S.101ff.

[426] Vgl. Homburg & Sieben (2000), S.493; Krüger (1997), S.130; Payne & Frow (1997), S.475; Croft (1995), S.29f.; Computerwoche (1999), H.50, S.18; Peppard (2000), S.325; Rigby & Reichheld et al. (2002), S.101ff.

[427] Vgl. Homburg & Sieben (2000), S.494

[428] Vgl. Diller (1995b), S.34

[429] Vgl. Schwede (2000), S.8

Die Ausarbeitung einer CRM-Strategie stellt für sich bereits eine anspruchsvolle Aufgabe dar; es gilt dabei, das bereits aufgezeigte CRM-Konzept in Bezug auf die Unternehmung inhaltlich auszufüllen und ihren Bedürfnissen anzupassen, wobei nach ihrer Profitabilitätsbetrachtung des Kundenstammes und ihrer Bestimmung von Zielsegmenten ein geeignetes Vorgehen zur Kundenbearbeitung ausgewählt wird.

Um eine möglicherweise notwendig werdende strategische Neuausrichtung zu erreichen, ist es wichtig, dass sich auch *Unternehmensstrategie* und *-kultur* in grundsätzlichem Einklang befinden. Eine *Unternehmenskultur*, für die Kundenorientierung noch nicht an vorderster Stelle steht, muss ihre Werte und Normen sowie die sich im Leitbild der Unternehmung manifestierenden Verhaltensgrundsätze im Sinne von CRM ändern, wenn ein CRM-Vorhaben und ein CRM-Anreizsystem adaptiert werden sollen.[430]

2.5.2.2 Implikationen für die Unternehmensorganisation

Die CRM-*Philosophie,* die eine grundsätzlich positive Grundhaltung dem Kunden gegenüber widerspiegelt und dessen Bedürfnisse gezielt zu erfüllen sucht, betrifft in besonderem Maße die Organisation einer Unternehmung;[431] insbesondere sind hier die *Struktur der Organisation,* die *organisatorischen Prozesse* sowie das *Verhalten der Mitarbeiter* betroffen.

Anpassung der Organisationsstruktur

Unternehmensorganisationen können grundsätzlich mit Hilfe der Dimensionen Struktur, Koordination von Aktivitäten, Macht- und Einflussverteilung und Kultur beschrieben und verglichen werden.[432]

Das CRM-Konzept wird wohl am besten durch Formen der kundenorientierten Organisation unterstützt, da in solchen Strukturen der Kunde prinzipiell im Mittelpunkt steht. Unter einer *kundenorientierten Organisation* kann dabei eine Struktur verstanden werden, deren primäres Merkmal in der Strukturierung von Kundengruppen besteht.[433] Sie erfordert neben einem höheren Maß an Koordination funktionsübergreifende horizontale

---

[430] Vgl. unter anderem Clark & Peck et al. (1999), S.36; Schwede (2000), S.10

[431] Vgl. Garrett (2000), S.3; Peppers & Rogers (1999b), Kapitel 8; Peppers & Rogers et al. (1999c), S.8; Goodstein & Butz (1998), S.21ff.; Rigby & Reichheld et al. (2002), S.103

[432] Vgl. Homburg & Workman & Jensen (2000), S.460f.

[433] Vgl. Homburg & Workman & Jensen (2000), S.467

Prozesse. Eine solche Prozesssicht führt dazu, dass die Leistungen besser auf Kunden ausgerichtet werden können. In diesem Zusammenhang wächst auch die Bedeutung der Prozessorganisation.[434] Vollständig kundenorientierte Organisationen sind in der Praxis bisher nur in wenigen Fällen anzutreffen. [435]

Bei der in den letzten Jahren erfolgten Bewegung vieler Unternehmen hin zu *kunden-zentrierten Strukturen*[436] werden die der Organisation zu Grunde liegenden "*Business Units*" immer mehr anhand von Kundengruppen gebildet und nicht mehr wie früher nach Produktgruppen oder geographischen Gebieten. Als anschauliches Beispiel kann der Finanzsektor mit seiner Aufgliederung in Private-, Wholesale- und Retailbanking dienen.

Diese Transformation einer Organisation hin zu einer kundenorientierten Struktur ist ein langwieriges und sehr komplexes Unterfangen mit einem erheblichen Risiko für den Bestand einer Unternehmung. Eine schnelle und unkomplizierte Anpassung der *Organisationsstruktur* kann dann erfolgen, wenn *alle* Mitarbeiter erkennen, dass die Wettbewerbsfähigkeit von der Erfüllung von Kundenwünschen abhängt und sich jeder dementsprechend zu verhalten hat.[437] Diese Erkenntnis muss allerdings vielfach erst geschaffen werden.

Anpassung der Organisationsprozesse

Die Anpassung der Organisationsprozesse zur Unterstützung von CRM vollzieht sich auf zwei Ebenen. Zum einen ist eine Modifikation innerbetrieblicher und für den Kunden nicht direkt sichtbarer Prozesse notwendig. Prozesse wie Planung, Controlling, Rechnungswesen und Kommunikation sind effizienter zu gestalten; insbesondere ist ein effizientes *kundenorientiertes Rechnungswesen* wichtige Voraussetzung für Kundenbindungsmanagement.[438] Zum anderen erfolgt eine CRM-konforme Anpassung der *kundenrelevanten* Geschäftsprozesse. Diese wird weiter unten in diesem Abschnitt zu diskutieren sein.

---

[434] Vgl. Gaitanides (1994), S.200; Goodstein & Butz (1998), S.26
[435] Zur Zeit dominieren oftmals immer noch divisionale und funktionale Organisationsformen; daneben bestehen weitere Mischformen.
[436] Vgl. Kotler (1997), S.495, etwa *Sony, Nike* und *Levi Strauss*
[437] Vgl. Krüger (1999), S.130
[438] Vgl. Homburg & Bruhn (2000), S.25

Anpassung des Mitarbeiterverhaltens

Die *Einstellung* und das *Verhalten* der Mitarbeiter spielen für die erfolgreiche Implementierung von CRM eine entscheidende Rolle. Ob die Kontakte zu den Kunden von diesen als positiv empfunden werden oder nicht, hängt zu einem hohen Grad von der Leistungsbereitschaft und den Fähigkeiten der Mitarbeiter ab. Jeder von ihnen muss sich bemühen, die Bedürfnisse der Kunden bestmöglich zu erfüllen.[439] Dementsprechend sind *alle* Mitarbeiter, die in Verbindung mit den Kunden stehen, in eine CRM-Initiative zu integrieren. Das notwendige Umdenken ist mittels geeigneter Zielgrößen und entsprechender Anreize zu initiieren und voranzutreiben.

Im Zusammenhang damit ist eine kundenorientierte *Leistungskultur* zu entwickeln. Die Forcierung von Leistungsbereitschaft im Sinne eines CRM-Ansatzes lässt sich mittels eines auf die wesentlichen CRM-Zielgrößen reduzierten Zielvereinbarungssystems realisieren, bei dem der jeweilig erreichte Erfolg einen signifikanten Einfluss auf die Vergütung der Mitarbeiter und des Managements hat. Für ein CRM-Anreizsystem ergibt sich daraus als wesentliches Kriterium die Anforderung der *Leistungsorientierung*;[440] durch ein *leistungsorientiertes Anreizsystem* kann das geforderte Umdenken der Mitarbeiter in Richtung auf die angestrebten Zielsetzungen erreicht werden.[441]

2.5.2.3 Implikationen für die Unternehmensprozesse
Auch bezüglich der kundenrelevanten Geschäftsprozesse kann sich im Rahmen eines CRM-Ansatzes Anpassungsbedarf ergeben. So wird zum einen erforderlich, deren *Effizienz* zu verbessern,[442] zum anderen erfolgt deren *Ausrichtung am Kundennutzen* sowie teilweise sogar eine *Integration des Kunden*.

Verbesserung der Effizienz von Geschäftsprozessen
Durch Schnelligkeit bei der Erfassung relevanter Marktsignale[443] sowie bei der Anpassung von Leistungen kann dem Kunden ein Zusatznutzen geboten und so für das Unternehmen zugleich ein Wettbewerbsvorteil erreicht werden.[444] Alle Bereiche einer

---

[439] Vgl. Berger & Hoock (1998), S.860
[440] Vgl. etwa Homburg & Stock (2001), S.14
[441] Vgl. Berger & Hoock (1998), S.870
[442] Vgl. Mattheis & Vietor (2000), S.18
[443] Vgl. Diller (1995b), S.35
[444] Vgl. Kotler & Bliemel (1992), S.68ff.

Organisation - *Forschung, Entwicklung, Auftragsbearbeitung, Logistik, Sortimentspla-nung, Vertrieb und Service* - müssen dazu optimal sowohl in zeitlicher als auch in-haltlicher Hinsicht aufeinander ausgerichtet sein. Eine Effizienzverbesserung kann noch in anderer Hinsicht einen Beitrag zum Aufbau von Kundenbeziehungen liefern, weil die Mitarbeiter für ihre Kunden mehr Zeit zur Verfügung haben.[445]

Kundenorientierte Ausrichtung der Geschäftsprozesse

Neben einer Steigerung der Effizienz bestehender Prozesse hat auch inhaltlich eine Aus-richtung zu erfolgen, für die die Wertschöpfung für den Kunden im Vordergrund steht.[446] Dafür ist es notwendig, den Wertschöpfungsprozess beim Kunden zu berücksichtigen. Eine konsequente Umsetzung des CRM-Konzeptes führt langfristig gesehen zu einer Integration der Kunden. In diesem Kontext bilden sich *Netzwerke* zwischen den Ge-schäftspartnern, durch die die Geschäftsprozesse immer enger miteinander verknüpft werden.[447] Dabei können Unternehmensgrenzen verschwimmen.[448]

Derartige Anpassungen von Geschäftsprozessen können mit erheblichem Aufwand und mit Risiken verbunden sein. Sie sollten nicht nur unter dem Aspekt des Nutzens, sondern auch kritisch unter dem der Kosten betrachtet werden. Sehr häufig führt in der Praxis die Verbesserung der Prozesse zu einem Ausufern der Kosten. Ein weiteres Problem entsteht dadurch, dass eine Änderung von Geschäftsprozessen sich *gegen* den Willen von Kunden nur sehr schwer durchsetzen lässt.

2.5.2.4 Implikationen für die Unternehmens-IT-Systeme

Die Personalisierung von Gütern und Dienstleistungen sowie das damit verbundene Schaffen von Werten für den Kunden geht einher mit einer immer intensiveren Nutzung von Informationstechnologie.[449] Um CRM in die IT-Landschaft eines Unternehmens integrieren zu können, sind drei logische Ebenen - *operatives, analytisches* und *kolla-*

---

[445] Vgl. Keese & Graf (2000), S.168; Mattheis & Vietor (2000), S.18

[446] Vgl. Rapp (2000b), S.14

[447] Vgl. Schwede (2000), S.8; Gerecke (2001), S.235; Kleinaltenkamp (1996)

[448] Vgl. Diller (1995b), S.37

[449] Vgl. Schwede (2000), S.7; Kehl (2001), S.204; Peppard (2000), S.313; Rigby et al. (2002), S.104; Albert (2000), S.354; Hippner et al. (2001), S.27

boratives CRM - zu schaffen,[450] deren Zusammenhang in der folgenden Abbildung dargestellt wird (vgl. Abbildung 2.19).

ABBILDUNG 2.19: CRM IT-KOMPONENTEN

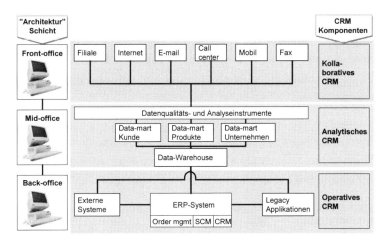

Quelle: Eigene Darstellung

Analytisches CRM: Im Rahmen des analytischen CRM erfolgt neben einer Sammlung der relevanten Kunden- und Prozessdaten die Auswertung gewonnener Informationen aus "Front-Office" und bestehenden "Legacy-Systemen". Das analytische CRM unterstützt unter anderem die Ermittlung von Kundenwertpotenzialen und Zielgruppen.

Operatives CRM: Unter operativem CRM kann man solche IT-Lösungen beziehungsweise -komponenten verstehen, die in Vertrieb und Kundendienst verwendet werden. Sie laufen formal im "IT-Frontend" eines Unternehmens, befinden sich dabei aber physisch auf den Serverarchitekturen des "IT-Backends" einer Unternehmung.

Nachfolgend werden einige weitere Implikationen des CRM-Ansatzes für die IT-Landschaft einer Unternehmung aufgezeigt: Neben dem Aufbau eines performanten *Database Management* müssen die *neuen Vertriebswege* in die IT-Architektur integriert werden.

---

[450] Vgl. Klawa (2000), S.10; Walter (2000), S.19; Hettich et al. (2000), S.1348; Hippner et al. (2001), S.29f.; Kehl (2001), S.204; Schwede (2000), S.8; Brezina (2001), S.219f.

Ferner sind ein *kundenorientiertes Rechnungswesen* und eine *Transformation* der IT-Landschaft notwendig.

Performantes Database Management

Ein professionell gestaltetes *Database Management* ist Voraussetzung für CRM.[451] Sein Ziel ist eine kundenzentrische Sichtweise unter Verwendung aller verfügbaren Informationen. Dazu werden bereits gesammelte Informationen sowie die aus dem CRM-Prozess gewonnenen zusätzlichen Kundendaten in hochperformanten Kundendatenbanken hinterlegt und weiter bearbeitet.[452] Daneben kann auch eine systematische Erfassung der Kundenkontakte erfolgen.[453]

Integration der Vertriebskanäle

Die Integration der neuen Vertriebskanäle ist eine weitere essentielle Grundlage für CRM. Dazu sind insbesondere Internet und Call-Center mit dem bestehenden Vertrieb in Bezug auf Datenbestand und verwendetete IT-gestützte Beratungsroutinen abzugleichen.

ABBILDUNG 2.20: KANALINTEGRATION UND KUNDENDATEN-KONSOLIDIERUNG

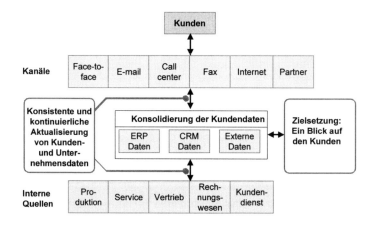

Quelle: Eigene Darstellung

---

[451] Vgl. auch Hermanns & Thurm (2000), S.474
[452] Vgl. Henning-Thurnau & Hansen (2000), S.15
[453] Vgl. Albert (2000), S.353

Die vorstehende Abbildung veranschaulicht die Komplexität der Kundendatensituation im Zusammenspiel mit den Vertriebskanälen (vgl. Abbildung 2.20).

Kundenorientiertes Rechnungswesen

Ein kundenorientiertes Rechnungswesen muss durch Intormationstechnologie unterstützt werden. Sie ermöglicht die Ermittlung des Kundenwertes, der maßgeblich ist für die Bestimmung der Kundenbearbeitungsstrategie. Außerdem sollten die IT Systeme umfang reiche Daten bezüglich entstehender Kosten nach Kategorien, wie etwa Produkten, Bestellungen, Key-Accounts speichern und für bestimmte Auswertungen liefern können. So sollten zum Beispiel einzelne Geschäfte mit einem Kunden auf Wirtschaftlichkeit hin überprüfbar sein. Ferner sind verschiedene Blickwinkel notwendig, etwa aus Kundenperspektive oder aus Produktsicht, um Erfolge oder Potenziale für Verbesserungen bestimmen zu können.[454]

Transformation der IT-Landschaft

Mit der notwendigen Transformation der IT-Landschaft sind eine Auswahl der richtigen Systeme sowie die Integration der bereits bestehenden beziehungsweise der geplanten, CRM unterstützenden Applikationen in die Zielarchitektur verbunden. Die *Integration von CRM-Lösungen* in die bestehenden Systeme einer Unternehmung wird als einer der wesentlichen Faktoren für den Erfolg von CRM-Initiativen gesehen.[455] Die folgende Abbildung veranschaulicht den Übergang einer herkömmlichen IT-Landschaft hin zu einer CRM-konformen Architektur anhand eines Beispiels (vgl. Abbildung 2.21).

Eine hochperformante IT-Landschaft, die allen mit dem CRM-Ansatz verbundenen Anforderungen genügt, kann nicht unverzüglich eingeführt werden. Ein umfassender *Master-* oder *Transformationsplan* ist notwendig, um die entstehenden Aufgaben zu bewältigen. Auch die IT-Investitionen sind kritisch auf die Kosten/Nutzen-Relation hin zu überprüfen.

---

[454] Vgl. Seyfried (1998), S.357f.
[455] Vgl. Mattheis & Vietor (2000), S.21; Schwede (2000), S.7; Kehl (2001), S.205; auch Peppard (2000), S.323

ABBILDUNG 2.21: TRANSFORMATION DER IT-LANDSCHAFT

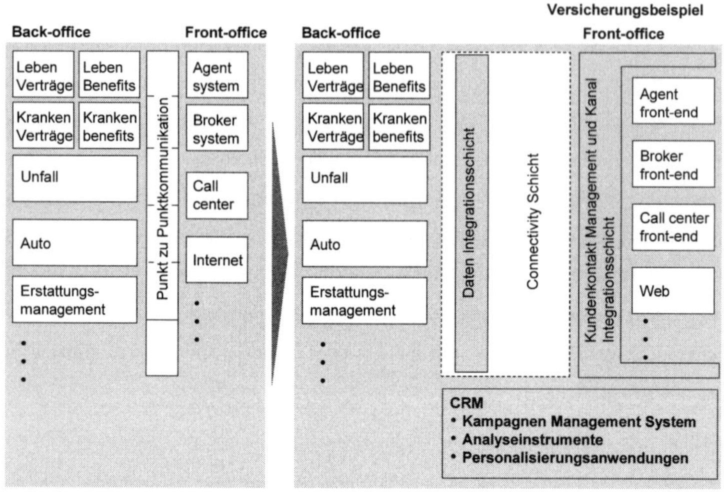

Quelle: Eigene Darstellung

Die Ergebnisse der vorstehenden Analysen lassen erstmalig ein klares und umfassendes Bild zu, welche Schwierigkeiten sich bei der Einführung eines CRM-Konzeptes innerhalb einer Unternehmung insgesamt ergeben. Sie machen dabei evident, wie komplex ein CRM-Unterfangen ist und wie stark die einzelnen Dimensionen miteinander vernetzt sind. Wenn irgendwo größere Defizite entstehen beziehungsweise bestehen bleiben, kann durch die gegenseitigen Interdependenzen das ganze Vorhaben scheitern. Daraus lässt sich ableiten, dass CRM-Ansätze nur dann erfolgreich sein können, wenn innerbetrieblich die *notwendigen* Rahmenbedingungen also etwa das später zu entwickelnde Anreizsystem geschaffen worden sind.

2.5.2.5 Erfolgreiche CRM-Implementierung in der Praxis

Während die vorliegende Untersuchung bisher primär konzeptionelle Mängel des CRM-Konzeptes selber aufzeigen konnte und diesbezügliche Verbesserungsnotwendigkeiten postuliert, beschränken sich Erfahrungsberichte und Empfehlungen aus der Praxis vielfach in Form von "Best-Practices" auf eine Reihe von Verbesserungsvorschlägen für das Projektmangagement, ohne dass dabei die wesentlichen konzeptionellen Defizite   zufriedenstellend berücksichtigt worden sind. Die folgenden Beispiele von Empfehlungen sollen dies verdeutlichen.[456]

Top Management Commitment: Top Management Commitment bedeutet, dass die Unternehmensführung, die die CRM-Vision vorgibt, sich von Anfang an der CRM-Initiative als "Sponsor" annimmt, der das Projekt budgetiert und für dessen Durchführung als auch für das Ergebnis verantwortlich ist.

Ehrgeizige Projektzielsetzung: Eine transparente und ehrgeizig gesetzte Projektzielsetzung ist für den Erfolg und dessen Messbarkeit unumgänglich.

Einheitliches Begriffsverständnis: Für die Kommunikation zwischen Experten verschiedener Unternehmensfunktionen sowie unterschiedlicher Managementebenen ist die Verwendung einer einheitlichen Ausdrucksweise im Hinblick auf CRM zu empfehlen.

Mitarbeiterakzeptanz: Um die Akzeptanz eines CRM-Projektes zu erhöhen, sind Mitarbeiter aller betroffenen Ebenen der Organisation in ein CRM-Projekt einzubeziehen.

Datenqualität und Verfügbarkeit: Eine gute Datenqualität setzt die Sammlung und strukturierte Aufbereitung relevanter Kundendaten voraus. Datenverfügbarkeit heisst, dass alle betroffenen Mitarbeiter Zugang auf die Kundendaten haben.[457]

Snychronisation und Koordination von Einzelaktivitäten: Ein wesentlicher Faktor für ein erfolgreiches CRM-Projekt ist die unternehmensweite Koordination und Synchronisation von Einzelaktivitäten zur Verbesserung der Kundenbeziehung.[458]

Diese vorwiegend aus der Beraterpraxis stammenden Beispiele gehen - im Gegensatz zu den bisher generierten Erkenntnissen dieser Untersuchung - nicht über die Formulierung von allgemeingültigen Selbstverständlichkeiten hinaus, so dass sie dem Problem nicht gerecht werden können und somit keine zusätzliche Hilfe darzustellen vermögen für die Entwicklung eines CRM-Bezugsrahmens.

---

[456] Vgl. Garrett (2000), S. 8; Kinikin (2000); Gartner Group (2000), S.19
[457] Vgl. Swift (2001), S.12
[458] Vgl. Walter (2000), S.13

2.6 ENTWICKLUNG EINES CRM-SPEZIFISCHEN MODELL-RAHMENS FÜR EINE UNTERSTÜTZENDE ANREIZSTRUKTUR

Gegenstand der bisherigen Ausführungen war die Klärung der Begrifflichkeiten, der Zielsetzungen und Eigenschaften von CRM sowie die Analyse von Schwachstellen von CRM-Ansätzen. Daraus ließen sich bereits wichtige Erkenntnisse für die Gestaltung eines CRM-Anreizsystems gewinnen. Damit sind zwar nun einzelne inhaltliche Komponenten von CRM isoliert voneinander betrachtet worden, bisher wurde aber nicht gezeigt, wie diese miteinander interagieren und wie das CRM-Gesamtprogramm innerhalb der Managementkonzeption einer Unternehmung wirkt. Insofern müssen im Folgenden die Zielsetzungen von CRM in ihrer Hierarchie und im Verbund ihrer Wirkungen noch einmal, aber differenzierter als bisher, in den Vordergrund rücken. Damit wird eine wesentliche konzeptionelle Lücke geschlossen, die die bisherigen CRM-Ansätze offen gelassen haben; ohne diese vorherige Schliessung kann eine unterstützende Anreizstruktur nicht erstellt werden. Diese Aufgabe lässt sich am besten durch die Verwendung eines Bezugsrahmens lösen, der die Wirkungsweise von CRM innerhalb der Mangementkonzeption eines Unternehmens verdeutlicht und damit als Makrologik für die Gestaltung eines CRM-Anreizsystems verwendet werden kann.

2.6.1 Allgemeiner Bezugsrahmen für ein CRM-Konzept

Der intendierte Bezugsrahmen muss dabei zunächst etwas breiter abgesteckt werden, damit ein *prinzipieller* Überblick über die Wirkungsweise des CRM-Konzeptes innerhalb einer Organisation entstehen kann. Damit können erste Rückschlüsse auf eine mögliche Unterstützung von CRM durch ein Anreizsystem gezogen werden. Im Anschluss daran wird mit der eigentlichen Systemgestaltung im engeren Sinne begonnen.

2.6.1.1 Begriff, Eigenschaften und Funktionen von Bezugsrahmen

Im Vorfeld der Theorienbildung sowie als Hilfsmittel zur Systematisierung haben sich Bezugsrahmen vielfach bewährt; sie erleichtern die Einteilung eines komplexen Sachverhaltes in handhabbare Teilprobleme.[459] Im Zuge der Analyse problemrelevanter Fragestellungen kommt ihnen eine wichtige Selektions- und Steuerungsfunktion zu.[460]

---

459 Vgl. Kammel (1991), S.22f.; Rüggeberg (1997), S.5; Hölzle (1999), S.21
460 Vgl. Patt (1990), S.36; Kammel (1991), S.22; Hölzle (1999), S.21

2.6.1.2 Vorstellung eines allgemeinen CRM-Bezugsrahmens

Bei dem Vorhaben, einen Bezugsrahmen für das Anreizsystem von CRM zu entwickeln, kann prinzipiell im Sinne eines *kontingenztheoretisch* ausgerichteten Ansatzes vorgegangen werden, dem entsprechend nicht nur Merkmale der Strategie eines Unternehmens, sondern auch Aspekte der betrieblichen Umwelt mit einzubeziehen sind.[461] Aus diesem Grund berücksichtigen Modelle dieses Ansatzes neben der Ausgangssituation des Unternehmens, die mit Hilfe *situativer Variabler* modelliert werden kann, auch die *kontrollierbaren Variablen*, die sogenannten *Managementvariablen*, über die die Unternehmensführung mittels geeigneter Ansätze - wie zum Beispiel eines CRM-Konzeptes - sowie entsprechender Strukturen und Prozesse auf die *Ergebnisvariablen* einer Unternehmung prinzipiell Einfluss zu nehmen vermag.[462] Die folgende Abbildung zeigt den gewählten Bezugsrahmen mit den zentralen Variablenbereichen (vgl. Abbildung 2.22).[463]

ABBILDUNG 2.22: CRM-BEZUGSRAHMEN

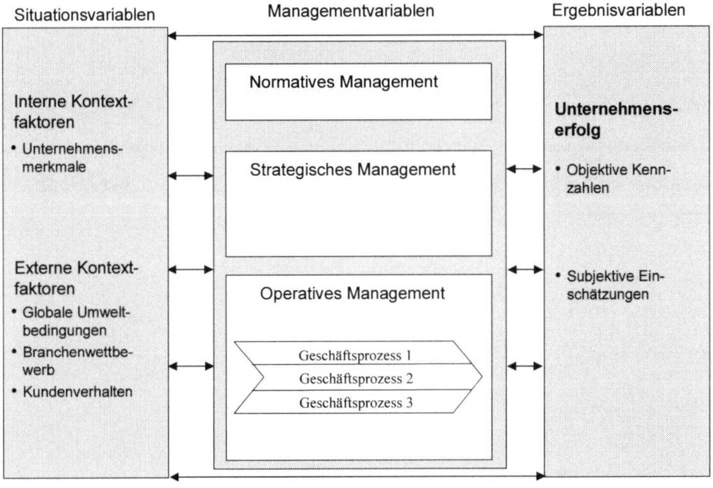

Situationsvariablen	Managementvariablen	Ergebnisvariablen

Interne Kontextfaktoren
• Unternehmensmerkmale

Externe Kontextfaktoren
• Globale Umweltbedingungen
• Branchenwettbewerb
• Kundenverhalten

Normatives Management

Strategisches Management

Operatives Management

Geschäftsprozess 1
Geschäftsprozess 2
Geschäftsprozess 3

Unternehmenserfolg
• Objektive Kennzahlen
• Subjektive Einschätzungen

Quelle: Nach Bleicher (1997), (1999)

461 Vgl. Schreyögg (1978), S.212f.; White (1986), S.218; Uhde (2000), S.336; Balkin & Gomez-Mejia (1987), S.169f.
462 Vgl. Daschmann (1994), S.79ff.; Patt (1990), S.36ff.; Uhde (2000), S.336
463 Vgl. Bleicher (1999); Bleicher (1997), S.43

Da die Situationsvariablen in der Form externer Kontextfaktoren bereits hinreichend dargestellt worden sind,[464] sollen im Mittelpunkt der nachfolgenden Betrachtung die Management- und die Ergebnisvariablen stehen.[465] Die Situationsvariablen sind ohnehin nur schwer zu beeinflussen und insofern in einer Untersuchung über ein CRM-Anreizsystem nicht sehr relevant.

Die *Managementvariablen* hingegen lassen sich als kontrollierbare Variablen kurz- oder mittelfristig verändern. Sie werden in die Bereiche des *normativen, strategischen und operativen* Management unterteilt.[466] Die Unterschiede zwischen diesen drei Ebenen können wie folgt beschrieben werden: *Normatives und strategisches Management gestaltet, operatives Management lenkt die Unternehmensentwicklung.*"[467] Demnach kann das normative Management als die begründende Komponente, das strategische als die Richtung weisende und das operative als die durchführende erklärt werden.[468] Die *Ergebnisvariablen* ihrerseits werden sowohl durch die Situations- wie auch die Managementvariablen beeinflusst; ihre Definition hängt von den grundsätzlichen Zielen der Unternehmensführung ab.

Die folgende Abbildung zeigt nun, wie CRM in seiner Dimension als Strategie auf die Managementvariablen einwirkt, wie es die jeweiligen Managementebenen durchdringt und sich in den betrieblichen Prozessen manifestiert und letztlich verankert (vgl. Abbildung 2.23).

---

[464] Vgl. auch Patt (1990), S.43f.; Daschmann (1994), S.79; Adrian (1987), S.29f. *Situationsvariablen* beschreiben die allgemeine Ausgangssituation eines Unternehmens und lassen sich in *interne* und *externe Kontextfaktoren* differenzieren, wobei die *internen* beispielsweise die Unternehmensgröße, die Phase im Lebenszyklus, die Rechtsform, die Organisation, die Eigentums- und Gesellschafterverhältnisse, die Unternehmenskultur und das Unternehmensalter sind. Die *externen Kontextfaktoren*, wie globale Umweltfaktoren, Faktoren des Wettbewerbs und des Kundenverhaltens, stellen die Einflüsse der Umwelt auf das Unternehmen dar und sind schwerer beeinflussbar als die internen.

[465] Die Sitautionsvariablen in der Form interner Kontextfaktoren werden hier weitgehend außer Acht gelassen, weil diesbezügliche Annahmen zu nicht hilfreichen Einschränkungen des Blickwinkels auf ein CRM-Anreizsystem führen könnten.

[466] Vgl. Patt (1990), S.36; Bleicher (1991), S.52; Bleicher (1999); Bleicher (1997), S.42f.

[467] Vgl. Bleicher (1990), S.52

[468] Vgl. Schwaninger (1994), S.27

127

ABBILDUNG 2.23: WIRKUNGSWEISE UND -RICHTUNG STRATEGISCHER PROGRAMME

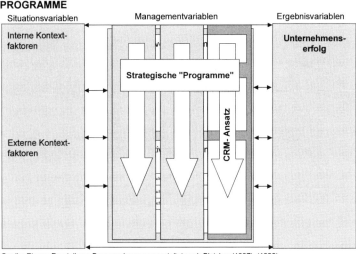

Quelle: Eigene Darstellung, Bezugsrahmen ausgestaltet nach Bleicher (1997), (1999)

Mittels geeigneter *Managementvariablen* kann CRM eine vorgegebene Strategie der Kundenorientierung über die verschiedenen Ebenen hinweg in einen Beitrag zum Erfolg des Unternehmens übersetzen. Die Notwendigkeit dabei anfallender Veränderungen in Strategie, Organisation und Prozessen ist im bisherigen Verlauf der Untersuchung bereits allgemein hergeleitet und dargestellt worden. An dieser Stelle der Untersuchung ist nun eine Ausdifferenzierung der Wirkungsweise der CRM-Zielsetzungen innerhalb der Managementvariablen erforderlich, damit die für die Schaffung eines CRM-Anreizsystems notwendige Konkretisierung geleistet werden kann.

Wirkungsweise von CRM im strategischen Management

Das *strategische Management* zielt prinzipiell ab auf die Entwicklung *"strategischer Programme zur Entwicklung von Nutzenpotentialen und Erfolgspositionen."*[469] In Bezug auf die Implementierung von CRM heißt das, das Unternehmenszielsystem um die aufgezeigten CRM-Zielsetzungen zu erweitern und dann zu konkretisieren. Diese Erweiterung wird in der nachstehenden Abbildung vorgenommen (vgl. Abbildung 2.24).

---

[469] Vgl. Bleicher (1992), S.11

ABBILDUNG 2.24: ERWEITERTES ZIELSYSTEM EINER UNTERNEHMUNG

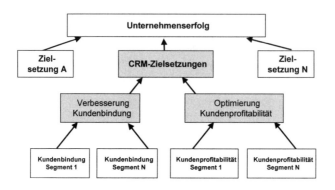

Quelle: Eigene Darstellung

Die Konkretisierung könnte wie folgt aussehen: Die Geschäftsleitung gibt im Rahmen eines CRM-Vorhabens ein selbstdefiniertes Maß an Kundenorientierung vor. Daraus lassen sich diesbezüglich für die gesamte Unternehmensebene Vorgaben für Kundenbindung und Kundenprofitäbilität ableiten, die als Zielsetzungen für das strategische Management fungieren und sich in dessen Leistungsbewertung niederschlagen. Diese Zielsetzungen besitzen dem Charakter der Ebene entsprechend einen hohen Abstraktionsgrad, der sich für eine operative Umsetzung von CRM *so* nicht eignet. Folglich sind die Zielsetzungen des *strategischen Managements* näher auszugestalten.[470]

Wirkungsweise von CRM im operativen Management

Das *operative Management*, in dem das strategische Management seine Realisierung findet, umfasst die *technische Steuerung* sowie die *ablauforganisatorische Regelung* der Unternehmensprozesse,[471] wobei nicht nur der Schritt von den Unternehmenszielen zu bereichs- und segmentspezifischen Zielsetzungen erfolgen muss, sondern weitergehend

---

[470] Im CRM-Bezugsrahmen erfolgt entlang des "CRM-Programm-Pfeils" die Bewegung eine Ebene nach unten.

[471] Vgl. Pümpin & Prange (1991), S.20.

auch die Bestimmung der CRM-unterstützenden Prozesse sowie der konkreten Prozesszielsetzungen zu erfolgen hat, mittels derer der CRM-Ansatz in der täglichen Arbeit der Organisation verankert werden kann. Im Zusammenhang damit sind auch geeignete Indikatoren zu identifizieren, die Aufschluss geben können über die erreichten Leistungen von Mitarbeitern.

Auf operativer Ebene sind schliesslich dafür die entscheidenden Prozesse anzugeben, zu entwickeln und auf ihre Beitragsmöglichkeiten für CRM zu untersuchen. Dieser Aspekt setzt eine umfassende Prozesssicht voraus, die allerdings an dieser Stelle - vor einer genaueren Betrachtung und Interpretation der CRM-Zielsetzungen - noch nicht möglich ist.[472]

2.6.1.3 Implikationen für ein CRM-Anreizsystem

Aus den bisherigen Ausführungen ergeben sich folgende Implikationen:

Ausgestaltung des CRM-Zielsystemes: Für die zielgerichtete Umsetzung eines Ansatzes zur Verbesserung von Kundenorientierung wird zunächst ein konsequentes Umdenken sowohl im Tagesgeschäft als auch in Bezug auf Unternehmensstrategie und -management notwendig.[473] Wird CRM als Programm explizit formuliert und als konkrete Steuerungsgröße implementiert, ist es erforderlich, den Ansatz in das Zielsystem des Unternehmens auf *strategischer* wie *operativer* Ebene einzubetten und - wie bei den anderen Zielgrößen auch - diese mit dem persönlichen Interesse der Führungskräfte in der Organisation in Einklang zu bringen.

Annahme der Leistungsorientierung: Damit die vorgegebenen Zielgrößen realisiert werden können, ist die Vergütung der Mitarbeiter in geeigneter Weise, also möglichst konkret und auf den Einflussbereich bezogen, mit ihnen zu koppeln, das heißt, dass entsprechende Anreize für die Belegschaft zu schaffen und im Sinne der Zielsetzung erbrachte Leistungen zu inzentivieren sind.[474] Damit wird die Bedeutung von *Leistungsorientierung* für ein CRM-Anreizsystem besonders evident.

---

[472] Vgl dazu Abschnitt 2.6.3 und 4.2.2.1
[473] Vgl. Helmke & Dangelmaier (2001), S.1
[474] Vgl. etwa auch Bleicher (1997), S.43

Umgebung des CRM-Anreizsystemes: Die Managementkonzeption wird im Allgemeinen durch Systeme wie Planungs- und Kontroll-, Organisations-, Personal-, Kommunikations- und Informationssystem unterstützt. Die Analyse des Bezugsrahmens gibt Aufschluss über die systemtechnische Umgebung eines CRM-Anreizsystemes, das sich in unmittelbarer Umgebung der vorgenannten Komponenten befindet und mit diesen teilweise in einem engen Wirkungszusammenhang steht.[475]

2.6.2 Konkretisierung der CRM-Zielsetzungen

Um die inhaltliche Ausgestaltung der entscheidenden Zielsetzungen von *Kundenbindung* und *Kundenprofitabilität* zu präzisieren, werden diese zunächst definiert. Anschließend werden sie in einer integrierten Betrachtung auf ihr Zusammenspiel und gegenseitige Abhängigkeiten hin analysiert.

2.6.2.1 Konkretisierung der Zielsetzung Kundenbindung
Definition und Stellenwert von Kundenbindung

Mit Kundenorientierung verbunden ist das Phänomen Kundenbindung, dem auch in der betriebswirtschaftlichen Literatur wachsende Bedeutung zukommt.[476] Dieser Stellenwert ergibt sich aus der Erkenntnis, dass Kundenbindung eine positive Wirkung auf den Erfolg eines Unternehmens haben kann und damit zu einem wichtigen Unternehmensziel geworden ist.[477] Trotz der Relevanz dieser Erscheinung existieren bisher nur wenige Ansätze, die sie umfassend untersuchen, begrifflich klar abgrenzen und eine brauchbare Operationalisierung liefern.[478]

Unter *Kundenbindung* soll - im Einklang mit den bestehenden überzeugenden Definitionen - im Rahmen dieser Untersuchung "*die Aufrechterhaltung einer Geschäftsbeziehung zwischen Anbieter und Kunde verstanden werden, die charakterisiert ist durch*

---

[475] Vgl. Abschnitt 3.4.3.1 und 3.4.3.2

[476] Vgl. Meyer & Oevermann (1995), S.1341; Krafft (1999), S.514, (2002); Peter (1997); Oliver (1999), S.33; Eggert (2000), S.119; Karg (2001), S.5; Gierl (2000), S15; Bliemel & Eggert (1998), S.37, S.39f.; Tiedtke (2001), S.128f; Link (2001), S.1; Eggert (2000), S.119; Günter & Helm (2001), S.12; Gerpott (2000), S.23

[477] Vgl. Reichheld & Sasser (1990), S.106ff.; Gerpott (2000), S.26; Hesket et al. (1994), S.164ff.; Meyer & Dornach (2000); Krüger-Strohmayer (2000), S.86ff.; Reichheld (1996), S.58, (2001), S.76ff.; Peter (1997), S.41; Hermann & Huber et al. (2000); Gerpott & Rams (2000), S.739

[478] Vgl. Diller (1996), S.86ff.; Peter (1997); Dittrich (2000); Homburg & Giering et al. (1999), S.178ff; Meyer & Oevermann (1995), S.1341

eine dabei nicht zufällige Folge von Markttransaktionen."[479] Bei Kundenbindung handelt es sich also um das Aufrechterhalten einer *Geschäftsbeziehung* zwischen einem Kunden und einem Anbieter, die durch Folgekäufe oder eine Verlängerung eines bestehenden Vertrages erreicht wird oder durch die Intention des Kunden, zukünftige Käufe bei einem bestimmten Anbieter zu tätigen oder einen bestehenden Vertrag zur Abnahme mit diesem verlängern zu wollen.[480]

Neben dem Ausdruck *Kundenbindung* tauchen die Begriffe *Kundenzufriedenheit* und *Kundenloyalität* auf, die wegen ihrer Nähe zur Kundenbindung näher beleuchtet werden müssen.[481]

Abgrenzung zur Kundenzufriedenheit

Kundenzufriedenheit ist Gegenstand zahlreicher Abhandlungen in der Marketingliteratur,[482] weil auch hier die Annahme zu Grunde liegt, dass ihr Vorhandensein mit positiven Effekten für den Unternehmenserfolg verbunden ist.[483] Insofern ist auch sie für Unternehmen zu einer sehr wichtigen Zielgröße geworden.[484]

Das Problem ist, dass es kein einheitliches Verständnis bezüglich des zu Grunde liegenden Konzeptes gibt[485] beziehungsweise dass verschiedene Komponenten, wie zum Beispiel Modellierungsrahmen, Prozessmodelle und Konsequenzen von Unzufriedenheit, vielfach miteinander vermischt werden.[486]

---

[479] Vgl. Diller (1996), S.84ff.; Krüger (1997), S.22; Peter (1997), S.7; Krafft (2002), S.22; Bruhn & Homburg (2000), S.8; Henning-Thurau & Hansen (2000), S.6

[480] Vgl. Hermann & Johnson (1999), S.583; Krafft (1999), S.520; Bliemel & Eggert (1998), S.38f.; Meffert (1998), S.119; Krüger (1997), S.19f.; Peter (1997), S.7; Diller (1996), S.83f. Homburg & Werner (1998); Meyer & Oevermann (1995), S.1341; Eggert (1998), S.120

[481] Vgl. Giering (2000); Bliemel & Eggert (1998), S.38;

[482] Vgl. Anderson & Fornell et al. (1994), S.53ff.; Churchill & Surprenant (1982); Anderson & Sullivan (1993); Bearden & Teel (1983); LaBarbera & Mazursky (1983); Oliver (1977), (1980), (1981), (1997), (1999); S.33ff. Oliver & Swan (1989); Oliver & DeSarbo (1988), S.495ff.; Woodruff & Cadotte et al.(1983), (1987); Reichheld & Sasser (1990); Burmann (1991); Jones & Sasser (1995); Quartapelle et al. (1996); Anderson & Fornell et al. (1997), S.129f.; Matzler & Stahl (2000); Homburg & Giering et al. (2000); Stauss & Seidel (1996), S.37; Johnson & Fornell (1991), S.267ff.; Bitner (1990), S.69ff.; Simon & Homburg (1998); Kotler et al.(2001), S.670

[483] Vgl. Herrmann & Huber et al. (2000); Fornell (1992), S16 ff; Korte (1995), S.74ff.; Stauss (1999), S.5; Matzler & Stahl (2000), S.626f.; Anderson & Fornell et al. (1994), S.53ff.; Dittmar (2000), S.14f.; Stauss & Neuhaus (2000), S.69; Homburg & Rudolph (1998), S.51f.

[484] Vgl. Stauss (1999), S.5; Stauss & Neuhaus (2000), S.69; Matzler & Stahl (2000), S.626; Herrmann & Huber et al. (2000); Oliver (1999), S.33; Homburg & Giering (2000b), S.82; Simon & Homburg (1998), S.26

[485] Vgl. Stauss & Seidel (1996), S.37; Stauss (1999), S.7; Hempel (1977), S.275; Burmann (1991), S.250; Krafft (2002), S.15; Peter (1997), S.107; Homburg & Rudolph (1998), S.35

[486] Vgl. Krafft (2002), S.15

Nach neuerer Forschung kann *Kundenzufriedenheit* definiert werden als *"kognitive und affektive Evaluierung der gesamten Erfahrungen mit einem bestimmten Anbieter und dessen Produkten."*[487] Im Sinne der Theorie des *"Disconfirmation Paradigma"* kann man unter Kundenzufriedenheit das positive Ergebnis eines komplexen Informations-verarbeitungsprozesses verstehen, dessen Mittelpunkt ein Soll/Ist-Vergleich bildet.[488] Die Ist-Komponente ist die vom Kunden wahrgenommene Leistung,[489] die Soll-Komponente eine Erwartung oder ein Erwartungsstandard. Als Ergebnis des Vergleiches führen ent-täuschte Erwartungen zu *Unzufriedenheit*, übertroffene hingegen zu *Zufriendenheit* des Kunden. Einflussgrößen der Kundenzufriedenheit sind beispielsweise das *Preis-* und *Leistungsverhältnis* sowie die jeweilige *Qualität* von Produkt und Dienstleistungen.[490]

Kundenzufriedenheit entsteht wahrscheinlich durch eine Vielzahl von Transaktionen über die Zeit und den daraus resultierenden Erfahrungen.[491] Sie kann sich dabei auf das ge-samte *Leistungsspektrum* eines Unternehmens beziehen oder auch nur auf einzelne Aspekte davon.[492]

In der wissenschaftlichen Forschung ist inzwischen allerdings festgestellt worden, dass der Aspekt *Kundenzufriedenheit* zwar erfreulich für betroffene Unternehmen ist, aber nicht *zwangsläufig* zu wirtschaftlichem Erfolg führt.[493]

---

[487] Vgl. Homburg & Giering et al. (1999), S.177; Gerpott & Rams (2000), S.741; Homburg & Giering (2000), S.83f.; Stauss & Neuhaus (2000), S.79

[488] Vgl. Churchill & Gilbert et al. (1982), Trawick & Swan (1981), Oliver (1981), Burmann (1991), S.250; Stauss & Seidel (1996), S.38; Wirtz (1993), S.2; Yi (1990), S.69; Homburg & Rudolph (1995), S.31ff; Eggert & Helm (1999); S.2; Homburg & Faßtnacht (2001), S.447; Homburg & Werner et al. (2000), S.508.; Günter & Platzek (1992), S.110; Stauss (1999), S.6ff.; Cadotte & Woodruff et al. (1987), S.305ff.; Matzler & Stahl (2000), S.627; Krafft (2002), S.15; Günter & Helm (2001), S.11; Oliver (1980); Rust & Zahorik et al. (1996); Peter (1997), S.105; Bitner (1990), S.70; Homburg & Rudolph (1998), S.35 und S.38

[489] Vgl. Kaas & Runow (1984), S.452

[490] Vgl. Anderson et al. (1994), S.53ff.; Matzler & Stahl (2000), S.633; Burmann (1991), S.250f.; Capon & Farley & Hoenig (1990), S.1143; Matzler & Bailom (2000), S.199ff.; Johnson & Fornell (1991), S.273; Zeithaml et al. (1996), S.31ff.; Homburg & Rudolph (1998), S.85; Ostrom et al. (1995), S.17

[491] Vgl. Homburg & Giering et al. (1999), S.176; Rust & Zahorik et al. (1995), S.64; Wilton & Nicosia (1986), S.9.ff; Anderson et al. (1994), S.54

[492] Vgl. Anderson & Fornell et al. (1994), S.55f.; Simon & Homburg (1998), S.23

[493] Vgl. Homburg & Giering et al. (2000), S.83; Sturm & Thiry (1991), S.35; Gierl (1993), S.90; Jones & Sasser (1995), S.91; Anderson et al. (1994), S.53f.; Homburg & Giering (2000b), S.82; Cornelsen (2001), S.157; Werner (1998), S.148

Das liegt daran, dass nicht automatisch alle zufriedenen Kunden auch zu gebundenen Kunden werden.[494] In diesem Zusammenhang wird auch von "*Zufriedenheitsfalle*" gesprochen.[495] Vor diesem Hintergrund erwächst derzeit Zweifel an der Sinnhaftigkeit des Ziels *Kundenzufriedenheit*.[496]

Abgrenzung zur Kundenloyalität

Der Begriff Kundenloyalität beschreibt "*die nachfragerbezogene Perspektive einer Bindung, das heißt, der Kunde hat seinerseits eine verringerte Wechselbereitschaft.*"[497] An dieser Stelle wird die Verbundenheits- und Gebundenheitsdiskussion relevant.[498] *Kundenloyalität* kann demnach als Verbundenheit gesehen werden, die dazu führt, dass ein Kunde bewusst und gewollt eine Geschäftsbeziehung weiterführt und dabei eine positive Einstellung dem Anbieter gegenüber hat oder entwickelt.[499]

Als eine zentrale Determinate der Kundenloyalität wird in der Literatur die Kundenzufriedenheit genannt.[500] Sie ist außerdem abhängig von der Leistungsfähigkeit eines Anbieters sowie dem Angebot der Wettbewerber.[501] Was sie von der Kundenbindung unterscheidet, ist die Freiwilligkeit der Bindung von Seiten des Kunden, während bei Kundenbindung Mobilitätsbarrieren hinzutreten.[502]

Darstellung eines postulierten Zusammenhanges

Die Konstrukte Kundenzufriedenheit, Kundenloyalität und Kundenbindung werden von der Literatur in einen Zusammenhang gestellt; die dabei postulierte *Wirkungskette* wird von der folgenden Darstellung wiedergegeben (vgl. Abbildung 2.25).[503]

---

[494] Vgl. Homburg & Giering (2000b), S.82; Reichheld (1993), S.71; Peter (1997), S.115; Stauss & Neuhaus (2000), S.69
[495] Vgl. Reichheld (1996), S.56ff.; Oliver (1999), S.33
[496] Vgl. Homburg & Giering et al. (1999), S.175; Homburg & Giering (2000), S.82; Anderson et al. (1994), S.53
[497] Vgl. Bruhn & Homburg (2000), S.8; Anderson et al. (1994), S.55; Matzler & Stahl (2000), S.632; Oliver (1999), S.35f.
[498] Vgl. Bliemel & Eggert (1998); auch Stahl (2000), S.92
[499] Vgl. Burmann (1991), S.251
[500] Vgl. Homburg & Giering (2000), S.83; Oliver (1999), S.33
[501] Vgl. Gerpott & Rams (2000), S.741
[502] Vgl. Gerpott & Rams (2000), S.741
[503] Vgl. Tiwana (2001) S.23; Bruhn & Homburg (2000), S.6; Hermanns & Thurm (2000), S.473; Anderson et al. (1994), S.55; Jones & Sasser (1995), S.91; Matzler & Stahl (2000), S.627

ABBILDUNG 2.25: POSTULIERTE WIRKUNGSKETTE

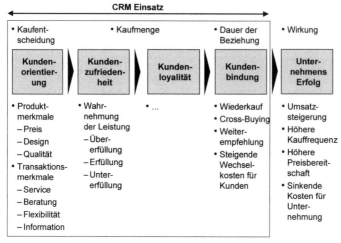

• Kaufent-scheidung	• Kaufmenge		• Dauer der Beziehung	• Wirkung
Kunden-orientierung	**Kunden-zufriedenheit**	**Kunden-loyalität**	**Kunden-bindung**	**Unter-nehmens Erfolg**
• Produkt-merkmale – Preis – Design – Qualität • Transaktions-merkmale – Service – Beratung – Flexibilität – Information	• Wahr-nehmung der Leistung – Über-erfüllung – Erfüllung – Unter-erfüllung	• ...	• Wiederkauf • Cross-Buying • Weiter-empfehlung • Steigende Wechsel-kosten für Kunden	• Umsatz-steigerung • Höhere Kauffrequenz • Höhere Preisbereit-schaft • Sinkende Kosten für Unter-nehmung

Quelle: in Anlehnung an Homburg & Bruhn (1998); Hermanns & Thurm (2000), S.473

Kundenbindung wird demnach durch eine Vielzahl von Schritten erreicht. Aus der Ausrichtung von Produkten und Serviceangeboten nach den Bedürfnissen der Ziel-kunden und aus der positiven Gestaltung der Erstkontakte soll sich ein hohes Maß an *Kundenzufriedenheit* ergeben, die ihrerseits - wenn sich im Verlauf der Zeit eine positive Einstellung zum Unternehmen ausgebildet hat - *Kundenloyalität* entstehen lässt. Bei der Kundenbindung entsteht idealerweise ein Vertrauensverhältnis zwischen Kunde und Un-ternehmung: Der gebundene Kunde wird nicht ohne weiteres wechseln.

Kritische Anmerkungen zur Wirkungskette

Die soeben beschriebene Wirkungskette ist bisher allerdings empirisch nicht ausreichend belegt worden.[504] Es besteht erheblicher weiterer Forschungsbedarf bezüglich des Zu-sammenspieles der einzelnen Konstrukte. Der spezielle Zusammenhang zwischen *Kun-denzufriedenheit* und *Kundenloyalität* zum Beispiel, der in verschiedenen Arbeiten

---

[504] Vgl. Sturm & Thiry (1991), S.35; Gerpott & Rams (2000), S.738ff.; Homburg & Giering et al. (1999), S.185; Bloemer & Kasper (1995), S.311f.

analysiert worden ist,[505] darf *nicht* als zwangsläufig verstanden werden;[506] dies wird bestätigt durch Aussagen wie: *"Fourty percent of customers who claimed to be satisfied switched suppliers without looking back"* und *"Zufriedenheit [...] schützt nicht vor Untreue."*[507]

Die aktuelle Diskussion nimmt vielfach für den Zusammenhang zwischen Kundenzufriedenheit und Kundenloyalität einen progressiven sattelförmigen Verlauf an,[508] wie der nachstehenden Abbildung zu entnehmen ist (vgl. Abbildung 2.26).

ABBILDUNG 2.26: ZUSAMMENHANG KUNDENZUFRIEDENHEIT UND KUNDENLOYALITÄT

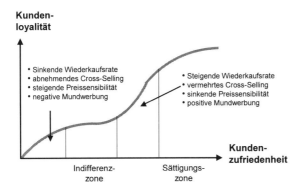

Quelle: Nach Hermann & Huber & Braunstein (2000), S.48

[505] Vgl. Giering (2000); Oliver (1999), S.33ff.; Fornell & Wernerfelt (1987); Heskett & Jones et al. (1994); Anderson & Sullivan (1993); Bitner (1990); Fornell (1996); Patterson & Johnson et al. (1997); Lohmann (1999), S.179ff; Homburg & Giering et al. (1999), S.174; Homburg & Giering (2000), S.82

[506] Vgl. Jones & Sasser (1995), S.91f mit unterschiedlichen Kurven des Zusammenhanges von Customer Satisfaction & Loyalty für verschiedene Industrien

[507] Vgl. Sturm & Thiry (1991), S.35; Gierl (1993), S.90; Goodstein & Butz (1998), S.23; Oliver (1999), S.33; Stahl & Hinterhuber et al. (2000), S.179-180; Auh & Johnson (1997), S.143-144; Gierl (2000), H.1, S.14

[508] Vgl. Matzler & Stahl (2000), S.633; Oliver (1999), S.33ff.; Homburg & Giering et al. (1999); Heskett & Jones et al. (1994); Rust & Zahorig et al. (1995); Woodruff & Cadotte et al. (1983); Stahl & Hinterhuber et al. (2000), S.180; Auh & Johnson (1997), S.150; Homburg & Rudolph (1998), S.52-53

Während innerhalb der erkannten *Indifferenzzone* Wahrnehmungen beim Kunden zu keinen Änderungen des Verhaltens führen,[509] tritt dort beim Überschreiten eines gewissen Schwellenwertes schlagartig eine Modifikation ein.

Empirische Untersuchungen haben ergeben, dass der Zusammenhang zwischen Kundenzufriedenheit und Kundenloyalität *branchenabhängig* ist. Die Unterschiede könnten sich unter anderem aus der unterschiedlichen Wettbewerbsintensität ergeben.[510] Je stärker der Wettbewerb, desto enger der beobachtbare Zusammenhang zwischen Kundenloyalität und Kundenzufriedenheit.[511] Neuere Untersuchungen zum Zusammenhang von Kundenzufriedenheit und Kundenbindung zeigen eine noch höhere Komplexität und Facettenvielfalt des Zusammenspieles der Größen, als dies frühere Betrachtungen getan haben.[512]

Inhaltliche Konkretisierung der Kundenbindung

Das Phänomen der Kundenbindung ist in der Praxis schwer erfassbar.[513] Diese Problematik wird insbesondere in der neueren Marketingliteratur sichtbar, wobei die Wissenschaft insbesondere nach der *Messbarkeit* und der *Beeinflussbarkeit* von Kundenbindung fragt.[514]

Messbarkeit von Kundenbindung

Bei der Messung werden üblicherweise zwei *Dimensionen* unterschieden: Zum einen das *bisherige Verhalten* des Kunden, zum anderen die *Verhaltensabsicht*, die sich auf die Zukunft bezieht.[515] Beide Verhaltensformen sind durch Indikatoren *messbar* oder zumindest *erfragbar*; sie werden in der folgenden Abbildung aufgegliedert mit den jeweiligen Indikatoren dargestellt (vgl. Abbildung 2.27).

---

[509] Vgl. Woodruff & Cadotte et al. (1983), S.296ff.; Homburg & Giering et al. (1999), S.185

[510] Vgl. Fornell (1992), S.6ff; Auh & Johnson (1997), S.144; Kotler & Armstrong (2001), S.671

[511] Vgl. Matzler & Stahl (2000), S.637; Auh & Johnson (1997), S.144

[512] Vgl. Bolton (1998); Hansen & Emmerich (1998); Henning-Thurau & Klee (1997); Stauss & Neuhaus (1997)

[513] Vgl. Peter (1997), S.74

[514] Vgl. Dick & Basu (1994), S.100ff.; Diller (1995), S.11ff; Jones & Sasser (1995), S.94; Gerpott & Rams (2000), S.738ff.; nennenswerte ausführlichere Beiträge: Peter (1997); Oevermann (1996); Krüger (1997); Plinke (1989); Diller (1996); Krafft (2002)

[515] Vgl. Meyer & Oevermann (1995), S.1341f.; Homburg & Giering et al. (1999), S.178f.; Homburg & Faßnacht (1998), S.415; Eggert (2000), S.120; Krafft (2002), S.24; Dick & Basu (1994), S.100; Bliemel & Eggert (1998), S.38; Gerpott (2000), S.29. Diller (1996), S.84ff. liefert in seiner *vielzitierten* Abhandlung einen der wenigen Ansätze zur Operationalisierung des Konstruktes.

ABBILDUNG 2.27: DIMENSIONEN UND INDIKATOREN ZUR MESSBARKEIT DER KUNDENBINDUNG

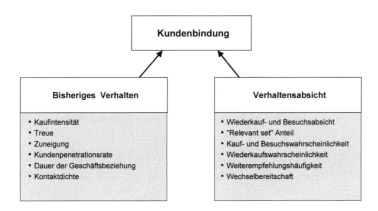

Quelle: Erweiterung nach Diller (1996)

Die in der vorstehenden Abbildung aufgeführten Indikatoren sind in der Literatur ausführlich beschrieben worden und werden daher nicht weiter betrachtet.[516] Diese Operationalisierung, die sich am gegenwärtigen Stand der Forschung orientiert,[517] kann in Zukunft durchaus noch eine Erweiterung erfahren; insbesondere sind angenommene Zusammenhänge empirisch zu überprüfen.[518]

Beeinflussbarkeit von Kundenbindung

Die Verbesserung der Kundenbindung kann erst dann wirksam erfolgen, wenn die Einflussgrößen des Konstruktes erfasst sind. Nachfolgend wird die *Beeinflussbarkeit* von Kundenbindung betrachtet. Maßgeblich sind hier die Beiträge von PETER (1997) zur Konkretisierung der Determinanten der Kundenbindung,[519] ferner die Arbeiten von

---

[516] Vgl. Diller (1996), S.86; Peter (1997), S.183; Meyer & Oevermann (1995), S.1342; zum Share of Customer auch Kehl (2001), S.206; Reichheld (1993), S.70 nennt *retention rate* und *share of purchase* als geeignete Indikatoren zur Erfassung; Heskett et al. (1994), S.52; Krafft (2002), S.50ff.; Reichheld (1997), S.70; Stahl (2000), S.95; Venohr & Zinke (2000), S.157

[517] Vgl. Meyer & Oevermann (1995); Homburg & Giering et al. (1999); Homburg & Faßtnacht (1998); Eggert (2000); Günter & Helm (2001); Krafft (2002)

[518] Vgl. Eggert (2000), S.121

[519] Vgl. Peter (1997), S.69 ff.; Oliver (1999), S.33ff.

KRÜGER (1997) und von OEVERMANN (1996).[520] Die Kundenbindung wesentlich beeinflussende Faktoren sind *Attraktivität des Konkurrenzangebotes, Variety Seeking, Kundenzufriedenheit* sowie *Wechselbarrieren.*[521] Die Wirkung der einzelnen Determinanten auf die Kundenbindung ist in einer aufwendigen Untersuchung bei PETER (1997) empirisch nachgewiesen worden.[522]

Attraktivität des Konkurrenzangebotes: Die Attraktivität des Konkurrenzangebotes, die bestimmt wird durch eine Reihe von Faktoren, wie *Design, Service, Garantieleistung, Image* des Wettbewerbers, kann einen negativen Einfluss auf die Kundenbindung haben.[523] Ein Unternehmen hat auf dieses Phänomen keinen direkten Einfluss, kann aber durch gezielte Maßnahmen, wie zum Beispiel durch überdurchschnittlichen Service versuchen, die Konkurrenz zu übertreffen. Darüber hinaus kann es durch gezielte Werbemaßnahmen die Wahrnehmung der Kunden in Bezug auf sich selber beeinflussen, etwa durch ein neues Image.

Variety Seeking: Bei der nächsten Determinante der Kundenbindung, dem *Variety Seeking,*[524] handelt es sich um ein Konstrukt aus der Konsumentenverhaltenstheorie,[525] das erklärt, warum Geschäftsbeziehungen durch Kunden unter- beziehungsweise abgebrochen werden. Hierbei wird ein *grundsätzlicher* Wunsch nach Wechsel angenommen, der nicht auf einer Unzufriedenheit mit dem Leistungsangebot beruht und genausowenig von der Attraktivität des Konkurrenzangebotes abhängig ist.[526] Wechselbestrebungen dieser Art erschweren die Bildung von langfristigen und intensiveren Geschäftsbeziehungen. Ein Unternehmen kann ihnen höchstens dadurch begegnen, dass es selbst für eine gewisse Abwechselung sorgt, wie etwa durch eine *Rotation von Mitarbeitern* oder die Einführung neuer *Marken.*

---

[520] Vgl. Krafft (1999), (2002), S.27f.
[521] Vgl. Peter (1997); Krafft (2002); Meyer & Schaffer (2001), S.64; teilweise Stauss & Neuhaus (2000), S.71
[522] Vgl. Peter (1997), S.151ff.
[523] Vgl. Peter (1997); Stauss & Neuhaus (2000), S.71
[524] Vgl. Peter (1997); Meyer et al. (2001), S.64; Oliver (1999), S.36; Ertl (2000); Stauss & Neuhaus (2000), S.71
[525] Vgl. Peter (1997), S.103
[526] Vgl. Peter (1997), S.124; Stauss & Neuhaus (2000), S.71; Diller (1992), S.1182

Kundenzufriedenheit: Dass zwischen Kundenzufriedenheit und Kundenbindung kein zwangsläufiger Zusammenhang besteht, ist bereits dargestellt worden. Unbestreitbar ist, dass sie generell als eine zentrale Voraussetzung von Kundenbindung verstanden wird.[527] Sie kann in der Regel durch Maßnahmen einer Unternehmung gezielt beeinflusst werden.

Wechselbarrieren: Wechselbarrieren sind Hemmnisse, die in einer länger andauernden Geschäftsbeziehung entstehen und die Abwanderung zu einem Anbieter erschweren oder gar unmöglich machen.[528] Sie lassen sich in *ökonomische, soziale* und *psychische* Barrieren untergliedern.[529] Während die psychischen und sozialen Wechselbarrieren durch eine positive Einstellung zum Anbieter entstehen und damit höchstens langfristig zu beeinflussen sind, können die *ökonomischen* Wechselbarrieren durch gezielte Maßnahmen der Kundenentwicklung, wie zum Beispiel durch Rabatte, die Gewährung von Sonderkonditionen und bevorzugte Behandlung, geschaffen werden.[530] Um diese Vorteile oder auch bereits getätigte Investitionen, wie Verhandlungskosten *nicht* zu verlieren, wird der gebundene Kunde eher bei einer Unternehmung verbleiben.[531]

Die Vielschichtigkeit des Konstruktes Kundenbindung, die Bedeutung der Aspekte ihrer Messbarkeit und Beeinflussbarkeit und die Rolle der oben genannten Determinanten soll die folgende Abbildung verdeutlichen, die erstmals die bisher in der Literatur nur vereinzelt dargestellten Komponenten zusammenfügt und in ihrem Zusammenspiel abbildet (vgl. Abbildung 2.28).

Sie erlaubt vom Prinzip her eine saubere Unterscheidung von Ursache und Wirkung und zeigt gleichzeitig die Komplexität dieses Konstruktes, bei dem Veränderungen einer Determinante nicht unbedingt Auswirkungen auf bestimmte Messindikatoren haben müssen.[532]

---

[527] Vgl. Homburg & Giering et al. (1999), S.175; Burmann (1991), S.249; Jones & Sasser (1995), S.89; Oliver (1999), S.33; Eggert & Helm (1999); Krafft (2002), S.30; Johnson & Fornell (1991), S.267
[528] Vgl. Rieker (1995), S.26; Stahl (2000), S.92-93; Kleinaltenkamp (2000), S.346-347
[529] Vgl. Peter (1997), S.115; Bund Jackson (1985), S.42f.; Bliemel & Eggert (1998), S.38; Rieker (1995), S.26f.; Oliver (1999), S.33; Meffert (2000b), S.127
[530] Vgl. unter anderem Meffert (2000b), S.128
[531] Vgl. Kleinaltenkamp (2000), S.347
[532] An dieser Stelle besteht weiterer Forschungsbedarf

ABBILDUNG 2.28: MEHRSTUFIGKEIT DES KONSTRUKTES KUNDEN-BINDUNG

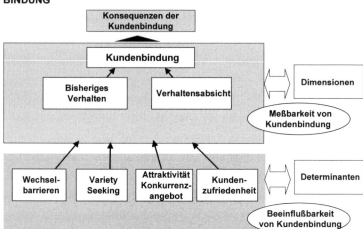

Quelle: Eigene Darstellung mit inhaltlicher Anlehnung an Peter (1997), Diller (1996), Eggert (2000)

2.6.2.2 Konkretisierung der Zielsetzung Kundenprofitabilität

Definition und Stellenwert von Kundenprofitabilität

In der Debatte über Kundenbindung ist die Frage nach der Identifikation des *richtigen*, das heißt, des für eine Unternehmung *profitablen* Kunden bisher weitgehend offen geblieben.[533] Im Zusammenhang damit gilt, geeignete Kennzahlen zu finden, die bei der Bestimmung von *Kundenprofitabilität* helfen können.

Der Begriff der *Kundenprofitabilität* taucht im Zusammenhang mit weiteren Begriffen wie *Kundenprofit, Kundendeckungsbeitrag, Kundenrentabilität* und *Kundenwert* auf.[534] SHAPIRO (1987) definiert *Kundenprofitabilität* als die Differenz zwischen kundenspezifischen Nettoerlösen und Kosten, die etwa bei der Bedienung des Kunden entstehen;[535] manche Autoren integrieren auch den *Beziehungsaspekt* in ihre Definition. Eine be-

---

[533] Vgl. Rudolf-Sipötz (2001), S.3 u.S.15; Homburg & Daum (1997), S.91; Payne & Holt (1999)

[534] Vgl. Shapiro et al. (1987); Petro (1990); Carroll (1990); Howell & Soucy (1990), S.44; Schmittlein & Cooper et al. (1993); Storbacka (1997), S.479; Homburg & Daum (1997); Köhler (2000); Rudolf-Sipötz (2001), S.15; Haag (1992), S.25; Wäscher (2002), S.404-405; Gouthier & Schmid (2001), S.231

[535] Vgl. Shapiro et al. (1987), S.102; Howell & Soucy (1990), S.44; Mulhern (1999), S. 26).

sondere Rolle bei der Bestimmung der Kundenprofitabilität spielt die Kenngröße des Deckungsbeitrages,[536] der verstanden wird als ein Bruttoüberschuss und ermittelt wird als die Differenz zwischen Umsatz und verursachten Kosten pro Kunde.[537]

Ein Nachteil der Deckungsbeitragsmethode ist jedoch, dass vielfach die Berechnung pauschal erfolgt und die Gemeinkosten im Rahmen eines mehrstufigen Zurechnungsverfahrens ungenau verteilt werden.[538]

Vereinfacht kann dabei *Kundenprofitabilität* als Differenz zwischen Umsätzen und Kosten dargestellt werden (vgl. Abbildung 2.29).

ABBILDUNG 2.29: STATISCHE DARSTELLUNG DER KUNDEN-PROFITABILITÄT

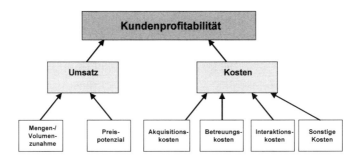

Quelle: Eigene Darstellung

---

[536] Vgl. Palloks (1988), S.254f. ; Schleuning (1997), S.147; Köhler (2000), S. 419; Stahl & Hinterhuber et al. (2000), S.185; Haag (1992), S.28; Wäscher (2000), S.405; Wiedemann et al. (2001), S.213f.

[537] Vgl. Köhler (2000), S.419; Franz (2001), S.373; Homburg & Daum (1997), S.85ff, S.90

[538] Vgl. Homburg & Daum (1997), S.85; Stahl & Hinterhuber et al. (2000), S.185

Diese eher statisch zu nennende Sichtweise der kundenbezogenen Erfolgsrechnung kann um eine *dynamische* Komponente erweitert werden, womit man zum Customer-Lifetime-Value-Ansatz (CLV-Ansatz) gelangt.[539] Dabei werden *alle* Einnahmen und Kosten, die mit einem Kunden verbunden sind, betrachtet, und zwar über den *gesamten Lebenszyklus* hinweg.[540]

Zur Berechnung des Kundenwertes kann die aus der Investitionsrechnung bekannte Kapitalwertmethode herangezogen werden.[541] Demnach ist der CLV wie folgt definiert: Summe der Einnahmen E(t) - Kosten K(t), diskontiert mit dem Diskontfaktor r über die Lebenszeit L. Die Formel für den CLV eines Kunden lautet: CLV = (t = 1...L) Σ(t) [(E(t)-K(t))/ (1+r)^t].[542] Die Einnahmen bisheriger Perioden können dabei relativ problemlos errechnet werden, während die zukünftigen Erlöseinnahmen und Kosten mit Unsicherheiten verbunden sind.[543]

2.6.2.3 Integrierte Betrachtung der CRM-Zielsetzungen

Die Frage, die sich angesichts der beiden CRM-Zielsetzungen stellt, ist einmal die nach der Berechtigung einer isolierten Betrachtung beider Größen. Anschließend müssen mögliche Zusammenhänge zwischen ihnen untersucht beziehungsweise die Rolle, die sie jeweils füreinander haben, geklärt werden. Auffällig ist in diesem Zusammenhang, dass die Literatur bisher den Aspekt der Kundenbindung in den Vordergrund gestellt hat, dabei aber zumeist den Aspekt der Profitabilität unberücksichtigt ließ. Begonnen wird zunächst mit der isolierten Betrachtung beider Faktoren.

Maximierung einzelner Zielgrößen

Fraglich ist, ob eine eindimensionale Optimierung von *Kundenprofitabilität* oder von *Kundenbindung* sinnvoll ist. Wenn ein Unternehmen zum Beispiel nur Wert legte auf

---

[539] Vgl. Dwyer et al. (1989), (1997); Hofmann & Mertiens (2000); Homburg & Daum (1997), S.96ff.; Kehl (2001), S.207; Günter & Helm (2001), S.8; Franz (2001), S.373; Stahl & Hinterhuber et al. (2000), S.189; Wäscher (2000), S.405

[540] Vgl. Dwyer (1997), S.7; Homburg & Daum (1997), S.97; Rieker (1995), S.50; Wiedemann et al. (2001), S.214; Gouthier & Schmid (2001), S.231

[541] Vgl. Günter & Helm (2001), S.7; Gouthier & Schmid (2001), S.231

[542] Vgl. Homburg & Daum (1997), S.100; Günter & Helm (2001), S.22; Stahl & Hinterhuber et al. (2000), S.191; Wiedemann & Büssow (2001), S.214

[543] Vgl. Krafft (2002), S.58; Diller & Cornelsen et al. (1997), S.48; Stahl & Hinterhuber et al. (2000), S.191; Buzzell (1997), S.504

Kundenbindung, könnten auch solche Kunden gebunden werden, die vorübergehend keinen oder niemals einen positiven Beitrag zum Unternehmenserfolg liefern. Der Kundenstamm wäre zwar perfekt gebunden, auf Grund des Anteils an „Problemkunden" allerdings nicht von höchstmöglichem Wert.[544] Bei einem großen intensiv gebundenen Kundenstamm würden zudem durch eine aufwendige Kundenbetreuung und durch ein notwendigerweise ausdifferenziertes Produkt- und Serviceangebot hohe Komplexitätskosten entstehen, die nicht entsprechend kompensiert werden. Die undifferenzierte Bindung der gesamten Kundschaft führt also nicht automatisch auch zu einer Wertsteigerung des gesamten Kundenstammes. Der Ansatz der „Zero-Migration"-Kultur musste insofern revidert werden.[545]

Eine isolierte Maximierung der Zielgröße *Kundenprofitabilität* hätte zur Folge, dass alle Kunden, die keinen positiven Deckungsbeitrag aufweisen, abgestoßen würden. Zudem würden bei der Neukundengewinnung nur solche Kunden akquiriert, die sofort einen positiven Beitrag leisten. Problematisch an einer solchen Vorgehensweise wäre, dass Kunden, die langfristig ein *positives* Beitragspotenzial besäßen, in diesem Ansatz keine Berücksichtigung fänden. Die wenigsten Kunden bringen sofort einen positiven Beitrag, weil am Anfang meistens eine kostenintensive Betreuung notwendig ist. Ein nur *profitabler* und nicht gleichzeitig auch gebundener Kundenstamm wäre - im Übrigen - ein sehr attraktives Ziel für Wettbewerber; jeder verlorene Kunde schlüge sich auf den Unternehmenserfolg direkt negativ nieder.

Diese Ausführungen zeigen in aller Klarheit, dass, wenn ein Unternehmen Wertsteigerung anstrebt - Ziel ist die langfristige und nachhaltige Steigerung des Wertes[546], es notwendig ist, *sowohl* Kundenbindung *als auch* Kundenprofitabilität zu optimierten.[547] Die Erhöhung der Kundenbindung allein wäre eine Frage der Verbesserung der *Effektivität*; erst im Zusammenhang mit einer Steigerung der Kundenprofitabilität ergibt sich ein Zuwachs an *Effizienz*. Kundenbindungsmanagement und damit auch CRM müssen *beide*

[544] Vgl. Payne & Frow (1999), S.800; Carroll (1991, 1992), S.15ff.
[545] Vgl. Reichheld & Sasser (1991), S.108ff.; Eggert (2001), S.43
[546] Vgl. Hinterhuber & Friedrich et al. (2000), S.11-12
[547] Vgl. auch Freiling (2001), S.97; Cornelsen (2001), S.157; Gierl (2000), H.1, S.14f.

Zielgrößen berücksichtigen und dabei als *gleichrangig* behandeln.[548] Die Optimierung beider Zielgrößen im Verbund verkörpert den grundlegenden Gedanken beziehungsorientierter Ansätze, nämlich den der *Bindung profitabler Kunden*.[549]

Den kombinieten Effekt aus einer synchronen Verbesserung beider CRM-Zielsetzungen veranschaulicht die folgende Abbildung (vgl. Abbildung 2.30).

ABBILDUNG 2.30: KOMBINIERTE WIRKUNGSWEISE DER CRM-ZIEL-SETZUNG

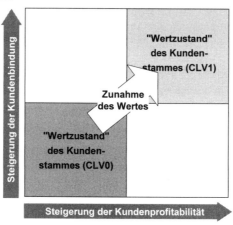

Quelle : Eigene Darstellung

Zentrale Ansatzhebel des Kundenwertes im CLV-Ansatz

Das zu einer Verbesserung der Wertigkeit des Kundenstammes führende Zusammenspiel von Kundenbindung und Kundenprofitabilität kann zugleich verstanden werden als eine Verbesserung des gesamten CLVs des Kundenstammes einer Unternehmung (CLV x Anzahl N der Kunden). Die folgende Abbildung verdeutlicht die Zusammenhänge zwischen den einzelnen Faktoren (vgl. Abbildung 2.31).

---

[548] Vgl. Günter & Helm (2001), Vorwort; Eggert (2001), S.42; Cornelsen (2001), S.157f.; Freiling (2001), S.83 und S.98; Meltzer (2001), S.323f.; Freiling (2001), S.98

[549] Vgl. Günter & Helm (2001), Vorwort und S.6ff.; Eggert (2001), S.43; Cornelsen (2001), S.158; Krafft (2002)

ABBILDUNG 2.31: ILLUSTRATION DER EINFLUSSGRÖSSEN DES
KUNDENWERTES

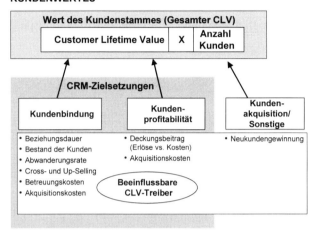

Quelle: Eigene Darstellung

Um das Verhältnis zwischen den beiden CRM-Zielgrößen und dem CLV zu klären, ist
die Beziehung zwischen den Wirkungsweisen von Kundenbindung und Kundenprofitabilität einerseits und den Treibern des CLV andererseits zu untersuchen. Dazu wird die
Betrachtung des CLV zunächst für *einen* Kunden diskutiert und dann auf den gesamten
Kundenstamm N ausgeweitet, womit man zum gesamten Kundenwert des Kundenstammes gelangt. Die folgende Abbildung illustriert den idealtypischen Verlauf einer
Kundenbeziehung im Rahmen einer CLV-Betrachtung sowie mögliche Ansatzpunkte,
den CLV zu optimieren (vgl. Abbildung 2.32).[550]

Die Optimierung des CLV (der Kundenwert kann als Fläche unter der Kurve gesehen
werden)[551] kann unter anderem erfolgen durch zentrale *Hebel* wie Lebensdauer, Ak-

---

[550] Vgl. Reichheld (1993); Kotler & Armstrong (2001), S.667; Wehrli & Wirtz (1997), S.134
[551] Vgl. auch Schwede (2000), S.9

quisitionskosten, Cross- und Upselling, Deckungsbeitrag sowie den Kundenbestand.[552] Verschiedene dieser Größen können durch die CRM-Zielsetzungen beeinflusst werden:

ABBILDUNG 2.32: ÜBERSICHT WESENTLICHER CRM-ANSATZHEBEL

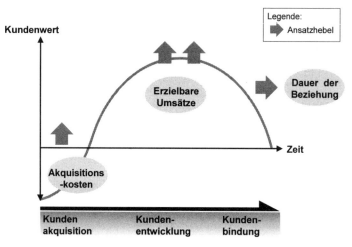

Quelle: Eigene Darstellung

Beziehungsdauer (Lebensdauer): In Folge von Kundenbindung ist es möglich, die *Lebensdauer* einer Beziehung zu verlängern (in Folge dessen könnte die abgebildete Gesamtkurve weiter nach rechts verschoben werden).[553]

Kundenbestand, Abwanderungsrate: Ein hohes Maß an Kundenbindung hat einen entscheidenden Einfluss auf den Kundenbestand einer Unternehmung. Kunden können etwa durch Wechselbarrieren daran gehindert werden, das Unternehmen zu verlassen. Die Abwanderungsrate kann in diesem Zusammenhang gesenkt werden.

Cross-Selling, Up-Selling: Kundenbindung, die sich in verbessertem Cross- und Upselling sowie vermehrten Wiederkäufen äußert, kann über den zeitlichen Verlauf gesehen

---

[552] Vgl. Payne & Frow (1999), S.810 identifizieren diese Hebel für die wertmäßige Bestimmung der Kundensegmentebene; weitere Sichtweise bei Karg (2001), S.76f.; Günter & Helm (2001), S.12f. nennen einige der allgemeinen Treiber des Wertes von Kundenbeziehungen

[553] Vgl. unter anderem Peppard (2000), S.321; auch Peppers & Rogers et al. (1999c), S.8

dazu führen, dass die Wertkurve eines Kunden weiter nach oben verschoben wird.[554] *Betreuungskosten*: Die Kosten der Betreuung können durch eine wert- und bedürfnisorientierte Ausrichtung über den Zeitverlauf einer Beziehung hin absinken; dies wirkt direkt auf den Deckungsbeitrag eines Kunden ein (die Kurve würde nach oben verschoben werden).[555]

Akquisitionskosten: Die Profitabilität eines Kunden kann durch eine Minimierung der Akquisitionskosten positiv beeinflusst werden.[556] Diese können zum Beispiel dadurch reduziert werden, dass die Segmentzugehörigkeit schnell ermittelt wird und dann der Akquisitionsaufwand am möglichen Wertpotenzial ausgerichtet wird.[557]

Neukundengewinnung: Der aktuelle Kundenbestand ist ebenfalls ein zentraler Treiber des Wertes des gesamten Kundenstammes: CLV (Gesamtkundenstamm) = N x CLV (Durchschnitt). Darüber hinaus wird durch *Kundenakquisition* der Kundenbestand direkt erhöht.

Wie soeben demonstriert worden ist, trägt das CRM-Konzept durch seine zentralen Zielsetzungen *Kundenbindung* und *Kundenprofitabilität* in wesentlichem Maße zur Beeinflussung des CLV bei. Dabei lässt sich erkennen, dass diese Zielgrößen zusammen mit der Kundenakquisition sogar dessen wesentliche Treiber sind.

Damit konnte erstmalig klar und umfassend der konzeptionelle Zusammenhang zwischen dem CRM-Konzept und dem CLV-Ansatz nachgewiesen werden. Darüber hinaus wurde das bisher schwer zu operationalisierende Konstrukt des CLV durch die Verbindung mit den ausdifferenzierten bestehenden Zielsetzungen des CRM konkretisiert. Das relevante vorhandene Wissen zu CRM und CLV wurde dafür identifiziert, differenziert analysiert und zielorientiert strukturiert und interpretiert; dies hat zu einem umfassenderen Verständnis der Materie geführt. Als Folge dieser Erkenntnisse lässt sich CRM nun eindeutig als ein wertorientiertes Konzept interpretieren, das über die strategische Zielsetzung des CLV zugleich seine Verankerung in der strategischen Zielsetzung einer Unternehmung findet und damit letztlich seine Legitimation erfährt. Die soeben aufgezeigten Zu-

---

[554] Vgl. Homburg & Bruhn (2000), S.16; Stahl & Hinterhuber et al. (2000), S.190; Bauer & Huber et al. (1997), S.169; Zeithaml et al. (1996), S.33; Roos & Meyer (1998). S.132; Peppers & Rogers et al. (1999c), S.8
[555] Vgl. Reichheld (1993), S.64; Homburg & Bruhn (2000), S.17; Zeithaml et al. (1996), S.33; Peppers & Rogers et al. (1999c), S.8
[556] Vgl. Reichheld (1993), S.64
[557] Vgl. Rieker (1995), S.27

148

sammenhänge lassen wichtige Schlussfolgerungen für das zu entwickelnde CRM-Anreiz-system zu.

2.6.2.4 Implikationen für ein CRM-Anreizsystem

Vor dem Hintergrund der erfolgten Betrachtungen und insbesondere im Hinblick auf die Gestaltung des CRM-Anreizsystemes erscheint es sinnvoll, den CLV als übergeordnete Zielgröße einzuführen.[558] Kundenbindung und Kundenprofitabilität können als maß-gebliche Unterziele dazu interpretiert werden. Eine solche Sichtweise entspricht der Orientierung an Aufbau und Pflege von langfristigen profitablen Kundenbeziehungen.[559] *"Die Konzeption der Anreizsysteme sollte so erfolgen, dass eine Fokussierung auf Kunden mit hohem Kundenwert erreicht wird."*[560] Daneben gilt es, Gewinn- und Bin-dungszielsetzungen entsprechend ausgewogen innerhalb eines Anreizsystemes zu balan-cieren.[561]

2.6.3 Entwicklung eines Prozessmodells für CRM

Die Betrachtung der CRM-Dimensionen sowie der Haupteigenschaften von CRM ließ bereits Rückschlüsse über die Relevanz von Prozessen für ein CRM-Konzept zu.[562] Nachfolgend wird vor dem Hintergrund der notwendigen Verankerung des CRM-Ge-dankens in alltäglichen Geschäftsprozessen untersucht, innerhalb *welcher* Prozesse sich CRM vollziehen sollte. Diese müssen dann innerhalb des zu gestaltenden CRM-An-reizsystemes entsprechend Berücksichtigung finden. Dazu werden zunächst zentrale Interaktionsprozesse zwischen Kunde und Unternehmen identifiziert, eine Einordnung bestehender CRM-Prozesssichten vorgenommen sowie die Notwendigkeit einer erwei-terten integrierten Prozesssicht im Zusammenhang mit CRM aufgezeigt.

[558] Vgl. Kehl (2001), S.206; Peppers & Rogers (1999b), S.256; Hermanns et al. (2000), S.470; Peppard (2000), S.321
[559] Vgl. Kehl (2001), S.207; Günter & Helm (2001), S.21; Beispiele zum CLV: Heskett et al. (1994), S.50; Homburg & Daum (1997), S.21
[560] Vgl. Spahlinger & Herrmann et al. (2000), S.188
[561] Vgl. Reichheld (2001), S.81 und S.83
[562] Vgl. Schwede (2000), S.8; Rapp (2000b), S.14; Mattheis et al. (2000), S.18; Lambert & Shama et al. (1997), S.178; Grewal & Sharma (1991); Peppers & Rogers (1999b), S.259; Karg (2001), S.2

2.6.3.1 Identifikation zentraler Interaktionsprozesse

Die folgende Abbildung zeigt die wesentlichen für die Interaktion zwischen Kunden und Unternehmen relevanten Prozesse (vgl. Abbildung 2.33). *Kundenakquisition, Ordermanagement, Info-Services, Leistungserbringung, Beratung* - dabei handelt es sich um solche Vorgänge, die in der Phase vor dem Kauf sowie während dessen eine Rolle spielen - darüber hinaus sind Prozesse wie *Beschwerdemanagement, Kundenbetreuung, -entwicklung und -rückgewinnung* aufgeführt, die ebenfalls wichtiger Bestandteil des generellen Prozessmodells Kunde/Unternehmen sind. Hier handelt es sich um solche Vorgänge, die während und nach dem Kauf verstärkt eine Rolle spielen.

ABBILDUNG 2.33: PROZESSMODELL KUNDE/ UNTERNEHMEN

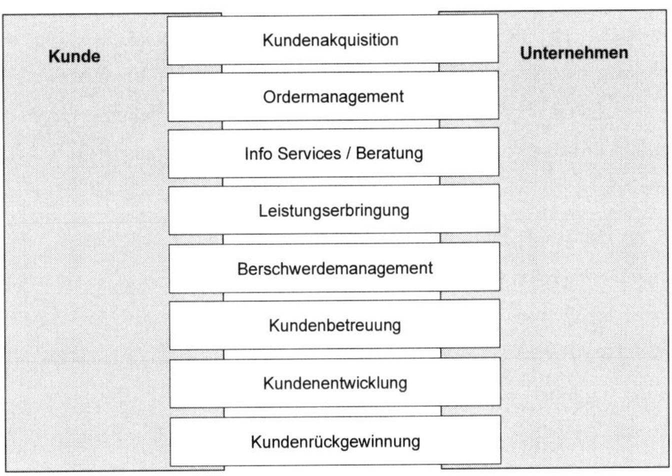

Quelle: Eigene Darstellung

2.6.3.2 Zuordnung bestehender CRM-Konzepte

Im Verlauf des exemplarischen Vergleiches einiger CRM-Prozessansätze ist die vermutete Begrenztheit bestehender Ansätze bereits angeklungen.[563] Im Hinblick auf eine Einführung von CRM ist zu erörtern, welche Verfahren CRM primär tangiert und wie bisherige Ansätze die Prozessdimension bisher berücksichtigt haben.

---

[563] Vgl. Abschnitt 2.2.3

In einer begrenzten CRM-Prozesssicht könnte sich folgende Sitiuation ergeben, die anhand eines Beispieles aufgezeigt wird. Man stelle sich etwa einen Kunden vor, der von einem Unternehmen eine perfekte Kundenbetreuung erfährt. Er bestellt kontinuierlich. Die Unternehmung hat in Folge unabgestimmter Vorgänge nun aber Probleme, einfachste Bestellungen zur Zufriedenheit des Kunden auszuführen. Die gute Betreuung kann über die Zeit in Folge einer solchen Situation eine solide Grundlage einbüßen, das Vertrauen kann nachhaltig gestört werden. Der Kunde beschwert sich in Folge dessen mehrfach ohne wesentlichen Erfolg. Als Konsequenz wird schlimmstenfalls der Anbieter gewechselt. Dieses Beispiel erlaubt folgende Schlussfolgerung: Es gilt, als Unternehmung erst dann über neue und komplizierte Nach-Kauf-Prozesse und beziehungsorientierte Ansätze nachzudenken, wenn die Basisprozesse reibungslos ablaufen.

Vielfach umfassen eng definierte CRM-Prozesssichten nur Beschwerdemanagement, Kundenbetreuung und Kundenentwicklung. Der in der Praxis oft beschriebene *CRM-Prozess*, bezieht sich in der Regel auf Maßnahmen zur Kundenbearbeitung. Gegen diese begrenzte CRM-Prozesssicht spricht die Möglichkeiten von *Servicedefiziten* und *Informationsverlusten.*

Servicedefizite: Der gestiegene Anspruch vieler Kunden erfordert maßgeschneiderte Lösungen und hervorragenden Service.[564] Es besteht die Gefahr, dass zwar *einzelne* Aspekte der Prozesslandschaft im Hinblick auf den Kunden optimiert werden, dass dabei aber das Gesamtbild der Beziehung Kunde/ Unternehmen, zum Beispiel im Hinblick auf die Servicequalität insgesamt, aus den Augen verloren wird. Durch Ineffizienzen an der Kundenschnittstelle können ungewünschte Auswirkungen auf die Qualität der Kundenbeziehung entstehen.

Informationsverluste: Informationen werden durch die Interaktion mit Kunden insbesondere in den Bereichen Vertrieb und Service gewonnen.[565] Die bloße Berücksichtigung *einzelner* Prozesse könnte zur Folge haben, dass im Rahmen des CRM-Ansatzes notwendige Informationen nicht ausreichend genug berücksichtigt werden.[566] Im Mittel-

---

[564] Vgl. Abschnitt 1.1.2
[565] Vgl. Kahle & Hasler (2001), S.215
[566] Vgl. Abschnitt 2.5.1.2

punkt eines umfassenden CRM-Konzeptes steht die Fähigkeit von Unternehmen, aus den vielfältigen Kontakten und Interaktionen mit Kunden zu lernen.[567]

2.6.3.3 Notwendigkeit einer umfasssenden CRM-Prozesssicht

Die Debatte der Kundenorientierung hat sich bisher vornehmlich auf strategischer Ebene vollzogen, so dass *operative* Aspekte vielfach vernachlässigt wurden.[568] Zahlreiche Autoren aus Wissenschaft und Managementpraxis fordern eine *umfassende* Prozesssicht, die alle wesentlichen Interaktionsprozesse Kunde/ Unternehmen im Rahmen eines CRM-Ansatzes abdeckt und einer Optimierung zuführt.[569] Der Akzent sollte dabei auf Neuproduktentwicklung, Sortimentsgestaltung, Kundenbearbeitung, Auftragsannahme, Auftragsbearbeitung, Leistungserbringung, Nachkaufbetreuung und Service gelegt werden.[570] Vielfach fehlen in der betrieblichen Praxis auch Vorgehensweisen zur Neugewinnung und zu Maßnahmen der Kundenbindung.[571] Außerdem könnte es auch sinnvoll erscheinen, im Rahmen einer erweiterten CRM-Prozesssicht interne Vorgänge mit Kundenrelevanz, wie zum Beispiel *Produkt- und Dienstleistungsentwicklung* mit einzubeziehen, um sicherzustellen, dass neben exzellenten Prozessen und Services die *richtigen* und für den Kunden wertbringenden Produkte und Dienstleistungen angeboten werden.[572]

2.6.3.4 Implikationen für ein CRM-Anreizsystem

Die Ausführungen zeigen die Notwendigkeit der Integration der Kundenschnittstelle mit ihren wesentlichen Prozessen zwischen Kunde und Unternehmen in ein CRM-Vorhaben. CRM vollzieht sich - wie aufgezeigt wurde - mittels einer Vielzahl von Geschäftsprozessen. Wesentliche Herausforderung wird sein, mittels geeigneter Anreize CRM-konformes Verhalten bei Mitarbeitern zu induzieren. Dazu müssen diese Prozesse zunächst definiert und die aus Kunden- und Unternehmenssicht erwachsenden Anforderungen an

---

[567] Vgl. Gerth (2001), S.104; Piller (2000), S.6f.
[568] Vgl. Hermanns & Thurm (2000), S.472
[569] Vgl. Hildebrand & Mairon (2001), S.77; Hermanns & Thurm (2000), S.470f.; Rieper (2000), S.22; Kehl (2001), S.204; Gerth (2001), S.108; Kahle & Hasler (2001), S.221; Hettich & Hippner et al. (2000), S.1346; Mattheis et al. (2000), S.18; Fröschle (2001), S.7
[570] Vgl. Gerth (2001), S.108f.
[571] Vgl. Kahle & Hasler (2001), S.221
[572] Vgl. Hermanns & Thurm (2000), S.472

diese bestimmt werden. In diesem Zusammenhang gilt es auch, geeignete Zielgrößen und messbare Leistungskriterien für die einzelnen Vorgänge zu bestimmen.

2.7 ZUSAMMENFASSENDE SCHLUSSFOLGERUNGEN FÜR EIN ZU ENTWICKELNDES CRM-ANREIZSYSTEM

Im Folgenden werden die in den vorstehenden Ausführungen generierten Erkenntnisse in Bezug auf ein CRM-Anreizsystem nochmal überblicksartig zusammengefasst.

2.7.1 Zentrale Voraussetzungen für ein CRM-Anreizsystem

Für ein CRM-Anreizsystem konnten folgende zentrale Voraussetzungen bestimmt werden:

Bestehen einer umfassenden CRM-Konzeption: Ein CRM-Vorhaben erfordert das Bestehen einer umfassenden CRM-Konzeption, die die Klärung wesentlicher Fragestellungen beinhaltet.

Bestehen ausreichender Kundeninformationen: Eine zwingend notwendige Voraussetzung für ein CRM-Vorhaben besteht in dem Vorhandensein von Kundeninformationen in ausreichender Qualität in Bezug auf Profil-, Kauf-, Service- und Kontaktdaten sowie zur Ermittlung von Kundenbeziehungs- und Profitabilitätskennzahlen.

Bestehen einer Unternehmenskultur- und Unternehmensstrategie. Die Ableitung einer CRM-Strategie aus einer Unternehmensstrategie und -kultur erfordert, dass beide Komponenten innerhalb der Unternehmenskonzeption vorhanden sind und den Aspekt der Kundenorientierung bereits internalisiert haben.

2.7.2 Anforderung an ein CRM-Anreizsystem

Als wesentliche Anforderung an ein CRM-Anreizsystem konnte hier die *Leistungsorientierung* bestimmt werden: Die zu erbringende Leistung vollzieht sich auf verschiedenen organisatorischen Ebenen.[573] Dementsprechend wird eine *Leistungsmessung mehrdimensionaler* Art erforderlich sein. Eine besondere Schwierigkeit im Rahmen ziel-

---

[573] Heskett & Jones & Loveman et al. (1994), S.50

orientierter Bewertung von Leistung liegt dabei in der *Ausgestaltung positions-spezifischer Zielsysteme.*[574]

2.7.3 Annahmen zur Gestaltung eines CRM-Anreizsystemes

Folgende Annahmen zur Gestaltung eines CRM-Anreizsystemes konnten bestimmt werden:

Verwendung und Konkretisierung der CRM-Zielsetzung: Im Rahmen des zu gestaltenden CRM-Anreizsystemes finden die CRM-Zielsetzungen *Kundenbindung, Kundenprofitabilität* sowie der *CLV* Verwendung.

Branchenunabhängigkeit: Vor dem Hintergrund des Forschungsdefizites interessiert im Vordergrund ein *branchenübergreifender* Ansatz für ein CRM-Anreizsystem.

---

[574] Vgl. Evers (1989), S.366

3 Anreizsysteme als eine zentrale Grundvoraussetzung von erfolgreichem CRM

Aus dem grundsätzlichen Fehlen einer geeigneten Anreizstruktur für CRM ergibt sich die Notwendigkeit, das Forschungsgebiet der Anreizsysteme einer näheren Betrachtung zu unterziehen. Nachdem bereits eine Reihe von Schlussfolgerungen für die Gestaltung eines *CRM-Anreizsystems* gezogen werden konnte, wird nachfolgend nach dem Beitrag dieses Forschungsgebietes zur Bearbeitung der Problemstellung gefragt.

Ziel der folgenden Analyse ist die Identifikation und Aufbereitung der für ein CRM-Anreizsystem relevanten Grundlagen, wobei es primär darum gehen soll, die bisher gewonnenen Erkenntnisse zu komplettieren. Gleichzeitig soll das zu erstellende CRM-Anreizsystem auf diese Weise eine solide theoretische Basis erhalten.

Auf die Klärung elementarer Begrifflichkeiten folgt die Bestimmung typischer Zielsetzungen von Anreizsystemen.[575] Im Anschluss daran werden die wesentlichen theoretischen Grundlagen dargestellt, aus denen bestimmte Gestaltungsdimensionen abgeleitet werden können. Deren differenzierte Beschreibung mündet in eine Schilderung möglicher Gestaltungsoptionen und im Anschluss daran in eine Darstellung verschiedener Arten von Anreizsystemen mit den für sie jeweils typischen Eigenschaften.

Zudem werden Anreizsysteme auf Konfliktpotenziale mit CRM untersucht und Schwachstellen bestehender Ansätze erarbeitet. Am Ende dieses Teiles werden alle gewonnenen Erkenntnisse zusammengeführt.

---

[575] Bei der Klärung der elementaren Begrifflichkeiten erfolgt zielorientiert eine Beschränkung auf die Begriffe, die für die Gestaltung eines CRM-Anreizsystems wesentlich sind.

3.1 BEGRIFFSKLÄRUNG, -ABGRENZUNG UND BEDEUTUNG

3.1.1 Anspruchsspektrum des Begriffes und Definiton

Bevor auf den Begriff Anreizsystem weiter eingegangen werden kann, müssen zunächst die Begriffe *Anreiz* und *System* geklärt werden, wobei auch der Begriff der *Motivation* untersucht werden muss, da er in enger Beziehung zu dem Begriff des Anreizes steht. Bei dieser Begriffsklärung wird bewusst die *ökonomische* Perspektive eingenommen.

Motivation und Anreize

Motivation kann als das Bestreben verstanden werden, sich zielgerecht zu verhalten.[576] Grundsätzlich ist *Motivation* in diesem Zusammenhang die Ursache zielorientierten konkreten Verhaltens, wobei das jeweilige Ziel von einer Reihe die Handlung stimulierender Motive bestimmt wird. Wesentlich für die zu Grunde liegende Motivstruktur ist die Sozialisation eines Individuums.

Anreize werden vielfach als Mittel oder Instrumente betrachtet, die das Verhalten und Handeln von Individuen steuern sollen,[577] wobei Steuerung in diesem Zusammenhang primär als Aktivierung und Stimulierung der Motivation gesehen wird. Die Motivation, die zur Erreichung des Zieles benötigt wird, kennzeichnet ein grundlegendes länger andauerndes Gesamtverhalten, während der die Motivation unterstützende beziehungsweise verstärkende Anreiz eher singulärer Natur ist und kurzfristig einwirkt.

Übersicht zur Klassifizierbarkeit von Anreizen

Die Möglichkeiten der Klassifikation von Anreizen sind vielfältig.[578] Denkbare Einteilungen vollziehen sich nach *Anreizrichtung, -objekt, -art* oder *-quelle*.[579]

Während man bei der *Anreizrichtung* zwischen *positiven* und *negativen* Anreizen unterscheidet, wobei positive im Sinne einer Belohnung zu interpretieren sind, negative dagegen Sanktionscharakter haben, unterteilt man die *Anreizobjekte* in Unternehmen, Bereich, Gruppe oder Individuum. Man spricht hier auch von Individual- und Kollektiv-

[576] Vgl. Schwalbach (1998), S.4; Hagen (1985), S.90; Kriegesmann (2000), S.388; Hölzle (1999), S.110
[577] Vgl. Bleicher (1992), S.12; Reber (1980), S.78f; Domsch & Gerpott (1985), S.10f; Hagen (1985), S.91; Kriegesmann (2000), S.388
[578] Vgl. Rosenstiel (1975), S.231f.; Petersen (1989), S.4f.; Winter (1996), S.14
[579] Vgl. Winter (1996), S.14; Ackermann (1974), S.156

anreizen. Bei der *Anreizart* lassen sich *materielle* und *immaterielle* Anreize unterscheiden. In der betriebswirtschaftlichen Forschung liegt ein wesentlicher Schwerpunkt auf der Kategorie der materiellen Anreize.[580] Die Anreizquelle kann *intrinsischer* und *extrinsischer* Natur sein. Intrinsische Anreize ergeben sich aus dem Individuum selbst, extrinsische aus der Umwelt.[581]

Systembegriff

Der Systembegriff wird in vielen Wissenschaften verwendet. Unter einem System versteht man eine Anordnung von aufeinander einwirkenden Komponenten, die von ihrer Umgebung abgegrenzt sind. Sie stehen mit ihrer Umwelt durch sogenannte Input- und Outputgrößen in Verbindung. Deren Beziehungen zueinander beschreiben das dem System eigentümliche Verhalten und seine Eigenschaften.[582]

Anreizsysteme

Anreizsysteme sind in der Literatur vielfach diskutiert und unterschiedlich definiert worden.[583] Insgesamt kann auch hier eine Begriffs- und Konzeptflut entsprechender Ansätze festgestellt werden.[584] Bezüglich der Begriffsverwendung ist es üblich, Anreizsysteme im *weitesten -*, im *weiteren -* und im *engeren* Sinne zu differenzieren.[585]

Anreizsysteme im weitesten Sinne

Fast alle Unternehmensvariablen setzen gewisse Anreize; demnach könnte alles, was innerhalb eines Unternehmens leistungsfördernd wirkt, unter dem Begriff *Anreizsystem* subsumiert werden:[586] Auf abstraktester Ebene bildet der Verbund von *Unternehmens-*

---

[580] Vgl. Baker et al. (1988), S.594; Guthof (1995), S.31; Schwalbach (1998), S.4; Ackermann (1974), S.159
[581] Vgl. Ackermann (1974), S.157; Frey (1992), S.161ff.
[582] Vgl. Systemdefinition in DIN 19226; Schindler (2000), S.23; Prange (1996), S.182; Ulrich (1989), S.188ff.; Malik (1990), S.118
[583] Vgl. Wild (1974), S.47; Ackermann (1974), S.156; Medoff & Abraham (1980), S.703ff.; Reber (1980), S.79; Hagen (1985); Becker (1986), (1997), S.112; Laux (1988); Bleicher (1989); Petersen (1989), S.4; Schanz (1991); Baumgartner (1992); Kossbiel (1994), S.79; Dörfler (1993); Gedenk (1994); Guthof (1995); Winter (1996); Leptien (1996); Grewe (2000); Hamel (2001), S.407; Drumm (2000), S.525; Evers & Hören (1996), S.456ff.; Kramarsch (1999), S.64f.
[584] Vgl. Freimuth (1993), S.507; Homburg & Jensen (2000), S.58
[585] Vgl. Hagen (1985), S.117 und S.366; Winter (1996), S.17; Grewe (2000), S.10f.; Baumgartner (1992), S.12f.; Wälchi (1995), S.30; Hagen (1985), S.174; Homburg & Jensen (2000), S.58
[586] Vgl. Freimuth (1993), S.507; Guthof (1995), S.18; Becker (1990), S.8

kultur, Organisationsstruktur, Führungsstil und *Kommunikation* ein Anreizsystem. *"Der Betrieb ist ein Anreizsystem."*[587]

In diesem Zusammenhang kann die *Unternehmenskultur* als Sammelbegriff für die das Unternehmen prägenden Normen und Vorstellungen aufgefasst werden.[588] Sie gibt durch die Forderung nach normentsprechenden Handlungsweisen eine Zielrichtung vor.[589] Auch die *Organisationsstruktur* zeigt, welches Verhalten erwünscht ist;[590] so können für wichtig gehaltene Aufgaben an begehrten Positionen angesiedelt werden oder bestimmten Tätigkeiten ein besonderer Stellenwert beigemessen werden, um sie attraktiv zu machen. Der *Führungsstil* hat ebenfalls Einfluss;[591] dabei sind die von diesem ausgehenden Anreize eher sozialer Art. Das Verhalten von Führungskräften prägt das der Mitarbeiter. Form und Richtung der *Kommunikation* können Positionen hervorheben und damit ebenfalls einen Anreiz bieten.[592]

Anreizsysteme im weiteren Sinne

Die Führung eines Unternehmens basiert auf einer Managementkonzeption, die auf verschiedenen unterstützenden Subsystemen wie Organisations-, Planungs-, Kontroll- und Informationssystemen basiert. Diese werden verwendet, um in Richtung betrieblicher Ziele zu wirken; dabei können sie selbst als Anreizsysteme interpretiert werden, die das Verhalten von Mitarbeitern beeinflussen: *"Der Betrieb hat ein Anreizsystem."*[593]

Anreizsysteme im engeren Sinne

Ein Anreizsystem kann aber auch selbst als eine *Sub-Komponente* des *Führungssystems* betrachtet werden; in einem solchen Fall wird von einem Anreizsystem im *engeren* Sinne gesprochen.[594] In einem solchen System werden Anreizgrundsätze, Belohnungsrichtlinien, Berechnungs- und Zuteilungsverfahren formuliert.[595]

---

[587] Vgl. Evers (1989), S.364; Rosenstiel (1975), S.226f.;
[588] Vgl. Hinterhuber & Friedrich et al. (2000), S.17
[589] Vgl. Hagen (1985), S.42
[590] Vgl. Davis (1975), S.232
[591] Vgl. Bosetzky (1974), S.233f.
[592] Vgl. Beach (1975), S.581
[593] Vgl. Becker (1990)
[594] Vgl. Grewe (2000), S.11; Becker (1990), S.8
[595] Vgl. Becker (1990), S.8

Von Anreizsystemen sind *Entgeltsysteme* abzugrenzen. Unter einem Entgeltsystem versteht man allein ein System *materieller Anreize*.[596] Im Gegensatz zum Entgeltsystem umfasst ein Anreizsystem eine Reihe zusätzlicher Anreize.[597]

An dieser Stelle wäre es nicht hilfreich, die bestehenden Begriffsfassungen für Anreizsysteme, die institutionaler, instrumentaler und funktionaler Natur sein können, umfassend darzustellen. Geboten ist, eine Definition zu Grunde zu legen, die zur Zielrichtung der vorliegenden Untersuchung passt. Diese Definition muss funktionaler Natur sein, das heißt Auskunft geben über die grundlegenden Inhalte und Aufgaben eines Anreizsystems und dessen strukturelle Beschaffenheit.

Damit die letztere mit einbezogen werden kann, muss der Systemaspekt *explizit* integriert sein. Da dieser bei vielen älteren Definitionen fehlt[598] - diese konzentrierten sich eher auf eine Abgrenzung der unterschiedlichen Anreize voneinander - stützt diese Betrachtung sich auf den Systemaspekt berücksichtigende neuere Begriffsbildungen. KOSSBIEL (1994) sieht zum Beispiel in einem Anreizsystem erstens eine Vielzahl von *Anreizen*, wie etwa Belohnungen und Bestrafungen, zweitens eine Menge von *Kriterien* für die Bemessung von Leistung sowie drittens die *Relation* zwischen den *Anreizen* und den *Bewertungskriterien*.[599] In Verbindung mit dem Zeitfaktor bestimmt diese Beziehung maßgeblich Inhalt und Struktur des Systems.[600]

Begriffswahl im Rahmen dieser Untersuchung
Die Konzeption eines CRM-Anreizsystems kann sich nicht allein stützen auf das Vorhandensein allgemein wirkender Anreizmechanismen einer Unternehmung und ihres Führungssystems. Da das CRM-Konzept selber sehr spezifische Zielgrößen vorgibt, muss auch das damit korrespondierende Anreizsystem konkreter Natur sein, das heißt, dass die CRM-spezifischen Leistungskriterien und die unterstützenden Anreize explizit zu bestimmen sind. Eine solche Fixierung ist nur denkbar im Kontext des Konzeptes eines Anreizsystems im *engeren* Sinn. Auch diese Erkenntnis spricht für die Wahl einer Defi-

---

[596] Vgl. Guthof (1995), S.31
[597] Vgl. Freimuth (1993), S.507
[598] Vgl. Winter (1997), S.616
[599] Vgl. Kossbiel (1994), S.78
[600] Vgl. Kossbiel (1994), S.78

nition, die - wie die oben beschriebene - Anreize, Leistungskriterien und Zeitaspekte in Beziehung zueinander setzt sowie den *Systemcharakter* erkennen lässt. Für die weitere Untersuchung wird folgender Begriff gewählt.[601]

Ein Anreizsystem ist demnach

- *die Gesamtheit aller Anreize, die darauf abzielen, bei Mitarbeitern gewünschtes Verhalten zu veranlassen,*

- *die Summe der zur Leistungsbewertung geeigneten Kriterien,*

- *das Netz der Beziehungen zwischen Leistungskriterien und Anreizen und*

- *das volle Spektrum der Verfahrensfragen.*

3.1.2 Bedeutung von Anreizsystemen

Dass Anreizsysteme in letzter Zeit wieder zunehmend Gegenstand wissenschaftlicher Forschung geworden sind, beruht nicht nur auf der Erkenntnis, dass sie häufig nicht optimal im Hinblick auf ihre Effizienz gewesen sind,[602] sondern oftmals auch an einer Reihe zu beobachtender Entwicklungen, die das Interesse an ihnen verstärkt haben.[603]

Steigerung der Effizienz: Eine Optimierung ist möglich durch den Umbau bestehender Anreizsysteme in Richtung auf einen größeren Beitrag zum Unternehmenserfolg.[604] Zur Entlastung der Kostenstruktur einer Unternehmung können beispielsweise fixe Gehaltsbestandteile durch variable/ erfolgsabhängige Anteile ersetzt werden. Zudem kann durch Anreize versucht werden, die Produktivität zu verbessern und in Forschungs- und Entwicklungsabteilungen die erforderliche Innovationstätigkeit zu induzieren.[605]

---

[601] Vgl. Winter (1996), S.19; Homburg & Jensen (2000), S.58; Kossbiel (1994)

[602] Vgl. Gomez-Mejia & Welbourne (1989), S.236; Alewald (1995), S.846; Mayer (1998), S.144ff.

[603] Vgl. Schanz (1991); Hagen (1985); Baker et al. (1988); Petersen (1989); Baumgartner (1992); Dörfler (1993); Gedenk (1994); Winter (1996); Wälchli (1995); Guthof (1995); Krafft (1995); Leptien (1996); Bloom (1999), S.25ff; Grewe (2000); Schwalbach (1999)

[604] Vgl. Schwalbach (1999), S.114; Wiltz (1999), S.14f.; Wollburg (1999), S.168ff.; Reiß (1997), S.96

[605] Vgl. Höhler (1988), S.31; Schanz (1991), S.7

Zunehmende Veränderungsdynamik: Da sich das Umfeld des Leistungshandelns immer schneller ändert,[606] gewinnen Strategien, die auf diese Veränderungen angemessen reagieren, an Gewicht.[607] Der Führung eines Unternehmens obliegt es, die betrieblichen Subsysteme adäquat anzupassen und Mitarbeiter entsprechend zu motivieren.[608] *Anreizsysteme* werden dabei als wirksames Instrument zur Unterstützung neuer Strategien eingesetzt.[609]

Wachsender Stellenwert der Human Ressources: Undifferenzierte personalpolitische Ansätze können den Ansprüchen moderner Personalpolitik vielfach nicht mehr genügen.[610] Heute treten beispielsweise Motive, Bedürfnisse und Verhaltensweisen auf, die es bisher in dieser Weise nicht gegeben hat. So verlieren materielle Anreize etwas an Bedeutung, während der Aspekt der Selbstverwirklichung stärker gewichtet wird. Vor diesem Hintergrund werden neue Wege in der Personal- und in der Vergütungspolitik gefordert.[611]

Trennung von Eigentümerschaft und Führung: Immer mehr Unternehmen werden von einer eigentümerfremden Führung geleitet.[612] Auf Grund von Interessendivergenzen kann diese Konstellation zu Konflikten zwischen den Parteien und damit zu suboptimalen Zuständen führen.[613] Mit Anreizsystemen kann versucht werden, opportunistisches Verhalten von Führungskräften einzudämmen.[614]

Internationalisierung des Top-Managements: Angesichts der Internationalisierung von Unternehmen kann in Zukunft von *einem* Arbeitsmarkt für Top-Führungskräfte gesprochen werden. Durch Fusionen werden die Unterschiede in der Vergütung zu kon-

---

[606] Vgl. Schanz (1991), Vorwort; Eckardstein (1995), S.15f.
[607] Vgl. Sommerhalder (1999), S.72; Reiß (1997), S.6
[608] Vgl. Guthof (1995), S.1
[609] Vgl. Becker (1989), S.1; Stata & Maidique (1980), S.156; Stonich (1984), S. 45ff.; Chakravarthy & Zajac (1984), S.30ff.; Winter (1996), S.1; Towers Perrin (2000), S.3; Evers (1998), S.55f.;Grewe (2000), S.1
[610] Vgl. Freimuth (1993), S.509; Schwalbach (1998), S.3; Schanz (1991), S.7; Grewe (2000), S.2; Becker (1997); Guthof (1995), S.39
[611] Vgl. Winter (1996), S.1; Husmann & Reichel (1998), S.23f; Becker (1997); Schwalbach (1998), S.3
[612] Vgl. Chandler (1990), S.1; Gedenk (1994), S.1; Fama & Jensen (1983), S.301ff.; Winter (1998), S.1120; Trauzettel (1999), S.35; Schwalbach & Graßhoff (1997), S.204; Gomez-Mejia (1994), S.179; Mayer (1998), S.146
[613] Vgl. Baker et al. (1988), S.593; Guthof (1995), S.1; Schwalbach (1998), S.5; Schwetzler (1999), S.332f.; Gedenk (1994), S.3; Weilenmann (1989), S.935; Gomez-Mejia (1994), S.179; Laux (1995), S.3f.
[614] Vgl. Guthof (1995), S.2; Schwalbach (1999), S.114; Schwetzler (1999), S.332; Gomez-Mejia et al. (1989), S.231; Laux (1995), S.7f. ; Elschen (1991), S.211f.; Winter (1997), S.615ff.; Chakravarthy & Zajac (1984), S.30ff.

kreten personalpolitischen Problemen.[615] Besonders gravierend sind zum Beispiel die Unterschiede bei der Vergütung von Leistungen europäischer und amerikanischer Führungskräfte.[616] Auch hier wird eine Anpassung der Anreizstrukturen erforderlich.[617]

3.2 ZIELE UND FUNKTIONEN VON ANREIZSYSTEMEN

3.2.1 Bestimmung der Ziele von Anreizsystemen

Anreizsysteme haben das Ziel, *Leistungsbereitschaft* und *Leistungsverhalten* von Unternehmensmitarbeitern zu beeinflussen.[618] Sie unterstützen so die Verwirklichung von Unternehmenszielen.[619]

3.2.2 Identifikation zentraler Funktionen von Anreizsystemen

Die Zielsetzung von Anreizsystemen findet eine weitere Konkretisierung in den folgenden Funktionen: *Motivations-, Personalselektions- und Koordinationsfunktion.*[620]

Motivationsfunktion: Die Beeinflussung der Motivation von Mitarbeitern ist eine zentrale Funktion von Anreizsystemen.[621] Dabei soll diese Motivation so beeinflusst werden, dass Unternehmensziele besser erreicht werden können.[622] In diesem Sinne stellen Anreizsysteme ein Mittel zur zielgerechten Beeinflussung von Verhalten dar.[623] Je enger dabei die

---

[615] Vgl. Schwalbach (1999), S.8 und S.114; Wollburg (1999), S.168; Balzer & Sommer (1998), S.214ff.; Wiltz (1999), S.14. Prominente Beispiele sind Daimler/Chrysler; BP/ Amoco und Shell/ Texaco.

[616] Vgl. Schwalbach (1999), S.117. Amerikanische Manager verdienen in der Automobilindustrie das 3-5 fache ihrer europäischen Kollegen; der Anteil variabler Vergütungen liegt mit etwa 50% in den USA höher als in Europa. Vgl. Conjon & Schwalbach (2000), S. 504; Balzer & Sommer (1998), S.217 und S.222; Gomez-Mejia (1994), S.165; Milgrom & Robets (1992), S.426; Winter (1996), S.1; Wollburg (1999), S.168. Einige Zahlen für Vergütungen nordamerikanischer Manager im Jahr 1997 in Mio US$: Stanford Weil (Travelers Group):231, Richard Scrushy (Healthsouth):107, Ray Irani (Occidental Petroleum): 102.

[617] Vgl. Schwalbach (1999), S.118f.; Wienkamp (1997), S.98; Schwalbach & Graßhoff (1997), S.214

[618] Vgl. Schanz (1991), S.8; Guthof (1995), S.33; Mayer (1998), S.147 und S.149f.

[619] Vgl. Winter (1996), S.39

[620] Vgl. Winter (1997), S.616

[621] Vgl. Schwalbach (1998), S.4; Kramarsch (1997), S.109

[622] Vgl. Schwalbach (1998), S.4

[623] Vgl. Leptien (1996), S.9; Schanz (1991), S.8

Motivation mit den Zielen einer Unternehmung verbunden ist, desto größer wird die Wahrscheinlichkeit, dass diese auch erreicht werden.[624]

Personalselektionsfunktion: Anreizsysteme erleichtern die Personalselektion in einer Unternehmung.[625] Sie sind ein Mechanismus, der die Auswahl von Kandidaten beeinflusst, weil sie einmal durch die Attraktiviät des Angebotes besonders gute Führungskräfte anziehen und halten, zum anderen aber auch dazu beitragen können, weniger geeignete Mitarbeiter zum Verlassen des Unternehmens zu bewegen.[626]

Koordinationsfunktion: Anreizsysteme können Bereichsegoismen abschwächen und damit die Kooperation zwischen Bereichen verbessern. Gerade wenn es darum geht, Kunden durch CRM wertorientiert zu bedienen und dafür die Prozesse reibungslos zu gestalten, bedarf es einer guten Kooperation.[627] Diese kann dadurch erreicht werden, dass individuelles und kollektives Verhalten sowie entsprechende Interessen einbezogen und aufeinander abgestimmt werden.

3.3 THEORETISCHE GRUNDLAGEN

Nachdem der Begriff der Anreizsysteme definiert und ihre Ziele und Funktionen aufgezeigt worden sind, ist es notwendig, die einzelnen Bestandteile eines Anreizsystems zu identifizieren, wobei die Ergebnisse wissenschaftlicher Forschung genutzt werden. Aus deren Erkenntnissen lassen sich zudem zentrale Gestaltungsdimensionen für ein CRM-Anreizsystem ableiten.

Der Problematik der Anreizsysteme im Allgemeinen begegnet man in der Betriebswirtschaftslehre im Wesentlichen in den Bereichen Personalwirtschaftslehre und Organisationstheorie.[628] Insgesamt können die theoretischen Grundlagen von Anreizsystemen

---

[624] Vgl. Bosetzky (1974), S.229; Schanz (1991), S.27, Guthof (1995), S.33; Rosenstiel (1974), S.123
[625] Vgl. Jensen & Murphy (1990), S.139
[626] Gomez-Mejia & Welbourne (1989), S.223; Fama (1980), S.292. Bei einer Neueinstellung besteht in Folge asymmetrischer Information allerdings immer ein Risiko, nicht den richtigen Kandidaten einzustellen. Unternehmen können aber entsprechend hohe Anteile leistungsabhängiger Vergütungen einbauen, um neue Mitarbeiter am Anfang nicht überzubezahlen, sondern entsprechend ihrer Leistung zu vergüten.
[627] Vgl. Winter (1996), S.67
[628] Vgl. Kossbiel (1994), S.75; Freimuth (1993), S.507; Dörfler (1993), S.3

klassifiziert werden in *ökonomische* und *verhaltenswissenschaftliche* Theorien.[629] Da sich die Implementierung eines CRM-Konzeptes in der Organisation einer Unternehmung grundsätzlich von der strategischen Ebene ausgehend mittels Auftragsbeziehungen vollzieht, wobei CRM-spezifische Zielsetzungen vorgegeben und mit entsprechenden Anreizen verknüpft werden, gewinnt im weiteren Verlauf der Untersuchung die *Agency-Theorie* an Bedeutung, für die Auftragsbeziehungen elementarer Untersuchungsgegenstand sind.[630] Motivation und Anreize sind vornehmlich Thema in der verhaltenswissenschaftlichen Theorie, die es entsprechend zu betrachten gilt.[631]

Die *Systemtheorie* steuert am Rande einige grundlegende Prinzipien der Systemgestaltung bei. Die nachfolgende Abbildung fasst die wesentlichen theoretischen Grundlagen zusammen (vgl. Abbildung 3.1).

ABBILDUNG 3.1: THEORETISCHE GRUNDLAGEN VON ANREIZSYSTEMEN

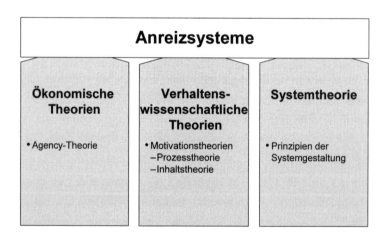

Quelle: Eigene Darstellung

---

[629] Vgl. Leptien (1996), S.13; Gedenk (1994), S.32f.

[630] Vgl. Gedenk (1994), S.34f.; Krafft (1995), S.85f.; Leptien (1996), S.13f.; Rousek (1995); Petersen (1989); Stroh et al. (1996), S.751ff.

[631] Vgl. Leptien (1996), S.13; Hagen (1985), S.89ff.; Gedenk (1994), S.54f.; Wälchli (1995), S.183ff.

3.3.1 Ökonomische Theorien

Ökonomische Theorien, die im Zusammenhang mit Anreizsystemen diskutiert werden, sind *Agency-Theorie* und *Transaktionskostenansatz*.[632] Der *Schwerpunkt* dieser Untersuchung liegt auf möglichen Beiträgen der Agency-Theorie.[633] Diese liefert grundsätzliche Erkenntnisse zur Gestaltung von Steuerungsinstrumenten zur gezielten Einflussnahme auf das Verhalten von Mitarbeitern. Sie muss daher nachfolgend auf ihren Beitrag zur Thematik der Anreizsysteme entsprechend ausführlicher betrachtet werden. Der Transaktionskostenansatz wird in diesem Zusammenhang vernachlässigt, weil er prinzipiell eher dazu bestimmt ist, das Entstehen von Grenzen einer Unternehmung zu reflektieren und ohne wesentliche Modifizierung nicht unbedingt für die Erklärung betriebsinterner Zusammenhänge geeignet ist.[634]

Agency-Theorie

Die Agency-Theorie ist Gegenstand zahlreicher Beiträge.[635] Zentrales Untersuchungsfeld sind die durch *Informationsasymmetrie* und *Zielkonflikte* geprägten Auftragsbeziehungen zwischen einem Prinzipal und einem Agenten.[636] Der Agent verfügt über einen besseren Informationsstand als der Prinzipal.[637] Er kann zudem Ziele verfolgen, die nicht unbedingt die des Prinzipals sind, und sich innerhalb der Auftragsbeziehung primär

---

[632] Vgl. Krafft (1995); Gedenk (1994); Leptien (1996); Conjon & Schwalbach (2000), S.508. Ökonomische Theorien werden hier verstanden als Erklärungsansätze zur Interaktion von Wirtschaftssubjekten und Institutionen.

[633] Vgl. Gedenk (1994), S.3 u. S.34.ff; (1998), S.22ff.; Krafft (1995), S.85f.; Petersen (1989); Elschen (1991), S.1006; Wiseman & Gomez-Mejia (1998), S.138f.; Eisenhardt (1989); Stroh et al. (1996), S.751ff.; Chakravarthy & Zajac (1984), S.35; Holmstrom et al. (1994), S.972ff.; Hahn (1996), S.31; Gillenkirch (1997), S.242f.; Trauzettel (1999); Tosi et al. (1997), S.584ff.; Baker et al. (1988), S.593ff.; kritisch Müller (1995), S.61ff.

[634] Vgl. Eisenhardt (1989), S.64; Roberts & Greenwood (1997), S.348; Ghoshal & Moran (1996), S.13f.; Hahn (1996), S.31; Coase (1937), S.386ff.; Picot & Reichwald et al. (1998), S.41; Argyres & Liebeskind (1999), S.49; Krafft (1995), S.91f.; Eisenhardt (1989), S.64; Picot et al. (1998), S.43; Ghoshal & Moran (1996), S.17; Argyres & Liebeskind (1999), S.49f.; Hoskisson & Hitt (1988), S.605ff.; kritisch Gedenk (1994), S.33

[635] Vgl. Chakravarthy et al. (1984), S.30ff.; Pratt et al. (1985), Eisenhardt (1989), S.57ff. und S.66f. Rubinstein (1989); Elschen (1991), S.1002ff; Maskin & Tirole (1992); Müller (1995), S.61ff.; Vetschera (1996); Stroh et al. (1996), S.751ff.; ; Hahn (1996), S.31f.; Sharma (1997),S. 758ff.; Wiseman et al. (1998), S.133ff.; Gedenk (1998), S.22ff.; Thiele et al. (1998); Picot et al. (1998), S.47f.; Schwalbach & Graßhoff (1997), S.203ff.; Kieser (1993), S.203f.

[636] Vgl. Schwalbach (1999), S.114; Krafft (1995), S.85; Elschen (1991), S.1004; Gedenk (1994), S.32; Leptien (1996), S.14f.; Müller (1995), S.61; Meinhövel (1999), S.7f. und S.27f.; Pratt et al. (1985), S.3; Eisenhardt (1989), S.58; Akerlof (1970), S.489; Bergen et al. (1992), S.2; Leptien (1996), S.15; Sharma (1997), S.760; Tosi et al. (1997), S.584; Gillenkirch (1997), S.15; Schwalbach & Graßhoff (1997), S.204

[637] Vgl. Schwalbach (1999), S.114; Elschen (1991), S.1004; Meinhövel (1999), S.13f.

um seinen eigenen Vorteil kümmern.[638] Ein solches *opportunistisches Verhalten*, das Nachteile für den Prinzipal mit sich bringen kann, gipfelt in einem Interessenkonflikt.[639] Für den Prinzipal ergibt sich seinerseits das Problem, wie er den Agenten im Sinne seiner eigenen Zielsetzung beeinflussen kann, ohne dass er den vollen Überblick über dessen Leistung hat.[640] Die Unsicherheit, in der er sich hier befindet, birgt das Risiko des Irrtums über die Leistung des Agenten und über das mögliche Scheitern des Auftragsinhalts.

Insgesamt gesehen, bewegt sich der Ansatz der Agency-Theorie im Rahmen der Triade *Information, Risiko* und *Opportunismus*.[641] Im Vordergrund vieler Untersuchungen steht die Ermittlung eines optimalen Kontraktes zwischen Agent und Prinzipal. Ein solcher ist effizient, wenn die mit ihm verbundenen *Agency-Kosten* minimal sind.[642] Diese setzen sich zusammen aus den anfallenden Kontrollkosten und den durch opportunistisches Verhalten entstandenen Schaden. Ein Mehr an Kontrolle verursacht steigende Kontrollkosten, damit sinkt aber auch der Schaden in Folge opportunistischen Verhaltens. In diesem Verhältnis gibt es ein theoretisches Optimum.

Nach Ausprägungsformen der Informationsasymmetrie kann nach "*Hidden Characteristics*", "*Hidden Information*" und "*Hidden Action*" unterschieden werden.[643] Der Terminus der *Hidden Characteristics* erklärt die Schwierigkeit der Auswahl eines geeigneten Agenten. Im Falle der *Hidden Information* besitzt der Agent ein Mehr an Informationen als der Prinzipal, wohingegen *Hidden Action* dessen Probleme bei der Einschätzung des Verhaltens und der Leistung des Agenten bezeichnet.[644]

Im Rahmen der *Hidden Action* hat der Prinzipal zwei Handlungsoptionen, mit denen er ungewünschtem Verhalten entgegenwirken kann.[645] Einerseits kann er das Verhalten des

---

[638] Nach Stroh et al. (1996), S.751 sind Agenten "*motivated by self interest, are rational actors, and are risk-averse*"; Tosi & Katz & Gomez-Mejia (1997), S.584; Elschen (1991), S.1004

[639] Vgl. Baker et al. (1988), S.593; Guthof (1995), S.1; Schwalbach (1998), S.5, Schwetzler (1999), S.332; Rousek (1995), S.1; Krafft (1995), S.85

[640] Vgl. Levinthal (1988), S.155; Krafft (1995), S.85; Stroh et al. (1996), S.751

[641] Vgl. Sharma (1997), S.760; Elschen (1991), S.1004; Gillenkirch (1997), S.16; Bergen et al. (1992), S.2; Eisenhardt (1989), S.58; Picot et al. (1998), S.47

[642] Vgl. Elschen (1991), S.1005; Gillenkirch (1997), S.6; Fama & Jensen (1983), S.304

[643] Vgl. Gedenk (1994), S.35; Krafft (1995), S.86f.; Picot et al. (1998), S.49

[644] Vgl. Elschen (1991), S.1005; Eisenhardt (1989), S.58; Petersen (1989), S.111

[645] Vgl. Sharma (1997), S.761; Gedenk (1998), S.24; Elschen (1991), S.1005

Agenten durch den Einsatz effizienter Informationssysteme transparenter machen, somit besser kontrollieren und angemessen dotieren.[646] Bei diesem eher verhaltensorientierten Kontrollmechanismus ist eine Abwägung zwischen Steuerungsaufwand und -wirkungen erforderlich. Alternativ dazu können die durch den Agenten erzielten Ergebnisse für sich betrachtet und einem finanziellen Anreizsystem entsprechend gratifiziert werden. Bei dieser ergebnisorientierten Entlohnung stellt sich allerdings die Frage, wie das Risiko für Misslingen oder Scheitern eines Auftrages zwischen Prinzipal und Agent aufgeteilt werden und welcher Aufwand dabei entstehen kann.[647]

Anhand des Aspektes der *Hidden Action* kann weiter differenziert werden in die *positivistische* und die *normative Agency-Theorie*.[648] Die eher deskriptive pragmatische *positivistische Agency-Theorie* betrachtet Steuerungsmechanismen, die auf die Begrenzung opportunistischen Verhaltens abzielen.[649] Dazu befasst sie sich mit den intraorganisatorischen Beziehungen zwischen Unternehmens- oder Geschäftsbereichen sowie dem Zielkonflikt zwischen Geschäftsführung und Eigentümerschaft,[650] wobei mögliche Konflikte identifiziert und analysiert werden.[651] Im Rahmen dieses Ansatzes sind nicht nur Einsichten bezüglich der Wirksamkeit einzelner Führungs- und Entlohnungsinstrumente gewonnen, sondern auch konkrete Vertragswerke auf ihre Wirksamkeit hin überprüft worden.[652] Darauf fußend wird auch untersucht, warum beziehungsweise unter welchen Bedingungen bestimmte Gestaltungsarten von Verträgen zu Stande kommen.[653]

Die wesentlich stringentere, vielfach auf mathematischen Modellen basierende normative Agency-Theorie,[654] die auch *Prinzipal-Agent-Theorie* genannt wird, versucht, *optimale Anreizverträge* für die Prinzipal-Agent-Beziehung zu ermitteln.[655] Die Modellierung der Beziehungszusammenhänge stellt ein komplexes Unterfangen dar, weil die verschieden-

---

[646] Vgl. Krafft (1995), S.87

[647] Vgl. Krafft (1995). S.87; Leptien (1996), S.18

[648] Vgl. Jensen (1983), S.334; Müller (1995), S.61; Gedenk (1998), S.24; Elschen (1991), S.1006; Meinhövel (1999)

[649] Vgl. Eisenhardt (1989), S.59; Jensen (1983), S.326f.; Krafft (1995), S.88; Elschen (1991), S.1006

[650] Vgl. Krafft (1995), S.88; Eisenhardt (1989), S.59

[651] Vgl. Leptien (1996), S.19

[652] Vgl. Bergen et al. (1992), S.7; Jensen (1983), S.326

[653] Vgl. Elschen (1991), S.1006; Eisenhardt (1989), S.64, S.68; Gedenk (1994), S.44; Leptien (1996), S.29

[654] Vgl. Krafft (1995), S.89

[655] Vgl. Eisenhardt (1989), S.60; Elschen (1991), S.1006; Petersen (1989); Rousek (1995); Müller (1995), S.62; Krafft (1995), S.89

sten Variablen, wie zum Beispiel stochastische Komponenten und Gesichtspunkte, wie etwa Risiko- und Nutzenerwägungen, einbezogen werden. Vielfach wird zur Vereinfachung dabei mit sehr restriktiven Annahmen gearbeitet; dies kann allerdings zu einer Begrenzung der Aussagefähigkeit der Modelle führen.

Positivistische Agency-Theorie und *Prinzipal-Agent-Theorie* ergänzen sich. Die positivistische Agency-Theorie liefert mögliche Formen von Kontrakten, wohingegen die Prinzipal-Agent-Theorie Aussagen darüber macht, wann diese sinnvoll zu verwenden sind.[656]

Beitrag der Agency-Theorie zur Gestaltung von Anreizsystemen

Für eine Reihe von Autoren liefert die Agency-Theorie ökonomische Erklärungsansätze sowie das analytische Instrumentarium zur Gestaltung effizienter Vertragsbeziehungen.[657] Sie ermöglicht wichtige Einsichten in die grundlegende Struktur von Steuerungsproblemen sowie Anreizproblematiken und Erkenntnisse zur Gestaltung von Anreizsystemen.[658] So hat sie einen Rahmen geschaffen für die Betrachtung von Steuerungsmechanismen unter Effizienzgesichtspunkten und dabei Ansatzpunkte zur Eingrenzung opportunistischen Verhaltens in Delegationsbeziehungen aufgezeigt.[659] Sie gibt Aufschlüsse über den möglichen Vorteil *finanzieller Anreize* und über *Überwachungsmöglichkeiten.*[660] Hervorzuheben ist insbesondere die Erkenntnis, dass Informationsbeschaffung zur Überwachung bei der Input-orientierten Steuerung mit Kosten verbunden ist und dass bei der Output-orientierten Steuerung je nach Risikoverteilung im Zusammenhang mit einem Risikotransfer Kosten entstehen.

Kritikpunkte bezüglich der Agency-Theorie

Obwohl allgemein zugestanden wird, dass die *Agency-Theorie* eine Reihe wichtiger Erkenntnisse liefert, ist sie auch umfangreicher Kritik ausgesetzt. Das *Menschenbild* werde zu *eng* gefasst, wenn die zur Verfügung stehenden Steuerungsinstrumente auf *Über-*

---

[656] Vgl. Eisenhardt (1989), S.60

[657] Vgl. Hahn (1996), S.31; Schwalbach & Graßhoff (1997), S.204; Kieser (1993), S.203f.; Ebers & Gotsch (1993), S.213

[658] Vgl. Petersen (1989), S.10; Krafft (1995), S.90; Picot et al. (1998), S.50; Gillenkirch (1997); Trauzettel (1999); Eisenhardt (1989), S.57, S.64; Leptien (1996), S.13; Schwalbach & Graßhoff (1997), S.204; kritisch Müller (1995), S.61; Ebers & Gotsch (1993), S.210

[659] Vgl. Gedenk (1994), S.42, (1998), S.24; Picot et al. (1998), S.50; Schwalbach & Graßhoff (1997), S.204

[660] Vgl. Chakravaty & Zajac (1984), S.33f.; ähnlich Leptien (1996), S.28; Ebers & Gotsch (1993), S.208-209

wachung und *finanzielle* Anreize fokussiert sind und Aspekte wie *intrinsische* Motivation des Agenten kaum berücksichtigt werden.[661] Auch die für die betriebliche Praxis wichtigen Bereiche Unternehmensklima und -kultur blieben unberücksichtigt.[662]

Die *positivistische Agency-Theorie* wird darüber hinaus wegen der häufig anzutreffenden Ungenauigkeit bei der Modellbildung kritisiert.[663] Bei der *Prinzipal-Agent-Theorie* wird die sophistizierte Vorgehensweise zum Hauptkritikpunkt.[664] Viele Annahmen seien so restriktiv, dass die Aussagen für die Gestaltung von Realität kaum brauchbar seien.[665]

Untersuchungsrelevante Erkenntnisse der Agency-Theorie

Da die aus der Agency-Theorie gewonnenen Einsichten nicht vorbehaltlos in die Praxis umgesetzt werden dürfen, weil die in diesen Ansätzen getätigten Annahmen möglicherweise zu restriktiv und insgesamt auch zu wenig empirisch verifiziert sind, kann sie nur Anhaltspunkte für die von dieser Untersuchung intendierte Gestaltung eines Anreizsystems liefern.[666] Folgende Erkenntnisse lassen sich verwerten.

Das in Auftragsbeziehungen vorkommende opportunistische Verhalten kann durch geeignete *Anreizsysteme* unterbunden oder zumindest eingeschränkt werden. Wenn sich beispielsweise *nicht* alle Mitarbeiter eines Unternehmens *kundenorientiert* verhalten - auch wenn Kundenorientierung *explizit* erklärtes Unternehmensziel ist -, kann ein Anreizsystem generell zu zielorientiertem Verhalten bewegen.[667] Das ereignet sich in der Weise, dass für eine vorgegebene Zeitdauer Ergebnisgrößen vereinbart werden, die den Beitrag eines Mitarbeiters zu übergeordneten CRM-Unternehmenszielen bestimmen und die Aufschluss geben über seine Leistung.[668] Der jeweilige Erfolg entscheidet dann über die Höhe der Vergütung.[669] Als Bemessungsgrundlagen gehen diese Ergebnisgrößen über die Zielvereinbarungen in das unterstützende CRM-Anreizsystem ein. Umgekehrt

---

[661] Vgl. Gedenk (1994),(1998), S.23; Leptien (1996); Tosi et al. (1997), S.585
[662] Vgl. Gedenk (1994), S.47; Leptien (1996), S.30
[663] Vgl. Eisenhardt (1989), S.60; Elschen (1991), S.1006; Jensen (1983), S.335; Leptien (1996), S.29
[664] Vgl. Levinthal (1988), S.156; Elschen (1991), S.1010; Leptien (1996), S.29; kritisch Müller (1995), S.72
[665] Vgl. Levinthal (1988), S.156; Müller (1995); Gedenk (1998), S.24; Meinhövel (1999)
[666] Vgl. Gillenkirch (1997), S.2
[667] Vgl. Trauzettel (1999), S.18, S.34; Gillenkrich (1998), S.1 und S.5; Schwalbach & Graßhoff (1997), S.204-205; implizit auch Becker (1997), S.113
[668] Vgl. Trauzettel (1999), S.36; Gillenkirch (1997), S.7 und S.21
[669] Vgl. Trauzettel (1999), S.36; Homburg & Jensen (2000), S.58

kann ein Mitarbeiter auch selbst durch entsprechende Handlungen die Ergebnissituation beeinflussen und damit zu einer Verbesserung seiner eigenen Gratifikation beitragen.

Die soeben gewonnenen Erkenntnisse lassen sich prinzipiell auf alle Ebenen der Organisation einer Unternehmung übertragen, wobei sich eine Mehrstufigkeit bei der Auftragserteilung ergibt.[670] Die an Zielsetzungen gebundenen Anweisungen werden dabei über die verschiedenen Hierarchiestufen hinweg nach unten weitergegeben und dabei immer stärker konkretisiert.[671] Mittels eines Informationssystems können für die verschiedenen Stufen Zielvereinbarungen systemtechnisch erfasst und deren Einhaltung kontrolliert werden. Damit ist die Basis für den Einsatz eines organisationsübergreifenden Anreizsystems geschaffen.[672]

3.3.2 Verhaltenswissenschaftliche Theorien

Die Relevanz verhaltenswissenschaftlicher Theorien und ihres Beitrages zur Gestaltung von Anreizsystemen ist offensichtlich. Sie ergibt sich aus dem zentralen Stellenwert von *Motivation und Verhalten* für Anreizsysteme. Motivation hängt von einer Vielzahl soziopsychologischer Variablen ab, unter denen Anreize, die von der Unternehmung geschaffen worden sind, eine besondere Rolle zukommt. Mit Hilfe dieser Anreize können Motive von Mitarbeitern aktiviert und damit Motivation zur Erreichung bestimmter Unternehmensziele erzeugt werden.[673]

Abgrenzung relevanter Theorien

Die *Theorien zur Motivation* werden nach *Inhalts-* und *Prozesstheorien* differenziert.[674] Intention der *Inhaltstheorien* ist die Identifikation von Variablen, die menschliches Verhalten beeinflussen. Sie versuchen zu klären, welche Motive eine Person zu einer bestimmten Handlung bewegen.[675] *Prozesstheorien* beschäftigen sich mit der Entstehung von Motivation, wobei sie den Abläufen innerhalb menschlichen Verhaltens besondere

---

[670] Jensen & Meckling (1976), S.309; Cyert & March (1992), S.222f.; Petersen (1989), S.210f.; Kofman & Lawarreé (1993). Melumad et al. (1992) sprechen von Verkettungen oder mehrstufigen Auftragsbeziehungen.

[671] Vgl. Abschnitt 4.2.2.1

[672] Vgl. Melumad et al. (1992); Melumad et al. (1995); Itoh (1994), S.691ff.; Trauzettel (1999), S.225

[673] Vgl. Hoffmann (1980), S.523; Hahn (1988), S.135; vgl. auch Abschnitt 3.1

[674] Vgl. Rosenstiel (1991), S.148ff.; Hagen (1985), S.89ff.; Gedenk (1994), S.54ff

[675] Vgl. Rosenstiel (1991), S.148

Aufmerksamkeit widmen. Dabei geht es vornehmlich um die Zusammenhänge zwischen Variablen, Motivation und Verhalten, während die inhaltliche Konkretisierung der zu erreichenden Ziele im Hintergrund bleibt.

Übersicht über die Inhaltstheorien

Für die Betriebswirtschaftslehre haben insbesondere die Ansätze von MASLOW (1954) und HERZBERG (1959) Beachtung gefunden. MASLOW (1954) entwickelte eine Hierarchie von fünf Motivgruppen:[676] Physiologische Bedürfnisse, Sicherheitsbedürfnisse, soziale Bedürfnisse, Anerkennungsbedürfnisse und Bedürfnisse nach Selbstverwirklichung. Zentrale These dieses Ansatzes ist, dass diese Bedürfnisse sukzessive befriedigt werden, das heißt, dass *zuerst* die Befriedigung physiologischer Bedürfnisse erstrebt wird und erst nach allen anderen die des Bedürfnisses nach Selbstverwirklichung.[677]

HERZBERG (1959) unterteilt Anreize in *Hygienefaktoren* und *Motivatoren*, wobei er unter Hygienefaktoren äußere und unter Motivatoren innerlich wirkende Anreize versteht. *Hygienefaktoren* wirken zum Beispiel über externe Belohnungen auf Bezüge oder Status ein und helfen, die Arbeits*un*zufriedenheit eines Mitarbeiters zu verringern, Anerkennung und Verantwortung als intrinsisch wirkende Motivatoren erhöhen hingegen die Arbeitszufriedenheit.[678] *Hygienefaktoren* und *Motivatoren* müssen hier nebeneinander bestehen, um Arbeitszufriedenheit zu erreichen.[679]

Übersicht über Prozesstheorien der Motivation[680]

Die *Erwartungs-Valenz-Theorie*[681] ist ein Ansatz, in dessen Zentrum das Zusammenspiel von Anreiz und Beitrag steht. Er gehört zur Kategorie der *Erwartungs-Valenz-Modelle,* die in der Motivationsforschung eine wichtige Rolle spielen, wenn es darum geht,

---

[676] Auch als hierachisches Bedürfnismodell bezeichnet.

[677] Vgl. unter anderem Hagen (1985), S.92; Hölzle (1999), S.112

[678] Vgl. unter anderem Homburg & Rudolph (1998), S.43-S.44; Hölzle (1999), S.112

[679] Vgl. Rosenstiel (1991), S.150; Homburg & Rudolph (1998), S.43

[680] *Attributionstheoretische Motivationsmodelle* werden nicht weiter betrachtet, weil sie für den Untersuchungsgegenstand keinen nennenswerten Beitrag leisten; ähnlich verhält es sich mit der Kontroll- und der Reaktanztheorie. Überblick zur *Kontrolltheorie*: Osnabrügge et al. (1985); S.127ff.; zur *Reaktanztheorie*: Brehm (1981), Gniech et al. (1992); Dickenberger et al. (1993), S.243ff.

[681] Vgl. Vroom (1964); Rosenstiel (1991), S.147

Fragen nach Arbeitsleistung und -motivation zu beantworten.[682] Hier wird das Verhalten nicht nur in Abhängigkeit von Sozialisation und Anlage interpretiert, sondern auch in Verbindung mit dem Ziel, das durch ein bestimmtes Verhalten angestrebt werden soll. Die Stärke der Tendenz zu einem Verhalten hängt dabei von der subjektiv eingeschätzten Wahrscheinlichkeit ab, mit der es zum Ergebnis führt (Erwartung). Daneben spielt die Attraktivität des Ergebnisses eine Rolle (Valenz).[683] Langfristig gesehen kann es durch einen Lernprozess zu einer Veränderung der Bereitschaft zu einem bestimmten Verhalten kommen.[684] Prinzipiell wird hier das Konzept der Nutzenmaximierung verhaltenswissenschaftlich formuliert.

Die *Equity-Theorie* ist eine weitere relevante Theorie in diesem Kontext. Sie geht grundsätzlich vom Streben des Individuums nach *Harmonie* aus. Unstimmigkeiten führen dabei zum Versuch des Individuums, diesen ausgleichend entgegenzuwirken.[685] So werden etwa Vergütung und Arbeitsleistung mit dem Verhältnis des Inputs/Outputs bei anderen Individuen verglichen.[686] Harmonie bestände demnach dann, wenn der Quotient aus Input/ Output für alle betroffenen Individuen gleich wäre. Im Zusammenhang mit Vergütungsfragen und Reaktionen auf mögliche Ungleichgewichte kann diese Theorie Ausgleichsbewegungen erklären.[687]

Im Zusammenhang mit der Frage nach der Beziehung der Motivation von Führungskräften und spezifischen Anreizsystemen hat die *Anreiz-Beitrags-Theorie* große Bedeutung erlangt.[688] Zentrale Annahme dabei ist, dass Mitarbeiter solange ihre Leistung steigern, wie der entstehende Nutzen die mit ihm verbundenen negativen Aspekte überwiegt. Die Praxis zeigt, dass bei der Gestaltung von Anreizsystemen der *Anreiz-Beitrags-Theorie* in einer Vielzahl von Fällen gefolgt wird.[689] Eine Erklärung dafür könnte sein, dass die von ihr dargestellten Zusammenhänge in der betrieblichen Praxis zu beobachten und einzuschätzen sind und dass sie - wenn von Sättigungseffekten und Bedürfnis-

---

[682] Vgl. Leptien (1996), S.35, Cisek (2000), S.370
[683] Aussagen der Erwartungs-Wert-Theorie.
[684] Vgl. Rosenstiel (1975), S.33; Schwalbach (1998), S.4
[685] Vgl. Wiltz (1999), S.15
[686] Vgl. Wiltz (1999), S.15
[687] Vgl. Leptien (1996), S.37; Wiltz (1999), S.14-15
[688] Vgl. March & Simon (1958); Gedenk (1994), S.58f.; Hamel (2001), S.407; Petersen (1989), S.9
[689] Vgl. March & Simon (1958); Gedenk (1994), S.58f.; Hamel (2001), S.407; Petersen (1989), S.9

verlagerungen hin zu immateriellen Aspekten einmal abgesehen wird - plausibel ist. Sie entspricht nämlich im Wesentlichen dem modernen Bild eines *Homo Oeconomicus*, der darauf bedacht ist, den Nutzen zu maximieren, den er aus einer Tätigkeit zieht.

Untersuchungsrelevante Erkenntnisse der Motivations- und Verhaltensheorien
Die vorstehenden Ausführungen zeigen einmal, dass Verhalten im Sinne bestimmter Zielvorgaben beeinflussbar ist. Sie geben zum anderen Aufschluss über den bestehenden Facettenreichtum von möglichen Motiven und Anreizen und deren jeweiligen Stellenwert für verschiedene Individuen.[690] Allerdings liefern sie nur Anhaltspunkte zur Erklärung menschlichen Verhaltens und kein umfassendes Gesamtkonzept.[691]

Diese Erkenntnisse gilt es bei der Ausgestaltung eines CRM-Anreizsystems sinnvoll zu nutzen; dabei sind für eine Anreizgestaltung, die effektiv und effizient zugleich ist, insbesondere auch Persönlichkeitsstruktur sowie Reizkonstellationen zu beachten.[692] Den Erkenntnissen entsprechend sind Anreizsysteme kontextspezifisch und differenziert zu gestalten.[693] Entscheidend hierfür ist, dass die Anreize im betrieblichen Kontext aus unternehmenspolitischem Wollen abgeleitet werden,[694] das heißt, dass die "*richtigen*" Anreize zur Verfügung gestellt werden, um auch das gewünschte Verhalten hervorzurufen.

3.3.3 Systemtheorie

Die zielgerichtete Gestaltung von Anreizen innerhalb eines Anreiz*systems* wird als sinnvollster Weg gesehen, Motive von Mitarbeitern zu stimulieren und das Verhalten zu lenken.[695] Insofern soll, nachdem der Systembegriff bereits eingeführt wurde, hier noch einmal kurz auf grundlegende Prinzipien der Systemgestaltung eingegangen werden.

Prinzipien der Systemgestaltung
Elementare Prinzipien der Systemgestaltung sind beispielsweise das *Blackbox Prinzip*, das Prinzip der *hierarchischen Strukturierung, das Modellprinzip* und *das kybernetische*

---

[690] Vgl. Gedenk (1994), S.57; Cisek (2000), S.370
[691] Vgl. Gedenk (1994), S.60
[692] Vgl. Schwalbach (1998), S.4; Schanz (1991), S.14
[693] Vgl. Guthof (1995), S.2
[694] Vgl. Bleicher (1992), S.16
[695] Vgl. Leptien (1996), S.40; Baker & Jensen et al. (1988), S.593; Schwalbach (1998), S.3

Prinzip. Beim Blackbox Prinzip - der Begriff Blackbox stammt aus der Kybernetik - werden nur Input und Output eines Systems erfasst. Dieses Prinzip hilft bei der Reduktion der Komplexität eines Sachverhaltes.[696] Das Prinzip der *hierarchischen Strukturierung* teilt ein Gesamtsystem hierarchisch gliedernd in einzelne Bestandteile auf.[697] Bei vielen Fragestellungen ist ein *Realexperiment* nicht möglich; es empfiehlt sich dann, den Sachverhalt in einem *Modell* abzubilden. Ob ein Modell sich letztlich bewährt, zeigt seine Verwendbarkeit in der Realität. Steuerung und Regelung sind Grundbegriffe der *kybernetischen Systembetrachtung.*[698] Eine Steuerkette erhält man, wenn man von den Ausgangsgrößen über eine Rückkopplung auf die Eingangsgrößen Einfluss nehmen kann.[699] Die Kybernetik hat diese Vorstellung verallgemeinert; so gibt es auch Regelkreise in betrieblichen Organisationen.

Untersuchungsrelevante Erkenntnisse der Systemtheorie

Die Systemtheorie liefert im Hinblick auf die Gestaltung von Systemen in Form *allgemeiner* Konzepte und Methoden eine Reihe von Hilfsmitteln, die sich in Wissenschaft und Praxis bereits vielfach bewährt haben. Diese Hilfsmittel erleichtern die Analyse von Systemzusammenhängen und die Erstellung neuer Systeme.

Bei der Konzeption eines CRM-Anreizsystems können diese Hilfsmittel eingesetzt werden. So werden beispielsweise CRM-Zielsetzungen über organisatorische Ebenen hinweg konkretisiert und dabei *hierarchisch* geordnet, *Regelkreise* durch die Bestimmung von CRM-Zielvereinbarungen und die Messung von Leistungen ausgebildet und schließlich werden komplexe Zusammenhänge modelliert.

3.3.4 Implikationen für ein CRM-Anreizsystem

Die bisherige Untersuchung der theoretischen Grundlagen von Anreizsystemen führt zu einer Reihe grundsätzlicher zu bestimmender Fragestellungen. Zunächst ist die Art der Anreize zu bestimmen, die in einem CRM-Anreizsystem Verwendung finden kann, das heißt, dass zu klären ist, von welchen Größen die Wahl der Anreize abhängig gemacht

---

[696] Vgl. Ashby (1956), S.1
[697] Vgl. Timpe & Zangemeister (1995), S.34f.
[698] Vgl. DIN 19226 (1968), S.3
[699] Vgl. Ropohl (1975), S.12f.

werden soll und welche Struktur diese dabei haben.[700] Dafür ist es notwendig, aus der Vielzahl unterschiedlichster Typen von Bemessungsgrundlagen die für diese Aufgabe geeigneten zu finden, das heißt, auch die organisatorischen Ebenen mit zu reflektieren, auf die diese Bemessungsgrundlagen bezogen werden sollen. Darüber hinaus muss der Zeithorizont eingearbeitet werden, innerhalb dessen die bereits erwähnten Bemessungsgrundlagen eine Rolle spielen werden. Damit sind die zentralen *Gestaltungsdimensionen* für ein Anreizsystem genannt:

- *Instrumentaldimension* (Art und Struktur der Anreize),

- *Subjektdimension* (Bemessungsgrundlagen),

- *Objektdimension* (Organisatorische Bereiche) und

- *Zeitdimension.*

Bevor diese in ihrem Bezug auf ein CRM-Anreizsystem weiter ausdifferenziert werden können, sind zunächst ihre Inhalte allgemein darzustellen.

3.4 GESTALTUNGSDIMENSIONEN VON ANREIZSYSTEMEN UND EINORDNUNG IN DEN CRM-BEZUGSRAHMEN

3.4.1 Gestaltungsdimensionen von Anreizsystemen

Bei den nun folgenden Ausführungen über die *Gestaltungsdimensionen* soll auch aufgezeigt werden, welchen Entscheidungsspielraum es jeweils bei den einzelnen Gestaltungsaspekten gibt. Bei der späteren Konzeption eines CRM-Anreizsystems wird es darum gehen, diese Wahlmöglichkeiten den Prinzipien des CRM-Konzeptes entsprechend zu nutzen.

Die Gestaltungsdimensionen werden in der folgenden Abbildung aufgeführt (vgl. Abbildung 3.2).[701]

---

[700] Vgl. auch Gillenkirch (1997), S.2

[701] Vgl. Grewe (2000), S.18f.; Baumgartner (1992), S.227; Bleicher (1989), S.370; Bleicher (1992), S.30f.; Maaßen (1986), S.208 und S.209; teilweise auch Laux (1995), S.71f.

ABBILDUNG 3.2: GESTALTUNGSDIMENSIONEN VON ANREIZSYSTEMEN

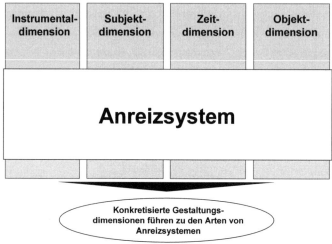

Quelle: Eigene Darstellung

3.4.1.1 Instrumentaldimension

Die *Instrumentaldimension* zeigt, welcher Art Anreizinhalte sein können; dabei werden Anreize nach der *Anreizart* klassifiziert.[702] Die folgende Abbildung führt eine solche Einteilung durch (vgl. Abbildung 3.3). Festzustellen ist dabei zunächst, dass es *materielle* und *immaterielle* Anreize sowie *variable* und *fixe* Anreizelemente gibt.[703]

In dieser Dimension sind das Verhältnis zwischen *materiellen* Anreizen, wie beispielsweise Real- oder Nominalentgeltleistungen, und *immateriellen* Anreizen in Form von Beförderungen, Personaleinsatz, Aufgabenzuschnitt oder Titel sowie das Verhältnis zwischen *fixen* und *variablen* Vergütungsbestandteilen zu konkretisieren.[704]

---

[702] Damit wird eine Betrachtungsweise eingenommen, die in der einschlägigen Literatur dominiert: Vgl. unter anderem Hagen (1985), S.135f.; Winter (1996), S.15; Wälchli (1995), S.28; Grewe (2000), S.18
[703] Vgl. Becker (1990), S.132f.; teilweise Borg & Bergermaier (1992), S.642f.
[704] Vgl. Bleicher (1992), S.32 u. S.34

Unbestreitbar haben auch immaterielle Anreize eine Bedeutung für die Motivation von Mitarbeitern.[705] Da sie aber sehr kontextspezifisch und damit vornehmlich auf individuelle Bedürfnisse zugeschnitten sind, eignen sie sich nicht für ein auf standardisierbaren Komponenten beruhendes Anreizsystem im engeren Sinne. Die Möglichkeit einer Quantifizierung materieller Anreize wird dagegen generell bejaht,[706] allgemein wird ihnen ein hoher Stellenwert beigemessen.[707] Auf Grund dieser Erkenntnisse wird die vorliegende Untersuchung sich auf *materielle Anreize* beschränken.

ABBILDUNG 3.3: KLASSIFIKATION VON ANREIZEN NACH ANREIZART

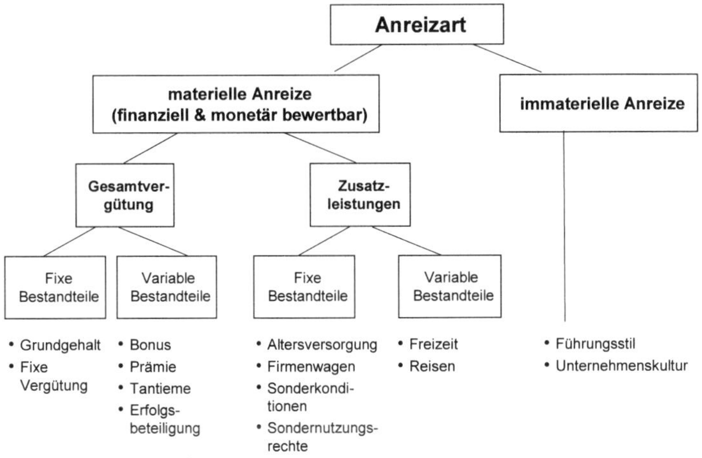

Quelle: Nach Winter (1996), S.15

Dabei wird vornehmlich untersucht, wie die verschiedenen materiellen Anreize in die Vergütung eingehen. Diese Vergütung setzt sich zusammen aus Gesamtvergütung und

---

[705] Vgl. Grewe (2000), S.19; Wälchli (1995), S.132ff; Stonich (1984), S.53; Kriegesmann (1993), S.76; Homburg & Jensen (2000), S.59

[706] Vgl. Grewe (2000), S.19; Wälchli (1995), S.128

[707] Vgl. Wälchli (1995), S.127; Evers (1992), S.448; Lawler (1990), S.13; Frey & Osterloh (1997), S.309; Guthof (1995), S.31; Lawler (1990), S.13; Stonich (1984), S.53; Cisek (2000), S.369 und S.370; Homburg & Jensen (2000), S.58-59; Wienkamp (1997), S.100; Schwalbach & Graßhoff (1997), S.204; Wiltz (1999), S.14

Zusatzleistungen,[708] wobei nach fixen und variablen Bestandteilen zu differenzieren ist.[709]

Die nachfolgende Beziehung zeigt, wie sich eine leistungsabhängige Vergütung zusammensetzt:[710] Vergütung (Leistung) = Fixer Anteil + Variabler Anteil (Leistung).

Der *fixe* Anteil richtet sich maßgeblich nach den Fähigkeiten des Mitarbeiters sowie den mit seiner Position verbundenen Anforderungen, seinem Platz innerhalb der betrieblichen Hierarchie und der Dauer seiner Betriebszugehörigkeit.[711] Der *variable* Anteil der Vergütung hängt ab von verschiedenen *Determinanten,* wie zum Beispiel der Schwierigkeit einer Aufgabe, dem Grad des mit einer Tätigkeit gegebenen Risikos, dem Grad der Verantwortung für das Ergebnis, der Phase des Unternehmenswachstums; daneben sind auch Branchen- und Marktgegebenheiten relevant.[712]

Der *variable Anteil* dient nicht nur dazu, Mitarbeiter zu binden. Diese sollen vor allem im Sinne der unternehmerischen Zielsetzung motiviert werden. Mit dem *variablen* Anteil wird das Erreichen vereinbarter Ziele honoriert.[713] Diese können klassische Ziele operativer Art, wie Kosten- oder Prozessziele, oder strategischer Natur, wie Wachstum, Marktanteil, Kundenbindungsstärke und Kundenwert sein. Ferner kann es sich auch um Ziele einzelner Maßnahmen handeln.

Gefordert wird vielfach, dass der variable Anteil an der Vergütung mit steigender Hierarchieebene spürbar zunehmen sollte.[714] In diesem Zusammenhang erhält der leistungsbezogene *Bonus* als variable Hauptkomponente der Vergütung zunehmend Bedeutung.[715]

---

[708] Vgl. Winter (1996), S.16
[709] Vgl. Stroh & Brett et al. (1996), S.752
[710] Vgl. Schwalbach (1998), S.6; Gomez-Mejia (1994), S.166; Cisek (2000), S.371; Kramarsch (1997), S.109
[711] Vgl. Hahn & Willers (1990), S.497; Cisek (2000), S.372; Kramarsch (1997), S.109
[712] Vgl. Stroh & Brett et al. (1996), S.752; Gomez-Mejia (1994), S.164 u. S.175f.
[713] Vgl. Hahn & Willers (1990), S.494; Willers (1990), S.486; Cisek (2000), S.375
[714] Vgl. Wälchli (1995), S.149ff.; Grewe (2000), S.20; S.94; Bleicher (1992), S.5
[715] Vgl. Baker et al. (1988), S.601; Hahn et al. (1990), S.494; Becker (1987), S.141; Homburg & Jensen (2000), S.58; Wienkamp (1997), S.100; Evers & von Hören (1996), S.456; Gomez-Mejia (1994), S.166

3.4.1.2 Subjektdimension

In der Subjektdimension erfolgt die Wahl der Grundlagen für die Bemessung von Leistung. Diese Wahl ist ein wichtiger Schritt bei der Gestaltung von Anreizsystemen, weil sie deren wesentlichen inhaltlichen Bestandteil ausmachen.[716] Unter *Bemessungsgrundlagen* werden Größen verstanden, die die Leistung von Individuen einzuschätzen helfen; schließlich ist Leistung in einer Vielzahl von Fällen nicht direkt beobachtbar.[717] Diese Größen, die zum Beispiel *quantitativer* oder *qualitativer* Natur, die *ergebnis-* oder *verhaltensorientiert* sein können, werden maßgeblich vorgegeben durch das Grundmodell einer Unternehmung.[718] Im Rahmen eines Anreizsystems werden so aus Unternehmenszielgrößen Erfolgs- und Leistungskriterien als Bemessungsgrundlagen abgeleitet.[719]

An diese sind bestimmte Anforderungen zu stellen: Grundsätzlich sollten sie nicht *manipulierbar* sein. *Manipulierbarkeit* liegt dann vor, wenn sie verändert werden können, ohne dass dabei eine entsprechende Leistung erbracht worden ist. Wesentliche Kriterien, denen sie genügen müssen, sind *Beeinflussbarkeit*, *Relevanz* und *Messbarkeit*.[720]

Beeinflussbarkeit: Unter Beeinflussbarkeit wird verstanden, dass eine Größe veränderbar ist und dass ihre Veränderung im Einflussbereich eines Individuums selbst oder eines diesem unterstellten Bereichs liegt.[721] Der oder die Beurteilte muss direkt einwirken können auf die Größen, von denen die individuelle Vergütung maßgeblich abhängt.[722]

Relevanz: Die Bemessungsgrundlage beziehungsweise die Bezugsgröße, auf deren Basis die Anreize gewährt werden, muss für den Leistenden Relevanz besitzen. Relevanz heißt dabei, dass die Bezugsgrößen sinnvoll und für den Aufgabenbereich wichtig sind und nicht kontraproduktiv wirken.

Messbarkeit: Für Bezugsgrößen gilt insbesondere die Forderung nach ihrer Messbarkeit. Denn nur was wirklich messbar ist, ist auch kontrollierbar und damit entsprechend vergütbar. Verbunden mit der Forderung nach Messbarkeit sind Aspekte, wie die

---

[716] Vgl. Grewe (2000), S.21; Winter (1996), S.108, (1997), S.21; Becker (1990), S.125; Salter (1973), S.96
[717] Vgl. Kossbiel (1994), S.78
[718] Vgl. Baumgartner (1992), S.8; Kramarsch (1997), S.110 unterteilt in quantitativ und qualitativ.
[719] Vgl. Bleicher (1989), S.379; Becker (1990), S.125
[720] Vgl. Becker (1990), S.126
[721] Vgl. Grewe (2000), S.23
[722] Vgl. Cisek (1994), S.414; Guthof (1995), S.50; Evers & Hören (1996), S.4

Objektivität der Messung, ihre *Verlässlichkeit, Validität* sowie *Verfügbarkeit*.[723] *Objektivität* der Messung heisst, dass verschiedene Personen unter gleichen Umständen zum gleichen Ergebnis kommen.[724] *Verlässlichkeit* einer Messung heißt, dass bei wiederholtem Messen gleiche Ergebnisse ermittelt werden.[725] Unter *Validität* versteht man, dass auch wirklich genau das gemessen wird, was gemessen werden soll, das heißt, dass eine möglichst hohe Identität zwischen Indikator und erbrachter Leistung vorausgesetzt wird.[726] So sollten quantitative Größen beziehungsweise bewertungsfähige Leistungsnormen im Vordergrund stehen. *Verfügbarkeit* bedeutet, dass die Ergebnisse der Messung in einem angemessenen Zeitrahmen vorliegen und eine Abweichungskorrektur zulassen sollten. Die Kosten der Ermittlung sollten sich in einem vertretbaren Rahmen bewegen.

3.4.1.3 Zeitdimension

Eine weitere zentrale Dimension eines Anreizsystems bildet die *Zeitkomponente*. In diesem Zusammenhang sind Fragen zur Fristigkeit der Anreize zu stellen; zudem erfolgt die Festlegung einer sinnvollen Bemessungsperiode sowie die Selektion eines Verfahrens zur Ausschüttung.[727]

Zeitliche Ausrichtung der Anreize

Ein *kurzfristig-operativer* Anreiz kann als leistungsabhängiger Bestandteil der Vergütung gesehen werden, der mit einer kurzfristigen Bemessungsperiode korreliert und meistens an ihrem Ende gewährt wird.[728] Der Zeitraum ist oft nur einjährig und bezieht sich dabei größtenteils auf das Erreichen von Bereichszielen.[729] Daneben können auch individuelle Vereinbarungen von Leistungszielen erfolgen, die sich durch Kurzfristigkeit auszeichnen und mittels geeigneter Indikatoren gemessen werden können.

In der Praxis finden kurzfristig-operative Anreize häufig Verwendung, weil zum einen der Bemessungszeitraum überschaubar ist und die Beiträge zum Unternehmenserfolg ein-

---

[723] Vgl. Winter (1996), S.108; Guthof (1995), S.50
[724] Vgl. Lamnek (1988), S.165
[725] Vgl. Guthof (1995), S.50
[726] Vgl. Guthof (1995), S.50
[727] Vgl. Stata & Maidique (1980), S.160; Leichtfuß & Bonacker (1992), S.626; Grewe (2000), S.24; Baumgartner (1992), S.251f..
[728] Vgl. Wälchli (1995), S.256f.; Gomez-Mejia (1994), S.166
[729] Vgl. Hüttemann (1993), S.203; Hentze (1991), S.111; Tehranian & Waegelein (1985), S.132

fach ermittelbar sind;[730] zum anderen ist ein Zusammenhang zwischen Ursache und Wirkung bei der Wahl eines solchen Zeitfensters erkennbar; die hat eine motivationsfördernde Wirkung. Kritisch zu bemerken ist allerdings, dass sie zumeist kurzfristiges Denken und Handeln hervorrufen und einen Konflikt mit betrieblichen Zielsetzungen verursachen können, die nur langfristig zu realisieren sind.[731]

Langfristig-strategische Anreize bezeichnen einen leistungsabhängigen Bestandteil der Vergütung, der sich auf eine langfristige Bemessungsperiode oder eine Mehrzahl mittelfristiger, dabei aber zusammenhängender Perioden bezieht.[732] Langfristige Ziele können sich beispielsweise auf den Ausbau strategischer Erfolgspositionen beziehen, wie etwa Marktanteilssteigerung, Produktivitätszunahme oder Qualitätsverbesserungen.[733] Der Bemessungszeitraum kann beispielsweise auf drei bis fünf Jahre festgelegt werden;[734] dabei ist zu beachten, dass für die Zielsetzung relevante Rahmenbedingungen sich ändern können und dann eine Anpassung der Zielsetzungen erforderlich werden kann.[735] Da fraglich ist, ob Anreize dieser Art nach längerer Zeit überhaupt noch wirken,[736] wird in der betrieblichen Praxis die Operationalisierung strategischer Zielsetzungen durch sogenannte Meilensteine vorgenommen.[737] Langfristig orientierte Anreize, deren Ermittlung schwieriger ist, können hingegen gestaffelt ausgezahlt werden.[738]

3.4.1.4 Objektdimension
In dieser Dimension geht es um die Leistungs- und Erfolgsbewertung einzelner Bereiche der Organsiation und speziell um die Frage, welche Ebene oder Organisationseinheit mit welchen Anreizen versehen wird.[739]

Zunächst gilt es, mögliche organisatorische Einheiten zu identifizieren, für die sinnvollerweise Leistungen und Erfolge determiniert werden können. In diesem Zusammenhang

---

[730] Vgl. Wälchli (1995), S.258f.
[731] Vgl. Winter (1996), S.140f.; Crystal (1991), S.212
[732] Vgl. Wälchli (1995), S.260; Gomez-Mejia (1994), S.167; Grewe (2000), S.25
[733] Vgl. Bleicher (1989), S.386; Wälchli (1995), S.260
[734] Vgl. Grewe (2000), S.25
[735] Vgl. Willers (1990), S.492; Gomez-Mejia (1994), S.170
[736] Vgl. Winter (1996), S.141
[737] Vgl. Bleicher (1989), S.387; Dörfler (1993), S.43
[738] Vgl. Grewe (2000), S.26; Andresen (2000), S.140ff; Guthof (1995), S.84
[739] Vgl. Bleicher (1989), S.379; Baumgartner (1992), S.259; Grewe (2000), S.26

wird von *Beteiligungsfeldern* gesprochen,[740] unter denen ein *"Vorstellungsmodell"* verstanden werden kann, mit dessen Hilfe die Organisationsbestandteile benannt werden können, deren Leistung in ein *"Erfolgsbeteiligungssystem"* eingeht.[741] Sinnvolle Felder in diesem Sinne sind unter anderem Unternehmen, Geschäftsbereich, Gruppe, Subteam und Individualebene.[742] An verschiedenen Stellen wird auch eine Einteilung nach Unternehmen, Bereich beziehungsweise Gruppen und Individuen vorgeschlagen.[743]

Unternehmensebene: Die Abhängigkeit eines Teils der Vergütung einer Führungskraft vom Unternehmenserfolg hat Vor- und Nachteile. Vorteilhaft könnte sein, dass die Identifikation einer Führungskraft mit dem Unternehmen verbessert werden könnte; zudem könnten Bereichsegoismen abgebaut werden.[744] Ein Nachteil wäre, dass auf dieser Ebene kaum noch ein Zusammenhang zwischen individueller Leistung und Ergebnis gesehen werden kann oder dass ein gut operierender Bereich durch ein insgesamt schlechteres Unternehmensergebnis bestraft werden könnte.[745]

Geschäftsbereichsebene: Als ein weiteres Beteiligungsfeld könnte die Geschäftsbereichsebene dienen, deren Ergebnis entsprechenden Eingang in die Vergütung einer betroffenen Führungskraft fände. Vorteilhaft wäre dabei, dass der Bezug zwischen erfolgter Leistung und dem erzielten Ergebnis besser nachzuvollziehen ist als für den Fall der komplexeren Unternehmensebene; dies erweist sich aus dem Blickwinkel der Motivation als sinnvoller.[746] Daneben kann eine bereichsbezogene Vergütung allerdings die bereits erwähnten unerwünschten Bereichsegoismen stimulieren.[747]

Individualebene: Der Einbezug individueller Beiträge in die Belohnung übt eine hohe motivierende Wirkung auf Mitarbeiter aus, weil sie hierbei als Handelnde im Vordergrund stehen.[748] Aus Unternehmenssicht kann so eine gezielte Beeinflussung gerade des

---

[740] Vgl. Baumgartner (1992), S.259f.; Becker (1990), S.137f.; Grewe (2000), S.26

[741] Vgl. Becker (1990)

[742] Vgl. Becker (1990), S.137; Steinle (1982); Baumgartner (1992), S.259; Barua & Lee & Whinston (1995), S.489ff.

[743] Vgl. Bleicher (1989), S.379; Grawert (1997), S.44; Evers (1992), S.445; Schanz (1991), S.14; Grewe (2000), S.27; Hahn & Willers (1990), S.497; implizit Kramarsch (1997), S.109

[744] Vgl. Baumgartner (1992), S.261

[745] Vgl. Bleicher (1985), S. 22

[746] Vgl. Baumgartner (1992), S.262; Anthony & Govindrajan (2001)

[747] Vgl. Baumgartner (1992), S.262

[748] Vgl. Becker (1990), S.138; Baumgartner (1992), S.262

Verhaltens von Führungskräften erfolgen.[749] Auf dieser Ebene wird neben der Bewertung der Leistung auch eine solche des einzelnen Verhaltens und der Situation möglich. Mit ihrer Hilfe kann analysiert werden, unter welchen Umständen die Leistung erbracht und das Ergebnis zustande gekommen ist.[750] Das ermöglicht eine nachvollziehbare angemessene Bewertung. Der Nachteil bei einer solchen Vorgehensweise ist der Aufwand, der zur Ermittlung der verschiedenen Faktoren getrieben werden muss. Auch die Komplexität von unterstützenden Anreizsystemen nimmt mit wachsender Vielfalt individueller Bewertungsmodi zu.

Die nachstehende Abbildung fasst wesentliche Beteiligungsfelder nochmals zusammen (vgl. Abbildung 3.4).

ABBILDUNG 3.4 ÜBERSICHT MÖGLICHER BETEILIGUNGSFELDER

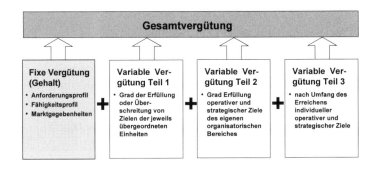

Quelle: nach Hahn & Willers (1990), S.497

Die Bestimmung der *Anzahl* der Beteiligungsfelder und ihrer Gewichtung ist abhängig von der Unternehmenssituation.[751] Das Maß der Kooperation, der Grad der Bereichsautonomie und die Hierarchieebene sind weitere mögliche Einflussgrößen für die Identi-

---

[749] Vgl. Baumgartner (1992), S.263; Becker (1990), S.138
[750] Vgl. Baumgartner (1992), S.263
[751] Vgl. Uschatz (1991), S.91; Baumgartner (1992), S.263; Grewe (2000), S.26

fikation der Beteiligungsfelder.[752] In der Praxis sollte ihre Anzahl nicht zu groß gewählt werden, denn eine zu breite Aufgliederung des variablen Vergütungsbestandteils in mehrere Felder kann eine *Verwässerung* des individuellen Anreizeffektes bedingen, weil der beeinflussbare Individualanteil prozentual zusammenschrumpft, auf die anderen Ebenen aber nur begrenzt eingewirkt werden kann.[753]

Die *Gewichtung* eines *Bereiches* hängt von seinem Autonomiegrad ab. Je autonomer dieser ist, desto höher ist sinnvollerweise die Gewichtung seines Beitrages zum Ergebnis.[754] Sehr stark vernetzte Bereiche liefern beispielsweise Resultate, deren Erzielung *nicht* unbedingt auf einzelne Führungskräfte zurückgeführt werden können. Beiträge solcher Bereiche sind entsprechend geringer zu bewerten.

In der Praxis ist festzustellen, dass Unternehmensleitungen vielfach an Zielen auf Unternehmensebene bemessen werden, das mittlere Management an Bereichszielen, das operative Management an individuellen Zielen.[755] Für eine Vielzahl von Fällen gilt, dass der Anteil der variablen Vergütung für die niedrigeren Ebenen der Organisation geringer ist als für die höheren Ebenen.[756] Dennoch gewinnt dieser mittlerweile auch auf den niedrigeren Ebenen an Bedeutung.

3.4.1.5 Implikationen für ein CRM-Anreizsystem

Instrumentaldimension: Für ein CRM-Anreizsystem wäre zunächst eine geeignete Anreizstruktur zu bestimmen, wobei den bereits dargelegten Ausführungen folgend eine Beschränkung auf materielle Anreize erfolgen soll.

Subjektdimension: Hand in Hand damit müssten für die jeweilige Situation die am besten geeigneten Bemessungsgrundlagen identifiziert werden. Vielfach werden dafür neben finanziellen Kenngrößen auch Zielsetzungen und der jeweilige Grad der Erfüllung von Zielen verwendet.[757] Ein solches Vorgehen entspricht dem Stellenwert der CRM-Zielsetzungen für das CRM-Konzept und damit auch für ein CRM-Anreizsystem. Die auf-

---

[752] Vgl. Leichtfuß et al. (1992), S.627; Wälchli (1995), S.183; Winter (1996); S.147; Grewe (2000), S.27
[753] Vgl. Becker (1990), S.137
[754] Vgl. Baumgartner (1992), S.263
[755] Vgl. Stata & Maidique (1980), S.161; Baumgartner (1992), S.264; Kramarsch (1997), S.110
[756] Vgl. Grewe (2000), S.27; Hagenauer (1995), S.325; Kramarsch (1997), S.110
[757] Vgl. Hentze (1989), S.52; Evers (1992), S.448; Evers & Hören (1996), S.4f. Gieseking & Sehnke et al. (1998), S.26f.

geführten Bemessungsgrundlagen gilt es, in Bezug auf die Organsiation zu konkretisieren, sie zueinander in Beziehung zu setzen und in einer geeigneten Struktur, wie beispielsweise einem anreizkompatiblen Zielsystem, zu verbinden. Ihre Anzahl sollte dabei
nicht zu groß sein, weil sonst das Risiko besteht, dass die Transparenz des Anreizsystems abnimmt und die Zusammenhänge zwischen Ursache und Wirkung verschwimmen.

Zeitdimension: Sowohl langfristige wie kurzfristige CRM-Zielsetzungen müssen Eingang in ein unterstützendes Anreizsystem finden, denn einerseits ist das CRM-Konzept
durch den Aufbau von Beziehungen prinzipiell eher langfristig ausgerichtet, zum anderen vollzieht es sich aber auch in der täglichen Arbeit operativer Bereiche und relevanter
Geschäftsprozesse, das heißt auch kurzfristig. Herausforderung wird dabei sein, die jeweils sinnvollen Fristigkeiten zu bestimmen und in die Anreizstruktur zu integrieren.

Objektdimension: Auch für ein CRM-Anreizsystem müssen geeignete Beteiligungsfelder
bestimmt werden. Dabei sind insbesondere die betroffenen organisatorischen Bereiche
sowie die jeweiligen Ebenen innerhalb der jeweiligen Hierarchie zu berücksichtigen und
zueinander sinnvoll in Beziehung zu setzen. Dabei sollten nicht zu viele neue Beteiligungsfelder eingeführt werden, um die Anreizstruktur insgesamt nicht zu komplex
werden zu lassen.

3.4.2 Klassifikation bestehender Ansätze

Die vorstehenden Ausführungen zu den theoretischen Grundlagen und den zentralen Gestaltungsdimensionen von Anreizsystemen haben deren wesentliche konzeptionelle Bestandteile identifiziert und mögliche Spielarten bei der jeweiligen inhaltlichen Ausgestaltung deutlich hervortreten lassen. Insofern erübrigt sich eine differenzierte Betrachtung von in der betrieblichen Praxis bestehenden Arten von Anreizsystemen; sie
würde *konzeptionell* keine zusätzlichen wesentlichen Erkenntnisse mit sich bringen. Ohne
auf die jeweilige inhaltliche Ausgestaltung weiter einzugehen, soll deshalb nachfolgend
nur eine summarische Klassifikation bestehender Arten von Anreizsystemen erfolgen.[758]

---

[758] Für eine differenzierte Betrachtung sei auf Becker (1990); Dörfler (1993); Wälchli (1995); Grewe (2000) verwiesen.

Dazu kann man sich der aufgezeigten Gestaltungsmöglichkeiten bedienen, die prinzipiell eine Vielfalt an Arten von Anreizsystemen ergeben,[759] welche sich weitgehend anhand dieser Dimensionen klassifizieren ließen.[760] Auch der von dem jeweiligen Kontext abhängige pragmatische Zweck des jeweiligen Anreizsystems könnte für sich allein oder in Kombination mit einzelnen der genannten Dimensionen für eine Klassifikation genutzt werden.[761]

Die Praxis zeigt aber, dass es offensichtlich schwer fällt, sauber zu differenzieren, weil die Vielfalt an Faktoren und die Fülle pragmatischer Zielsetzungen nicht immer bündig in den abgesteckten theoretischen Rahmen eingepasst werden können. Aktuelle Klassifizierungen, wie beispielsweise die von GREWE (2000), denen zu Folge zwischen erfolgsorientierten Anreizsystemen, strategischen Anreizsystemen, Managementanreizsystemen und an Ökologie orientierten Anreizsystemen unterschieden werden soll, mögen praktisch brauchbar sein, lassen sich aber theoretisch nur schwer begründen.[762]

3.4.3 Grundlegende Wirkungsweise von Anreizsystemen im CRM-Bezugsrahmen

Nachdem die zentralen Gestaltungsdimensionen von Anreizsystemen dargestellt worden sind, muss deren grundlegende Wirkung im bereits angeführten CRM-Bezugsrahmen näher untersucht werden; dazu wird zunächst ihre Wirkungsweise in der Managementkonzeption einer Unternehmung analysiert.

3.4.3.1 Anreizsysteme als Brückenansatz in der Managementkonzeption
Unternehmen haben einer Vielzahl von Gruppen, wie beispielsweise Kunden, Investoren, Lieferanten und Mitarbeitern, und deren jeweiligen Zielsetzungen zu genügen.[763] Wenn man diesen Zielsetzungen möglichst umfassend entsprechen will, bedeutet das einen Zuwachs an Komplexität für die Erstellung einer Unternehmensstrategie. Zur Bewältigung

---

[759] Vgl. Krafft (1995), S.3; ausführliche Betrachtungen bei Becker (1990), S.28ff.; Baumgartner (1992), S.139ff.; Dörfler (1993), S.12ff; Grewe (2000), S.3, auch S.21
[760] Vgl. Baumgartner (1992), S.139ff. mit Zeit- und Objektdimension
[761] Vgl. Dörfler (1993), S.12ff.
[762] Vgl. Grewe (2000), S.21f.; Becker (1990), S.28ff.
[763] Vgl. Gomez (1989); Ulrich (1987), S.66; Hentze (1989), S.52f.; S.5f.; Gomez-Mejia (1994), S.165; Hinterhuber & Friedrich et al (2000), S.11

dieser Herausforderung wird von der Unternehmensleitung eine ganzheitliche Denkweise erwartet,[764] die auch auf die bestehende Unternehmenskultur abgestimmt sein muss. Die Zielsetzung, die hier letztlich entsteht, kann nur das Ergebnis von Kompromissen sein.[765] Die Entwicklung einer Strategie stellt ein anspruchsvolles Unterfangen dar. Es ist die Aufgabe des strategischen und des operativen Managements, diese Strategie zu entwerfen und im Anschluss daran zusammen mit der gesamten Organisation die aus den jeweiligen Zielsetzungen hervorgehenden Aufgaben, wie zum Beispiel die betriebliche Ausrichtung auf einen bestimmten Markt oder ein Kundensegment es ist, zu lösen.[766] Ein Hauptproblem, das sich dabei ergibt, besteht in der Transformation bisherigen Denkens und Handelns in eine strategiebezogene Sicht- und Verhaltensweise.[767] In diesem Zusammenhang hat ein Anreizsystem, das eine solche Zielsetzung unterstützt,[768] große Bedeutung.[769] Strategisches Verhalten wird nämlich erst dann internalisiert, wenn Anreizsysteme den entsprechenden Antrieb dazu geben.[770]

Damit dieses Verhalten entsteht, ist es wichtig, die Anreizstrukturen mit der Organisation und ihren Prozessen in ein harmonisches Verhältnis zu bringen,[771] bestenfalls in die einzelnen Bereiche einer Organisation zu integrieren.[772] Dafür bedarf es auch eines reibungslosen Zusammenspiels *aller* Komponenten innerhalb der Managementkonzeption.[773] Merkmal einer solchen Integration ist beispielsweise, für die jeweilige Strategie auf den einzelnen Ebenen entsprechende Zielgrößen zu identifizieren, die Zusammenhänge zwischen den letzteren zu klären und die möglichen Beitragspotenziale festzulegen. Auf diese Weise können alle betroffenen Bereiche bei der Umsetzung des übergeordneten Unternehmenszieles im Rahmen ihrer Möglichkeiten mitwirken.

---

[764] Vgl. Ulrich (1987), S.43f.
[765] Vgl. Hentze (1989), S.53; Trauzettel (1999), S.21 spricht von *Zielbündeln*
[766] Vgl. Trauzettel (1999), S.21; White (1986), S.217f.
[767] Vgl. Homburg & Bruhn (2000), S.24; Becker (1997), S.112
[768] Vgl. Cisek (1994), S.412; Lorange (1980), S.168
[769] Vgl. Conjon & Schwalbach (2000), S.505; Baumgartner (1992), S.2; Stonich (1984), S.57; Trauzettel (1999), S.220; Gillenkrich (1997), S.5; Balkin & Gomez-Mejia (1990), S.154
[770] Vgl. Bleicher (1992), S.15f.; Lorange (1980), S.168; Lawler (1990), S.31; Chakravarthy & Zajac (1984), S.32
[771] Vgl. Becker (1990), S.16; Chakravarthy & Zajac (1984), S.30
[772] Vgl. Krafft (1995), S.3
[773] Vgl. Galbraith & Kazanijan (1986), S.108

Dadurch, dass das Anreizsystem zur Induzierung des gewünschten Verhaltens einen maßgeblichen Beitrag leistet, kann seine Funktion innerhalb der Managementkonzeption einer Unternehmung verstanden werden als eine Art *Brücke* zwischen Strategie und Umsetzung der Strategie.[774] Der soeben aufgezeigte Zusammenhang wird in der nachfolgenden Abbildung dargestellt (vgl. Abbildung 3.5).[775]

ABBILDUNG 3.5: ZUSAMMENSPIEL VON STRATEGIE, ORGANISATION UND ANREIZSYSTEM

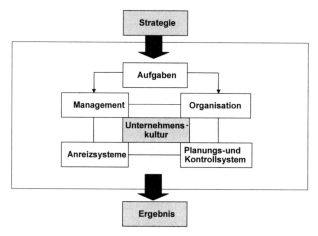

Quelle: Eigene Darstellung; in Anlehung an Galbraith & Kazanijan (1986), S.115

Obwohl oft gefordert wurde, Anreizsysteme auf strategische Ziele hin auszurichten,[776] hat die Realisierung eines solchen Vorhabens in der betrieblichen Praxis immer wieder Schwierigkeiten bereitet.[777] In der Mehrzahl der Fälle ist es nämlich nicht gelungen, *Widersprüche* zwischen bestehenden Anreizstrukturen und neuen Zielen abzubauen.[778]

---

[774] Vgl. Bleicher (1992), S.12; Becker (1997), S.112

[775] Vgl. Galbraith & Kazanjian (1986), S.115

[776] Vgl. Conjon & Schwalbach (2000), S.505; Lorange (1980), S.168; Baumgartner (1992), S.3; Stonich (1984), S.45ff.; Stata & Maidique (1980), S.156; Chakravarthy & Zajac (1984), S.30ff. ; Evers (1994), S.412; Hurwich (1986), S.79f., S.82

[777] Vgl. Bleicher (1992), S.23; Stonich (1981), S.345

[778] Vgl. Bleicher (1985), S.25; Galbraith & Kazanjian (1986), S.93; Hagen (1985), S.35; Gomez-Mejia (1992), S.389

3.4.3.2 Integration von Anreizsystemen in die Managementsysteme

Zwischen einem Anreizsystem und den anderen Subsystemen der Managementkonzeption, wie dem *Planungs- und Kontrollsystem, Zielsystem, Informations- und Kommunikationssystem* und dem *Organisations- und Personalmanagementsystem* besteht eine Vielzahl von Zusammenhängen.[779] Wird ein Anreizsystem gestaltet, so ist dies im Zusammenhang mit den übrigen Managementsystemen zu vollziehen.[780] Daneben müssen auch Interdependenzen mit bestehenden Entlohnungsstrukturen berücksichtigt werden.[781] Um der Zielsetzung von Anreizsystemen enstprechen zu können, sind folgende Voraussetzungen erforderlich: Zum einen müssen in ihrem Umfeld *funktionierende Managementsysteme* bestehen; zudem muss deren *reibungslose Zusammenarbeit* gewährleistet sein sowie eine informations- und kommunikationsbezogene *Vernetzung* vorliegen.[782]

ABBILDUNG 3.6: INTERDEPENDENZEN ZWISCHEN ANREIZSYSTEM UND MANAGEMENTSYSTEMEN

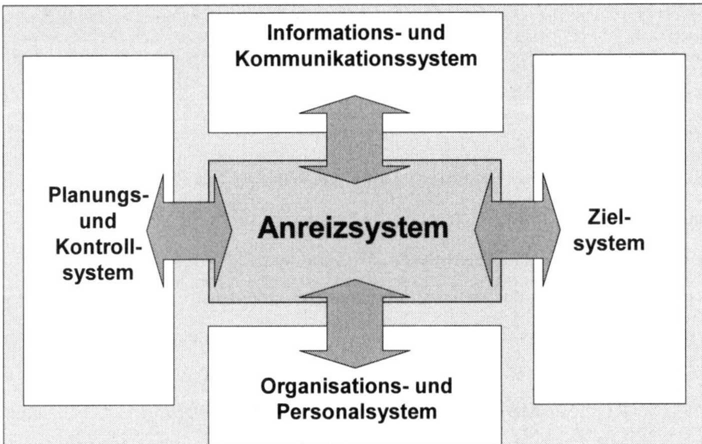

Informations- und
Kommunikationssystem

Planungs-
und
Kontroll-
system

Anreizsystem

Ziel-
system

Organisations- und
Personalsystem

Quelle : Eigene Darstellung

---

[779] Vgl. Trauzettel (1999), S.22; Homburg & Jensen (2000), S.57
[780] Vgl. Baumgartner (1992), S.6; Wälchli (1995), S.87ff; von Eckardstein (1995), S.21; auch Wienkamp (1997), S.99; Evers & von Hören (1996), S.457
[781] Vgl. Krafft (1995), S.4
[782] Vgl. Grewe (2000), S.12f.; Becker (1997), S.112; Guthof (1995), S.42.ff.; Winter (1996), S.8ff.; Hagen (1985), S.54ff.; Wienkamp (1996), S.266f.; Baumgartner (1992), S.44f.

Die in der vorstehenden Abbildung (vgl. Abbildung 3.6) dargestellten Interdependenzen zwischen dem Anreizsystem und den übrigen Systemen werden nur zum Teil weiter verfolgt, weil es im Sinne einer zielorientierten Untersuchung zu weit führen würde, auf alle Systeme im gleichen Maße einzugehen.[783] Da das Planungs- und Kontrollsystem einerseits, das Zielsystem andererseits und schließlich das Personalsystem bezüglich ihrer Interaktion mit einem Anreizsystem besondere Relevanz besitzen, beschränkt sich die weitere Untersuchung auf deren Betrachtung.

Planungs- und Kontrollsystem: Planungs- und Kontrollsysteme bezeichnen Systeme, die normative Vorgaben in strategische Zielvorstellungen übersetzen, den Bereichen Zielgrößen vorgeben und das Erreichen dieser Ziele überwachen.[784] Diese Überprüfung erfolgt im Rahmen eines Soll-Ist Vergleiches. Der Begriff der Planung reicht sehr weit.[785] Unter Planung kann "*die geistige Antizipation und Strukturierung zukünftigen Handelns*" verstanden werden.[786] Die Planungs- und Kontrollsysteme unterstützen den Denk- und Entscheidungsprozess der Planung sowie deren Umsetzung. Ein entsprechend funktionierendes System ist von seinen Trägern in überzeugender Art und Weise zu implementieren und innerhalb der unternehmerischen Planungs- und Kontrolltätigkeiten aufrechtzuerhalten.

Die Beziehung zum Anreizsystem besteht zum einen darin, dass der zeitliche Rhythmus der Planung und Kontrolle von Zielgrößen die Zeitspanne für die Leistungsbemessung innerhalb eines Anreizsystems determiniert.[787] Zum anderen wird durch die Konkretisierung der Pläne und die daraus resultierenden Zielvorgaben die Aufstellung von Bereichs-, Gruppen- und Individualzielen innerhalb des Anreizsystems beeinflusst. Idealerweise besteht zwischen dem Kontrollsystem und dem Anreizsystem *Identität* der Zielgrößen.[788] Das Kontrollsystem kann durch eine Analyse der bestehenden Abweichungen Aufschlüsse über Schwachpunkte in der Organisation und ihren Prozessen liefern. Diese Erkenntnisse können im Rahmen der zukünftigen Anreizgestaltung verwendet werden.

---

[783] Für die übrigen Systeme sei auf die einschlägige Fachliteratur verwiesen.

[784] Vgl. Guthof (1995), S.42; Baumgartner (1992), S.56f. insbesondere S.72f.; Hahn (1996), S.77f.

[785] Vgl. Nicklisch (1992), S.50; Schwaninger (1993), S.78;

[786] Vgl. Zwicker (1996); auch Hahn (1990), S.401

[787] Vgl. Guthof (1995), S.44f; auch Hagen (1985), S.54

[788] Vgl. Evers & von Hören (1996), S.457

Zielsystem: Ein Zielsystem ist „*die nach Beziehungen geordnete und präferenzgerecht bewertete Gesamtheit aller situationsrelevanten Ziele.*"[789] In einer solchen liegt das Oberziel, wie beispielsweise Unternehmensziele, auf der höchsten Ebene; darunter schließen sich Mittelziele, wie etwa Bereichsziele, beziehungsweise Unterziele an, die ihrerseits zur Realisierung der jeweils übergeordneten Ziele beitragen. Die somit entstehende *Zielhierarchie* lässt sich mit Hilfe eines Zielbaumes zusammenfassen.

Aus der Planung der Unternehmung ergeben sich also bestimmte Zielsetzungen, die innerhalb des Zielsystems weiter konkretisiert werden. Das Planungssystem gibt dabei Zielsetzungen in Form von Sollwerten vor, während das Kontrollsystem die diesbezüglichen Istwerte ermittelt. Die in den Sollwerten enthaltenen noch ziemlich allgemein gehaltenen Zielvorstellungen werden für die jeweiligen Bereiche, Gruppen oder Individuen konkretisiert, im Zielsystem hinterlegt und unter Verwendung von Zielvereinbarungen mit dem Anreizsystem gekoppelt.[790] Um die Mitarbeiter zu einem Verhalten im Sinne dieser Zielsetzungen zu stimulieren, wird die Gratifikation mit Anreizen davon abhängig gemacht, ob das jeweilige Ziel erreicht wird oder nicht.

Personalsystem: Das Anreizsystem bildet einen integralen Bestandteil der unternehmerischen Personalpolitik,[791] die ihre Begründung in der Politik einer Unternehmung, der Strategie und dem daraus ableitbaren Leitbild findet.[792] Eine entsprechende Integration des Anreizsystems kann das optimale Zusammenspiel aller Bestandteile der Personalpolitik unterstützen.

Die folgende Abbildung zeigt überblicksartig die Zusammenhänge (vgl. Abbildung 3.7).

---

[789] Vgl. Timpe & Zangemeister (1995), Kapitel 4, S.12; Baumgartner (1992), S.89f.
[790] Vgl. Lorange (1980), S.200
[791] Vgl. Homburg & Jensen (2000), S.57 gliedern das Vergütungssystem in das Personalsystem ein.
[792] Vgl. Guthof (1995), S.11f.

ABBILDUNG 3.7: BESTANDTEILE DES INTEGRIERTEN PERSONAL-MANAGEMENTS

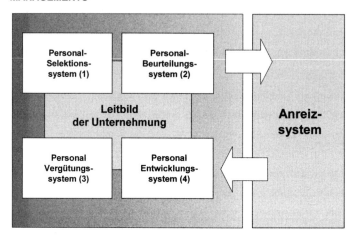

Quelle: Eigene Darstellung, inhaltlich angelehnt an Guthof (1995), S.11

Personalselektion: Die Personalselektionsfunktion wurde bereits als eine Hauptfunktion von Anreizsystemen vorgestellt.[793] Sie nimmt in diesem Zusammenhang einen wichtigen Stellenwert ein für die *Gewinnung* attraktiver Mitarbeiter sowie in der Auswahl der richtigen und im Unternehmen verbleibenden Mitarbeiter.[794]

Personalbeurteilung: Personalbeurteilung dient der Anerkennung positiven Leistungsverhaltens sowie der Förderung von Qualifikationspotenzialen.[795] Man kann sie in *Leistungs-* und *Potenzialbeurteilung* differenzieren.[796] Sie bildet im Rahmen von Anreizsystemen einen wesentlichen Bestandteil für die später erfolgende Vergütung von Mitarbeitern. Ein Anreizsystem macht hier bestimmte Vorgaben bezüglich der zu erreichenden Zielsetzungen und verwendeten Indikatoren, die mit der individuellen Leistung gekoppelt werden.

---

[793] Vgl. Abschnitt 3.2.2
[794] Vgl. Guthof (1995), S.12
[795] Vgl. Stehle (1991), S.164. Sie kann sich vollziehen durch subjektive Eindrucksschilderung, strukturierte Einstufungsverfahren oder komplexere Rangordnungsverfahren.
[796] Vgl. Stehle (1991), S.166f.

Personalvergütung: Die Vergütung von Mitarbeitern zielt auf eine Anerkennung der Mitarbeiterleistung sowie des -verhaltens hin. Durch Vergütung werden diese entsprechend honoriert.[797] In einem Anreizsystem werden Grundsätze wie Vergütungsformen, -strukturen sowie allgemeine unternehmensspezifische Vergütungsmodalitäten hinterlegt.

Personalentwicklung: "*Personalentwicklung ist unter Beachtung individueller Ziele die Erweiterung und Verbesserung aller derjenigen Kenntnisse und Fähigkeiten des Personals, die in der Unternehmung zur Verfolgung der Unternehmungsziele gegenwärtig oder zukünftig genutzt werden können.*"[798] Ein Anreizsystem kann diese unterstützen, da regelmäßig Informationen zum Erfolg, zu fachlichen Kenntnissen und De-fiziten sowie zu Stärken und Schwächen von einzelnen Mitarbeitern anfallen und deren Auswertung Aufschluss über die möglichen Entwicklungspotenziale letzterer geben kann.

3.4.3.3 Implikationen für ein CRM-Anreizsystem

Die vorstehenden Ausführungen lassen eine Reihe von Schlussfolgerungen für die Gestaltung von Anreizsystemen im Allgemeinen und unter Berücksichtigung der Ergebnisse aus Teil 2 dieser Untersuchung für ein CRM-Anreizsystem zu. Dazu ist es nicht nur notwendig, die für die Entwicklung von Anreizsystemen elementaren Voraussetzungen zu erschließen, sondern auf der Basis der bisherigen Erkenntnisse muss auch eine Reihe von Annahmen getätigt werden, um den Untersuchungsgegenstand noch weiter eingrenzen und damit präziser erfassen zu können.

Voraussetzungen für ein CRM-Anreizsystem

Bestehen einer umfassenden Unternehmenskonzeption: Für die Gestaltung jedes und damit auch eines CRM-Anreizsystems ist es zwingend erforderlich, dass in der Unternehmung eine klare Vorstellung über den Zweck der Unternehmung sowie die Unternehmensziele besteht. In diesem Zusammenhang sollten für die Gestaltung eines Anreizsystems im Vorfeld Ziele und Strategie der Unternehmung geklärt und den Mitarbeitern vermittelt werden.[799]

---

[797] Vgl. Guthof (1995), S.12
[798] Vgl. Drumm (1989), S.219
[799] Vgl. auch Evers (1994), S.412

Funktionsfähigkeit des Führungssystems: Die Integration des CRM-Anreizsystems in die Managementkonzeption einer Unternehmung ist eine zentrale Voraussetzung für dessen erfolgreiche Umsetzung. Dazu müssen die Führungssysteme funktionsfähig und aufeinander abgestimmt sein, das heißt, dass alle genannten Systeme in gleicher Richtung zusammenzuwirken haben, wenn die Unternehmensziele erreicht werden sollen.

Annahmen für ein CRM-Anreizsystem
Die folgenden *Annahmen* sind dazu bestimmt, weitere Problemkreise durch Eingrenzung handhabbar zu machen; sie stützen sich auf allgemeine Erkenntnisse, die sich aus vorherrschenden plausiblen Sichtweisen ergeben: Die Zielgruppe für ein CRM-Anreizsystem muss identifiziert werden, der Führungsstil und innerhalb dessen insbesondere die Rolle der Zielvereinbarung sind zu reflektieren.

Ausrichtung auf Führungskräfte: Veränderungen werden in vielen Unternehmen von der Unternehmensleitung her initiiert; somit reicht die Betrachtung der oberen organisatorischen Ebenen zur Klärung des Konzeptes für ein CRM-Anreizsystem aus. Im Allgemeinen besitzt ein Anreizsystem für Führungskräfte[800] mehr Möglichkeiten, weil dort mehr Raum für außertarifliche Vereinbarungen gegeben ist. Im Gegensatz dazu sind die Bezüge der tariflich vergüteten Mitarbeiter *weitestgehend* ausgestaltet und lassen nicht so viel Spielraum für eine Individualisierung zu.[801] Dies soll allerdings nicht bedeuten, dass die gewonnenen Erkenntnisse nicht entsprechend auch auf andere Ebenen übertragbar wären.

Führung durch Zielvereinbarung: Es ist plausibel, dass ein *kooperativ* ausgerichteter Führungsstil für ein CRM-Anreizsystem grundsätzlich besonders geeignet ist,[802] weil er bei den Mitarbeitern eine hohe Leistungsorientierung bewirken kann. Im Rahmen eines *Management by Objectives* werden Zielsetzungen *mit* Mitarbeitern zusammen vereinbart;[803] dies erhöht deren Identifikation mit den Zielen.

---

[800] Vgl. Hungenberg (1990), S.443 zum Begriff
[801] Vgl. Homburg & Jensen (2000), S.63
[802] Vgl. Homburg & Stock (2001), S.14
[803] Vgl. Baumgartner (1992), S.48; Wälchli (1995), S.396ff.; Breisig (2000); Hölzle (1999), S.81ff.; zum Begriff des MbO vgl. unter anderem Maaßen (1986), S.124f.

3.5 ANALYSE DER SCHWACHSTELLEN BESTEHENDER ANSÄTZE VON ANREIZSYSTEMEN

In diesem Abschnitt erfolgt die kritische Betrachtung von Schwachstellen bestehender Ansätze von Anreizsystemen. Die Diskussion über diese Defizite von bestehenden Anreizsystemen liefert Anhaltspunkte für Anforderungen für die später vorzunehmende Gestaltung eines CRM-Anreizsystems.

3.5.1 Identifikation allgemeiner Schwachstellen

Bei der praktischen Umsetzung von Anreizsystemkonzepten konnten zum Teil "*erhebliche Defizite*" festgestellt worden.[804] Diese Schwächen sollen im Folgenden noch einmal umfassend dargestellt werden. Sie lassen sich in *konzeptionelle* und *anforderungsbezogene* Defizite unterteilen.

Konzeptionelle Schwächen

Begrenztes Wissen über Anreizsysteme: Seit geraumer Zeit besteht die Erkenntnis, dass es Wissensdefizite über Anreizsysteme gibt.[805] Ein tiefergehendes Verständnis der Konzeption von Anreizsystemen fehlt häufig, weil es kein schlüssiges theoretisches Gesamtkonzept gibt.[806]

Unzulängliche Integration von Implementierungsaspekten: Fragestellungen zur Implementierung sind als Teil der Gesamtaufgabenstellung der Gestaltung eines neuen Anreizsystems zu betrachten.[807] Bei der Konzeption neuer Anreizsysteme wird nämlich häufig die Implementierung vernachlässigt.[808] In der Praxis kann das Fehlen von diesbezüglichen Empfehlungen ein Scheitern bedingen beziehungsweise zu Unzufriedenheit führen, wenn Anpassungen getätigt worden sind, ohne dass der entsprechende Erfolg erzielt worden wäre.[809]

---

[804] Vgl. Schwalbach (1999), S.115; Winter (1996), S.2; Becker & Holzer (1986), S.439; Schwalbach (1998), S.6; Hamner (1975); S.17ff.; Schwalbach (1999)

[805] Vgl. unter anderem Baker et al. (1988), S.594; Schwalbach & Graßhoff (1997), S.214

[806] Vgl. Homburg & Jensen (2000), S.58; Backes-Gellner (1993), S.515

[807] Vgl. unter anderem Janes & Prammer (1995), S.40; Grewe (2000)

[808] Vgl. Grewe (2000), S.3; Guthof (1995), S.17ff.; Winter (1996), S.93ff.; Dörfler (1993), S. 196ff.; Stolzenburg & Diemer (1992), S.347f.

[809] Vgl. Towers Perrin (2000), S.23. Nach Ergebnissen der Untersuchung sind etwa 68% der befragten Unternehmen mit den getätigten Änderungen im Hinblick auf die Anreiz- bzw. Vergütungssysteme unzufrieden.

Vorrang finanzieller Zielgrößen: Die exponierte Stellung finanzieller Zielgrößen in Anreizsystemen wird vielfach kritisiert.[810] Sie kann problematisch sein, da sich für solche Zielgrößen eine Reihe von Manipulationsmöglichkeiten ergeben.[811] Diese Zielgrößen können beispielsweise durch die Ausübung von Bewertungs - und Ansatzwahlrechten beeinflusst werden; zudem können Maßnahmen wie Leasing zwar mit kurzfristigen Kosteneinsparungen verbunden sein und sich dennoch langfristig für das Unternehmen als nachteilig herausstellen.

Anforderungsbezogene Schwächen

Anforderungen legen im Prinzip die Funktion eines Anreizsystems fest.[812]

Begrenzte Leistungsorientierung: Bestehende Anreizsysteme scheinen immer noch nicht genug Leistungsorientierung aufzuweisen.[813] So werden zum Beispiel das Verhältnis zwischen Leistungs- und Anreizdifferenzierung im Allgemeinen und der Zuammenhang zwischen Leistung und Vergütung im speziellen Fall oft nicht ersichtlich.[814] Außerdem geraten auch gewählte Bezugsgrößen für die Leistungsbewertung in das Blickfeld der Kritik, wenn sie beispielsweise zu pauschal oder aber nicht beeinflussbar sind.[815]

Begrenzte Erfolgsorientierung: Gegenstand der Kritik ist auch, dass Anreizsysteme oftmals eine zu geringe Beteiligung am Unternehmenserfolg vorsehen.[816] So ist beispielsweise die Höhe der Vergütung meistens eher an die Größe der Unternehmung gekoppelt als an den Erfolg eines Bereiches oder des Unternehmens insgesamt. Für Deutschland ist der erfolgsabhängige Vergütungsanteil im internationalen Vergleich als eher gering einzustufen.[817]

---

[810] Vgl. Stata & Maidique (1980), S.157; Lattmann & Krulis-Randa (1986), S.645; Guthof (1995), S.36; Schwetzler (1999), S.337; Homburg & Jensen (2000), S.59

[811] Vgl. unter anderem Chakravarthy & Zajac (1984), S.32; Gomez-Mejia (1994), S.171

[812] Der Anforderungsbegriff wird unter Abschnitt 3.6 ausführlich geklärt.

[813] Vgl. Conjon & Schwalbach (2000), S.505; Bleicher (1992), S.5; Becker (1997), S.113, (2000), S.10; Gomez-Mejia (1992), S.382; Baker et al. (1988), S.594f.; Guthof (1995), S.36; Hamner (1975), S.18f.; Lawler (1971), S.158; Balzer & Sommer (1998), S.228; Gieseking & Sehnke et al. (1998), S.22f.; Alewald (1995), S.846ff.; Schwalbach (1998), S.7; Evers & von Hören (1996), S.456; Rappaport (1999), S.101; Borg & Bergermaier (1992), S.646

[814] Vgl. Winter (1996), S.2; Bleicher (1992), S.15; Bleicher (1992), S.5

[815] Vgl. Schwalbach (1999), S.115; Balzer & Sommer (1998), S.228

[816] Vgl. unter anderem Schwalbach (1998), S.6, (1999), S.115; Conjon & Schwalbach (2000), S.505; Balzer & Sommer (1998), S.228; Stata & Maidique (1980), S.157; Winter (1996), S.4f.; Ebers & Gotsch (1993), S.210

[817] Vgl. Schwetzler (1999), S.336; Schwalbach & Graßhoff (1997), S.211ff.

Unzureichende Transparenz: Die Vergütung von Führungskräften ist ein "Tabuthema."[818] So fehlt den Kontrollgremien - wie etwa dem Aufsichtsrat - vielfach die Bereitschaft, sich mit der Gehaltsthematik auseinanderzusetzen.[819] In vielen Fällen existieren Anreizsysteme gar nicht explizit, sondern äußern sich eher informell.[820] Solcher Mangel an Transparenz kann dazu führen, dass die Gehälter anderer Kollegen überschätzt werden.[821]

Kontraproduktivität: Kontraproduktivität liegt dann vor, wenn ein Anreizsystem nicht das bewirkt, was es bewirken soll. Sie kann entstehen, wenn ein System die im Sinne der Unternehmensziele falschen Anreize setzt oder die Motivation der Mitarbeiter negativ beeinflusst.[822]

Kurzfristorientierung: Die *Kurzfristorientierung* bestehender Anreizsysteme ist oftmals bemängelt worden.[823] Die primäre Ausrichtung an kurzfristigen Zielen kann zu Lasten strategischer Vorhaben gehen.[824] Kurzfristige Anreize stimulieren eher kurzfristiges Verhalten; dies kann nicht nur zu einer Vernachlässigung des strategischen Denkens, sondern auch zu reduzierter Investitionstätigkeit führen.[825]

Unwirtschaftlichkeit: Schon seit Langem ist in der Fachliteratur bemängelt worden, dass die Kosten eines Anreizsystems und der mit diesem verbundenen Aktivitäten seinen Nutzen übersteigen und demnach Unwirtschaftlichkeit vorliegt.[826]

---

[818] Vgl. Schwalbach (1999), S.115; Hamner (1975), S.22; Balzer & Sommer (1998), S.224

[819] Vgl. Balzer & Sommer (1998), S.224

[820] Vgl. Hagen (1985), S.38; Hagen (1985), S.47

[821] Vgl. Wiltz (1999), S.15

[822] Vgl. Winter (1996), S.2; Baker et al. (1988), S.597; Becker (1997), S.113

[823] Vgl. Rappaport (1978), S.81ff.; Lorange (1980), S.168 und S.170f.; Stonich (1981), S.345, (1984), S.45ff.; Becker (1987), S.141; Theranian & Waegelein (1985), S.132; Lattmann & Krulis-Randa (1986), S.644; Galbraith & Kazanijan (1986), S.93; Bleicher (1989), S.382, (1992), S.16; Barton et al. (1992), S.57; Guthof (1995), S.2; Homburg & Jensen (2000), S.59

[824] Vgl. Hagen (1985), S.45; Winter (1996), S.2; Stonich (1981), S.345; Becker (1987), S.143

[825] Vgl. Rappaport (1978), S.82; Barton et al. (1992), S.57; Becker (1987), S.143

[826] Vgl. unter anderem Hamner (1975), S.17ff., S.27; Baker et al. (1988), S.596

3.5.2 Interpretation zentraler Schwachstellen von CRM unterstützenden Anreizsystemen

Nachdem im vorherigen Abschnitt die Defizite aufgezeigt wurden, die bei Anreizsystemen auftauchen können, sollen jetzt einige wesentliche Probleme beleuchtet werden, die sich für ein Anreizsystem ergeben, wenn ein CRM-Konzept realisiert werden soll.

3.5.2.1 Unzureichende Ausrichtung bestehender Anreizstrukturen auf CRM

Grundsätzlich gilt, dass sich in jeder Organisationsstruktur CRM verwirklichen ließe, wenn das vorhandene Anreizsystem dem nicht entgegensteht. Allerdings müsste man dabei unterschiedlich großen Aufwand betreiben. Kundenzentrische Organisationen zum Beispiel, die den Kunden in den Mittelpunkt stellen, dürften theoretisch *keine* organisatorischen Barrieren im Hinblick auf eine Implementierung von CRM errichten, denn sie führen Kundenorientierung *de facto* aus.[827] In Organisationen dieser Art sind im Allgemeinen auch die Anreizsysteme *so* gestaltet, dass sie die Implementierung von CRM unterstützen.

In vielen Unternehmen mit eher klassischen Organisationsformen, wie beispielsweise mit divisionalen und funktionalen Strukturen, kann dagegen die Aufsplitterung in relativ isolierte Bereiche oder Funktionen die erfolgreiche Umsetzung von CRM erschweren.[828] Divisional strukturierte Unternehmen wirtschaften nach dem Prinzip der Arbeitsteilung. Aus diesem Grund müssten Ziele, deren Erreichung auch für andere Bereiche von Relevanz sind, erst aufeinander abgestimmt werden. Ein unterstützendes Anreizsystem müsste auf eine optimale Abstimmung zwischen einzelnen Geschäftsbereichen und der Unternehmensleitung abzielen.[829] Hier könnte ein zweites Hemmnis für die erfolgreiche CRM-Implementierung entstehen, wenn nämlich die im Hinblick auf die divisionalen Strukturen optimierte Gestaltung der bestehenden Anreizsysteme sich als kontraproduktiv erweist.

---

[827] Vgl. Clark & Peck et al. (1993), S.31f.
[828] Vgl. Levitt (1983), S.89
[829] Vgl. Salter (1973), S.95; implizit auch Weilenmann (1989); S.935

Die hier für die Realisierung eines CRM-Konzeptes auftauchenden Schwierigkeiten sollen anhand eines aus einer divisionalen Organisationsstruktur[830] stammenden Beispiels erläutert werden.[831]

In einer solchen, meistens nach Produkten oder Geschäftsbereichen ausgerichteten Organisation gilt das Interesse vornehmlich ihren Ergebnissen, das heißt grundsätzlich dem jeweiligen Wertbeitrag. Ein unbestreitbarer Vorteil ist, dass sie den einzelnen Bereichen relativ viel Autonomie ermöglicht.[832] Der Kunde allerdings, der hier eher als Mittel zum Zweck gesehen wird, steht meistens außerhalb. Er besitzt zwar über verschiedene Kanäle zahlreiche Kontaktpunkte zur betrieblichen Organisation, nur dass diese vielfach nicht ausreichend im Rahmen eines integrierten Kanalmanagements gebündelt werden. Ein einheitlicher Blick des Unternehmens auf den Kunden im Sinne einer kundenzentrischen Sichtweise ist so nur schwer zu erreichen. Diese Zusammenhänge werden in der weiter unten stehenden Abbildung illustriert (vgl. Abbildung 3.8).

Daneben gibt es noch andere Problemfelder: So ist etwa ein erhöhter *Koordinationsaufwand* notwendig, der durch die Komplexität der Organisation als Ganzes sowie in Folge zahlreicher Schnittstellen unter den einzelnen Divisionen entsteht. Diese müssen beispielsweise ihre Geschäftspläne aufeinander abstimmen, unterliegen dabei bestimmten Restriktionen, die durch Kapazitäten, personelle Ressourcen und finanzielle Mittel gegeben sind.[833]

Zudem können sich Ineffizienzen in *Steuerung und Kontrolle* ergeben. Für ein effizientes Management reichen oftmals herkömmliche Ansätze der Steuerung von Unternehmen in

---

[830] Da sich für *funktional* aufgestellte Unternehmungen Ähnliches beobachten lässt - auch hier arbeiten Funktionen nicht immer optimal miteinander zusammen - ist die Mehrzahl der in diesem Zusammenhang für die divisionale Unternehmung gegebenen Probleme und Herausforderungen auch für den funktionalen Organisationstyp relevant. Insofern gelten die für die erstere getätigten Ausführungen für die funktionale Organisationsform entsprechend.

[831] An dieser Stelle geht es um das Verständnis, warum CRM in manchen Organisationen nicht problemlos realisiert werden kann, und *nicht* um eine profunde Diskussion der Vor- und Nachteile einzelner Organisationstypen. Diese ist an anderer Stelle der relevanten Literatur erfolgt.

[832] Vgl. Dörfler (1993), S.1

[833] Erschwerend sind in der täglichen Arbeit etwa auftretende Verzögerungen in der Abwicklung bereichsüberschreitender Geschäftsvorfälle. Hierbei kann es auch zu Unklarheiten bezüglich einzelner Verantwortlichkeiten, wie der Zuständigkeit für bestimmte Kunden, oder bei erforderlichen Entscheidungskompetenzen kommen. An einer einfachen Auftragsabwicklung sind zum Beispiel die Funktionen Lagerhaltung, Angebotsmanagement, Rechnungswesen, Transport und Logistik beteiligt.

divisionalen Unternehmen allein nicht mehr aus,[834] weil Hand in Hand mit dem inten-dierten bereichseigenen Streben nach Maximierung ein "*Silodenken*" einhergeht, das un-günstig für die Gesamtunternehmung sein kann.[835] Die meisten bestehenden Anreiz-systeme fördern dieses Silodenken,[836] weil sie die Gewährung von Anreizen daran knüpfen, inwiefern Bereichsziele realisiert werden. Bei der dazugehörigen Optimierung bereichsspezifischer Geschäftsprozesse, IT-Systeme und divisionaler Strukturen wird die effiziente Zusammenarbeit mit anderen Bereichen eher vernachlässigt.[837]

ABBILDUNG 3.8: MODELL EINER DIVISIONALEN ORGANISATION

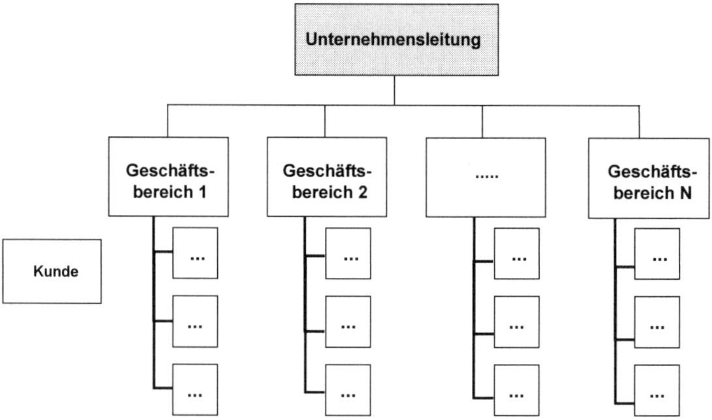

Quelle: Eigene Darstellung

---

[834] Vgl. Dearden (1986), S.80; Dörfler (1993), S.1

[835] Vgl. Clark & Peck et al. (1999), S.31f.; auch Levitt (1983), S.89; Peppard (2000), S.314. So kann zum Beispiel in dem Fall ein Konflikt zwischen Divisionen auftauchen, wenn zwei Bereiche einen Vertrieb nutzen, die Deckungs-beiträge für die jeweiligen Produkte verschieden, die Vertriebsprioritäten aber nicht entsprechend gesetzt worden sind. So optimiert sich die stärkere Funktion mit weniger Deckungsbeitrag auf Kosten derjenigen mit höherem Bei-trag zum Gewinn. Eine solche Situation ist suboptimal für die Gesamtunternehmung.

[836] Vgl. Lawler (1989), S.153

[837] Vgl. Winter (1996), S.67

Wenn nun in eine solche Organisation CRM eingeführt werden soll, werden sich die soeben erwähnten Probleme verschärfen. Das gilt in besonderem Maße für die *Koordination* der Bereiche. Für die Herstellung einer *kundenzentrischen Sichtweise* müssen zunächst die verschiedenen Kundendatenstämme zusammengefasst werden.[838] Besondere Schwierigkeiten ergeben sich bei inkonsistenten, in verschiedenen Formaten abgelegten oder redundanten Datenbeständen.[839] Anschließend sind die Kanäle bereichsübergreifend zu koordinieren; dazu gehört auch, CRM-Maßnahmen, wie zum Beispiel Kampagnen, über alle Vertriebskanäle hinweg aufeinander abzustimmen sowie dabei auftretende Kanalkonflikte zu beseitigen. Der Informationsfluss zwischen den Einheiten muss den neuen Anforderungen angepasst werden.

Auch *Steuerung* und *Kontrolle* werden durch die Aufnahme von CRM-Ansätzen komplexer. Bleiben Anreizstrukturen im Rahmen der Einführung eines CRM-Konzeptes unverändert, kann ein gesamtes CRM-Vorhaben zum Erliegen kommen. Wird die Vorgabe von Bereichszielen nämlich *unverändert* beibehalten, besteht das Risiko, dass die Divisionen "*business as usual*" betreiben und das CRM-Vorhaben nur halbherzig fördern. Jedes Ressourcen bindende Engagement, das bereichsübergreifende Themen, die *nicht* Teil der eigenen Zielstellung sind, unterstützt und dabei gleichzeitig den Erfolg der eigenen Division schmälern könnte, wird im ungünstigsten Fall elimiminiert.[840] Werden CRM-Ziele mit in das Zielsystem einer Division integriert, können auch *Konflikte* zwischen bereichsspezifischen Absichten und CRM-Vorhaben zu einem suboptimalen Zustand führen.[841] Bei der Vergütung wird die Ermittlung der geeigneten Belohnungsfunktion komplexer.[842]

Die nachfolgende Darstellung fasst die aufgezeigte Problematik zusammen (vgl. Abbildung 3.9).

---

[838] Vgl. Albert (2000), S.353; Levitt (1983), S.89

[839] Vgl. etwa Peppard (2000), S.324

[840] Vgl. Kotler (1997), S.495; Lasogga (2000), S.382

[841] Dies kann am Beispiel der Kundenbindung als Zielgröße und der Kundenakquisition erfolgen. Werden hingegen nur noch CRM-Ziele verfolgt und entsprechend inzentiviert, so werden möglicherweise grundlegende sonstige Tätigkeiten vernachlässigt, wie zum Beispiel die normale Kundenakquise. Dazwischen sind einige Abstufungen denkbar, bei denen die Division beide Zielgruppen zu realisieren sucht.

[842] Vgl. Elschen (1991), S.1010

202

ABBILDUNG 3.9: MÖGLICHE ZIELKONFLIKTE BEI EINFÜHRUNG VON CRM IN EINER DIVISIONALEN ORGANISATION

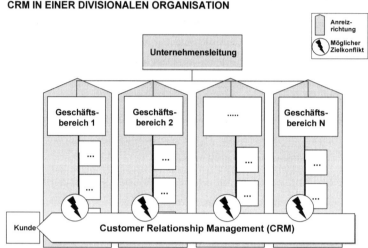

Quelle: Eigene Darstellung

Daneben dürfte noch eine Reihe zusätzlicher *Komplikationen* entstehen.[843] So erscheint es plausibel, dass auch *organisatorische Lernprozesse* erschwert werden. Kunden-"Feedbacks" können beispielsweise "versacken", weil eine zu große Anzahl von organisatorischen Filtern besteht, bis Anfragen zur richtigen Person durchdringen oder getätigte Beschwerden geregelt werden. So funktioniert in vielen Organisationen der zum Lernen erforderliche Informationstransfer von Einheiten mit Kundenkontakt, wie Call Center, Vertreter und Filiale, untereinander nicht reibungslos, Kommunikation und Koordination sind gestört. Die in der Struktur der Organisation bestehenden Barrieren im Hinblick auf Kundenorientierung werden oftmals als eine typische Ursache für Kundenabwanderung gesehen.[844]

Die anhand des Beispiels konkretisierten Defizite illustrieren nochmals den notwendigen Bedarf einer Modifikation beziehungsweise Neukonzeption bestehender Anreizsysteme, wenn CRM erfolgreich eingeführt werden soll.[845] Dass herkömmlich strukturierte Orga-

---

[843] Vgl. unter anderem Dörfler (1993), S.1
[844] Vgl. Schäfer & Karlshaus et al. (2000), S.64
[845] Vgl. unter anderem auch Clark & Peck et al (1999), S.31f.

nisationen mit ihren im Hinblick auf diese Strukturen optimierten Anreizsystemen ein erhebliches *Risiko* für die erfolgreiche Einführung "*crossfunktionaler*" Konzepte sind, weil dabei eine neue bereichsübergreifende Denkweise über eine gewachsene Struktur gelegt wird, ist evident und muss in der Vorbereitungsphase entsprechend berücksichtigt werden.

3.5.2.2 Problematik des Ziel- und Zeithorizontes

CRM kann als ein *langfristig* ausgerichtetes strategisches Programm aufgefasst werden, denn der Aufbau einer *engen* Kundenbeziehung erfordert eine gewisse Zeit, für den entsprechende Investitionen in Kundenbindung zu tätigen sind. Sind Anreizsysteme allein auf kurzfristige Erfolgsgrößen hin ausgerichtet, so kann das im Zusammenhang mit CRM Ineffizienzen verursachen, weil kein ausreichender Anreiz gesetzt wird, in diesem Zusammenhang notwendige langfristige Investitionen auch zu tätigen. Für Führungskräfte sind Investitionen dieser Art nicht unbedingt selbstverständlich, da sie den momentanen Gewinn schmälern, ihre Erfolgswirksamkeit dabei aber erst in der Zukunft eintritt.[846] Aus diesem Grund sind die langfristigen organisatorischen CRM-Zielgrößen und unterstützende Leistungsindikatoren inhaltlich *explizit* zu formulieren und innerhalb eines Anreizsystems entsprechend mit Anreizen zu versehen.

3.6 ANFORDERUNGEN AN ANREIZSYSTEME IM CRM-UMFELD

Basierend auf den Erkenntnissen aus den vorhergehenden Teilen sowie der Schwachstellenanalyse bestehender Anreizsysteme erfolgt in diesem Abschnitt zunächst die Formulierung von allgemeinen Anforderungen an Anreizsysteme. Anschließend sollen aus diesen die für ein CRM-Anreizsystem besonders relevanten Anforderungen identifiziert werden.

---

[846] Vgl. Gedenk (1994), S.1; Lattmann & Krulis-Randa (1986); Isele (1991), S.222; Rappaport (1978), S.82; Stonich (1981), S.345; Becker (1987), S.141; Barton et al. (1992), S.43

Anreizsysteme müssen global den Kriterien *Effektivität* und *Effizienz* genügen.[847] Ein Anreizsystem wird als *effizient* verstanden, wenn es den gestellten Anforderungen genügt.[848] *Effektivität* bedeutet dabei prinzipiell, dass Anreizsysteme mittels geeigneter Anreize richtiges Verhalten im Sinne der Unternehmenszielsetzung zu stimulieren vermögen. *Effektive* und *effiziente* Anreizsysteme sollten in der Lage sein, Veränderungen der Umgebung zu begegnen; sie sind bestimmten Lebenszyklen unterworfen und müssen zeitweilig optimiert oder neu ausgerichtet werden. Dabei sind auch ihr Design und ihre Wirksamkeit zu überprüfen und anzupassen.[849]

Im Vorfeld der Gestaltung eines Anreizsystems erfolgt die Bestimmung grundlegender Anforderungen.[850] Sie legen im Prinzip fest, was ein Anreizsystem leisten und welchen Zweck es erfüllen soll.[851]

3.6.1 Bestimmung allgemeiner Anforderungen an Anreizsysteme

Die im Folgenden identifizierten Anforderungen sind zunächst solche, die zur Erfüllung der grundsätzlichen Funktion eines Anreizsystems notwendig sind.[852]

Leistungsorientierung: Leistungsorientierung eines Anreizsystems bedeutet, dass zielkonforme Leistung belohnt wird, zielkontraproduktive hingegen nicht.[853] Die Leistungsbewertung stellt dabei eine wesentliche Grundlage für das Anreizsystem dar und ist so einer der Haupthebel für die Mitarbeitermotivation.[854]

---

[847] Vgl. Kossbiel (1994), S.79
[848] Vgl. Kossbiel (1994), S.79f.
[849] Vgl. Becker (1997), S.94
[850] Vgl. Becker (1990), S.18
[851] Vgl. auch Kossbiel (1994), S.78
[852] Vgl. Winter (1996), S.71; Dörfler (1993), S.7f.; Hahn & Willers (1986), S.392; Becker (1990), S.19; Bleicher (1992), S.19; Baumgartner (1992); Grewe (2000), S.15; Leption (1996), S.41f.; Guthof (1995), S.36ff.
[853] Vgl. Rosenstiel (1974), S.122
[854] Vgl. Vgl. zum Begriff *Leistung* etwa Eckardstein (1995), S.31

Mit dieser Anforderung sind *Leistungsverhalten, Leistungsbedingungen* und *Leistungs-ergebnis* verbunden.[855] Die objektive Bestimmung erbrachter Leistungen,[856] die anhand eines Soll-Ist-Vergleiches erfolgen kann,[857] ist eine komplexe Herausforderung.

Erfolgsorientierung: Unter Erfolgsorientierung von Anreizsystemen kann man die Kopp-lung der Anreizmechanismen an den betrieblichen Erfolg verstehen.[858] In diesem Zu-sammenhang wird auch von *Anreizkompatibilität*[859] gesprochen; das Management kann seine Vergütung nur dann erhöhen, wenn ein spürbarer Unternehmenserfolg vorge-wiesen werden konnte.[860]

Transparenz: Transparenz im weitesten Sinne meint etwa *Durchschaubarkeit* und *Ver-ständlichkeit.*[861] Sie kann erreicht werden durch die Veröffentlichung anonymisierter Statistiken und Spannbreiten sowie von Berechnungsmaßstäben in Bezug auf ein Anreiz-system.[862] Durch Nachprüfbarkeit, Durchschaubarkeit und Vergleichbarkeit erhöht sich die *Akzeptanz* des Systems.[863] Sie ist ein entscheidender Aspekt für die *Motivations-wirkung* eines Anreizsystems. Transparenz hat allerdings Grenzen, was die Kenntnis der individuellen Anreize angeht.[864]

Akzeptanz: Unter Akzeptanz eines Anreizsystems versteht man das Einverständnis der Mitarbeiter einer Organisation mit den zu Grunde liegenden Prinzipien eines Systems.[865]

---

[855] Vgl. Becker (1990), S.22f.; Guthof (1995), S.36f.; Leptien (1996), S.42; Winter (1996), S.76. *Leistungsverhalten* meint dabei die Art und Weise, wie das Ergebnis zu Stande kommt. Dabei kommt es sehr auf die Leistungsbe-reitschaft des Mitarbeiters, dessen Fähigkeit sowie die bestehenden Leistungsbedingungen an. Es ist beobachtbar und spielt bei der Erreichung der Ergebnisse eine entscheidende Rolle. *Leistungsbedingungen* beziehen sich auf die Umsysteme. Dabei kann man prinzipiell in personelle und sachliche Bedingungen unterteilen. Das *Leistungs-ergebnis* bezeichnet das Resultat der erbrachten Leistung im Hinblick auf ein bestimmtes operationalisiertes Ziel.

[856] Vgl. Leptien (1996), S.42; Baker et al. (1988), S.597; Eckardstein (1995), S.32. Die gemeinsame Produktion und die Unbeobachtbarkeit des individuellen Leistungsanteils machen individuelle Leistung schwer quantifizierbar.

[857] Vgl. Guthof (1995), S.36; Eckardstein (1995), S.31; auch Becker (1990), S.23; Meinhövel (1999)

[858] Vgl. Schwalbach (1999), S.116

[859] Nach Laux (1989), S.562 ist Anreizkompatibilität dann gegeben, wenn der Entscheidungsträger den Erwartungs-wert seines Nutzens nur verbessern kann, wenn der Nettonutzen der Instanz gesteigert wird.

[860] Vgl. Schwalbach (1999), S.114; Winter (1996), S.91; Schwalbach & Graßhoff (1997), S.204;

[861] Vgl. Becker (1990), S.24; Winter (1996), S.73; Freimuth (1993), S.508; Schanz (1991), S.25f.; Kramarsch (1997), S.109; Weber (1998), S.278. Im Hinblick auf *Durchschaubarkeit* sollte insbesondere das Zusammenspiel von bestimmten Variablen wie auch der Bewertungsprozess erkennbar sein. *Nachvollziehbarkeit* bezieht sich auf das Zusammenspiel von eigenem Einsatz, dem Ergebnis der Tätigkeit und der erfolgten Kompensation. So sollten etwa individuelle Anreizpläne im Sinne verbesserter Transparenz *Vergleichbarkeit* aufweisen.

[862] Vgl. Lawler (1989)

[863] Vgl. Wagner & Grawert (1991), S.349; Bokranz (1991), S.302, Winter (1996), S.74; Schanz (1991), S.25

[864] Vgl. Weber (1993), S.253

[865] Vgl. Kanter (1987), S.30

Akzeptanz ist ein wichtiger Bestandteil für die Förderung der Motivation von Mitarbeitern.[866] Die Wirkungsweise und das Potenzial von leistungsbezogenen Entlohnungsbestandteilen hängen davon ab.[867] Die Praxis hat gezeigt, dass *Messbarkeit, Relevanz* und *Beeinflussbarkeit* der Bemessungsgrundlagen zur Steigerung der Akzeptanz beitragen.

Gerechtigkeit: Unter Gerechtigkeit eines Anreizsystems kann die Angemessenheit der Belohnung verstanden werden. Dabei werden zwei zentrale Aspekte der Gerechtigkeit im Hinblick auf Anreizsysteme betont: Interne Kriterien von Gerechtigkeit, wie etwa *Leistungs-, Anforderungs-, und Sozialgerechtigkeit* und externe Kriterien, wie etwa *Marktgerechtigkeit*.[868] Das Gerechtigkeitsempfinden ist von Einstellungen bestimmt, die von individuellen Werten abhängen.[869]

Flexibilität: Unter Flexibilität versteht man allgemein die Fähigkeit, sich an verschiedene oder geänderte Bedingungen anpassen zu können.[870] Es wird kein Anreizsystem geben, das auf alle Formen von Organisationen unmittelbar anwendbar ist.[871] In diesem Zusammenhang kann Flexibilität des Anreizsystems in Bezug auf folgende Aspekte gefordert werden: *Unterstützung bestehender Zielvielfalt,*[872] *Modifikation von Unternehmenszielen*[873] und *Modifikation von Kontextbedingungen.*[874]

---

[866] Vgl. Winter (1996), S.89f. Der Grad der Akzeptanz eines Anreizsystems hängt ab von den in Aussicht gestellten Regelungen, der Risikoneigung der Mitarbeiter sowie vom Einflussgrad von Promotoren.

[867] Vgl. Becker (1987), S.161

[868] Vgl. Wächli (1995), S.169f.; Winter (1996), S.75.f.; Guthof (1995), S.37f.; Becker (1990), S.19; Hahn & Willers (1986), S.392; Scheidl (1991), S.264f.; Wagner & Grawert (1991), S.349. *Leistungsgerechtigkeit* meint grundsätzlich die Verhältnismäßigkeit zwischen gewährtem Anreiz und erbrachter Leistung. *Marktgerechtigkeit* bedeutet, dass die Gewährung von Anreizen für eine in der Unternehmung erbrachte Leistung mit auf dem Markt üblichen Rahmen übereinstimmt.

[869] Nach Wiltz (1999), S.15; Weber (1998), S.279; Guthof (1995), S.37f. kann es kein von allen Mitarbeitern als gerecht empfundenes System geben.

[870] Vgl. Krüger (1991), S.72; Matthes & Lottermann (1997), S.898f.; Schmidt (1993), S.494; Freimuth (1993), S.508

[871] Vgl. Bleicher (1992), S.16

[872] Ein Anreizsystemen sollte die Fähigkeit besitzen, unterschiedliche Zielsetzungen innerhalb der Unternehmung unter angemessener Berücksichtigung der jeweiligen Rahmenbedingungen zu unterstützen.

[873] Strategisches Management einer Unternehmung fordert die Fähigkeit zum kontinuierlichen Wandel der Organisation.

[874] Vgl. Becker (1990), S.24; Bleicher (1992), S.23. Für die Gestaltung eines Anreizsystems in einem Geschäftsbereich ist das Stadium des Lebenszyklus des entsprechenden Produktes entscheidend, für ein Projektteam die Wichtigkeit des Unterfangens sowie für das Top-Management etwa die gesamte wirtschaftliche Unternehmenslage. Sie müssen für notwendige Veränderungen flexible Gestaltungselemente bieten.

Zielausgewogenheit: Unter Ausgewogenheit von Anreizsystemen kann man die Dualität der Unterstützung im Hinblick auf operative und strategische Zielgrößen verstehen.[875] In diesem Zusammenhang ist eine Abkehr von einer kurzfristig orientierten Management-perspektive notwendig hin zu einem Ansatz, der verstärkt auch strategische Potenziale berücksichtigt.

Individualität: "*Individualisierung von Anreizsystemen bedeutet, daß man die erfolgs-relevanten Bezugsgrößen so nahe wie möglich an die konkrete und individuelle Arbeitssituation annähert.*"[876] Es gilt, Anreizsysteme so weit wie möglich sinnvoll auf die Tätigkeitsbereiche der einzelnen Mitglieder einer Organisation zuzuschneiden. Verhaltensweisen, die innerhalb einer entsprechenden Position erwünscht sind, können verstärkt mit Anreizen versehen werden. Damit wird die Wirkungskette zwischen Leistung und Anreizen sichtbar. Der Individualisierung sind zum einen Grenzen gesetzt durch das Postulat des Gleichbehandlungsgrundsatzes, zum anderen durch die Forderung nach einem ökonomisch sinnvollen und praktisch realisierbaren Grad der Individuali-sierung.[877] Unter *Anreizkongruenz* versteht man in diesem Zusammenhang das Anpassen von Anreizen an die jeweilige Motivation der Mitarbeiter. Diese soll mit den, den jeweiligen Bedürfnissen entsprechenden Anreizen aktiviert und stimuliert werden.[878] Erfolgt die situative Anpassung der Anreize nicht, kann Unwirksamkeit des Anreiz-systems die Folge sein.[879] In der Praxis werden beispielsweise *Cafeteria-Ansätze* verwendet, um diese bedürfnisgerechte und motivkongruente Gestaltung der Anreize durch Wahlmöglichkeiten zu erreichen.

Wirtschaftlichkeit:[880] Anreizsysteme haben als ein betriebswirtschaftliches Instrumen-tarium die Forderung nach *Wirtschaftlichkeit* zu erfüllen.[881] Dabei sollte insgesamt der entstehende Nutzen die Kosten übertreffen.[882] Die genaue Bestimmung dieser Relation bereitet angesichts der Vielzahl von qualitativen Aspekten und vorliegenden Daten

---

[875] Vgl. unter anderem Freimuth (1993), S.508
[876] Vgl. Freimuth (1993), S.509
[877] Vgl. Söllner (1987), S.239ff.
[878] Vgl. Guthof (1995), S.39
[879] Vgl. Schanz (1991), S.13
[880] Wirtschaftlichkeit wird vielfach als Effizienz verstanden. Der Aspekt der Effizienz eines Anreizsystems umfasst aber *sämtliche* Anforderungen, während Wirschaftlichkeit davon nur eine ist.
[881] Vgl. Bleicher (1992), S.20
[882] Vgl. Guthof (1995), S.40; Bleicher (1989), S.20; Winter (1996), S.73

Schwierigkeiten.[883] Vielfach wird daher diese Anforderung abgeschwächt und nur noch eine *"wirtschaftliche Durchführbarkeit"* des Projektes gefordert.[884]

Realisierbarkeit: Unter ihr kann die Beschaffenheit eines Systems verstanden werden, das einer Organisation erlaubt, es innerhalb einer bestimmten Zeitdauer zu implemenieren. Realisierbarkeit setzt voraus, dass es in die IT-Systeme, die organisatorischen Strukturen und die Unternehmensprozesse integriert werden kann. Bei der Gestaltung von Anreizsystemen wird in der betrieblichen Praxis ein gewisses Maß an Pragmatismus gefordert, das heißt, dass die praktische Umsetzbarkeit des Konzeptes ständig mit reflektiert werden muss.[885]

Die soeben erfolgte umfassende Identifikation und Definition zentraler Anforderungen an Anreizsysteme zeigt bereits deutlich die Vielschichtigkeit möglicher Maßstäbe. Bezüglich einzelner Anforderungen bestehen allerdings diametrale Gegensätze. Bei der Anforderung *Gerechtigkeit* können beispielsweise Konflikte auftreten, wenn Markt- und Erfolgsgerechtigkeit gegeneinander laufen, denn der Erfolg eines Unternehmens kann maßgeblich vom Verhalten des Wettbewerbers abhängen. Außerdem können ein Zuviel an *Individualisierung, Flexibilität* und *Gerechtigkeit* erhebliche administrative Aufwände generieren und damit die *Wirtschaftlichkeit* des Systems negativ beeinflussen. Ein zu hoher Grad an *Individualisierung* kann zu gesteigerter Komplexität und Reduktion der *Transparenz* eines Systems führen.

Ein Anreizsystem wird in der Praxis nicht *alle* Anforderungen erfüllen können; diese sind zum Teil schlecht miteinander zu vereinbaren.[886] Aus diesem Grund wird zwischen einzelnen Anforderungen beispielsweise mittels einer Priorisierung differenziert.[887] Priorisierungsvorhaben dieser Art hängen wesentlich von der Gestaltungssituation sowie von den Präferenzen der beteiligten Führungskräfte ab.[888]

[883] Vgl. Wälchli (1995), S.172; Becker (1990), S.26; Winter (1996), S.72; Wiltz (1999), S.18
[884] Vgl. Hahn & Willers (1986), S.392; Becker (1990), S.26
[885] Vgl. unter anderem Isele (1991), S.159
[886] Vgl. Krafft (1995), S.3; Willers (1990), S.487
[887] Vgl. Becker (1980), S.9f.
[888] Vgl. Dörfler (1993), S.7; Guthof (1995), S.41

3.6.2 Bestimmung der für ein CRM-Anreizsystem zentralen Anforderungen

Die bisher erfolgten Ausführungen führen zu der Erkenntnis, dass ein CRM-Anreiz-system idealerweise *allen* Anforderungen gerecht werden sollte. Unter diesen gibt es allerdings eine Reihe von direkt aus der Problemstellung der vorliegenden Untersuchung erwachsenen Anforderungen, die *besondere* Bedeutung für ein CRM-Anreizsystem besitzen, weil sie zentral sind. Diese werden nachfolgend aufgeführt.

Wirtschaftlichkeit: Die erste zentrale Anforderung an ein CRM-Anreizsystem ist seine Wirtschaftlichkeit.[889] Vor dem Hintergrund der bisherigen negativen "Erfolgsgeschichte" von CRM mit den bereits aufgezeigten ernüchternden Ergebnissen, wie beispielsweise der insgesamt hohen Unzufriedenheit mit CRM-Ergebnissen, dem Misslingen entsprechender Vorhaben, den signifikanten Projekt- und Opportunitätskosten sowie des insgesamt hohen Projektrisikos, wird diese Anforderung besonders evident.[890] Ohne den vorab erfolgten Nachweis der Wirtschaftlichkeit eines CRM-Ansatzes und des unterstützenden Anreizsystems ist davon auszugehen, dass der Widerstand in der Organisation sowie der Shareholder gegen ein solches Vorhaben signifikant sein wird.[891]

Akzeptanz: Die zweite zentrale Anforderung an ein CRM-Anreizsystem ist die Forderung nach seiner Akzeptanz,[892] denn letztlich geht es bei seiner Realisierung um die Einführung zusätzlicher Zielgrößen und Leistungsindikatoren für die Mitarbeiter einer betrieblichen Organisation. Dabei ist es zum einen notwendig, auf der Bereichsebene Widerstände abzubauen. Dabei müssen bestehende Egoismen reduziert werden. Zu erzielen sind die Einsicht in die Vorteile und die Notwendigkeit einer Implementierung für die organisatorischen Bereiche sowie die Zustimmung zu den CRM-Zielsetzungen und Indikatoren zur Leistungsbewertung. Insgesamt ist eine bereichsübergreifende CRM-Sichtweise zu etablieren. Auf der Individualebene müssen ebenfalls Wissens- und Verhaltensbarrieren reduziert werden. Dabei ist die Einsicht zu schaffen, dass relevantes Wissen zu teilen ist und der Zielsetzung entsprechende Handlungen zu erfolgen haben. Auch hier ist wichtig, die Einsicht der Mitarbeiter in die Notwendigkeit einer Imple-

---

[889] Diese erstreckt sich auf bestehende wie auch zukünftige CRM-Vorhaben und -Anreizsysteme.
[890] Vgl. Abschnitt 1.1.5
[891] Vgl. Schwede (2000), S.10
[892] Vgl. auch Reichheld (1993), S.65; Homburg & Jensen (2000), S.62 für kundenorientierte Vergütungssysteme

mentierung von CRM zu schaffen; zum anderen ist das Einverständnis bezüglich individueller CRM-Zielgrößen und Indikatoren zur Leistungsbestimmung herzustellen.

Leistungsorientierung: Eine dritte zentrale Anforderung ist die Leistungsorientierung. Strategische Zielsetzungen zur Realisierung von Erfolgspotenzialen können am besten in einer leistungsorientierten Unternehmenkultur erfüllt werden.[893]

Realsierbarkeit: Eine weitere elementare Bedingung für den Erfolg eines CRM-Anreizsystems ist seine Realisierbarkeit. Das System muss sich im Einklang mit den gesetzlichen Bestimmungen befinden. Es darf keine zu große Komplexität aufweisen und muss sich in bestehende Führungssysteme, in die vorgegebenen Organisationsstrukturen und in die jeweilig unterstützende IT-Landschaft einfügen. Insgesamt sind für eine Realisierung Einfachheit und Verständlichkeit des zu implementierenden Modells sowie eine entsprechende Kommunizierbarkeit erforderlich.

3.7 ZUSAMMENFASSENDE SCHLUSSFOLGERUNGEN FÜR EIN ZU ENTWICKELNDES CRM-ANREIZSYSTEM

3.7.1 Zentrale Voraussetzungen für ein CRM-Anreizsystem

Aus den vorstehenden Ausführungen lassen sich folgende zentrale *Voraussetzungen* für ein CRM-Anreizsystem ableiten:

- *Bestehen einer umfassenden Unternehmenskonzeption*: Für die Gestaltung eines CRM-Anreizsystems ist es zwingend erforderlich, dass eine umfassende Unternehmenskonzeption besteht.

- *Funktionsfähigkeit des Führungssystems*: Die Integration des CRM-Anreizsystems in das existierende und zweitens funktionsfähige Führungssystem der Unternehmung ist eine weitere zentrale Voraussetzung für dessen erfolgreiche Umsetzung.

---

[893] Vgl. Becker (1987), S.142; Frey & Osterloh (1997), S.308; Baker & Jensen et al. (1988), S.594; Evers & Hören (1996), S.1; Homburg & Jensen (2000), S.61

3.7.2 Anforderungen an ein CRM-Anreizsystem

Folgende besonders relevante *Anforderungen* an ein CRM-Anreizsystem konnten identifiziert werden:

- Wirtschaftlichkeit,
- Akzeptanz,
- Einfachheit,
- Leistungsorientierung und
- Realisierbarkeit.

3.7.3 Annahmen zur Gestaltung eines CRM-Anreizsystems

Die zusätzlichen *Annahmen* zur Gestaltung eines CRM-Anreizsystems, die sich aus den vorstehenden Ausführungen ergeben, lassen sich wie folgt zusammenfassen:

- *Ausrichtung auf Führungskräfte:* Im Rahmen dieses Ansatzes werden primär Führungskräfte einer betrieblichen Organisation berücksichtigt.

- *Bestimmung der Anreizbestandteile:* Primär erfolgt die *Betrachtung* materieller Anreize; der Schwerpunkt der Systementwicklung ist dementsprechend zu setzten.

- *Führung durch Zielvereinbarung:* Ziele als Bezugsgrößen des CRM-Anreizsystems sollten durch Zielvereinbarungen bestimmt werden.

Abschließend ist eine weitere Annahme zur *Vorgehensweise zur Gestaltung* des CRM-Anreizsystems aufzunehmen: Die Gestaltung eines Anreizsystems ist ein komplexes Vorhaben, das einer strukturierten Vorgehensweise bedarf.[894] Angesichts dieser Komplexität ist es sinnvoll, einen Gestaltungsleitfaden zu verwenden, weil dadurch eine innere Gliederung und Vollständigkeit bei der Konzeption sichergestellt werden kann. Zur Erstellung eines Anreizsystems lässt sich eine Reihe möglicher Vorgehensweisen identifizieren.[895]

---

[894] Vgl. Dörfler (1993), S.2; Garrett (2000), S.7
[895] Vgl. Becker (1987), S.38f.; Hahn & Willers (1990), S.500; Wälchli (1995), S.365ff.

BECKER (1987) liefert diesbezüglich einen *plausiblen* Ansatz, der darüber hinaus die erarbeiteten *Gestaltungsdimensionen* von Anreizsystemen weitgehend abdeckt und der daher im weiteren Verlauf dieser Untersuchung Verwendung finden wird. In Anlehnung daran sollen im Folgenden zunächst die *grundlegenden inhaltlichen Aspekte* definiert werden; daraufhin folgt die *Gestaltung der Elemente eines Anreizsystems*.[896]

---

[896] Vgl. Becker (1990), S.117; Becker (1997), S.116-118

4 Entwicklung eines theoriegeleiteten CRM-Anreizsystems

Der folgende Teil setzt den Schwerpunkt auf die *Entwicklung eines theoriegeleiteten CRM-Anreizsystems*. Neben dem bereits entwickelten CRM-Bezugsrahmen (Teil 2) und den aus der Beschäftigung mit Anreizsystemen erwachsenen Erkenntnissen (Teil 3) enthält er die Ergebnisse einer Befragung von Experten aus Wissenschaft und Praxis über Schlüssigkeit, Vollständigkeit und Bedeutung der bisher gewonnenen theoretischen Rahmenbedingungen für die Gestaltung eines CRM-Anreizsystems.

Diese Expertenbefragung ist notwendig, weil es sich bei dem Gegenstand der vorliegenden Untersuchung um ein "Schnittstellenthema" handelt, in dem Erkenntnisse aus verschiedenen Disziplinen, wie zum Beispiel Marketing, Personalführung und Systemtechnik, zusammenlaufen. Um zu vermeiden, dass der Blickwinkel auf die Problemstellung die Erkenntnisse der spezifischen Fachgebiete nicht genügend berücksichtigt wird und damit wichtige Fragestellungen außer Acht lässt, sind diesbezüglich Experten befragt worden. Daneben wurden auch Praktiker einbezogen, weil in diesem Zusammenhang sichergestellt werden sollte, dass auch ihre Anforderungen an ein solches Konzept gehört würden.

Die Entwicklung des Gestaltungsmodells vollzieht sich in zwei aufeinander folgenden Phasen, wobei der Akzent auf der ersten Phase liegt, in der die grundsätzlichen *konzeptionellen* Zusammenhänge geklärt werden. Hier werden die bereits in früheren Teilen vorgestellten Gestaltungsdimensionen im Hinblick auf CRM *noch weiter* konkretisiert. Die Ansätze, an die jeweils angeknüpft wird, werden an dieser Stelle unter dem besonderen Blickwinkel ihrer Eignung für ein CRM-Anreizsystem untersucht und dabei entweder angepasst, erweitert oder im Hinblick auf CRM-spezifische Inhalte interpretiert. Die zweite Phase beschreibt den Prozess der Anreizgestaltung und setzt einen Schwerpunkt bei der Implementierung.

Die für die Entwicklung eines theoriegeleiteten Anreizsystems notwendigen inhaltlichen und konzeptionellen Grundlagen, die durch die Auseinandersetzung mit diesem Thema im bisherigen Verlauf der Arbeit identifiziert wurden, werden in diesem Teil miteinander kombiniert und dabei in einen *neuen* Zusammenhang gebracht, so dass das Gestaltungsobjekt noch schärfer eingegrenzt und ein erweiterter beziehungsweise neuer Blickwinkel eingenommen werden kann. In diesem Teil gipfelt die eigenständige Entwicklungs- und Gestaltungsarbeit dieser Untersuchung.

4.1 BESCHREIBUNG DER VORGEHENSWEISE

Die Aufgliederung der Gestaltung des CRM-Anreizsystems in zwei Teilabschnitte ist sinnvoll, weil so die sich ergebende Komplexität reduziert und die Nachvollziehbarkeit des Vorhabens sichergestellt werden können. Die nachstehende Abbildung illustriert die beiden Phasen der Entwicklung (vgl. Abbildung 4.1).

ABBILDUNG 4.1: VORGEHENSWEISE BEI DER ENTWICKLUNG EINES CRM-ANREIZSYSTEMS

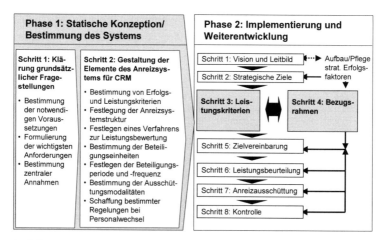

Quelle: Eigene Darstellung, Phase 1 nach Becker (1987), S.38f.; Phase 2 nach Wälchli (1995), S.367

Phase 1 vollzieht sich dabei anhand der von BECKER (1987) vorgeschlagenen Vorgehensweise für die Erstellung eines Anreizsystems in *zwei* Teilschritten.

Im ersten Schritt von Phase 1 wird die *Hülle* des Systems bestimmt, das heißt seine Voraussetzungen, die jeweils notwendigen Anforderungen und Annahmen; im zweiten Schritt erfolgt die Erstellung des *Systemkerns* mit der Konkretisierung zentraler Komponenten, wie der Erfolgs- und Leistungskriterien, der Anreizstruktur, des Verfahrens der Leistungsbewertung, der Beteiligungsperiode, der Ausschüttungsmodalitäten und der erforderlichen Maßnahmen bei Personalwechsel sowie der Spezifizierung einzelner Detailfragen.

4.2 GESTALTUNG DES CRM-ANREIZSYSTEMS (PHASE 1)

In diesem Abschnitt erfolgt die im Vorfeld der Systemgestaltung erforderliche *Klärung grundlegender Fragestellungen,* indem die bisher bestimmten *Voraussetzungen, Anforderungen* und *Annahmen* für die konkrete Gestaltung des Systemmodells abgeglichen werden mit den diesbezüglichen Stellungnahmen, die von Experten aus Wissenschaft und Praxis im Rahmen der bereits erwähnten *explorativen theoriegeleiteten Voruntersuchung* abgegeben wurden (vgl. Abbildung 4.2).

ABBILDUNG 4.2: VORGEHENSWEISE ZUR STATISCHEN GESTALTUNG

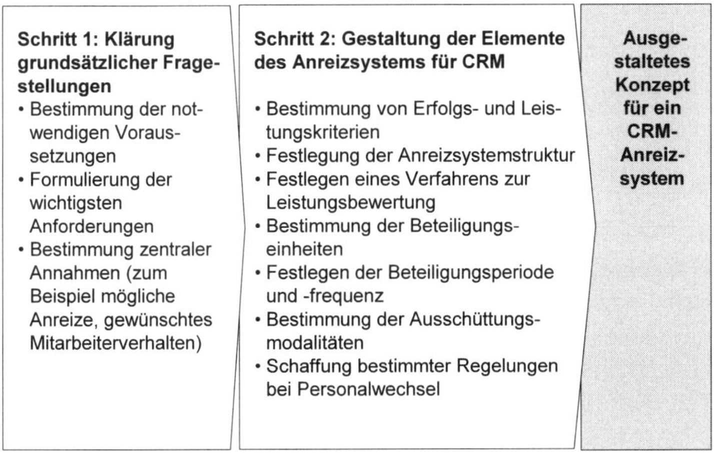

Schritt 1: Klärung grundsätzlicher Fragestellungen	Schritt 2: Gestaltung der Elemente des Anreizsystems für CRM	Ausgestaltetes Konzept für ein CRM-Anreizsystem
• Bestimmung der notwendigen Voraussetzungen • Formulierung der wichtigsten Anforderungen • Bestimmung zentraler Annahmen (zum Beispiel mögliche Anreize, gewünschtes Mitarbeiterverhalten)	• Bestimmung von Erfolgs- und Leistungskriterien • Festlegung der Anreizsystemstruktur • Festlegen eines Verfahrens zur Leistungsbewertung • Bestimmung der Beteiligungseinheiten • Festlegen der Beteiligungsperiode und -frequenz • Bestimmung der Ausschüttungsmodalitäten • Schaffung bestimmter Regelungen bei Personalwechsel	

Quelle: Nach Becker (1987), S.38f.

4.2.1 Explorative theoriegeleitete Untersuchung zur Überprüfung abgeleiteter Erkenntnisse

An dieser Stelle soll eine Übersicht einen Gesamtüberblick über die bereits festgelegten Rahmenbedingungen ermöglichen.

4.2.1.1 Übersicht über bisher abgeleitete Erkenntnisse

Voraussetzungen eines CRM-Anreizsystems:[897]

- Bestehen einer Unternehmenskonzeption,
- Funktionsfähigkeit der Führungssysteme,
- Bestehen einer umfassenden CRM-Konzeption und
- Vorhandensein grundlegender Kundeninformationen.

Anforderungen an ein CRM-Anreizsystem:[898]

- Wirtschaftlichkeit,
- Leistungsorientierung,
- Akzeptanz,
- Einfachheit und
- Realisierbarkeit.

Annahmen für die Gestaltung eines CRM-Anreizsystems:[899]

- Branchenunabhängigkeit,
- Beschränkung auf Führungskräfte,
- Führen durch Zielvereinbarung und
- Zielgrößenkonsistenz.

4.2.1.2 Explorative theoriegeleitete Voruntersuchung

Nachfolgend werden Vorgehensweise und Modalitäten der theoriegeleitenen Expertenbefragung beleuchtet.

---

[897] Vgl. Abschnitt 2.7.1 und 3.7.1
[898] Vgl. Abschnitt 2.7.2 und 3.7.2
[899] Vgl. Abschnitt 2.7.3 und 3.7.3

Untersuchungsdesign

Im Rahmen des Untersuchungsdesigns erfolgt die Festlegung des *Befragungsformates,* der *Fragebogenstruktur* sowie der *Expertenauswahl.*

Befragungsformat: Die Befragung fand statt im Rahmen von offenen Einzelinterviews. Da es im gegenwärtigen Stadium der Untersuchung vorrangig um die Einschränkung des Untersuchungsgebietes geht, ist eine offene Befragung besonders zweckmäßig,[900] denn diese Form lässt nicht nur eine umfassende Abfrage des Expertenwissens zu, sondern eröffnet auch einen gewissen Spielraum bei der Diskussion.

Fragebogenstruktur: Zur Befragung wurde ein zielgerichteter Interviewleitfaden mit der nachfolgenden Struktur verwendet.

1. Voraussetzungen für die Gestaltung eines CRM-Anreizsystems

1.1 Was sind die relevanten grundlegenden Voraussetzungen für die Erstellung eines CRM-Anreizsystems?

1.2 Was sind aus dem Blickwinkel der allgemeinen Problematik der Gestaltung von Anreizsystemen die notwendigen Voraussetzungen für das Gestaltungsvorhaben eines CRM-Anreizsystems?

2. Anforderungen / Ziele an ein CRM-Anreizsystem

2.1 Was sind die Ziele/Anforderungen, die an ein solches Anreizsystem zu stellen sind und an denen das Anreizsystem hinterher gemessen werden kann?

2.2 Was sind die wichtigsten Anforderungen, denen ein CRM-Anreizsystem genügen müsste?

3. Annahmen zur Systemgestaltung und Eingrenzung des Modells

3.1 Was sind mögliche und notwendige Annahmen für die Gestaltung eines CRM-Anreizsystems?

3.2 Welche Annahmen sind davon wichtig für die Entwicklung eines theorie-geleiteten Anreizsystems für CRM?

---

[900] Bei vielen Prognosetechniken wird der eigentlichen Untersuchung eine offene Befragung vorgeschaltet, um wesentliche Themen zu identifizieren und den Untersuchungsumfang sinnvoll zu beschränken. Beispiel unter anderem Heinzl & Srikanth (1995), S.11 im Rahmen einer Delphi-Befragung; auch Rowe et al. (1991), S.237.

Expertenauswahl: Wissenschaft und Praxis sind in einem ausgewogenen Verhältnis berücksichtigt worden, damit beide Perspektiven zur Geltung kommen können.[901]

Durchführung der Befragung

Die Experten wurden in Einzelinterviews befragt, die telefonisch beziehungsweise im persönlichen Gespräch erfolgten. Im Verlauf der Befragung fand zunächst eine kurze Einführung in die Problemstellung der Untersuchung sowie in die Aufgabenstellung statt. Der Schwerpunkt der Gespräche lag jeweils auf der Überprüfung der in dieser Untersuchung zu Grunde gelegten Rahmenbedingungen und auf dem Abgleich mit der Sichtweise und Erfahrung der Experten. In Fällen, in denen untersuchungsrelevante Angaben nicht explizit von selber kamen, wurde nachgefragt.

Die Befragung erfolgte im Zeitraum September - Dezember 2001. Die Telefonate dauerten je nach Verfügbarkeit der Experten 40-90 Minuten, wobei die wesentlichen Themen bearbeitet und - je nach fachlichem Hintergrund - einzelne Aspekte weiter vertieft wurden.[902]

Die weiter unten stehende Abbildung fasst Zielsetzung und Vorgehen der theoriegeleiteten explorativen Voruntersuchung zur Gestaltung eines CRM-Anreizsystems noch einmal zusammen (vgl. Abbildung 4.3).

Zusammenfassung der Ergebnisse

Die Befragung hat die notwendigen Voraussetzungen und vorformulierten Anforderungen sowie die getroffenen Annahmen bestätigt. Daneben haben sich *zusätzliche* Erkenntnisse ergeben, die nachfolgend diskutiert werden.

Aufgenommen in den Katalog der Rahmenbedingungen wurde zum Beispiel die Anforderung der *Flexibilität*. Die Einführung eines CRM-Konzeptes bedeutet einen kontinuierlichen Lernprozess, in dessen Verlauf Erfahrungen gewonnen werden, die ihrerseits wieder Eingang finden müssen in das unterstützende CRM-Anreizsystem. Ein CRM-Anreizsystem sollte eine zu erwartende Weiterentwicklung organisatorischer

---

[901] Die Liste der befragten Experten und eine kurze Erklärung ihrer Relevanz für diese Untersuchung befinden sich im Anhang A dieser Untersuchung.
[902] Die jeweiligen Gesprächsdaten sowie die zusammengefassten Protokolle sind im Anhang A der Untersuchung aufgeführt.

219

Strukturen unterstützen können. Diese Forderung ist besonders zwingend angesichts der bereits aufgezeigten Dynamik des wirtschaftlichen Umfeldes, die Organisationen dem Druck zur Veränderung aussetzt. Dabei müssen beispielsweise auch neue Zielsetzungen oder modifizierte Gewichtungen bestehender Ziele berücksichtigt werden. Ein weiterer Grund für das Gebot der Flexibilität ist, dass das allgemeine CRM-Anreizsystem an verschiedene Branchen anzupassen sein wird.

ABBILDUNG 4.3: VORGEHEN ZUR KLÄRUNG GRUNDSÄTZLICHER FRAGE-STELLUNGEN

Quelle: Eigene Darstellung

Ein weiterer neuer Gesichtspunkt ist, dass das zu schaffende CRM-Anreizsystem für eine Reihe von in der Praxis relevanten Organisationstypen offen sein *muss*. Wie bereits gezeigt wurde, ist die optimale Struktur eines CRM-Vorhabens die *kundenzentrische Organisation*, die den Kunden in den Mittelpunkt stellt und in der im Hinblick auf Kundengruppen optimiert wird.[903] Da diese aber in der Praxis noch vielfach ein "Exot" ist beziehungsweise erst schrittweise realisiert wird, sollte das Anreizsystem *nicht* zu eng an eine bestimmte Organisationsform angelehnt werden. Im Übrigen ist eine Erkenntnis der vorliegenden Untersuchung, dass prinzipiell auch andere Formen, wie divisionale

---

[903] Vgl. auch Abschnitt 3.5.2 und 2.5.2.2

oder funktionale Organisationen, für CRM geeignet sind, wenn denn ihre Modifikation im Hinblick auf CRM möglich ist.[904] Um den Gültigkeitsbereich eines CRM-Anreizsystems im Vorfeld nicht zu sehr zu beschränken, erfolgt also *keine* Begrenzung auf bestimmte Organisationsformen.

4.2.2 Gestaltung zentraler Elemente eines CRM-Anreizsystems

Nach der Überprüfung der *grundsätzlichen Fragestellungen* muss der Schwerpunkt auf der *Gestaltung der Elemente* eines CRM-Anreizsystems liegen. Hier werden insbesondere die bereits eingeführten allgemeinen Gestaltungsdimensionen im Hinblick auf CRM in Einzelschritten weiter konkretisiert. Dies geschieht unter Verwendung der aus dem CRM-Bezugsrahmen gewonnenen Erkenntnisse, wobei das Augenmerk nicht nur der weiteren Ausdifferenzierung der CRM-Zielgrößen für unterschiedliche Ebenen innerhalb der Organisation gelten soll, sondern auch auf die CRM unterstützende Prozesslandschaft gerichtet wird.[905]

Ein besonderer Stellenwert kommt in diesem Abschnitt der *Bestimmung der Erfolgs- und Leistungskriterien* des CRM-Anreizsystems zu, weil sie CRM und Anreizsystem miteinander verknüpfen. Einerseits konkretisieren sie das CRM-Konzept für Organisation und Prozesse und machen es so nicht nur für die Unternehmensleitung als strategisches Programm steuerbar, sondern auch für die Mitarbeiter insgesamt verständlich und damit handhabbar. Andererseits bilden sie einen wesentlichen Strukturbestandteil in einem unterstützenden Anreizsystem, da sie dessen Grundlage bilden, dessen Eigenschaften bestimmen und somit einer Ausgestaltung eine gewisse Richtung vorgeben.[906] Die Bestimmung der Erfolgs- und Leistungskriterien erfolgt im Zusammenhang mit einer Prozessbeitragsmatrix, deren Befüllung eine systematische Vorgehensweise gebietet. Dieser strukturelle Ansatz garantiert die Vollständigkeit und Nachvollziehbarkeit der Betrachtung: CRM wird bis auf die Prozessebene umfassend "durchdekliniert". Auf diese Weise wird erstmalig konkret gezeigt, wie CRM auf allen Ebenen innerhalb einer Unter-

---

Vgl. auch Abschnitt 3.5.2
Vgl. Abschnitt 2.6.2; Abschnitt 2.6.3
Vgl. Abschnitt 3.4.1.2

nehmung wirkt. Dieses von der Sache her gebotene Vorgehen muss der Natur der Determinanten entsprechend zu Parallelen in der Argumentation führen.

4.2.2.1 Bestimmung der Erfolgs- und Leistungskriterien

Zur Klärung der weiteren Vorgehensweise wird zunächst das im Folgenden untersuchte Gesamtsystem der Erfolgs- und Leistungskriterien überblicksartig aufgeführt (vgl. Abbildung 4.4).

ABBILDUNG 4.4: ÜBERBLICK ZUR BESTIMMUNG DER ERFOLGS- UND LEISTUNGSKRITERIEN

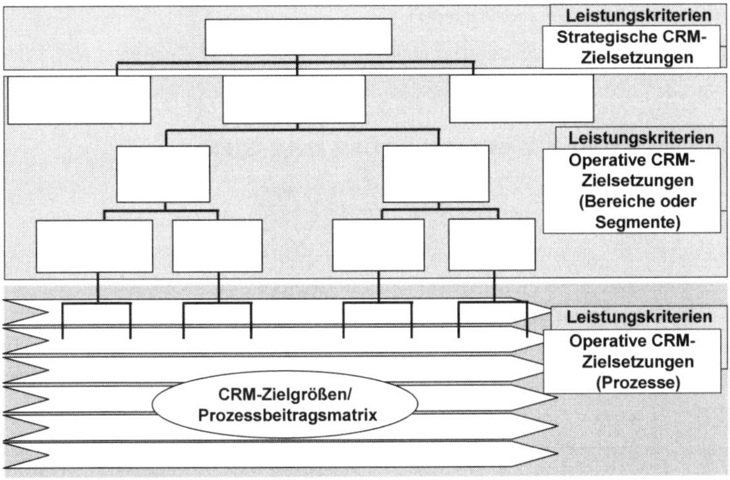

Quelle: Eigene Darstellung

Beschreibung der weiteren Vorgehensweise

Die weitere Vorgehensweise zur Bestimmung der Erfolgs- und Leistungskriterien lässt sich in folgenden Schritten zusammenfassen:

Zunächst wird das im Rahmen dieser Untersuchung verwendete CRM-Zielsystem mit seinen wesentlichen Zielsetzungen wie *CLV, Kundenbindung* und *Kundenprofitabilität* und den vom Unternehmen maßgeblich beeinflussbaren Determinanten, wie *Kundenzufriedenheit, Wechselbarrieren, Erlössteigerungen* und *Kostenverbesserungen* einer finalen *Aufschlüsselung* unterzogen.

Anschließend werden dann die *Erfolgs- und Leistungskriterien* für die *strategische* und *operative* Ebene bestimmt, wobei sie mit den relevanten CRM-Zielsetzungen dieser Ebenen gekoppelt werden.

Schließlich wird zur Bestimmung möglicher *Erfolgs- und Leistungskriterien* auf *prozessualer* Ebene ein umfassendes Prozessmodell für diesen vielfach vernachlässigten Bereich entwickelt. Dabei gilt es, für die Kundenschnittstelle *wesentliche* Prozesse im Rahmen einer *Prozessbeitragsmatrix* auf einen möglichen Beitrag zur Beeinflussung der zentralen Determinanten der CRM-Zielsetzungen hin zu untersuchen.

Aufschlüsselung der CRM-Zielsetzungen

Das auf den bisher abgeleiteten Erkenntnissen basierende CRM-Zielsystem wird in der nachfolgenden Abbildung zusammengefasst dargestellt (vgl. Abbildung 4.5).

ABBILDUNG 4.5: ZUSAMMENFASSUNG CRM-ZIELSYSTEM

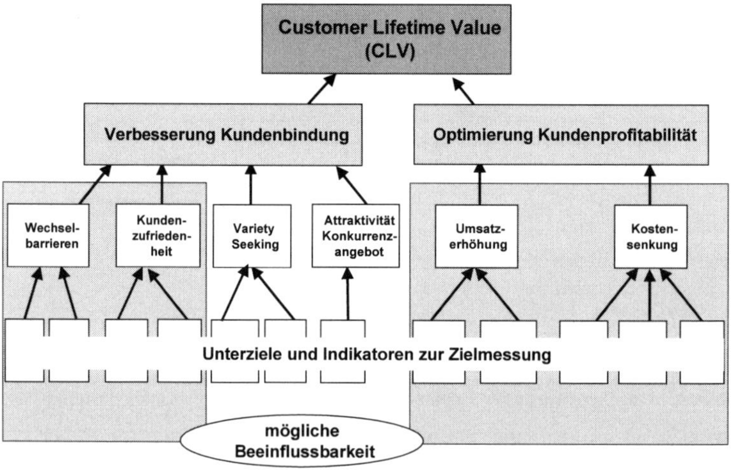

Quelle: Eigene Darstellung; Determinanten der Kundenbindung nach Peter (1997), S.198

Die nachfolgenden zwei Abbildungen schlüsseln die zentralen CRM-Zielsetzungen *Kundenbindung* und *Kundenprofitabilität* weiter auf; dabei werden relevante Unterziele beziehungsweise Einflussgrößen mit aufgeführt (vgl. Abbildung 4.6 und 4.7).

Aufschlüsselung von Kundenbindung

ABBILDUNG 4.6: BEEINFLUSSBARE DETERMINANTEN DER KUNDEN-BINDUNG

Quelle: In Anlehnung an Peter (1997), S.69.ff.

Abbildung 4.6 soll zeigen, dass die für die Kundenbindung besonders relevante Einflussgröße neben den *Wechselbarrieren*, die sich durch gezielte Maßnahmen aufbauen lassen, die über Produkt- und Servicezufriedenheit beeinflussbare *Kundenzufriedenheit* ist.[907] Da die Attraktivität des Konkurrenzangebotes eine externe Größe ist und sich auch das in der Natur des Kunden liegende Variety Seeking nur schwer beeinflussen lässt, werden *diese* Einflussgrößen nur noch am Rande betrachtet.

Aufschlüsselung von Kundenprofitabilität

Die nachstehende Abbildung gliedert *Kundenprofitabilität* auf (vgl. Abbildung 4.7). Wesentliche Einflussgrößen sind hier *Erlöse*, zum anderen die mit dem Kunden verbundenen *Kosten*.[908] Die *Kosten* lassen sich beispielsweise in Akquisitions-, Betreuungs-, Inter-

---

[907] Vgl. Abschnitt 2.6.2.1
[908] Vgl. Abschnitt 2.6.2.2

aktions- und sonstige Kosten aufgliedern.[909] Die aufgezeigten Indikatoren zur Messung der Kundenprofitabilität sind in der einschlägigen Fachliteratur definiert worden.

ABBILDUNG 4.7: KOMPONENTEN DER KUNDENPROFITABILITÄT

Quelle: Eigene Darstellung

Für die Bestimmung der Erfolgs- und Leistungskriterien muss das allgemeine CRM-Zielsystem dem CRM-Bezugsrahmen entsprechend für die *strategische* wie *operative* Ebene noch weiter ausdifferenziert werden.

Bestimmung der strategischen Erfolgs- und Leistungskriterien

Wird für ein Unternehmen eine Wertsteigerung als strategische Zielsetzung vorgegeben, so kann diese mittels unterschiedlicher Beiträge erreicht werden. Ein Unternehmen kann beispielsweise versuchen, sein Image zu verbessern, durch Akquisitionen und damit verbundene Synergien Wert zu schaffen, durch Aktiengeschäfte Buchgewinne zu machen oder einen *Wertzuwachs im Kundenstamm* anzustreben. Nur die letztere Option ist für diese Untersuchung relevant.

---

[909] Vgl. Meyer & Ertl (1998), S.177 mit einem Bankbeispiel zur Verringerung der Entwicklungskosten durch intensive Nutzung von Kundeninformation

Die bisherige Untersuchung hat den Kundenbestand (N) sowie den CLV bereits als Haupttreiber für den Wertbeitrag des Kundenstammes identifiziert.[910] Ausgehend vom aufzeigbaren Beitrag des CRM-Ansatzes zum Unternehmenserfolg mittels des CLV soll dieser die übergeordnete *Zielgröße* sein.[911] Der CLV-Ansatz wird in der Organisation einer Unternehmung von der strategischen Ebene ausgehend soweit wie möglich auf die einzelnen Bereiche und Segmente bezogen und dabei sukzessive weiter konkretisiert. Daraus lassen sich für die jeweiligen Ebenen CRM-konforme Erfolgs- und Leistungskriterien ableiten.

Die folgende Abbildung illustriert überblicksartig die Zusammenhänge zwischen den Kundenbeständen und dem CLV der unterschiedlichen Ebenen, der Kundenbindung und Kundenprofitabilität, ihren Determinanten und Treibern (vgl. Abbildung 4.8).

ABBILDUNG 4.8: MÖGLICHE AUFGLIEDERUNG DES CLV IM STRATE-GISCHEN UND OPERATIVEN BEREICH

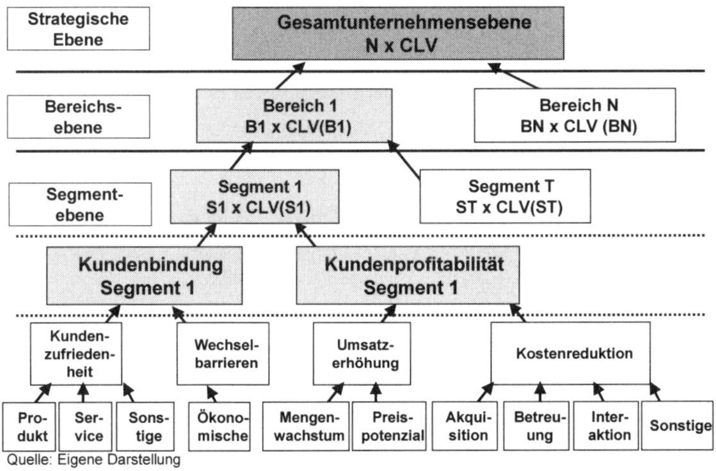

Quelle: Eigene Darstellung

Der in diesem Zusammenhang relevante Wertbeitrag durch den Kundenstamm kann sich wie folgt vollziehen: Der Gesamt-Wertbeitrag des Kundenstammes (WN) - dargestellt

---

[910] Vgl. Abschnitt 2.6.2.3; Abschnitt 2.6.2.4
[911] Vgl. Abschnitt 2.6.2.3; Abschnitt 2.6.2.4

durch N x CLV, wobei (N) den Kundenbestand und CLV einen rechnerischen durchschnittlichen CLV über alle Kunden des Unternehmens bedeutet - kann insgesamt wie folgt verbessert werden: Eine Optimierung des Wertbeitrages kann dadurch erfolgen, dass zum einen (N) durch Bestandssicherung sowie durch die Akquisition von Neukunden erhöht wird, zum anderen kann versucht werden, den CLV des bestehenden Kundenstammes insgesamt zu verbessern und entprechend bei Neukunden solche mit dem richtigen CLV-Potenzial zu gewinnen.

Auf strategischer Ebene könnte neben dem Zielbeitrag eines Wertgewinnes (dWN) für den Kundenstamm insgesamt die Anzahl bestehender Kunden (N) sowie ein Kundenwachstum (dN) als Zielgrößen bestimmt werden; der jeweilige Grad, zu dem diese erreicht werden, ist dann das entsprechende Erfolgs- und Leistungskriterium für diese Ebene. Angesichts der Heterogenität der Kunden ist die Bestimmung eines rechnerischen Durchschnitts-CLV auf dieser - übergeordneten - Ebene zwar möglich, allerdings auf diesem Niveau oft nicht aussagekräftig. Für eine Bank mit mehreren Geschäftsbereichen würden bei einer solchen Berechnung etwa so heterogene Kundengruppen, wie Investmentbanken und Privatkunden, miteinander vermischt; der Aussagegehalt eines Mittelwertes wäre demnach eher gering. Sinnvoller werden solche Betrachtungen erst auf der Bereichs- und Segmentebene, auf der die Kundengruppen zunehmend *homogener* werden.

Damit der auf strategischer Ebene vorgegebene Wertzuwachs für den Kundenstamm erreicht werden kann, muss dieser weiter konkretisiert und sukzessive in die Organisation transponiert werden.

Bestimmung der operativen Erfolgs- und Leistungskriterien (Bereiche und Segmente)
Der Wertbeitrag N x CLV kann auf die bestehenden Bereiche B1 bis BN einer Organisation weiter aufgeschlüsselt werden: N x CLV = B1 x CLV(B1) +...+ BN x CLV(BN), wobei B(i) i=1...N die jeweiligen Kundenbestände der Bereiche und der CLV(B(i)) der durchschnittliche CLV für die Kunden eines Bereiches darstellen. Wenn nun N anwachsen soll, ist dieser Zuwachs insgesamt durch ein jeweils anteiliges Wachstum der Bereichskundenstämme B(i) i=1...N zu leisten; Gleiches gilt für einen Zuwachs im CLV, der zu einer Erhöhung der entsprechenden CLV(B(i)) führen muss.

In diesem Zusammenhang ist darauf zu achten, dass die Beiträge der Bereiche realistisch zu gestalten sind und in ihrem Gesamteffekt die erwünschte Verbesserung des Wertbeitrages des Kundenstammes auf der übergeordneten strategischen Ebene erreichen können. Die jeweiligen Wertbeitragsziele eines Bereiches im Hinblick auf den Kundenstamm sollten an die insgesamt geforderten Wertbeiträge, die sich durch Größen, wie beispielsweise den *Economic Value Added* (EVA) darstellen lassen, *anteilig* gekoppelt werden.[912] Damit können realistische Bandbreiten für den Wertzuwachs des jeweiligen Kundenstammes vorgegeben werden; denn mittlerweile müssen fast alle Bereiche von Unternehmen Wertbeiträge vorweisen und besitzen damit wertorientierte Größen als Richtungswerte.

Für die *Bereichsebene* könnten entsprechend Bereichskundenstämme B(i) und Zuwächse dB(i) als Erfolgskriterien Verwendung finden. Auch ein durchschnittlicher CLV oder ein vorgegebener Zuwachs kann als Zielgröße fungieren. Der Umfang, in dem diese Ziele erreicht werden, ist ein geeignetes Erfolgs- und Leistungskriterium für diese Ebene.

Nach der Bereichsebene im Ganzen könnte der Wertbeitrag auch für deren einzelne Kundensegmente bestimmt werden. Ab einem bestimmten Punkt kann der CLV allerdings *nicht* weiter aufgegliedert werden - das natürliche Ende für die weitere Konkretisierung bildet der einzelne Kunde. Aber auch schon auf der *Segmentebene* kann eine praktikable Grenze für die Aufschlüsselung des CLV existieren, wenn beispielsweise die Bedürfnisse und Gewohnheiten der Kunden des betreffenden Segments weitgehend deckungsgleich sind.

Die Konkretisierung des Wertbeitrages eines Bereiches in Bezug auf seinen Kundenstamm lässt sich wie folgt beschreiben: Der Wertbeitrag eines Bereiches B1 mit K Segmenten wird durch B1 x CLV1 = S1(B1) x CLVS1(B1) + ... + SK(B1) x CLVSK (B1) vereinfacht abgebildet. Dabei bedeutet (S) den Kundenstamm eines jeweiligen Segmentes des Bereiches B1, der jeweilige CLV ist dabei der durchschnittliche CLV. Für diese Ebene können beispielsweise Segmentkundenstämme (S) sowie Zuwächse (dS) und durchschnittliche CLVs für Segmente sowie Verbesserungen von Segment-CLVs als

---

[912] Vgl. etwa Rappaport (1999), S.97 zu den Begriffen EVA, ROE and ROIC

Zielgrößen für Führungskräfte bestimmt werden. Der Grad der jeweiligen Zielerreichung dient als Erfolgs- beziehungsweise Leistungskriterium für diese Ebene.

Nachdem also der Wertbeitrag einzelner Bereiche und Segmente innerhalb der Organisation möglichst weit konkretisiert wurde, kommen *Kundenbindung* sowie *Kundenprofitabilität* als zentrale Treiber des CLV zur Leistungs- und Erfolgsbestimmung ins Spiel. So können zur weiteren Konkretisierung des CLV die anzustrebenden Kundenbindungswerte und entsprechende Ziel-Profitabilitäten für einzelne Kundensegmente festgelegt werden, die durch ihren kombinierten Effekt einen - messbaren - maßgeblichen Beitrag zum Erreichen der übergeordneten CLV-Zielgröße leisten.[913] Das Ausmaß, in welchem die Zielvorgaben zur Kundenbindung und Kundenprofitabilität jeweils erreicht werden, kann für Führungskräfte als Erfolgskriterium gelten.[914]

ABBILDUNG 4.9: ZIELGRÖSSEN-STRATEGISCHE UND OPERATIVE EBENE

Ebene	Zielgröße	Bezeichnung
• strategische Ebene	• WN	• Wertbeitrag des Kundenstammes
	• N	• Kundenstamm der Unternehmung
	• dN	• Zunahme des Kundenstammes
	• CLV	• Durchschnittlicher CLV aller Kunden
• operative Ebene (Bereiche)	• WB	• Wertbeitrag des Bereichs-Kundenstammes
	• B	• Kundenstamm des Bereiches
	• dB	• Zunahme des Bereichs-Kundenstammes
	• CLV(B)	• Durchschnittlicher Bereichs-CLV
	• dCLV(B)	• Zunahme des Bereichs-CLV
• operative Ebene (Segmente)	• WS	• Wertbeitrag des Segment-Kundenstammes
	• S	• Kundenstamm des Segmentes
	• dS	• Zunahme des Segment-Kundenstammes
	• CLV(S)	• Durchschnittlicher Segment-CLV
	• dCLV(S)	• Zunahme des Segment-CLV
	• KPS	• Kundenprofitabilität des Segmentes
	• KBS	• Kundenbindungsindex des Segmentes

Quelle: Eigene Darstellung

---

[913] Näherungsweise kann die Gleichung CLV = abdiskontierte Summe (Erlöse + Erlösverbesserungen (Kundenbindung)) - ((Kosten - Kostenverbesserungen (Kundenbindung)) dafür verwendet werden.

[914] Um die Gewichtung und Relevanz einzelner Treiber des CLV feststellen zu können, müsste für die relevanten Bereiche oder Segmente eine Korrelationsbetrachtung zwischen Wertgewinn in der Vergangenheit sowie der Entwicklung einzelner CLV-Treiber erfolgen. Aus den Ergebnissen könnten Rückschlüsse gezogen werden über deren jeweilige Beitragspotenziale.

Die vorstehende Abbildung fasst nochmals die möglichen wesentlichen Zielgrößen zusammen (vgl. Abbildung 4.9).

Für die operativ tätigen Bereiche auf *prozessualer* Ebene sind die bisher identifizierten Erfolgskriterien zur Leistungsbeurteilung noch zu abstrakt; sie bedürfen einer *weiteren* Konkretisierung.

Bestimmung der prozessualen Erfolgs- und Leistungskriterien

Im Folgenden soll ermittelt werden, wie die Zielgrößen Kundenbindung und Kundenprofitabilität in der prozessualen Ebene weiter verankert und unterstützt werden können. Als direkt beeinflussbare wesentliche Determinanten der Kundenbindung sind *Kundenzufriedenheit* (Produkt-, Service- und sonstige Zufriedenheit) und *Wechselbarrieren* (ökonomische Wechselbarrieren), als Einflussgrößen der Kundenprofitabilität *Umsatzverbesserungen* (Mengenzunahme, Preispotenzial) und *Kostensenkungen* (Akquisitions-, Betreuungs-, Interaktions- und sonstige Kosten) identifiziert worden.

Entwicklung einer Prozessbeitragsmatrix

Die Darstellung der Zusammenhänge zwischen Prozessen und CRM-Zielsetzungen soll im Rahmen einer zu entwickelnden *Prozessbeitragsmatrix* erfolgen, die in anschaulicher Art und Weise Prozesse und Zielsetzungen von CRM miteinander verknüpft. Ziel ist dabei, Kundenbindung und Kundenprofitabilität mittels geeigneter Treiber für die Prozessebene einer Unternehmung weiter aufzuschlüsseln. Diese Treiber können als Zielgrößen und damit auch als Erfolgs- und Leistungskriterien verwendet werden. Dazu wird zunächst die mögliche Gesamtheit aller wesentlichen Beiträge bestimmt, um später aus diesen die wichtigsten auswählen zu können.

Die *Spalten* der Matrix sind mit *Kundenzufriedenheit, Wechselbarrieren, Umsatzverbesserung* und *Kostensenkung* bereits im Vorfeld dieser Ausführungen gefüllt worden; nun gilt es, die relevanten Prozesse, die die *Zeilen* der Matrix bilden, festzulegen.

Die Prozesslandschaft einer Unternehmung ist im Allgemeinen sehr umfangreich. Da nicht *alle* Prozesse auf mögliche Beiträge hin untersucht werden können, soll eine Beschränkung auf die für die Problemstellung *relevantesten* erfolgen. Wie bereits in der Einleitung dieser Untersuchung erwähnt wurde, befinden sich die Optimierungsvorhaben an der Kundenschnittstelle bisher noch in den Anfängen. Es kann davon ausgegangen werden, dass insbesondere solche Prozesse, die Kunden *direkt* betreffen, die größten Beitragspotenziale für eine für Kunden spürbare Verbesserung der Beziehung besitzen. Kundenzufriedenheit und Wechselbarrieren werden wesentlich beeinflusst von den Erfahrungen eines Kunden mit einem Unternehmen. Insofern sind Bereiche mit vielfältigem Kundenkontakt, wie Vertrieb, Kundendienst und Service mit ihrem direkten "Kundenhebel", für eine nähere Untersuchung im Rahmen der Prozessbeitragsmatrix prädestiniert, wohingegen interne Abteilungen, wie etwa die Rechtsabteilung oder das Personalwesen, einen eher schwächeren "Hebel" zur Verbesserung der Kundenbeziehung aufweisen dürften.

Die *internen* Prozesse, wie beispielsweise Innovationsprozess, Produktion und Supply Chain Management, die unabhängig von CRM oftmals umfangreicheren Optimierungen unterzogen worden sind, werden wegen ihres eher indirekten "Hebels" im Hinblick auf den Kunden *nicht* weiter betrachtet. Nachfolgend werden Prozesse der Kundenschnittstelle untersucht (vgl. Abbildung 4.10).

ABBILDUNG 4.10: CRM-UNTERSTÜTZENDE PROZESSE AN DER KUNDENSCHNITTSTELLE

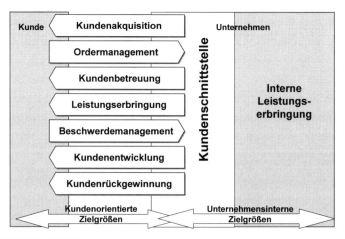

Quelle: Eigene Darstellung

Die vorstehend aufgeführten Prozesse decken, wenn man vom Lebenszykluskonzept eines Kunden ausgeht, *wesentliche* Interaktionen zwischen Kunde und Unternehmen an der Kundenschnittstelle ab. So steht die *Akquisition* am Anfang; sie dient der Gewinnung neuer Kunden; anschließend stehen Prozesse vor dem Kauf beziehungsweise in Zusammenhang mit diesem, wie *Ordermanagement, Kundenbetreuung* und *Leistungserbringung* im Vordergrund. Über diese Vorgänge vollziehen sich wesentliche Bestandteile des transaktionalen Austausches zwischen Kunden und Unternehmen. Die Prozesse, wie *Kundenentwicklung* und *Beschwerdemanagement,* sind dem Kauf nachgelagerte Prozesse; hier erfolgt einmal eine verstärkte Bindung des Kunden durch entsprechende Maßnahmen, zum anderen eine segmentorientierte Bearbeitung von Beschwerden. Die *Kundenrückgewinnung* greift ein, wenn ehemalige Kunden zurückzugewinnen sind. Wird nun die Prozessbeitragsmatrix *zeilenweise* entsprechend befüllt, entsteht die in der nachstehenden Abbildung aufgezeigte Struktur (vgl. Abbildung 4.11).

ABBILDUNG 4.11: DIMENSIONEN DER PROZESSBEITRAGSMATRIX

	Kundenbindung		Kundenprofitabilität	
	Zufriedenheit • Produkt • Service • Sonstige	**Wechselbarrieren** • Sunk Costs • Beendigungskosten • Wechselrisiko	**Erlöse** • Volumen • Preispotenzial	**Kosten** • Akquisitionskosten • Betreuungskosten • Interaktionskosten • Sonstige
Kunden-akquisition	• …	• …	• …	• …
Orderman-agement	• …	• …	• …	• …
Kundenbe-treuung	• …	• …	• …	• …
Leistungser-bringung	• …	• …	• …	• …
Beschwerde-management	• …	• …	• …	• …
Kundenent-wicklung	• …	• …	• …	• …
Kundenrück-gewinnung	• …	• …	• …	• …

Quelle: Eigene Darstellung

Wie der Abbildung zu entnehmen ist, können bei vier Spalten und sieben Zeilen 28 unterschiedliche Beitragspotenziale aufgedeckt werden, die jeweils durch mehrere Indikatoren konkretisiert werden können; dies würde zu entsprechend vielen Erfolgs- und Leistungskriterien führen, bei zwei bis drei Indikatoren pro Beitragsfeld zum Beispiel zu insgesamt 60 - 70 Größen. Die Forderung nach Einfachheit und Realisierbarkeit eines CRM-Anreizsystems zeigt an dieser Stelle bereits, dass es nicht sinnvoll sein kann, so viele *neue* Zielgrößen auf prozessualer Ebene einzuführen. Diese Überlegung gebietet, eine Priorisierung der einzelnen Felder vorzunehmen und *Kerntreiber* zu bestimmen, die dann als bestimmende Erfolgskriterien Eingang finden müssen.

Dazu gilt es zunächst, die Prozesse inhaltlich näher zu bestimmen. Dafür müssen sie definiert werden, das heißt, dass ihre Zielsetzungen zu bestimmen und die mit ihnen verbundenen Aktivitäten zu identifizieren sind. Zur inhaltlichen Ausgestaltung erfolgt unter der Annahme der *Branchenunabhängigkeit* jeweils die umfassende Entwicklung allgemeiner Standardprozesse, die bereits auf dem gewählten Abstraktionsniveau die *wesentlichen* Grundzüge von Aktivitäten und Zielsetzungen erkennen lassen. Anschließend werden pro Prozess die jeweiligen Beitragsmöglichkeiten zu den Determinanten *Kundenzufriedenheit* und *Wechselbarrieren* sowie zu *Umsatzverbesserung* und *Kostensenkung* aufgezeigt.

Prozess Kundenakquisition

Neben der Bindung von Kunden ist die *Kundenakquisition* von Wichtigkeit für den Kundenbestand einer Unternehmung, denn Fluktuation führt zum permanenten Verlust von Kunden.[915] Kundenakquisition umfasst alle Maßnahmen, die dazu beitragen, dass ein Kunde erstmalig bei einem bestimmten Anbieter kauft,[916] wie beispielsweise die Ermittlung der relevanten Bedürfnisse sowie die Identifikation von potenziellen Abnehmern und deren Ansprache. Grundsätzlich kann man zwischen Gewinnung von Neukunden oder von Kunden der Konkurrenz unterscheiden.[917] Zentrales Ziel ist die *Vergrößerung des Kundenstammes*,[918] wobei sich die Neukundengewinnung wirtschaftlich rechnen muss.[919]

Aus Sicht des Unternehmens stellt sich die Frage, *welche* Kunden zu gewinnen sind.[920] Im Sinne des CRM-Konzeptes sind das zunächst solche, die mit den entsprechenden Produkten gut bedient werden können und denen ein Mehrwert geboten werden kann.

---

[915] Vgl. Meyer & Oevermann (1995), S.1342. Der zentrale Stellenwert dieses Prozesses ergibt sich insbesondere auch aus den bisherigen Ausführungen in diesem Abschnitt.

[916] Vgl. Karg (2001), S.8

[917] Vgl. Karg (2001), S.19

[918] Vgl. Karg (2001), S.9; Peppers & Rogers (1999b), S.249

[919] Vgl. Peppers & Rogers (1999b), Kapitel 8; 248; Betsch (1998), S.432; Krafft (1999), S.514

[920] Vgl. Jones & Sasser (1995), S.90; auch Reichheld (1993), S.65f.

Grundlage jeder Akquisition sind die relevanten Kundenbedürfnisse;[921] diese werden in einer Analysephase untersucht; potenzielle Kunden werden dabei identifiziert und einer Bewertung unterzogen.[922] Die Kombination ressourcenbasierter und externer Perspektiven im Hinblick auf potenzielle Kunden liefert in diesem Zusammenhang einen Beitrag zur Identifikation von *Zielgruppen*. Die Akquisition kann mit Hürden verbunden sein, wie etwa eine besonders ausgeprägte *Kundenbindung* durch einen Wettbewerber sie schafft. Die Kundenakquisition könnte wie der Prozess ablaufen, der in der folgenden Abbildung exemplarisch dargestellt worden ist (vgl. Abbildung 4.12).[923]

ABBILDUNG 4.12: PROZESS KUNDENAKQUISITION

Identifikation von Zielgruppen	Vorbereitung Zielgruppenansprache	Durchführung Zielpersonenansprache	Koordination und Management
• Bestimmung von Zielgruppen durch Kundenstammanalyse • Vorauswahl möglicher Zielgruppen • Identifikation notwendiger Daten zur Zielgruppenanalyse • Erstellung von Zielgruppenprofilen • Potenzialanalyse/ Priorisierung und Auswahl von Zielgruppen • Ermittlung von Bedürfnissen, Gewohnheiten und Kontaktverhalten	• Sammlung und Analyse spezifischer Zielgruppeninformationen • Analyse der Zielpersonendaten und -auswahl • Erstellung von Zielpersonenprofilen • Ermittlung Segmentzugehörigkeit und Bedürfnisstadium • Bestimmung einer Akquisitionsstrategie • Bestimmung Anspracheinhalt und -umfang • Abstimmung der Anspracheinhalte	• Kontaktplanung und Durchführung der Ansprache • Erfassung von Interessentenpotenzial und Reaktionsverhalten • Erfassung relevanter Anspracheinformationen • Strukturierte Zielpersonenanalyse und Abgleich mit Referenzkategorien • Abgleich neuer Informationen mit Akquisestrategie • Anpassung Strategie bei notwendigen Änderungen • Durchführung von Folgekontakten	• Kontaktplanung und Durchführung • Erfassung von Kontaktinformationen • Tracking und Monitoring des Erfolges von Ansprachemaßnahmen • Überprüfung des Status der Gesamtaktion • Monitoring von Anspracheausgaben • Anpassung der Aktion • Durchführung von Nachfassaktion

Quelle: Eigene Darstellung

Beitrag zur Kundenzufriedenheit: Bei der Kundenakquisition handelt es sich um einen Prozess, der maßgeblich auf die Initiative eines Unternehmens zurückzuführen ist. Aus Kundensicht werden *Professionalität* und *Relevanz* zu fordern sein; zudem sollte die Ansprache für den Kunden einen erkennbaren Nutzen in Form eines *Mehrwertes* bieten und gewissen Effizienzkriterien genügen: Angesprochene Kunden haben meist be-

---

[921] Vgl. Karg (2001), S.2
[922] Vgl. Karg (2001), S.2
[923] Vgl. Karg (2001), S.32 mit einer weiteren Darstellung

stimmte Erwartungen an die Kundenakquisition. Diese prozessualen, produkt- und er-
gebnisspezifischen Anforderungen gilt es, wert- und segmentorientiert zu erfüllen. Werden diese entsprechend realisiert, kann sich *Zufriedenheit* mit dem Akquisitionsvorgang
einstellen. Diese Zufriedenheit ist eine Unterkomponente der Servicezufriedenheit, über
die sie auf die *Kundenzufriedenheit* einwirkt.

Beitrag zu Wechselbarrieren: *Wechselbarrieren* können zum Beispiel durch die Investition eines Kunden in eine Geschäftsbeziehung oder durch länger wirkende vertragliche
Bindungen entstehen. Gelingt es zum Beispiel, Kunden während der Akquisition zu
signifikanten *Investitionen* in die neue Geschäftsbeziehung zu bewegen, wie beispielsweise in ein Training der Mitarbeiter, eine neu zu installierende Technologie oder die
Aufstockung des Personals, kann davon ausgegangen werden, dass der Geschäftspartner
nicht ohne weiteres gewechselt wird.[924] Solche "Sunk Costs" sind branchenspezifisch
unterschiedlich hoch und verlieren in der Regel nach Wechsel des Anbieters an Wert. Als
prominentes Beispiel genannt seien die früher üblicherweise vom Kunden getragenen erheblichen Investitionen in den Zugang von Börsen-Handels- und Abwicklungssystemen,
insbesondere in die dafür erforderliche Infrastruktur.

Beitrag zur Umsatzverbesserung: Die Gewinnung neuer Kunden schafft neue Erlös-
ströme für ein Unternehmen. Durch die Gewinnung der *richtigen* Kunden wird - wie bereits erwähnt - die Profitabilität des Kundenstammes langfristig optimiert. Richtige Kunden sind solche, die ein hohes beziehungsweise ausbaubares Loyalitätspotenzial haben
und sich durch die Bereitschaft auszeichnen, auch höhere Preise zu bezahlen.

Beitrag zur Kostensenkung: Akquisitionskosten hängen ab von der Anzahl angesprochener Kunden, der Ansprachehäufigkeit, der durchschnittlichen Ansprachekosten, den
Rücklaufquoten und der Zahl der tatsächlich gewonnenen Neukunden.[925] Diese Kosten
lassen sich durch eine effiziente Vorgehensweise beeinflussen. Je klarer zum Beispiel die
Zielgruppen bestimmt worden sind, desto niedriger gestalten sich die *Akquisitionskosten*.[926] Streuverluste können etwa durch sorgfältige Identifikation und Analyse möglicher Zielgruppen minimiert werden. Durch eine effiziente Einordnung der Neukunden

---

[924] Vgl. Stahl (2000), S.92
[925] Vgl. Betsch (1998), S.436
[926] Vgl. Betsch (1998), S.437; Schwede (2000), S.9

in Segmente lässt sich deren Betreuung während der Akquisition und später bedürfnis-gerecht und zugleich kosteneffizient gestalten.[927]

Prozess Ordermanagement

Dem Ordermanagement kommt als Basisprozess im Rahmen der täglichen Interaktion zwischen Unternehmen und Kunde große Bedeutung zu. Es umfasst alle wesentlichen Aktivitäten, angefangen bei der ersten Anfrage des Kunden bis hin zur Erteilung des Auftrages. Hier werden zentrale Daten, wie zum Beispiel zum Inhalt der georderten Leistung, zu den Umständen der Erstellung sowie zu den Modalitäten der Auslieferung ermittelt. Diese Informationen fließen auch in die Rechnungsstellung.

Beim Ordermanagement stehen Aspekte, wie *Gewinnmarge* und *Kosten der Angebots-erstellung,* im Vordergrund. Grundsätzlich sind alle kundenseitigen Zusagen, die im Zusammenhang mit einem Angebot gemacht werden, zu erfassen; das Angebot ist transparent zu gestalten; schließlich sind alle Informationen in die Angebotserstellung mit einzubeziehen und darauf basierend die Preise zu kalkulieren. Preistreiber sind beispielsweise Lieferdauer, Lieferort, gewünschte Qualität und Sonderwünsche. Das Ordermanagement könnte sich anhand des exemplarisch dargestellten Prozesses vollziehen (vgl. Abbildung 4.13).

Beitrag zur Kundenzufriedenheit: Der Kunde hat - so die Hypothese - grundsätzlich eine bestimmte Erwartungshaltung an ein Unternehmen, von dem ein Angebot eingeholt wird. In der Regel legt er Wert auf eine *schnelle* und *unkomplizierte* Angebotserstellung, die Berücksichtigung seiner *individuellen Bedürfnisse* sowie auf eine gewisse *Flexibilität* im Verlauf der Anfrage und Angebotserstellung.[928] Die Servicezufriedenheit kann durch Erreichbarkeit der Unternehmung, Wartezeiten, Antwortzeiten, Anzahl der Iterationen bis zum Angebot, Modifikationsmöglichkeiten und Grad der Bedarfsdeckung beeinflusst werden. Wenn die diesbezüglichen Erwartungen übertroffen werden, kann über die sich einstellende *Servicezufriedenheit* auch die *Kundenzufriedenheit* positiv stimuliert werden.

---

[927] Nach JONES & SASSER (1995), S.90 sind falsche Kunden immer unzufrieden, binden überdurchschnittlich hohe Unternehmensressourcen, wirken einstellungsreduzierend auf Mitarbeiter und sind Ursache negativer Mund-zu-Mund Propaganda: Sie liefern also keinen positiven Beitrag zur Situation des Unternehmens; demnach sollten Unternehmen im Rahmen der Kundenakquisition explizit darauf achten, die *richtigen* Kunden zu gewinnen.

[928] Vgl. unter anderem Werner (1998), S.155; Wäscher (2000), S.404f.

ABBILDUNG 4.13: PROZESS ORDERMANAGEMENT

Aufnahme Kundenanfrage	Überprüfung Kundenanfrage	Erstellung Kundenangebot	Auftragsannahme/ Ordererstellung

• Erfassung Kontaktgrund und Kanalabgleich	• Identifikation Kundensegmentzugehörigkeit	• Abgleich mit Angebotsbibliothek	• Absendung an Kunden
• Aufnahme des Kundenwunsches	• Bewertung der Priorität der Kundenanfrage	• Ggf. Überprüfung der Wettbewerbsangebote	• Ggf. Nachfrage beim Kunden
• Plausibilisierung der Anfrage mit der Orderdatenbank	• Technische und kapazitive Machbarkeitsüberprüfung	• Anfrage und Abgleich mit Ressourcenplanung	• Ggf. Modifikation von Angebotsinhalten
• Bestätigung des Einganges der Anfrage	• Überschlagsrechnung der Wirtschaftlichkeit	• Durchführung einer Wirtschaftlichkeitsberechnung und von Preissimulationen	• Eingang der Angebotsbestätigung
• Vorkategorisierung der Anfrage nach Kriterien	• Durchführung eines Plausibilitätschecks	• Konkretisierung zentraler Angebotsinhalte	• Konkretisierung der Leistungsvorgaben
• Stichwortartige Formulierung der Kundenanfrage	• Nachfragen beim Kunden	• Prüfung und Genehmigung der Angebotsinhalte	• Anstoß der Leistungserbringung
• Bestimmung eines Anfrageveranwortlichen	• Risikoüberprüfung	• Bestimmung einer Gültigkeitsdauer	
		• Finalisierung des Angebotes	

Quelle: Eigene Darstellung

Beitrag zu Wechselbarrieren: *Wechselbarrieren* können im Rahmen des Ordermanagements durch eine Verzahnung der Prozesse und Systeme sowie durch notwendige Investitionen in Koppelung oder Entkoppelung der Prozesse und Systeme geschaffen werden. Werden beispielsweise IT-Systeme und Prozesse im Rahmen der Supply Chain Koppelung zwischen Kunde und Unternehmen miteinander verknüpft, die betreffende Order damit automatisch erstellt, geprüft und ausgelöst, kann durch seine umfassende Integration die Beendigung der Geschäftsbeziehung für einen Kunden mit signifikanten *Kosten* verbunden sein.[929] Auch Vergünstigungen, die dem Kunden im Rahmen der Ordererstellung gewährt werden, wie beispielsweise Rabatte oder Verzicht auf Bearbeitungsgebühren, können dazu beitragen, den Kunden zu binden.[930]

Beitrag zur Umsatzverbesserung: Der Beitrag zur Umsatzverbesserung könnte darin bestehen, dass durch eine zügige, den Anforderungen des Kunden entsprechende Angebotserstellung ein günstigeres Bestellverhalten provoziert wird. Eine entsprechende Vielfalt

---

[929] Vgl. Dittrich (2000), S.155; Fließ (1996), S.91ff.; Hansen & Henning (1995), S.69ff.; Stahl (2000), S.99; allgemein Kleinaltenkamp (2000), S.340

[930] Vgl. Kleinaltenkamp (2000), S.350

im Angebot eines Unternehmens kann zusätzlich dazu beitragen, das schwer beeinflussbare *Variety Seeking* eines Kunden auf das *eigene* Angebot zu lenken.[931]

Beitrag zur Kostensenkung: Durch eine effiziente Gestaltung des Ordermanagements lassen sich auch Verbesserungen der *Orderkosten* realisieren und damit Transaktions- und
Betreuungskosten verbessern. So können letztere für Folgeangebote durch eine Order-
datenbank, Akquisekosten für Erstangebote durch Standardisierung und bedürfnisgerechte Betreuung während des Ordervorganges reduziert werden; dies wirkt sich unmittelbar über die Orderkosten und -anzahl auf den Deckungsbeitrag eines Kunden aus.
Die *Angebotskosten* werden maßgeblich bestimmt durch die Orderanzahl, die durchschnittlichen Kosten pro Order, die Abschlussquote und die Anzahl der Änderungen von
Angeboten.

Prozess Kundenbetreuung

Die Kundenbetreuung deckt viele der möglichen Fälle von Interaktion zwischen Kunde
und Unternehmen von der Adressänderung bis hin zu einer Beratung bei spezifischen
Fragestellungen ab, wobei die *Kosten* sowie die *Qualität* der Kundenbetreuung besondere
Bedeutung bekommen. Innerhalb beziehungsorienterter Ansätze ist auch die Aktualität
der Kundeninformationen von elementarem Gewicht.[932]

Der nachfolgend beschriebene Prozess kann auch zur Verbesserung der bestehenden
Informationsbasis dienen (vgl. Abbildung 4.14).

Beitrag zur Kundenzufriedenheit: Kunden erwarten im Rahmen der Betreuung zumeist
eine umfassende *Erreichbarkeit* eines Unternehmens.[933] Der Zugang sollte sich möglichst *einfach* und *kostengünstig* gestalten. Zudem wird meistens kanalübergreifend *Kompe-
tenz* und *Aktualität* in Bezug auf Kundenanfragen vorausgesetzt. Eine bedürfnisorientierte
Kundenbetreuung und Versorgung mit Informationen kann die Zufriedenheit der Kunden
mit ihrer Betreuung erheblich verbessern; die kann wieder positiv auf die *Servicezufriedenheit* wirken und sich in *Kundenzufriedenheit* niederschlagen.

---

[931] Vgl. Dittrich (2000), S.173
[932] Vgl. Dittrich (2000), S.157f.;
[933] Vgl. auch Wäscher (2000), S.404f.

Beitrag zu Wechselbarrieren: Bei einer länger währenden Geschäftsbeziehung werden die Bedürfnisse von Kunden, zum Beispiel durch Anfragen und Beratungen, transparenter; dieser Umstand kann dabei helfen, die Betreuung für Kunden kostengünstiger und komfortabler zu gestalten, indem beispielsweise Sonderkonditionen, wie verlängerte Stornozeiten und Verzicht auf Umbuchungsgebühren oder die exklusive Zusendung von Angeboten und die Gewährung von Sonderberatungen, eingeräumt werden. Auch auf diese Weise entsteht ein Netz von *Wechselbarrieren*.

ABBILDUNG 4.14: PROZESS KUNDENBETREUUNG UND INFORMATIONS-SERVICE

Bestimmung des Informationsbedarfes	Kommunikation der Informationen	Bearbeitung von Kundenanfragen	Durchführung von Kundenberatungen
• Analyse produkt-und dienstleistungsspezifischer Änderungen • Ermittlung segmentspezifischer Informations- und Kommunikationsbedarfe • Überprüfung von Informationsinhalten des Wettbewerbs • Ermittlung von Kommunikationsverhalten und Kanalnutzungsverhalten von Zielsegmenten • Auswahl relevanter Kommunikationskanäle	• Sammlung, Strukturierung und Zusammenstellung relevanter Informationen • Einstellung von Updates in Produkt und Servicedatenbank • Synchronisation der relevanten Informationskanäle • Versand bzw. Veröffentlichung relevanter Informationen	• Aktualisierung der Kundendaten • Aufnahme des Informationsbedarfs/ Kundenwunschs • Verschlagwortung der Kundenanfrage • Priorisierung der Kundenanfrage • Ermittlung eines zuständigen Ansprechpartners • Eintrag in Kundenkontakthistorie	• Zielgruppenspezifische Auswahl von Produkt und Dienstleistungen • Vorbereitung und Durchführung eines Beratungsgespräches • Erstellung eines Beratungsberichtes • Aktualisierung von Kundendaten und sonstigen Informationen • Ggf. Vorbereitung und Duchführung eines Kundenbesuches

Quelle: Eigene Darstellung

Beitrag zur Umsatzverbesserung: Wenn Kunden mit aktuellen Informationen über Angebote versorgt werden, die besonders ihren Bedürfnissen entsprechen oder den Nutzen getätiger Investitionen erhöhen, kann dies positive Auswirkungen auf das Kaufverhalten haben, denn was das besondere Interesse berührt, wird plausiblerweise bevorzugt gekauft. Erfolgen zudem individuelle Beratungen zu kundenspezifischen Problemstellungen, auf die gemeinsam mit dem Kunden maßgeschneiderte Lösungen erarbeitet werden, so erhöht sich die Möglichkeit, diese auch unternehmensseitig durch ein korrespondierendes Angebot zu konkretisieren und zu verkaufen. Insgesamt können Erlöspotenziale mit Hilfe dieses Prozesses positiv unterstützt werden.

239

Beitrag zur Kostensenkung: Die Bedürfnisse von Kunden hinsichtlich der Betreuung und der Informationsversorgung sind segmentweise verschieden. Durch eine an Bedürfnissen und Wertbeiträgen orientierte Kundenbetreuung lassen sich die Kosten insgesamt reduzieren. So würden in Abstimmung mit den vorhandenen Segmentierungsansätzen und Wertbeitragspotenzialen hochwertige Kundensegmente mit viel persönlicher Betreuung versehen, indem sie beispielsweise individuelle Ansprechpartner zugewiesen bekommen und bevorzugte Behandlung erfahren. Weniger wertbringende Segmente werden hingegen durch kostengünstigere Kanäle, wie Call-Center oder Internet, betreut. Unnötige Überversorgungen sind zu reduzieren, die Betreuungsaufwände zu optimieren und Kosten zu reduzieren.

Prozess Leistungserbringung

Die Leistungserbringung ist ein weiterer zentraler Basisprozess, der in der täglichen Interaktion zwischen Kunde und Unternehmen einen besonderen Stellenwert besitzt.[934] Zielgrößen der Leistungserbringung sind üblicherweise *Erstellungskosten, Qualität* des Endproduktes sowie die *Produktionszeit*.[935]

Die Leistungserbringung könnte sich in Anlehnung an den in der folgenden Abbildung dargestellten Prozess gestalten (vgl. Abbildung 4.15).

Beitrag zur Kundenzufriedenheit: Kunden erwarten in diesem Zusammenhang oftmals, dass die richtige Leistung in der richtigen Zeit, in geforderter Qualität an den gewünschten Ort geliefert wird.[936] Neben diesen Leistungen wird insbesondere auch Flexibilität gefordert.[937] Produkte und Dienstleistungen, die über längere Zeit hin Kunden zufrieden stellen, weil ihre Eigenschaften, wie beispielsweise Design, Preis, Qualität und Wartezeiten, überzeugen, nehmen positiv Einfluss auf die *Produkt-* und *Servicezufriedenheit* eines Kunden und damit auf die *Kundenzufriedenheit*.[938]

---

[934] Vgl. Dittrich (2000), S.148
[935] Diese sind in der einschlägigen Literatur ausführlich erklärt worden und bedürfen an dieser Stelle keiner weiteren Ausführung.
[936] Vgl. auch Jaworski & Kohli (1996), S.129
[937] Flexibilität bei der Leistungserbringung sagt etwas aus über den letzten möglichen Zeitpunkt, zu dem noch etwas geändert werden kann. In der Automobilindustrie kann bis oftmals kurz vor Fertigstellung des PKW die Farbe noch modifiziert werden.
[938] Vgl. Kleinaltenkamp (2000), S.350

240

ABBILDUNG 4.15: PROZESS LEISTUNGSERBRINGUNG

Auftragserfassung	Leistungsplanung/ Disposition	Produktion/ Erstellung	Auslieferung
• Erfassung einlaufender Order/ Aufträge • Eingangsbestätigung • Plausibilisierung und Abgleich mit Auftragshistorie • Bestimmung zentraler Erstellungs- und Dispositionsparameter • Einleitung eines Erstellungs-/ Produktionsvorgangs • Weiterleitung an die Leistungsplanung/ Disposition	• Abgleich Auftrag mit Dispositionsdatenbank • Bestimmung notwendiger Bestandteile/ Komponenten • Auftragserstellung für zugelieferte Komponenten /Services • Erstellung einer Kapazitätsplanung und Ausarbeitung von Produktions- und Erstellungsplänen • Zuweisung zu einer Produktions-/ Erstellungseinheit • Weiterleitung des Auftrags an Produktion/ Erstellung	• Vorbereitung Produktion/ Einleitung der Erstellungsmaßnahmen • Erstellung des Gutes oder der Dienstleistung • Überprüfung der standardmäßigen Qualität • Überprüfung der Erfüllung spezifischer Anforderungen • Freigabe der Leistung • Weiterleitung an die Auslieferung	• Identifikation zentraler Auslieferungsparameter (Ort, Zeit, etc) • Zusammenstellung der Lieferung • Rechnungserstellung • Versand beziehungsweise direkte Lieferung • Sicherstellung des Zuganges • Beantwortung von Rückfragen • Rückmeldung der Erfüllung

Quelle: Eigene Darstellung

Beitrag zu Wechselbarrieren: Eine im Sinne der Kundenbedürfnisse erbrachte Leistung bietet *keinen* Anlass für einen Wechsel des Anbieters; die Abwanderung von Kunden wird erschwert. Eine effiziente Leistungserbringung, die sich mehrfach zur Zufriedenheit eines Nachfragers vollzogen hat, erhöht nämlich prinzipiell in Folge gestiegenen Vertrauens seine Wechselkosten.[939] Erfolgt zudem die direkte Verzahnung der Leistungserbringung des Anbieters mit Geschäftsprozessen beim Kunden, können - wie beim Ordermanagement - durch diese *Integration* auch *Wechselbarrieren* in Form von Kosten für die Koppelung beziehungsweise Entkoppelung aufgebaut werden.[940] Denkbar sind beispielsweise die Lieferungen von Komponenten für bestimmte Produktionsabläufe, von Teilmodulen für komplexe Systeme oder von Entwicklungsbeiträgen zu einem innovativen Projekt. Zur Unterstützung dieser Lieferungen sind die Informationsflüsse zwischen Kunde und Unternehmen zu kontrollieren, damit keine Lücken entstehen, die negative Auswirkungen auf die gewünschte Leistungserbringung haben können. Dazu bedarf es bestimmter Investitionen in die Infrastruktur, die Sunk Costs darstellen kön-

[939] Vgl. Plinke (1997), S.34ff.; Kleinaltenkamp (2000), S.350; Wehrli & Wirtz (1997), S.129
[940] Zum Begriff der Integration etwa Kleinaltenkamp (2000), S.343; Wehrli & Wirtz (1997), S.128

nen.[941] Auch ein Know-How-Transfer im Rahmen der Leistungserstellung kann einen Ausstieg erschweren.[942]

Beitrag zur Umsatzverbesserung: Der hier mögliche Beitrag zur Umsatzverbesserung kann darin bestehen, dass ein Unternehmen im Rahmen der Leistungserbringung kundenspezifische Informationen gewinnt, die in die zukünftige Angebotserstellung integriert werden und damit die unternehmensspezifischen Leistungen im Verhältnis zu Wettbewerbern für den Kunden attraktiver machen können.[943]

Beitrag zur Kostensenkung: Die Kundenprofitabilität kann durch eine intelligente und bedürfnisgerechte Leistungserstellung beeinflusst werden. Kunden erwarten von Unternehmen oftmals die anhaltende Verbesserung der Produkte und Dienstleistungen.[944] Wird nun zielgruppengerecht *besonders* auf relevante Qualitäts- und Anforderungsmerkmale bei der Leistungserbringung geachtet, können Beanstandungen bereits *vor* ihrem Entstehen weitgehend verhindert und Nachbesserungskosten reduziert werden. Um diesen Prozess zu optimieren, sollte das Kundenfeedback immer in die Leistungserbringung mit einfließen. Damit könnten Folgefehler vermieden und die Qualität insgesamt verbessert sowie Transaktionskosten reduziert werden.[945]

Prozess Beschwerdemanagement

Beschwerdemanagement ist wesentlich für erfolgreiche Kundenorientierung.[946] Es umfasst die Planung, Durchführung und Kontrolle von Maßnahmen, die im Zusammenhang mit Beschwerden ergriffen werden.[947] Die Ziele bestehen im Allgemeinen in der Wiederherstellung der Kundenzufriedenheit, der Minimierung negativer Auswirkungen von Kundenunzufriedenheit und der Identifikation von unternehmensseitigen Schwächen.[948]

---

[941] Vgl. Kleinaltenkamp (2000), S.350
[942] Vgl. Kleinaltenkamp (2000), S.348
[943] Vgl. Engelhardt & Freiling (1995), S.911; Preß (1999), S.76; Kleinaltenkamp (2000), S.350
[944] Vgl. Karg (2001), S.70
[945] Vgl. Wehrli & Wirtz (1997), S.129
[946] Vgl. Stauss et al. (1996), S.15; Hermanns & Thurm (2000), S.474f.; Tax & Brown (2000), S.94 u. 108; Tax & Brown et al. (1998), S.60; Stauss (2000), S.293f., (1995), S.227; Zeithaml (1993), McCollough et al. (1992); Meffert (2000b), S.129; Fornell & Westbrook (1984), S.68ff.
[947] Vgl. Wimmer (1985), S.233; Dittrich (2000), S.186f.; Michel (1999), S.12f.
[948] Vgl. Stauss et al. (1996), S.59; Stauss (1995), S.228; Hermanns & Thurm (2000), S.474; Stauss (2000), S.296

Eine Beschwerde bildet aus Kundensicht einen "*Moment der Wahrheit*".[949] Ein Absinken der Kundenzufriedenheit, zum Beispiel verursacht durch die Unzufriedenheit mit Preis, Leistung oder Serviceangebot, kann sich in einer erhöhten Beschwerdeintensität widerspiegeln.[950]

Ein reibungslos ablaufendes Beschwerdemanagement bedarf eines Prozesses,[951] für den leicht zugängliche Beschwerdekanäle zu schaffen und *der Inhalt, der Beschwerdeführer und das Objekt der Beschwerde* zu bestimmen sind. Die folgende Abbildung zeigt, wie ein solcher Prozess vonstatten gehen könnte (vgl. Abbildung 4.16).[952]

ABBILDUNG 4.16: PROZESS BESCHWERDEMANAGEMENT

Beschwerde-Stimulierung	Annahme und Erfassung	Beschwerde-bearbeitung	Beschwerde-auswertung	Feedback/ Controlling
• Einrichtung von Beschwerdewegen in der Unternehmung • Kommunikation Beschwerdewege gegenüber Kunden	• Vollständige, schnelle und strukturierte Erfassung der Reklamation • Eingabe in das Beschwerdesystem • Zuweisung eines Reklamationsmanagers • Weiterleitung der Reklamation	• Kategorisieren von Beschwerden nach best. Kriterien • Klärung der Reklamation • Erstellung einer Antwort • Benachrichtigung des Kunden • Dokumentation des Beschwerdefalls	• Definition von Qualitäts- und Leistungsstandards • Messen und Erstellung von Statistiken • Durchführung von Soll-Ist-Abgleichen • Einleitung von Gegenmaßnahmen, Veränderung und/ oder Eskalation • Entwicklung von Verbesserungsmaßnahmen	• Überwachung und Priorisierung der Problemfelder • Ursachenanalyse und Reporting • Weiterleitung der Sachverhalte an Verantwortliche • Einforderung von Feedback • Auswertung von Feedback

Quelle: Eigene Darstellung

Beitrag zur Kundenzufriedenheit: Sich beschwerende Kunden haben in der Regel eine bestimmte Erwartung an ein Unternehmen. So achten Kunden in diesem Zusammenhang insbesondere auf Prozess, Behandlung und Ergebnis.[953] Insgesamt sind *Einfachheit* der *Beschwerdeabgabe, Schnelligkeit, Zugänglichkeit, Flexibilität* und *Qualität* der Be-

---

[949] Vgl. Tax et al. (1998), S.60

[950] Vgl. Homburg & Sieben (2000), S.480; Fornell & Westbrook (1984), S.68ff.

[951] Vgl. Hermanns et al. (2000), S.474; Tax & Brown (2000), S.94 mit Beispielen wie *Cisco, Ford, Starbucks*

[952] Weitere Prozesse bei Hermanns & Thurm (2000), S.474; Tax & Brown (2000), S.95f.; Stauss (2000), S.298 .

[953] Vgl. Tax & Brown (2000), S.94; Tax & Brown et al. (1998), S.61 und S.72

arbeitung sowie eine für den Kunden *zufriedenstellende Lösung* des Problems, der *Beschwerdenutzen* und die *Beschwerdekosten* von Wichtigkeit.[954]

Die diesbezüglichen Erwartungen können übertroffen werden, was Beschwerdezufriedenheit verursacht.[955] Über das *instrumentelle Zwischenziel* der *Kundenzufriedenheit* kann Beschwerdezufriedenheit eine positive Auswirkung auf die Kundenbindung ausüben.[956] Im Rahmen des Beschwerdemanagements können Leistungsstandards aufgestellt werden, die neben der Art und Anzahl von Reklamationen als Leistungsgrößen fungieren, so etwa die Schnelligkeit der Bearbeitung, die Anzahl der Iterationen und die Quote der Weiterleitung.[957]

Beitrag zu Wechselbarrieren: Immer wieder wird angeführt, dass Kunden, die bei Beschwerden zufriedengestellt wurden, vielfach besonders treue Kunden werden. So belegen empirische Erkenntnisse, dass mittels eines gut funktionierenden Beschwerdemanagements die Kundenbindung verbessert werden kann.[958] Im Falle der positiven Klärung einer Beschwerde bringen Kunden der Unternehmung vielfach vermehrtes Vertrauen entgegen, damit steigt auch ihr Wechselrisiko.

Beitrag zur Umsatzverbesserung: Neben Auswirkungen auf die Kundenbindung kann ein effizientes Beschwerdemanagement positive Auswirkungen auf *Gewinn und Umsatz* haben,[959] da Beschwerdezufriedenheit sich positiv auf das Wiederkaufverhalten auswirken kann und damit Umsatzpotenziale realisierbar werden.[960] Nach einer aktuellen Untersuchung können "*Ertragssteigerungen von 30 bis 150 Prozent*" realisiert werden.[961]

Beitrag zur Kostensenkung: Im Rahmen des Beschwerdemanagements können Prozessleistung sowie Nachbesserungs- und Betreuungskosten optimiert werden.[962] Die Prozess-

---

[954] Vgl. Meyer & Ertl (1998), S.179; Tax & Brown (2000), S.94ff.; Tax et al. (1998), S.73; Dittrich (2000), S.187; Stauss (1995), S.228, (2000), S.314; auch Bauer & Huber et al. (1997), S.178

[955] Vgl. Stauss & Seidel (1996), S.51, Stauss (2000), 298f.S.; Bauer & Huber et al (1997), S.177-180

[956] Vgl. Stauss (2000), S.295f.; Smith et al. (1998); Hermanns & Thurm (2000), S.474; Tax & Brown (2000), S.106; Fornell et al. (1984), S.68; Richins (1983), S.68; McCoullogh et al. (1992), Zeithaml (1993); Meyer et al. (1993), S.31; Stauss (1995), S.228

[957] Vgl. Dittrich (2000), S.190; Tax & Brown (2000), S.104; Stauss (1995), S.234; Kramarsch (1997), S.108

[958] Vgl. Meyer & Roos (1998), S.137

[959] Vgl. Tax & Brown (2000); Reichheld (1993)

[960] Vgl. Stauss (2000), S.299

[961] Vgl. Tax & Brown (2000), S.105

[962] Vgl. Tax & Brown et al. (1998), S.61

leistung kann etwa durch ein komfortables Online-Beschwerde-Angebot verbessert werden, das gleichzeitig Kosten reduzieren hilft.[963] Nachbesserungs- und Betreuungskosten können durch einen Feedback-Kreislauf reduziert werden; die Beseitigung von Fehlern in der Produktion kann zusätzlich zur Verringerung von Gewährleistungskosten beitragen. Um *Kosten-Nutzenaspekte* auch im Beschwerdemanagement abschätzen zu können, sind in der Praxis eine Reihe von Ansätzen, wie beispielsweise das *Return on Complaint Management* entwickelt worden.[964]

Viele Unternehmen gehen von dem Ansatz aus, dass allein die *Anzahl* von Beschwerden zu minimieren ist, wenn *Kundenzufriedenheit* gesteigert werden soll. Dieses Vorgehen wäre nur dann sinnvoll, wenn sich auch alle unzufriedenen Kunden beschwerten. Da viele von diesen den Weg des geringsten Widerstandes, nämlich die Abwanderung wählen,[965] erscheint es sinnvoll, im Sinne der Verbesserung von Kundenzufriedenheit und -loyalität beim Beschwerdemanagement den Akzent auf die Minimierung von *Kundenunzufriedenheit* zu legen.[966]

Prozess Kundenentwicklung

Der Prozess Kundenentwicklung - der zentrale CRM-Prozess schlechthin - umfasst sämtliche zielgerichteten Maßnahmen, mit denen ein bestehender Kundenstamm im Hinblick auf eine Erweiterung der Kundenpenetration bei gleichzeitiger Steigerung des Kundenwertes erreicht werden soll. Ziel ist, die bestehende Beziehung weiter auszubauen sowie immer mehr Informationen über Kundenbedürfnisse und -gewohnheiten zu bekommen. Das für diese Zielsetzung verwendbare Spektrum kann sich von bedürfnisorientierten Werbekampagnen bis zu Individualmaßnahmen erstrecken. Bekannte Beispiele für Maßnahmen sind Kundenclubs, Treueprogramme, Events oder Premiumangebote.[967]

Während in der Vergangenheit immer wieder isolierte Maßnahmen eingesetzt worden sind, lässt sich in jüngster Zeit der Trend beobachten, Mittel zur Kundenentwicklung

---

[963] Vgl. Tax & Brown (2000), S.97, Cisco Beispiel
[964] Vgl. Stauss (2000), S.300
[965] Vgl. Tax & Brown (2000), S.95; Kasper (1988), S.388; Hinterhuber et al. (2000), S.8; Fornell & Wernerfelt (1987), S.344
[966] Vgl. Stauss & Seidel (1996), S.14
[967] Vgl. Dittrich (2000), S.144ff.; S.162; Tomczak & Dittrich (2000), S.253ff.; Link & Gerth (2000), S.357ff.; Gerpott (2000), S.27-28

integriert einzusetzen.[968] Diese können danach differenziert werden, ob sie die Interaktion oder die Kundenzufriedenheit verbessern oder den Aufbau von Wechselbarrieren unterstützen sollen.[969] Die Anwendung entsprechender Maßnahmen sollte sich am Stadium des Kundenlebenszyklus und der wertmäßigen Attraktivität eines Kunden ausrichten.[970] Die Kundenentwicklung kann sich beispielsweise anhand des in der folgenden Abbildung aufgeführten Prozesses vollziehen (vgl. Abbildung 4.17).

ABBILDUNG 4.17: PROZESS KUNDENENTWICKLUNG

Datensammlung/ Segmentierung	Design von Maßnahmen	Koordination und Management	Kundenkontakt/ Durchführung	Feedback und Verfeinerung
• Strukturierte Kundenanalyse • Kundenwertbestimmung und Modellierung • Potenzialanalyse und Umsatzplanung • Segmentierung in Zielsegmente • Ermittlung von Kundenbedürfnissen und Kontaktverhalten • Erstellung von Kundenprofilen	• Aktivitäts- und Maßnahmenanalyse • Design von Bindungsmaßnahmen zur Zielerreichung • Definition von Geschäftsregeln und Bearbeitungsstrategien • Kapazitäts- und Ressourcenplanung • Rückmeldung an Vertriebsplanung • Zielvereinbarung	• Bereichsinterne und -übergreifende Abstimmung • Abgreich mit Gesamtmaßnahmenplanung • Erstellung von Arbeitsaufträgen • Zuordnung von Arbeitsaufträgen • Erstellung von Aktivitätenlisten für Mitarbeiter • Freigabe der Aktion	• Kontaktplanung und Durchführung • Erfassung von Kontaktinformationen • Tracking und Monitoring des Erfolges von Maßnahmen • Überprüfung des Status der Gesamtaktion • Monitoring von Maßnahmenausgaben • Anpassung Aktion bei notwendigen Änderungen • Durchführung von Nachfassaktion	• Erfassung und Sammlung Rückläufer • Auswertung Rückläufer • Dokumentation der Ergebnisse • Schwachstellenanalyse • Erfolgs- und Gewinnermittlung

Quelle: Eigene Darstellung

Beitrag zur Kundenzufriedenheit: Kunden wünschen sich im Allgemeinen eine bedürfnisgerechte und effiziente Ansprache mittels geeigneter Maßnahmen. So erwarten Premiumkunden des wertmäßig attraktivsten Segmentes vielfach eine gesonderte Behandlung, wie besonderen Status und Vorteile im Produkt- und Dienstleistungsangebot. Werden diese Erwartungen erfüllt, kann sich langfristig mit steigender Servicezufriedenheit

---

[968] Vgl. Homburg & Bruhn (2000), S.19, S.23
[969] Vgl. Dowling & Uncles, S.71ff.; Homburg & Bruhn (2000), S.20
[970] Vgl. Georgi (2000), S.235, S.244; Albert (2000), S.354

Kundenzufriedenheit einstellen; die besonders umworbenen Kunden werden in vielen Fällen dabei auch zu sehr profitablen Langzeitkunden.[971]

Beitrag zu Wechselbarrieren: Die Entwicklung von Kunden und die damit verbundene maßnahmenorientierte Betreuung zielt auch ab auf den Aufbau von *Wechselbarrieren.* So wird versucht, durch bestimmte Maßnahmen, wie den Aufbau von Kundenclubs, Kundenzeitschriften, Mailings, die Durchführung von Sonderprämienaktionen oder das Etablieren langfristiger Partnerschaften, den Kunden stärker an ein Unternehmen zu binden.[972]

Beitrag zur Umsatzverbesserung: Durch gezielte Cross- und Up-Selling-Kampagnen können Erlöspotenziale innerhalb des Kundenstammes erschlossen werden. Es kann versucht werden, die *Kundenpenetration* attraktiver Segmente möglichst weit voranzutreiben, was neben einer Schaffung von zusätzlichen Umsätzen auch die stärkere Bindung von Kunden bewirkt.[973] Durch die Ermittlung von Kundenbedürfnissen und -gewohnheiten können zudem wertvolle Informationen für die Produkt- und Serviceentwicklung eines Unternehmens generiert werden, die in den internen Prozessen, wie Produkt- und Serviceentwicklung berücksichtigt werden, und dazu beitragen, das Angebot einer Unternehmung langfristig attraktiver zu gestalten.

Beitrag zur Kostenverbesserung: Die Kundenprofitabilität kann im Rahmen der Kundenentwicklung erhöht werden. Der Wirkungsgrad eines Maßnahmebündels ist abhängig von dem bereits bestehenden Grad der Kundenbindung.[974] So können durch segmentspezifische Maßnahmen beispielsweise Einnahmenströme verbessert werden, wobei *Kosten-Nutzenaspekte* zu berücksichtigen sind.[975] So sollte beispielsweise der Aufbau eines Kundenclubs neben Vorteilen für den Kunden auch für das Unternehmen greifbare und messbare Resultate, wie Mehrkäufe, hervorbringen.

[971] Vgl. Miles&More Programm der Lufthansa, Tesco Club
[972] Vgl. Dittrich (2000), S.144ff.; Georgi (2000), S.235; Bruhn & Homburg (2000); Gerpott (2000), S.27 und S.28
[973] Vgl. Dittrich (2000), S.149; Oggenfuss (1995), S.56
[974] Vgl. auch Berry & Parasumaran (1992), S.160; Diller (1995c), S.27; Dittrich (2000), S.176
[975] Vgl. Dittrich (2000), S.171; Meffert (2000b), S.130; Gierl (2000), H.1, S.15

Prozess Kundenrückgewinnung

Angesichts der Abwanderungsraten von Kunden in manchen Branchen wird klar, dass neben der Kundenakquisition und der Kundenbindung auch deren Rückgewinnung einen wichtigen Prozess darstellt.[976] Unternehmen verfolgen bei der Kundenrückgewinnung die Zielsetzung, attraktive Kunden unter der Beseitigung der Abwanderungsgründe schnellstmöglich zurückzugewinnen und damit die Profitabilität des Unternehmens zu verbessern.[977] Die Erfolgsquote der Rückgewinnung, die *Rückgewinnungsrate*, ist um so höher, je schneller eingreifende Maßnahmen eingeleitet werden.[978] Auch die Kosten der Rückgewinnung spielen eine Rolle.[979] In der betrieblichen Praxis fehlt vielfach eine konsequente Rückgewinnungsstrategie,[980] weil in vielen Unternehmen die dafür erforderlichen Prozesse und Techniken noch unterentwickelt sind. Die Rückgewinnung von Kunden kann sich auf der Grundlage des in der nachfolgenden Abbildung dargestellten Prozesses abspielen (vgl. Abbildung 4.18).

Beitrag zur Kundenzufriedenheit: Bei der Kundenrückgewinnung handelt es sich um einen Prozess, der in der Regel vom Unternehmen angestoßen wird. Implizit kann man annehmen, dass Kunden nicht mit Rückgewinnungsmaßnahmen überschüttet werden möchten, wenn sie sich für einen Anbieterwechsel entschieden und diesen bereits vollzogen haben. Dementsprechend sollte ihre Ansprache effizient gestaltet sein und inhaltlich Relevanz besitzen. Werden die Kundenerwartungen im Rahmen der Rückgewinnungsaktivitäten erfüllt, kann sich Servicezufriedenheit einstellen, die auf die Kundenzufriedenheit zurückwirkt.

Beitrag zu Wechselbarrieren: Der Beitrag von erfolgreicher Rückgewinnung zur Kundenbindung kann wie folgt erklärt werden: Zurückgewonnene Kunden zeigen der Er-

---

[976] Vgl. Schäfer & Karlshaus & Sieben (2000), S.56; Dittrich (2000), S.191. Nach Reichheld (1996), S.56f. verlieren US Firmen alle 5 Jahre im Durchschnitt 50% ihrer Kunden.

[977] Vgl. Homburg & Schäfer (1999); Reicheld & Sasser (2000), S.140; Schäfer & Karlshaus & Sieben (2000), S.64

[978] Vgl. auch Reichheld (1996), S.69

[979] Vgl. Homburg & Schäfer (1999), S.18ff.; Dittrich (2000), S.195

[980] Vgl. Dittrich (2000), S.191; Homburg & Schäfer (1999), S.3; Reichheld (1996), S.56 führt eine Reihe von Gründen auf, warum Abwanderungen unzureichend ausgewertet werden.

fahrung nach ein stärkeres Vertrauen in ein Unternehmen. Ihre Loyalität ist grundsätzlich höher einzustufen als bei Neukunden.[981]

ABBILDUNG 4.18: PROZESS KUNDENRÜCKGEWINNUNG

Identifikation von Abwanderern	Detaillierte Analysephase	Problembehebung	Rückgewinnung von Abwanderern	Nachbetreuung Rückgewonnener
• Bestimmung der Abwanderer aus Kundenstamm • Bestimmung Abwanderungsrate pro Kundensegment • Identifikation des "Share of Customer" bei Grenzfällen • Vorpriorisierung Abwanderer nach Kundenhistorie "black sheeps"	• Identifikation der Ursache der Abwanderung • Durchführung Root Cause Analysis • Wertbasierte Priorisierung der Abwanderer • Erstellung Wiedergewinnungsportfolio • Auswahl der Rückgewinnungskandidaten	• Strukturierung Abwanderungsursachen nach Dringlichkeit • Identifikation der betroffenen organisatorischen und prozessualen Bereiche • Ermittlung der relevanten Ansprechpartner • Bestimmung und Einleitung von Gegenmaßnahmen	• Bestimmung Rückgewinnungsstrategie • Ermittlung möglicher Rückkehranreize • Auswahl kosteneffizienter Rückgewinnungsmaßnahmen • Optimierung des Mix an Rückholmaßnahmen • Durchführung kundenindividueller Ansprache	• Durchführung von Follow-up Gesprächen • Ermittlung der Zufriedenheit von Rückgewonnenen • Monitoring und Controlling der Verhaltensweise von Kunden

Quelle: In Anlehnung an Schäfer & Karlshaus & Sieben (2000), S.62

Beitrag zur Umsatzverbesserung: Die soeben aufgezeigte mögliche stärkere Bindung an das Unternehmen durch Kundenrückgewinnung und die damit verbundenen positiven Effekte sind aus den vorher getätigten Ausführungen bereits bekannt. Nach erfolgreicher Rückgewinnung von Kunden liegen die erzielbaren Erträge in der Regel *wesentlich* höher als bei konventionellen Methoden der Marktbearbeitung.[982] Somit können durch Kundenrückgewinnung nicht nur Umsatzeinbußen durch Abwanderung verhindert, sondern auch Beiträge zur Realisierung *zusätzlicher* Erlöspotenziale geleistet werden.

Beitrag zur Kostensenkung: Kundenrückgewinnung kann im Prinzip eine Verringerung der Akquisitionskosten und der Kundenbearbeitungskosten bewirken. Der betrieblichen Erfahrung zu Folge ist Kundenrückgewinnung günstiger als die Gewinnung neuer Kunden.[983] Von abgewanderten Kunden liegen nämlich Informationen vor, die bei Neu-

---

[981] Vgl. Schäfer & Karlshaus et al. (2000), S.58
[982] Vgl. Schäfer & Karlshaus at al. (2000), S.56
[983] Vgl. Schäfer & Karlshaus et al. (2000), S.56

kunden erst mühsam und unter Verursachung zusätzlichen Aufwandes gewonnen werden müssten. Die *Rückgewinnungskosten* werden beeinflusst durch die Anzahl angesprochener Abwanderer, die Antwortrate, die durchschnittlichen Ansprachekosten und das mögliche zukünftige Wertpotenzial. Werden rückgewonnene Kunden zufriedene, stark gebundene Kunden, sinken in der Regel auch Betreuungs- und Interaktionskosten. Abgewanderte Kunden sind durch ihre (negative) Erfahrung mit dem Unternehmen zudem eine *wichtige* Informationsquelle über Mängel innerhalb des Unternehmens[984] und können zu einer Leistungssteigerung der Unternehmung beitragen, wenn auf ihre Kritik sachgerecht reagiert wird.

Die identifizierten Beitragspotenziale einzelner zentraler Prozesse lassen sich in der eingangs entwickelten Prozessbeitragsmatrix zusammenfassen (vgl. Abbildung 4.19).

ABBILDUNG 4.19: BEITRAGSMATRIX PROZESSE

	Kundenbindung		Kundenprofitabilität	
	Zufriedenheit • Produkt • Service • Sonstige	**Wechselbarrieren** • Sunk Costs • Beendigungskosten • Wechselrisiko	**Erlöse** • Volumen • Preispotenzial	**Kosten** • Akquisitionskosten • Betreuungskosten • Interaktionskosten • Sonstige
Kunden-akquisition	• Servicezu-friedenheit	• Sunk Costs • vertragl. Bindungen	• Neuerlöse • Erlöspotenziale	• Akquisitionskosten
Orderma-nagement	• Servicezu-friedenheit	• Beendigungskosten • Verhandlungskosten	• Erlöspotenziale	• Betreuungskosten • Interaktionskosten
Kundenbe-treuung	• Servicezu-friedenheit	• Wechselkosten • Sonderkonditionen	• Erlöspotenziale	• Betreuungskosten
Leistungs-erbringung	• Service-/Produkt-zufriedenheit	• Wechselrisiko • Beendigungskosten	• Erlöspotenziale	• Nachbesserung
Beschwerde-management	• Servicezu-friedenheit	• Wechselrisiko	• Folgekäufe	• Beschwerdekosten
Kundenent-wicklung	• Service-/Produkt-zufriedenheit	• Maßnahmenspez. Barrieren	• Cross- und Up-selling	• Betreuungskosten
Kundenrück-gewinnung	• Servicezu-friedenheit	• Sunk Costs	• Folgekäufe	• Rückgewinnungs-kosten

Quelle: Eigene Darstellung

Damit wird die Vielfalt der Beitragsmöglichkeiten, die es auf der Prozessebene gibt und die zu Beginn dieses Abschnittes schon angedeutet wurde, nochmals anschaulich belegt. Diese Beitragsmöglichkeiten können - wie die Determinanten Kundenzufriedenheit,

---

[984] Vgl. Reichheld (1996), S.64 u. S.68; Reichheld (1996), S.56

Wechselbarrieren, Umsatzverbesserung und Kostensenkungen auch - für sich jeweils mit bestimmten Zielwerten versehen werden. Der Grad, in dem der jeweilige Zielwert erreicht wird, fungiert dann als Erfolgs- beziehungsweise Leistungskriterium auf dieser Ebene.

Die aufgezeigte Anzahl möglicher Beiträge ist im Hinblick auf ihre Realisierbarkeit allerdings zu groß. Für die Gestaltung eines innovativen und praktikablen CRM-Anreizsystems gilt es, die wichtigsten Beiträge zu ermitteln.

4.2.2.2 Bestimmung der Anreizstruktur

Im Rahmen der Gestaltung eines CRM-Anreizsystems muss eine geeignete *Anreizstruktur* bestimmt werden, die dazu beiträgt, dass die identifizierten neu zu berücksichtigenden CRM-Zielsetzungen durch Anreize akkurat unterstützt werden können.[985] Auf *strategischer Ebene* ist zum Beispiel gedacht an den Wertzuwachs des Kundenstammes (WN), den Kundenbestand (N), den Kundenzuwachs (dN); auf der *Bereichsebene* geht es um den Bereichs-CLV (CLV(B)), dessen Zuwachs (dCLV(B)), den Bereichskundenstamm (B) sowie dessen Vergrößerung (dB). Auf der *Segmentebene* sind beispielsweise der Segment-CLV (CLV(S)), dessen Veränderung (dCLV(S)), Kundenbindung (KB(S)) und Kundenprofitabilität (KP(S)), die Determinanten Kundenzufriedenheit (KZ), Wechselbarrieren (WB), Umsatzverbesserung (UV) und Kostensenkung (KS) sowie die jeweiligen Prozessbeitragspotenziale P betroffen.

Die *strategischen CRM-Zielsetzungen* sind in ihrer aggregierten Form derartig übergeordnete und abstrakte Vorgaben, dass es zu ihrer Realisierung einer wesentlichen Umgestaltung bestehender Anreizstrukturen nicht bedarf, weil sie schon in irgendeiner Form oftmals von den herkömmlichen strategischen Zielen einer Unternehmung implizit mit berücksichtigt wurden. Auf dieser Ebene dürfte es ausreichen, CRM-Zielsetzungen den bereits bestehenden beizuordnen oder sie explizit aus diesen zu extrahieren.

Erst wenn es um die konkrete Umsetzung von *strategischen* Zielen geht und damit in der Unternehmenshierarchie *niedriger* positionierte Ebenen involviert werden, gewinnt das Anreizsystem an Bedeutung, weil mit seiner Hilfe strategisches Denken und entspre-

---

[985] Vgl. Becker (1987), S.39; Alewald (1995), S.847

chendes Verhalten bei Mitarbeitern hervorgerufen werden können.[986] In der gesamten Organisation einer Unternehmung bedarf es bei einer Erweiterung, Veränderung oder Neu-Akzentuierung der Zielsetzung einer Anpassung der Anreizstrukturen.[987] Konsequenterweise muss insbesondere auf *operativer* und *prozessualer* Ebene *Raum* geschaffen werden für die anreizorientierte Vergütung *neuer* - hier CRM-spezifischer - Zielgrößen.

Die Erkenntnisse der vorhergehenden Teile haben aufgezeigt, dass mit der Einführung von CRM insbesondere für die kundenorientierten Bereiche signifikante Erweiterungen der Zielsysteme notwendig werden. Wenn die neuen CRM-Zielsetzungen erreicht werden sollen, sind eine stärkere *Berücksichtigung* kundenorientierten Verhaltens und eine verstärkte *Leistungsorientierung* unumgänglich. Auf beide Erfordernisse muss das Anreizsystem adäquat reagieren.

Gängiges Prinzip in Anreizsystemen ist die Ankoppelung des variablen Gehaltsanteils an die *Hierarchieebenen* einer Organisation.[988] Der Anwendung dieses Grundsatzes steht auch bei der Gestaltung eines CRM-Anreizsystems prinzipiell nichts entgegen. Top-Führungskräfte erhalten demnach einen hohen Anteil an variabler und zugleich leistungsabhängiger Vergütung, wohingegen im mittleren Management die Anteile ausgewogener sind und auf unterster Ebene die variable Vergütung am niedrigsten angesetzt wird. Die mittleren und unteren Ebenen haben in der Regel weniger Einfluss auf das Gesamtergebnis und konsequenterweise weniger Verantwortung; daher sind hier geringere Anteile der variablen Vergütung angebracht. So wird beispielsweise folgende Aufteilung vorgeschlagen:[989] "*Die variable Vergütung kann bei oberen Führungskräften und bei solchen im Verkauf bis zu 50 % und mehr der gesamten Jahresbezüge ausmachen*"[990], daneben werden auch Größenordnungen von 20-40 % und in Zukunft 40-80 % genannt.[991]

---

[986] Vgl. Abschnitt 3.4.3.1
[987] Vgl. Abschnitt 3.4.3.1
[988] Vgl. Becker (1987), S.40; Hahn & Willers (1990), S.498; Wälchli (1995), S.149ff.; Grewe (2000), S.20
[989] Vgl. Cisek (2000), S.376
[990] Vgl. Hahn & Willers (1990), S.498
[991] Vgl. Schwalbach (1998), S.6

Eine Erhöhung des variablen Anteils würde der CRM-Zielsetzung durchaus entsprechen. Neben diesem Ansatz müssten allerdings - den erweiterten Anforderungen an eine CRM-unterstützende Anreizstruktur entsprechend - als zusätzliche *zweite* Dimension für die Bestimmung des Umfangs des variablen Vergütungsanteils die Aspekte *Kundennähe* und *-kontakt* aufgenommen werden. Mit Hilfe dieser Erweiterung könnte der notwendigen Ausrichtung auf die von CRM gebotene *kundenorientierte Anreizgestaltung* Rechnung getragen werden. Es kann dabei davon ausgegangen werden, dass durch die *spürbare* Koppelung der Zielsetzung der Kundennähe mit dem variablen Vergütungsbestandteil das Verhalten betroffener Führungskräfte deutlicher auf die Realisierung kunden-orientierter CRM-Zielsetzungen hinwirkt.[992] Die nachfolgende Abbildung verdeutlicht die Erweiterung des Prinzips (vgl. Abbildung 4.20).

ABBILDUNG 4.20: ÜBERSICHT VARIABLER VERGÜTUNGSBESTANDTEIL

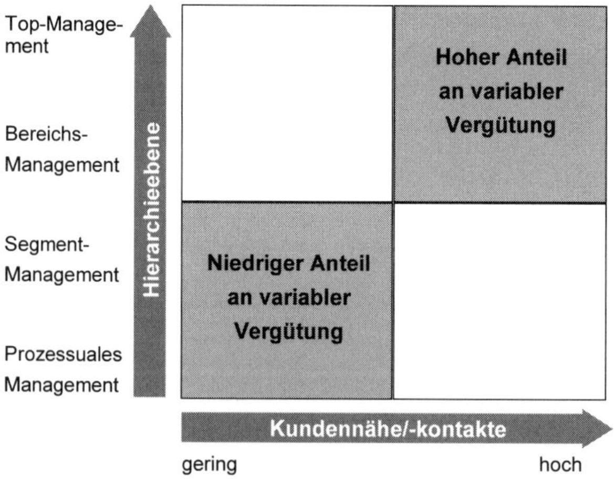

Quelle: Eigene Darstellung

Für den Vertrieb ist die hervorgehobene Stellung des variablen Vergütungsbestandteils bereits häufig zu beobachten. Allerdings orientiert sich die variable Vergütung hier bisher zumeist an Zielen der *Kundenakquisition*. Wenn ein CRM-Konzept erfolgreich sein soll,

---

[992] Vgl. auch Becker (1997), S.117

ist geboten, alle Bereiche an der Kundenschnittstelle für ein CRM-Anreizsystem zu öffnen; das heißt, dass neben dem *Vertrieb* auch *Service* und *Kundendienst* systematisch mit einbezogen werden müssen.[993] Im Rahmen einer umfassenden Umgestaltung der Organisation im Sinne von CRM empfiehlt es sich, auch die Führungskräfte aus Produktion, Entwicklung, Rechnungswesen und dergleichen in die Verantwortung für die Implementierung des CRM-Ansatzes mit hineinzunehmen, sofern ihre Bereiche dazu sinnvolle Beiträge liefern.[994]

Es bleibt zu untersuchen, welche variablen Vergütungsanteile in den einzelnen Bereichen beziehungsweise auf den verschiedenen Ebenen der Organsiation überhaupt realisierbar sind. Das CRM-Anreizsystem sollte sich vor dem Hintergrund der geforedeten Akzeptanz und Realisierbarkeit an dem orientieren, was machbar ist.[995]

4.2.2.3 Bestimmung eines Verfahrens zur Leistungsbewertung
In Verbindung mit der Leistungsbewertung können prinzipiell mehrere Verfahren Verwendung finden: *Management durch Budgets*, *Management mittels finanzieller Steuergrößen* oder *Management durch Zielvereinbarungen*.

Das Management durch Budgets ist in diesem Kontext nicht sinnvoll, da es sich bei der Realisierung von CRM um ein durch Zielgrößen getriebenes Konzept handelt, Budgets zwar auch eine gewisse Rolle spielen können, aber *nicht* primär im Vordergrund stehen. Das Management durch finanzielle Steuergrößen ist insgesamt ein vielfach angewandtes Konzept; es weist allerdings Defizite im Hinblick auf die Abbildbarkeit spezifischer CRM-Zielsetzungen auf, sobald die CLV-Ebene verlassen wird. So sind beispielsweise zentrale Treiber des CLV, wie die Kundenbindung *nicht* mittels *finanzieller* Kennzahlen darstellbar; die Determinante der *Kundenzufriedenheit* wird vielfach nur durch Indexwerte beschrieben, die ihrerseits durch Befragungen von Kunden ermittelt werden.

Da es - wie bereits beschrieben - für das Gelingen von CRM-Konzepten auf die Unterstützung kundenrelevanter Zielsetzungen, wie CLV, Kundenbindung und Kundenprofitabilität, durch Führungskräfte einer Organisation ankommt, ist der konsequente Ansatz

---

[993] Vgl. Swift (2001), S.29; Patel (2001), S.1
[994] Vgl. Swift (2001), S.29
[995] Vgl. Kramarsch (1997), S.106-107 zum bisher Machbaren für den Vertrieb.

zur Verwirklichung von CRM-Zielsetzungen, diese in die *Zielvereinbarungen* der verschiedenen Hierarchieebenen aufzunehmen und den jeweiligen Grad der erfolgreichen Umsetzung an die Entlohnung der Führungskräfte anzubinden; damit werden Zielvereinbarungen zu Lohn- und Leistungszwecken herangezogen.[996] In diesem Zusammenhang erscheint das *Management durch Zielvereinbarungen* unter synchroner Koppelung mit dem Prinzip der Leistungsorientierung als das für eine solche Leistungsbewertung geeignetste Verfahren.[997] In letzter Zeit hat dieses an Bedeutung gewonnen.[998]

Zielvereinbarungen können als eine besondere Art der Festlegung von Zielen als zukunftsbezogene Steuergrößen der Leistung und des Verhaltens von Mitarbeitern verstanden werden.[999] Mit Hilfe von Zielvereinbarungen lassen sich Unternehmen flexibel leiten; zudem können eigenverantwortliches Handeln im Sinne der unternehmerischen Zielsetzung - wie hier der CRM-Ziele - über die Ebenen der Hierarchie hinweg bis zur Basis gefördert und Leistungsbeurteilung und Zielvereinbarung eng miteinander verzahnt werden.[1000]

Für die CRM-Zielsetzungen lässt sich der Prozess der Zielvereinbarung wie folgt zusammenfassen:[1001] CRM-Ziele werden zwischen einer Führungskraft und dem jeweiligen "Vorgesetzten" vereinbart.[1002] Dabei werden Planwerte bestimmt und Verantwortungsbereiche konkretisiert, die für die Leistungsbewertung später herangezogen werden.[1003] Insgesamt wird dem Handelnden bei seinen Entscheidungen ein gewisser Spielraum gelassen; dabei sind die Zielvereinbarungen so gesetzt, dass der Nutzen des Unternehmens gesteigert wird.

Auf strategischer Ebene sind diese etwa der Wertbeitrag des Kundenstammes (WN), der Kundenstamm (N), dessen Zunahme (dN), auf der operativen Ebene die Bereichs- oder Segmentwerte für den jeweiligen CLV, der entsprechende Zielzuwachs, Kundenstamm-

---

[996] Vgl. Cisek (2000), S.375; Breisig (2000), S.18

[997] Bleicher (1992), S.28; Breisig (2000), S.13 und S.29f.; Hölzle (1999), S.81ff.; Trauzettel (1999), S.171 und S.174. Die Annahme der Leistungsorientierung für ein CRM-Anreizsystem schließt die einfache Variante dieses Verfahrens des Führens durch Zielvereinbarung ohne Leistungsorientierung von vornherein aus.

[998] Vgl. Grewe (2000), S.23; Breisig (2000), S.13,14 und S.20; Cisek (2000), S.375; Evers & von Hören (1996), S.456

[999] Vgl. Breisig (2000), S.19; Hölzle (1999), S.81 und S.97ff.

[1000] Vgl. Knicker (1996), S.462; Heinz & von Hören (1996), S.456; Breisig (2000), S.14;

[1001] Vgl. zum Prozess allgemein etwa Breisig (2000), S.21-29; auch Hölzle (1999), S.90f. und S.97f.

[1002] Vgl. allgemein auch Knicker (1996), S.462ff., Becker (1996), S.458f.

[1003] Vgl. Trauzettel (1999), S.173; Breisig (2000), S.19 und S.21f.

anteile und deren Zuwächse beziehungsweise die den CLV weiter konkretisierenden Zielgrößen Kundenbindung und Kundenprofitabilität. Für das prozessuale Management sind ebenfalls CRM unterstützende Zielsetzungen zu vereinbaren: so als Vorgaben für die Determinanten Kundenzufriedenheit, Wechselbarrieren, Umsatzverbesserung und Kostenreduktion oder einzelne Beitragsmöglichkeiten, wie Beschwerdezufriedenheit, Betreuungskosten oder die Errichtung von besonderen Wechselbarrieren.

Inwieweit das jeweilige CRM-Ziel erreicht worden ist, wird in der Regel am Ende der Bemessungsperiode vom "Vorgesetzten" ermittelt und im Rahmen eines Soll-Ist-Vergleiches mit der ursprünglich vereinbarten Zielsetzung verglichen.[1004] Dem Über- oder Unterschreiten des Solls entsprechend wird leistungsabhängig belohnt.[1005] Der Grad des Erfolges ist zentraler Indikator für die Leistung und wird als solcher der variablen Vergütung der Führungskräfte zu Grunde gelegt.[1006] Die folgende Abbildung illustriert die Zusammenhänge (vgl. Abbildung 4.21).

ABBILDUNG 4.21: ZIELVEREINBARUNG ALS BASIS EINER LEISTUNGS-ORIENTIERTEN VERGÜTUNG

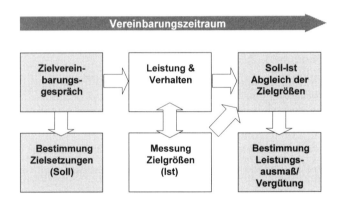

Quelle: Eigene Darstellung

[1004] Vgl. Breisig (2000), S.24-27
[1005] Vgl. Breisig (2000), S.19
[1006] Vgl. Willers (1990), S.486

Bei der Bewertung der Leistung ist noch eine Reihe anderer Aspekte zu berücksichtigen: So geht es nicht nur um die Leistungsziele, sondern auch um das entsprechende Verhalten in gegebenen Rahmenbedingungen.[1007] Der Bewertungsprozess sollte objektiv sein.[1008] Durch die jeweilige Wahl des Verfahrens können sich unter Umständen bei der Bewertung von Leistungen Verzerrungen ergeben.[1009] So können sich bei frei gestalteten Bewertungsverfahren Umpriorisierungen und Nivellierungen ergeben, weil ein gewisser Ermessensspielraum bei der Beurteilung vorhanden ist und nicht angemessen genutzt wird; bei einem eher standardisierten Bewertungsverfahen hingegen ergeben sich kaum Spielräume; hier kann es hingegen zu einer Bürokratisierung kommen, die für eine situationsgerechte Einschätzung von Einzelfällen nicht tauglich ist.

Auch die Frage nach dem Charakter der Zielvereinbarungen, ob diese zum Beispiel als standardisiert, frei oder in einer Kombination von beidem erscheinen sollen, spielt bei der Gestaltung eines Anreizsystems eine Rolle und muss weiter untersucht werden. Der Vorteil standardisierter Zielvorgaben besteht in ihrer Vergleichbarkeit, Verhaltenssicherheit und Willkürfreiheit. Nachteilig wäre auch hier die damit verbundene wachsende Bürokratisierung. Eine Individualisierung hätte umgekehrt zur Folge, dass weniger Vergleichbarkeit, weniger Verhaltenssicherheit und mehr Willkür auftreten können. Daneben besteht hier das Risiko, dass bestimmte Zielsetzungen zu sehr abgeschwächt beziehungsweise überpriorisiert werden könnten.

4.2.2.4 Bestimmung der Beteiligungsfelder

Die *Beteiligungsfelder* determinieren die Struktur der prozentualen Aufteilung des variablen Vergütungsanteils, der für das Erreichen von CRM-Zielsetzungen vorgesehen ist. Die Wahl der Beteiligungsfelder sollte von dem Umstand abhängig gemacht werden, in welchem der Hauptteil der Leistung im Hinblick auf CRM erbracht worden ist.[1010]

Als unternehmensumfassender bereichsübergreifender Ansatz muss CRM durch eine entsprechende Breite bei der Wahl der Beteiligungsfelder unterstützt werden. Eine zu enge Begrenzung auf einzelne Beteiligungsfelder würde dem Geiste des CRM-Ansatzes

---

[1007] Vgl. Breisig (2000), S.26
[1008] Vgl. Cisek (1994), S. 415
[1009] Vgl. Becker (1996), S.466ff.
[1010] Vgl. allgemein Willers (1990), S.486

nicht entsprechen. Je nach Organisationstyp werden unterschiedliche Beteiligungsfelder notwendig sein, um den CRM-Ansatz entsprechend zu realisieren.

Als mögliche Beteiligungsfelder sind in der Objektdimension bereits Unternehmens-, Bereichs- und Segment- beziehungsweise Gruppen- und Individualebene identifiziert worden;[1011] diese können auch im Rahmen eines CRM-Konzeptes entsprechend verwendet werden.

Auf der *strategischen Ebene*, auf der sich die grundsätzlichen Zielsetzungen von CRM lokalisieren lassen, sollte das Beteiligungsfeld für die verantwortliche Führungskraft weitgehend auf die *Unternehmensebene* bezogen werden. Damit wird die *Gesamtverantwortung* für das CRM-Programm - wie in der betrieblichen Praxis immer wieder gefordert - von einem "*Sponsor*" auf Geschäftsleitungsebene übernommen. Die maßgebliche Beteiligung eines Verantwortlichen auf dieser Ebene führt dazu, dass von oben her dem Konzept immanente Verhaltensweisen vorgelebt und über ihre Imitation das Erreichen entsprechender CRM-Zielsetzungen sichergestellt werden kann. Außerdem zeigt die Erfahrung, dass auf der Top-Management Ebene verankerte strategische Programme eine erhöhte Akzeptanz in der gesamten Organisation finden.

Auf *operativer Ebene* sind primär die Beteiligungsfelder *Segment- oder Bereichsebene* anzusiedeln. Die Wahl besonderer Konstellationen bei diesen Felden ist abhängig von der Struktur einzelner Organisationen. Die Notwendigkeit der Kooperation sowie die natürlichen Interdependenzen der organisatorischen Bereiche innerhalb eines Unternehmens machen auf jeden Fall auch eine bereichsübergreifende gemeinsame Zielsetzung notwendig. Insbesondere bei funktionalen und divisionalen Organisationen ist prinzipiell darauf zu achten, dass es eine gemeinsame *übergeordnete* CRM-Beteiligungsebene gibt, damit die bereits mehrfach angesprochenen Bereichsegoismen abgebaut werden beziehungsweise von vornherein gar nicht erst entstehen können. Durch gemeinsame Zielsetzungen kann eine Unternehmung Bereichsegoismen gezielt abschwächen.

Daneben können für das Bereichs- und Segmentmanagement besondere CRM-Individualzielsetzungen, die mit kundenorientiertem Zielstellungen und entsprechendem Vorbildverhalten verknüpft sind, als Beteiligungsfelder auftauchen. Sie tragen dazu bei, dass

---

[1011] Vgl. Abschnitt 3.4.1.4

auch hier den jeweils untergeordneten Mitarbeitern durch ihre Führungskräfte CRM-konformes Verhalten vorgelebt wird. So könnten zum Beispiel den Führungskräften einige besonders wichtige Kunden zugewiesen werden, für die sie in Problemfällen und bei Sonderwünschen persönliche Ansprechpartner sind.

Auf *prozessualer Ebene* sind Individualziele als Beteiligungsfelder vom Motivationsaspekt her besonders geeignet, CRM-Zielsetzungen zu unterstützen, weil in diesem Rahmen die Zusammenhänge zwischen Ursache und Wirkung besonders sichtbar werden können. So wird etwa durch die kontinuierliche Messung von Kundenzufriedenheit für bestimmte Kundengruppen und Kanäle und den Vergleich mit vorgegebenen Zielwerten deutlich, inwieweit die jeweilige Kundenschnittstelle Kunden zu deren Zufriedenheit zu betreuen vermag. Daneben können auch Bereichs- oder Segmentziele als Beteiligungsfelder auf dieser Ebene verwendet werden; eine solche Vorgehensweise kann sicherstellen, dass auch hier kooperativ zum Nutzen des Ganzen gearbeitet wird.

Die nachstehende Abbildung zeigt die Beteiligungsfelder, die sinnvollerweise einzubringen sind (vgl. Abbildung 4.22).

ABBILDUNG 4.22: BESTIMMUNG MÖGLICHER BETEILIGUNGSFELDER

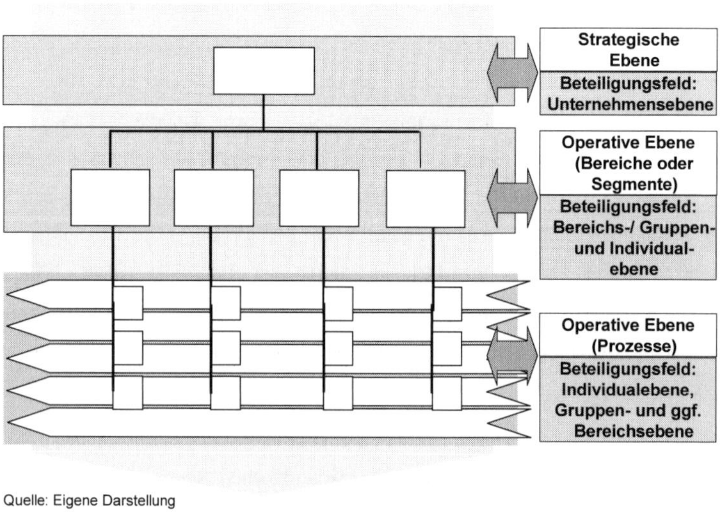

Quelle: Eigene Darstellung

Die Forderung nach Realisierbarkeit und Einfachheit eines CRM-Anreizsystems macht es erforderlich, die Anzahl der CRM-spezifischen Beteiligungsfelder innerhalb eines innovativen Anreizsystems auf ein realistisches Maß zu reduzieren. Zudem führt eine zu große Anzahl an neuen CRM-Beteiligungsfeldern bei gleichzeitiger Beibehaltung bestehender Zielgrößen mitunter zu einer Überfrachtung mit Zielsetzungen.

4.2.2.5 Bestimmung der Länge der Beteiligungsperiode und -frequenz

Die Beteiligungsperioden der Anreize werden grundsätzlich durch die Natur der zu unterstützenden Zielsetzungen wie auch durch den Typ des zu Grunde gelegten Anreizsystems bestimmt. Da letzteres in dieser Untersuchung erst erstellt wird, richtet sich das Augenmerk jetzt hauptsächlich auf die Zielsetzungen. In diesem Falle sind das der *CLV* für die einzelnen Ebenen, außerdem *Kundenbindung* und *Kundenprofitabilität, Beitragspotenziale* sowie *Kundenbestände*. Um die Beteiligungsperioden für einzelne Zielgrößen bestmöglich festlegen zu können, muss auf ihre jeweiligen inhaltlichen Eigenarten sowie auf die verwendeten Messverfahren zur Ermittlung des jeweiligen Erfolges und die dabei entstehenden Aufwände näher eingegangen werden.

Für Zielsetzungen, wie beispielsweise den *CLV*, der den Kundenwert über die gesamte Lebensdauer eines Kunden hin betrachtet, werden Einnahmen und Kosten nach der bereits aufgezeigten Verfahrensweise berechnet.[1012] Hinsichtlich der Daten, die sich auf die Vergangenheit beziehen, können Erlöse und Kosten in ausreichender Näherung ermittelt werden; bei den Akquisitionskosten werden branchenübliche Schätzungen angesetzt. Bezüglich zukünftiger Ausgaben bestehen gewisse Unsicherheiten. Grundsätzlich ist die Betrachtung des CLV auf einen *längeren* Zeithorizont ausgerichtet, weil es sich bei dieser Zielgröße um eine kundenbezogene Investitionssicht handelt: Die Amortisationsdauer ist an der Dauer der Kundenbeziehung zu orientieren.[1013] Diese ist für viele Branchen zwar unterschiedlich lang; grundsätzlich ist aber von einer *längerfristigen* Zeitdauer auszugehen.

[1012] Vgl. Abschnitt 2.6.2.2
[1013] Vgl. Abschnitt 2.6.2.2

Die Ermittlung des CLV erfordert insgesamt gesehen allerdings einen hohen Aufwand. Die dafür notwendigen Daten liegen im Allgemeinen in den wenigsten Systemen vor. Über die verschiedensten Bereiche eines Unternehmens und für die verschiedenen Segmente muss der durchschnittliche CLV bestimmt werden, ein Unterfangen, dass bei zunehmender Datenmenge nur in größeren Abständen verwirklicht werden kann. Auf Unternehmensebene geht die Erfahrung von einem Intervall von drei bis fünf Jahren aus; Bereiche und Segmente, bei denen die Kundenstämme vielfach homogener und die Daten im Allgemeinen überschaubarer und vergleichbarer sind, können mit kürzeren Zeitabständen rechnen.

Für die *Kundenbindung* können die bereits identifizierten Indikatoren hinreichend sicher gemessen werden, obwohl auch hier die dazu notwendigen Verfahren teilweise mit erheblichem Aufwand verbunden sind; dies gilt insbesondere für die Einschätzung zukünftigen Kundenverhaltens. Auch ihre beeinflussbaren Determinanten, wie Kundenzufriedenheit und Wechselbarrieren, können und müssen erfasst werden. Kundenzufriedenheit wird beispielsweise durch bestimmte Befragungsverfahren unter Verwendung von Indexwerten bestimmt, wobei bei der Ermittlung auf die Größe des Kundenstammes zu achten ist. Bei sehr großen Kundenstämmen können lediglich gewisse Kunden befragt werden, um Rückschlüsse auf die Zufriedenheit der ganzen Gruppe zu ziehen, kleine und exklusive Kundenstämme bedürfen genauerer Messung. Wechselbarrieren können in gewissem Maß durch Monetarisierung erfasst werden. Insgesamt gesehen ist Kundenbindung, wie die Untersuchung bisher aufgezeigt hat, auch auf einen längeren Zeithorizont hin gepolt.

Zur Ermittlung der *Kundenprofitabilität* verfügen viele Unternehmen über geeignete Bewertungsverfahren. Die sie beeinflussenden Größen, wie Umsatzverbesserung und Kostensenkungen, können zum Beispiel unter Verwendung von IT-Systemen ermittelt werden. Bei der entsprechenden Infrastruktur - wie beispielsweise beim Vorhandensein einer umfassenden Prozesskostenrechnung - können sie relativ zeitnah bestimmt werden, obwohl in dieser Hinsicht in der Praxis immer noch gewisse Defizite zu beobachten sind. Kundenprofitabilität kann auf unterschiedliche Zeithorizonte bezogen werden.

Für *Bestandsgrößen* (N, B oder S), wie etwa den Kundenstamm, können einfache Bestandsrechnungen für eine Zeitdauer T wie Bestand (T1) = Anfangsbestand (T0) + Zugänge (T) - Abgänge (T) über verschiedenste Zeitperioden erfolgen. Die jeweils entstehenden Aufwände der Ermittlung nehmen mit der Größe der zu erfassenden Bestandsmenge an Kunden zu. Demnach sollten *solche* Ermittlungen auf Unternehmensebene nicht zu häufig erfolgen; auf Bereichs- und Segmentebene können diese Rechnungen der Erfahrung nach in kürzeren Intervallen stattfinden.

CRM-Zielsetzungen sollten im Vergleich zu den Beteiligungsperioden für andere Zielsetzungen nach Möglichkeit *nicht* völlig aus der Reihe fallen, weil dies die Akzeptanz in der Organisation negativ beeinflussen würde. Im Allgemeinen werden *operative* Zielsetzungen *einjährig* vereinbart und entsprechend vergütet, wohingegen *strategisch* orientierte Zielsetzungen - sofern sie überhaupt Berücksichtigung finden - einen *drei-* bis *fünfjährigen* Bemessungshorizont aufweisen.

Ansätze zur Verbesserung der Kundenorientierung und des Aufbaus von Kundenbeziehungen wie CRM sind strategische Programme langfristiger Reichweite, die gleichzeitig auch operativen und prozessualen Charakter besitzen und in dieser Erscheinungsform auch nach kürzeren Zeithorizonten verlangen.[1014]

In diesem Sinne und vor dem Hintergrund der soeben erfolgten Ausführungen müssen CRM-Zielsetzungen je nach Ebene auf verschiedene Bemessungsperioden bezogen werden können. Sollte die übliche Dauer der Kundenbeziehung für eine Unternehmung den Zeitraum von drei - fünf Jahren wesentlich übersteigen, sind die auf strategischer Ebene vorgeschlagenen Zeitintervalle nur als *Meilensteine* für CRM-Zielsetzungen zu interpretieren. Das heißt, dass man hier von schneller zu erreichenden Zwischenzielen *und* wirklich langfristigen Zielen ausgehen und mit seiner Unternehmensstrategie und seinem Anreizsystem entsprechend reagieren muss.

Die nachfolgende Abbildung fasst die auf diesem Abstraktionsniveau sinnvollen Zeithorizonte für CRM-Zielgrößen zusammen (vgl. Abbildung 4.23).

[1014] Vgl. Meyer & Ertl (1998), S.174; Stahl (2000), S.99

ABBILDUNG 4.23: MÖGLICHE ZEITHORIZONTE VON CRM-ZIELSETZUNGEN

	Betriebliche Praxis	CRM-spezifische Sichtweise
Strategische Zielsetzungen	• 3 - 5 Jahre	• 3 - 5 Jahre • Koppelung an die durchschnittliche Länge einer **Kundenbeziehung**
Operative Zielsetzungen	• 1 - 2 Jahre	• 1 - 2 Jahre

Quelle: Eigene Darstellung

4.2.2.6 Festlegung der Ausschüttungsperiode- und Ausschüttungsfrequenz

Bei der Ausschüttung von Belohnungen sind grundsätzlich zwei Aspekte zu berücksichtigen: Das *Bewertungsrisiko* und die *Ausschüttungshöhe*. Auf diese wird nachfolgend weiter eingegangen, wobei jeweils CRM-spezifische Gesichtspunkte betrachtet werden.

Bewertungsrisiko

Das Bewertungsrisiko entsteht einerseits dadurch, dass das zu Grunde gelegte Verfahren der Bewertung ungenau beziehungsweise auf sonstige Weise defizitär ist. Zum anderen kann es dann eintreten, wenn trotz eines geeigneten Verfahrens Leistung und Belohnung in keinem angemessenen Verhältnis zueinander stehen.

Im Rahmen langfristig wirkender strategischer Ansätze, wie des CRM-Konzeptes, sind zum Beispiel die Zusammenhänge zwischen Ursache und Wirkung beim Erreichen strategischer Ziele auf Grund möglicher Umwelteinflüsse oder des Wechsels von Verantwortlichkeiten innerhalb der Organisation nicht immer zweifelsfrei zu ermitteln. In diesem Kontext ist Ungenauigkeit in der Bewertung mit hoher Wahrscheinlichkeit gegeben. So muss beispielsweise der Beitrag für ein Wachstum des Kundenstammes nicht immer eindeutig auf ein Unternehmen selbst zurückzuführen sein. Auch auf den Wertbeitrag des Kundenstammes wirkt nämlich eine Vielzahl unterschiedlicher Faktoren ein; so kann die Lebensdauer einer Geschäftsbeziehung mangels Alternativen an Wettbewerbern lang sein, ohne dass ein Unternehmen über besondere Kundenbindungsmaßnahmen dafür selber gesorgt hätte.

Kurzfristig vereinbarte CRM-Zielgrößen sind im Allgemeinen einfacher zu erfassen als strategische Zielsetzungen, weil sie weniger komplex und die Ermittlungsaufwände insgesamt geringer sind; hier sinkt das Risiko einer ungenauen Bewertung. Diese Zielgrößen gelten meist nur für einen Verantwortungsbereich und sind oftmals einzelnen Führungskräften direkt zuzuordnen. Innerhalb kurzer Zeithorizonte bleibt die Gruppe beteiligter Mitarbeiter weitgehend stabil; daneben können Veränderungen der Umwelt zwar gegeben sein, in einer kurzen Bewertungsperiode ist ihr Einfluss auf das Resultat jedoch eher gering beziehungsweise einfacher abzulesen.

Ausschüttungshöhe

Auch die *Höhe* der auszuschüttenden Beträge spielt eine wichtige Rolle. Bei großen Beträgen sollten langfristig-strategische CRM-Anreize nicht sofort vollständig ausgezahlt werden, wenn das Bewertungsrisiko als hoch gilt. Demnach sind Beträge für die Erreichung von Wertsteigerungen im gesamten Kundenstamm oder für ein Wachstum der Kundenbasis, die auf der Top-Management-Ebene vergütet werden, gestaffelt auszuzahlen; im Falle eines Irrtums ergäbe sich dann die Möglichkeit, in zukünftigen Perioden die Ausschüttung den neuen Erkenntnissen entsprechend vorzunehmen. Bei höherem Bewertungsrisiko kann prinzipiell eine Streckung der Auszahlung erfolgen; sinnvollerweise findet dann ein Übertrag von Teilbeträgen auf die nächste Ausschüttungsperiode statt.[1015]

Mittel- bis kurzfristige Beiträge zu CRM-Kollektivzielen, bei denen das Bewertungsrisiko nicht mehr ganz so hoch einzuschätzen ist und sich die Zahlungen in moderaten Grenzen bewegen, wie beispielsweise beim Bereichs-CLV, dem Segment-CLV, Kundenbindung und Kundenprofitabilität auf Segmentbasis, sollten für die Bereichsebene in einem Turnus von zwei Jahren, für die Segmentebene jährlich vergütet werden.

[1015] Vgl. Guthof (1995), S.82; Wälchli (1995), S.258; Andresen (2000), S.140ff; Guthof (1995), S.84

Operative und individuell gewährte CRM-Anreize für das Erreichen von CRM-Zielen auf prozessualer Ebene können unmittelbar ausgeschüttet werden; sie sind im Allgemeinen genau zu ermitteln; zudem sind auf dieser Ebene die auszuschüttenden Beträge überschaubar. CRM-Projekterfolge, wie beispielsweise die Einführung einer CRM unterstützenden Software-Komponente oder die erfolgreiche Umsetzung von Maßnahmen zur Kundenbindung, sollten nach Größenordnung sofort oder bei mehrjährigen Projekten nach Erreichen von determinierten Projekt-Meilensteinen ausgeschüttet werden. Die soeben entwickelten Zusammenhänge sind in der nachfolgenden Abbildung nochmals zusammengefasst (vgl. Abbildung 4.24).

ABBILDUNG 4.24: DIMENSIONEN DER AUSSCHÜTTUNG

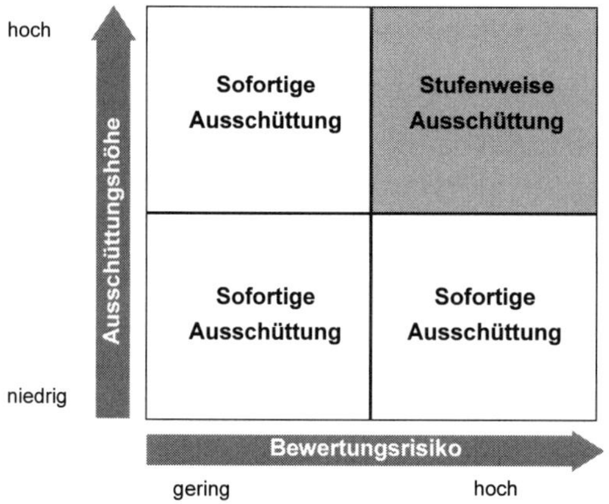

Quelle: Eigene Darstellung in Anlehungn an Becker (1987), S.41

4.2.2.7 Bestimmung von Maßnahmen bei Personalwechsel

Bei Ansätzen der Kundenorientierung mit ihrem Ziel eines Aufbaus von langfristigen Kundenbeziehungen kommt den Mitarbeitern eine grundlegende Rolle zu. Die Mitarbeiterbindung wird zur Zielgröße.[1016] Grundsätzlich kann vor dem Hintergrund des

---

[1016] Vgl. Hinterhuber & Friedrich et al. (2000), S.11; Homburg & Bruhn (2000), S.16

Aufbaus sozialer Wechselbarrieren davon ausgegangen werden, dass eine gewisse *Kontinuität* im Verhältnis der Ansprechpartner aus Kundensicht erwünscht ist.

Der Wechsel von Führungskräften hat zwei Hauptursachen: Zum einen kann der Wechsel beziehungsweise das Ausscheiden unternehmensseitig, zum Beispiel durch Freisetzung oder Versetzung oder durch unausweichliche Gründe, wie etwa Pensionierung, verursacht werden; zum anderen können besondere Gründe, die im Mitarbeiter selber liegen, zum Wechsel führen.

Für den ersteren Fall, der im Allgemeinen planbar ist, besteht bereits eine Vielzahl von Regelungen, die an dieser Stelle nicht weiter ausgeführt werden brauchen. Für den vom Mitarbeiter selbst gewünschten Wechsel kann nicht jeder Einzelfall im Voraus geplant werden. Um den Wechsel an entsprechenden Positionen der Kundenschnittstelle für Mitarbeiter *unattraktiv* zu gestalten, sollten CRM-Anreize beispielsweise bei Wechsel nur noch anteilig oder gar nicht mehr gewährt werden.

Insgesamt sollte unabhängig vom Wechselgrund im Hinblick auf CRM und die Kontinuität in der Kundenbeziehung sichergestellt werden, dass ein Nachfolger gut eingearbeitet und dass die Datenbasis vollständig übergeben wird. Zudem ist sicherzustellen, dass der Wechsel dem Kunden angezeigt wird.

4.3 BERÜCKSICHTIGUNG DER ANFORDERUNGEN

Die einzelnen bereits genannten Anforderungen wie *Leistungsorientierung, Akzeptanz, Einfachheit, Flexibilität, Realisierbarkeit und Wirtschaftlichkeit* gehen selbstverständlich in die Konzeption eines allgemeinen Anreizsystems ein. Die konkrete Überprüfung des Maßes, in welchem diese Anforderungen jeweils zu erfüllen sind, sollte sinnvollerweise an einem CRM-Anreizsystem in der betrieblichen Praxis erfolgen.[1017] Denn ein Postulat, wie beispielsweise *Transparenz*, kann man in jedes theoretische Design aufnehmen, eine Größe wie *Akzeptanz* hingegen bedarf des Tests und der Überprüfung im konkreten organisatorischen Umfeld.

[1017] Vgl. auch Abschnitt 7.3

Leistungsorientierung: Das soeben gestaltete Anreizsystem berücksichtigt in besonderem Maße die Leistungsorientierung. Durch eine *spürbare* Verknüpfung des variablen Vergütungsanteils von Führungskräften der besonders durch CRM-betroffenen Ebenen und Bereiche mit dem Erfolg des Erreichens von CRM-Zielsetzungen wird dieser Anforderung in besonderem Maße entsprochen.

Akzeptanz: Die Akzeptanz eines CRM-Anreizsystems kann dadurch unterstützt werden, dass im Rahmen der Einführung nur eine *begrenzte* Anzahl neuer Beteiligungsfelder und entsprechender Bemessungsgrundlagen eingeführt wird. Für eine individuelle Führungskraft könnte die Veränderung auf eine bis maximal zwei zusätzliche CRM-Zielgrößen begrenzt werden. Zudem ist durch die Kaskadierung der Zielgrößen der mögliche Beitrag zu Zielsetzungen innerhalb des Unternehmens aufzeigbar geworden, was bei entsprechender Kommunikation deren Akzeptanz innerhalb der Organisation positiv beeinflussen kann.

Realisierbarkeit: Bei der Gestaltung sind die wesentlichen Zielgrößen des CRM-Konzeptes und die damit verbundenen Bemessungsgrundlagen allgemein bestimmt sowie deren prinzipielle Zusammenhänge und Einflussmöglichkeiten aufgezeigt worden. Zudem erfolgte bei der Konzeption die Beschränkung auf eine überschaubare Anzahl neuer CRM-Größen. Mit dieser Beschränkung auf wesentliche Zusammenhänge wird die Realisierbarkeit und Einfachheit des Systems unterstützt.

Einfachheit: Das System ist in seiner bisherigen allgemeinen Form bisher auf die wesentlichen Elemente reduziert geblieben; es erfüllt in dieser Form auf jeden Fall noch diese Anforderung. Mit zunehmender Ausdifferenzierung und insbesondere durch den Abbau der einzelnen Annahmen geht die Einfachheit zunehmend verloren.

Flexibilität: Flexibilität des Systems wird durch den "baukastenartigen" Ansatz gewährleistet. So können beispielsweise bestimmten CRM-Zielsetzungen besondere Gewichtungen beigemessen werden, Zielsetzungen hinzugefügt beziehungsweise entfernt werden. Außerdem kann der Ansatz auf eine Vielzahl von Organisationen angewendet werden, bedarf dazu allerdings einer Anpassung und weiterer Konkretisierung.[1018]

[1018] Vgl. Abschnitt 7.3

Wirtschaftlichkeit: Die Wirtschaftlichkeit kann auf diesem Niveau durch die begrenzte Anzahl von sinnvollen Zielgrößen unterstützt werden; damit werden später nur die notwendigsten Größen ermittelt, für die entsprechende Ermittlungsaufwände entstehen. Zudem kann bei der Ermittlung der Beitragspotenziale auf Prozessebene durch die Priorisierung der Zielgrößen eine weitere sinnvolle Begrenzung von Ermittlungsaufwänden erreicht werden und damit ein prinzipieller Beitrag zur Wirtschaftlichkeit des Systems geliefert werden.

4.4 ABLAUFVORGANG, IMPLEMENTIERUNG UND WEITER-ENTWICKLUNG DES CRM-ANREIZSYSTEMS (PHASE 2)

Nach erfolgter Gestaltung der Grundbestandteile des Kernes eines CRM-Anreizsystems wird nachfolgend der Blickwinkel auf dessen Implementierung und mögliche Weiterentwicklung gerichtet; dabei gilt es, insbesondere den Ablaufvorgang der Anreizgestaltung für CRM einer näheren Betrachtung zu unterziehen, der in der nachstehenden Abbildung illustriert wird (vgl. Abbildung 4.25).

ABBILDUNG 4.25: ABLAUF DER ANREIZGESTALTUNG FÜR CRM

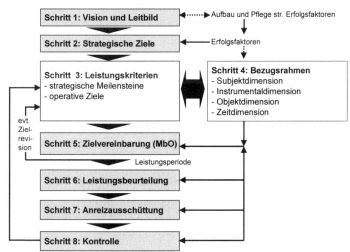

Quelle: Allgemeine Phasen nach Vorlage von Wälchli (1995), S.367

4.4.1 Ablaufvorgang eines CRM-Anreizsystems

Stufe 1: Erweiterung Vision und Unternehmensleitbild: Unternehmen verfügen im Allgemeinen über eine Vision, die eine Entwicklungsrichtung innerhalb der relevanten Umwelt beschreibt.[1019] Sie wird mittels des *Unternehmensleitbildes* weiter konkretisiert. Die Unternehmung strebt in diesem Zusammenhang den Aufbau von *strategischen Erfolgspotenzialen* an, die ihrerseits als Orientierung für strategische Zielsetzungen dienen können. Eine solche Orientierungsrichtung ist im CRM-Kontext eines CRM-Anreizsystems vor dem Hintergrund des beschriebenen wirtschaftlichen Umfeldes die *Kundenorientierung* eines Unternehmens. Sollte diese an dieser Stelle noch nicht entsprechende Berücksichtigung gefunden haben, muss sie hier an dieser Stelle ergänzt werden.

Stufe 2: Bestimmung strategischer CRM-Ziele: Am Anfang des Managementprozesses erfolgt für jedes strategisches Programm einer Unternehmung die Bestimmung von Zielsetzungen;[1020] diese gilt es, auch für das *CRM-Programm* unternehmensspezifisch zu bestimmen. Dabei geht es primär für ein Unternehmen um eine Konkretisierung der allgemeinen CRM-Zielsetzungen; dies erfolgt durch eine umfassende Operationalisierung im Hinblick auf Zeit, Ausmass, Inhalt und Segment. So könnte es beispielsweise für den CLV bedeuten, diesen für den gesamten Kundenstamm eines Bereiches in den nächsten fünf Jahren um 20 Prozent zu erhöhen. Dabei sind die konkretisierten Zielsetzungen in die Gesamtheit der übrigen Unternehmensziele zu integrieren. Die explizite Bestimmung strategischer Ziele eines Programmes ist für die Gestaltung von unterstützenden Anreizsystemen - und damit für die sich anschließenden Ablaufphasen - elementare Grundlage.[1021]

Stufe 3 und 4: Bestimmung der Leistungskriterien, Ausgestaltung des Bezugsrahmens: Im Rahmen dieser Stufen erfolgt die Bestimmung des CRM-Anreizsystemkerns; es werden dessen wesentliche Details unter der Berücksichtigung der für ein Unternehemn relevanten *Kontingenzfaktoren*, wie Branche, Wettbewerbsstruktur, Unternehmensgröße, Unternehmensreife sowie Produkt- und Kundenlebenszyklen konkretisiert. Dabei werden

---

[1019] Vgl. Rothwell et al. (1989), S.119; Stonich (1981), S.346; Hinterhuber (1989), S.76ff.

[1020] Vgl. Homburg & Bruhn (2000), S.16

[1021] Vgl. Lawler (1990), S.36; Hurwich (1986), S.79; Ulrich (1987), S.31; Rühli (1991), S.30

insbesondere Erfolgs- und Leistungskriterien, Anreizstruktur, Beteiligungsfelder, Zeithorizonte sowie Anreiz- und Ausschüttungsperiode ausdifferenziert.

Stufe 5: Festlegen von Zielvereinbarungen: Im Vorfeld einer neuen Beurteilungsperiode werden zwischen einer Führungskraft und der beurteilenden Instanz Gespräche zur Zielbestimmung geführt, in deren Verlauf je nach der hierarchischen Stellung und der damit verbundenen Verantwortung spezifische CRM-Ziele festgelegt werden. Die Führungskräfte können mittels einer Bottom-Up-Top-Down Planung und einer anschließenden Bottom-Up-Top-Down-Konfrontation, in der es zu einer finalen Abstimmung der Zielsetzungen kommt, mit in die CRM-Zielformulierung eingebunden werden; dies kann die Akzeptanz für das Verfahren verbessern und das Verständnis für das System erhöhen. Ändern sich die Grundlagen, auf denen die Ziele vereinbart worden sind, maßgeblich, kann eine Revision der Ziele bereits noch im Verlauf der Beurteilungsperiode notwendig werden.[1022]

Stufe 6: Leistungsbeurteilung: Am Ende einer Beurteilungsperiode werden zwischen der Führungskraft und der beurteilenden Instanz Beurteilungsgespräche im Hinblick auf das Erreichen der vereinbarten CRM-Zielsetzungen durchgeführt.[1023] Dabei wird der Grad des Erreichens der vereinbarten Ziele beziehungsweise entsprechender Indikatoren bewertet. In diesem Zusammenhang kommen neben der individuellen Leistung je nach Stellung in der Hierarchie der Unternehmung weitere vereinbarte Beteilungsgrundlagen mit hinzu. Dabei können die Zielerreichungsgrade in Punkte umgerechnet werden oder es wird ein Gesamtmaß der Zielerreichung bestimmt. Die erreichte Zielerfüllung wird auf den leistungsabhängigen Anteil der Vergütung entsprechend umgerechnet.

Stufe 7: Ausschüttung der Anreize: Zum vereinbarten Stichtag erfolgt die Ausschüttung der in Aussicht gestellten Anreize in Abhängigkeit von der zuvor erfolgten Beurteilung. Grundsätzlich sollte beachtet werden, dass alle auf CRM-Beteiligungsfeldern basierenden Beträge transparent in Form von geeigneten *Umlagen* berechnet und gewährt werden. Die Ausschüttung erfolgt neben der Berücksichtigung allgemeiner damit verbundener Aspekte, wie Risiko der Bewertung und Betragshöhe, zumeist in Abhängigkeit der be-

---

[1022] Vgl. Weilenmann (1989), S.944; Uschatz (1992), S.76
[1023] Vgl. Becker (1992), S.146ff.

stehenden finanziellen Ressourcen des Unternehmens sowie der wirtschaftlichen Aussichten.

Stufe 8: Kontrolle: Die Kontrolle steht entsprechend am Ende eines Anreizprozesses.[1024] CRM-*Zielerfüllung* oder -*nichterfüllung* wird im Rahmen des iterativen Planungsprozesses in die weitere Planung zukünftiger Perioden mit einbezogen. Neben der *einperiodigen* Kontrolle des Ausmaßes der Zielerreichung sollte eine laufende Kontrolle der relevanten Indikatoren erfolgen. Eine kontinuierliche Bestimmung von Markt-, Kunden- und Leistungskennzahlen ist sinnvoll, weil damit ohne wesentliche Verzögerung im Rahmen eines unterjährigen Soll-Ist Vergleiches festgestellt werden kann, wo Probleme in internen oder externen Prozessen liegen oder wo zum Beispiel Suboptimalitäten bei CRM-Massnahmen, wie zum Beispiel Marketing-Kampagnen, vorliegen. In solchen Fällen können sofort geeignete Gegenmaßnahmen eingeleitet werden.[1025]

Zudem sollte eine *interne und externe Erfassung von Messdaten erfolgen*: Neben der unternehmensinternen Bestimmung der Ziel- und Ergebnisgrößen sollten darüber hinaus auch branchenübergreifende Daten erfasst werden, wie etwa mittels Befragungen zur Kundenzufriedenheit und zum Image der Unternehmung. Denkbar ist auch die Befragung von Nicht-Kunden in diesem Zusammenhang.[1026] Damit könnte beispielsweise die Kalibrierung der Unternehmens- und Bereichsleistung in Bezug auf den Wettbewerb und die Kundschaft vereinfacht werden.

4.4.2 Implementierung und Weiterentwicklungsansätze

Einen reibungslosen Ablaufvorgang für ein CRM-Anreizsystem zu erreichen, wie den soeben beschriebenen, ist nicht trivial. Aus diesem Grund soll der Implementierungsaspekt entsprechende Berücksichtigung finden, weil eine intelligente und strukturierte Implementierung die Erfolgsaussichten eines Anreizsystems erhöhen kann, indem die fundamentalen Grundlagen systematisch gelegt werden.

[1024] Vgl. Homburg & Bruhn (2000), S.28
[1025] Vgl. Homburg & Sieben (2000), S.493
[1026] Vgl. Meyer & Ertl (1998), S.179

Die erstmalige Einführung eines CRM-Anreizsystems innerhalb eines Unternehmens erfordert nämlich eine Reihe von vorbereitenden Schritten, wie der Sicherstellung der Abbildbarkeit entsprechender CRM-Zielgrößen sowie deren Integration in bestehende Anreizstrukturen.

Die nachstehende Abbildung zeigt ein mögliches *Implementierungskonzept* für ein CRM-Anreizsystem auf (vgl. Abbildung 4.26).

ABBILDUNG 4.26: IMPLEMENTIERUNGSKONZEPT FÜR EIN CRM-ANREIZ-SYSTEM

	Detailsicht Verknüpfung mit Anreizsystem
1. Einführung der CRM-Zielgrößen	• Erfassung bisheriger Anreizstruktur – Bestandsaufnahme bisheriger Anreizmechanismen – Ermittlung von Übereinstimmung- und Konfliktpotenzialen in Bezug auf CRM
2. Planung der CRM-Zielgrößen	• Anpassung und Erweiterung der Anreizstruktur – Eliminierung kontraproduktiver Anreize – Aufnahme bestehender kundenorientierter Anreizbudgets • Bestimmung eines CRM-Anreizvolumens
3. Verknüpfung der Planung mit dem Anreizsystem	– Vorschlag und Genehmigung des Gesamtbudgets – Auteilung des Budgets auf zweckgebundene Subbudgets (Basis- und Sonderbudgets) – Bestimmung einer Verteilungsfunktion, -strategie und eines -prozesses
4. Erfolgsmessung und Ausschüttung	• Verteilung des Budgets auf einzelne organisatorische Ebenen und Einheiten • Mathematische Verknüpfung von Zielen und Anreizbudgets • Kommunikation der Zusammenhänge

Quelle: Eigene Darstellung

1. Einführung der CRM-Zielgrößen: Um die datenspezifische Grundlage für ein CRM-Anreizsystem schaffen zu können, gilt es, zunächst die grundlegenden CRM-Zielgrößen einzuführen, auf denen das System nachfolgend aufbaut. Dazu werden die CRM-Zielsetzungen weiter konkretisiert und innerhalb der *Controlling-Systeme* eines Unternehmens schrittweise abgebildet und hinterlegt. Damit werden die grundlegenden Größen des Systems meßbar und kontrollierbar. Insgesamt kann es notwendig werden, an bestehenden Applikationen der IT-Landschaft Modifikationen durchführen zu müssen, damit bestimmte Größen, die zur Ermittlung der CRM-Zielgrößen erforderlich sind, entsprechend gewonnen werden und zu Zielgrößen verdichtet werden können.

2. Planung der CRM-Zielgrößen: Nachdem die CRM-Zielgrößen durch die Systeme zufriedenstellend abgebildet worden sind, kann die Bestimmung von Planwerten, den CRM-Sollwerten als Zielsetzungen erfolgen. Diese Planung vollzieht sich mit Hilfe der bereits aufgezeigten Verfahren durch Zielvereinbarungen. Insgesamt werden für die relevanten Führungskräfte der betroffenen Ebenen entsprechende CRM-Ziele festgelegt und als Planwerte hinterlegt.

3. Verknüpfung der Planung mit dem Anreizsystem: Die Implementierung eines CRM-Anreizsystems kann sich nicht völlig ohne die Integration bestehender Anreizstrukturen vollziehen. So müssen im Rahmen eines Abgleiches die bestehenden Anreizstrukturen innerhalb einer Unternehmung erfasst werden und im Hinblick auf CRM eine Erweiterung beziehungsweise bei kontraproduktiven Anreizen eine entsprechende Modifikation erfahren. Anschließend ist zu bestimmen, wie groß das CRM-Anreizvolumen insgesamt bemessen sein soll, wobei bestehende Budgets, die kundenorientierte Zielsetzungen unterstützen, integriert werden sollten. Das CRM-Gesamtbudget wird auf einzelne "*Töpfe*" aufgeteilt; dabei kann es Basisbudgets geben, die der Gratifikation normaler Leistungen dienen sollen; zudem können Sonderbudgets für besonders hervorragende Leistungen vorgehalten werden. Im konkreten Fall sind in diesem Schritt eine Verteilungsfunktion, eine unterstützende Strategie sowie ein transparenter Verteilungsprozess zu definieren. Den organisatorischen Ebenen und Einheiten werden die Budgetanteile, die als Anreize bei Erreichung der CRM-Zielsetzungen ausgeschüttet werden, entsprechend ihrer Beitragsmöglichkeiten zu CRM zugewiesen. Die mathematische Verknüpfung von Anreizen mit den CRM-Zielsetzungen beziehungsweise mit dem Grad der jeweiligen Erreichung wird im System entsprechend hinterlegt. Die soeben zusammengefassten Kernbestandteile der Koppelung der Planung an das Anreizsystem sind der Organisation entsprechend zu kommunizieren. Damit kann die Transparenz und in Folge der erhöhten Nachvollziehbarkeit auch die Akzeptanz des Systems gesteigert werden.

4. Erfolgsmessung und Ausschüttung: Die Erfolgsmessung erfolgt durch einen Soll-Ist-Vergleich zwischen Planwert und finalem Ist-Wert der CRM-Zielerreichung und bedingt - wie bereits beschrieben - je nach Zielerreichung eine entsprechende Belohnung.

4.5 IDENTIFIKATION OFFENER GESTALTUNGSFRAGEN

In den vorstehenden Ausführungen ist es gelungen, einen Ansatz für ein allgemeines CRM-Anreizsystem zu entwickeln. Dabei haben sich eine Reihe von wichtigen offenen Fragen zur Gestaltung ergeben, die einer weiteren Untersuchung bedürfen:

Gestaltungsfragen zu den Leistungskriterien

Anzahl von Bemessungsgrundlagen: Aus der theoretischen Betrachtung des CRM-Konzeptes sowie dessen weiterer Konkretisierung lassen sich eine Vielzahl von Bemessungsgrundlagen ableiten. Problematisch ist die mit der steigenden Anzahl an Kriterien verbundene sinkende Transparenz des Systems; damit können Wirtschaftlichkeit und Motivationsfunktion beeinträchtigt und die Akzeptanz geschwächt werden. Aus diesem Grund ist ein realistisches Ausmaß neuer Bemessungsgrundlagen für strategische, operative und prozessuale Ebenen zu ermitteln.

Einschätzung der Prozessbeitragspotenziale: Die Matrix zur prinzipiellen Beschreibung von Prozessbeitragspotenzialen zu CRM-Zielsetzungen und ihren Einflussgrößen gibt neben dem Aufzeigen eines prinzipiellen Beitrages noch keinen Aufschluss über ihr quantitatives Ausmaß. Hier liegt ein gewisses *Wirkungsdilemma* vor.[1027] Es ist erforderlich, diese Beiträge zu priorisieren, die *relevantesten* Beitragspotenziale können bei einer Begrenzung neuer Bemessungsgrundlagen in ein in der betrieblichen Praxis zu implementierendes CRM-Anreizsystem übernommen werden.

Gestaltungsfragen zur Anreizstruktur

Arten von Anreizen: Welche Form von Anreizen im Allgemeinen und von leistungsabhängigen Anreizen im Besonderen im Rahmen eines CRM-Anreizsystems gewählt werden soll, ist näher zu untersuchen. Der leistungsabhängige Bonus steht im Vordergrund entsprechender Konzepte. Daneben ist zu überprüfen, welche weiteren Komponenten mit grundsätzlich einbezogen werden sollten und auf welchen Ebenen welche leistungsabhängigen Anreize besonders sinnvoll sind. So wird die Prämie auf prozessualer Ebene wahrscheinlich eine wichtigere Bedeutung haben als die Erfolgsbeteiligung. Prämien zeigen nämlich in besonderem Maße Ursache-Wirkungszusammenhänge auf, Erfolgsbe-

---

[1027] Eine Wirkung kann argumentativ und teilweise auch empirisch nachgewiesen werden; das quatitative Ausmass erfordert in diesem Zusammenhang eine weitere Untersuchung.

teiligungen wirken eher langfristig und sind so sicher für die strategische Ebene relevanter.

Einschätzung variabler Anteile: Im Rahmen der Gestaltung wird empfohlen, für bestimmte Bereiche eine Erweiterung der variablen Vergütungsbestandteile durchzuführen, um Platz zu schaffen für neue Zielsetzungen sowie um die Leistungsorientierung stärker zu verankern. Das mögliche Ausmaß für diese Erweiterung ist näher zu untersuchen; es kann nämlich vermutet werden, dass nicht alle ambitionierten Erweiterungen auch von einer Organisation akzeptiert werden. Somit gilt es, *Höchstgrenzen* maximal möglicher variabler Vergütungsbestandteile zu bestimmen, in die auch die CRM-Zielsetzungen entprechend integriert werden können.

Gestaltungsfragen zu den Beteiligungsfeldern

Aufteilung der Beteiligungsfelder: Für die unterschiedlichen Ebenen der Organisation ergeben sich im Allgemeinen eine Vielzahl möglicher Beteiligungsfelder. Es ist weiter zu konkretisieren, welche Ebenen welche Beteiligungsfelder besitzen können und sollten. Entsprechend ist zu untersuchen, wie CRM in diese Struktur integriert werden kann.

Integration neuer Beteiligungsfelder: Die Integration der CRM-Beteiligungsfelder in den leistungsabhängigen Vergütungsbestandteil einer Führungskraft kann auf verschiedene Arten vollzogen werden: Zum einen könnten die neuen CRM-spezifischen Bemessungsgrundlagen in Form einer Gehaltserhöhung integriert werden; dem müsste ein Nutzenzuwachs gegenüberstehen; zum anderen könnten die relativen Anteile der übrigen, an den variablen Vergütungsanteil geknüpften Zielsetzungen entsprechend weniger Gewicht bekommen und die neuen Zielsetzungen entsprechende Berücksichtigung finden; zum dritten könnten alte Zielsetzungen verworfen werden und CRM-Zielsetzungen entsprechend aufgenommen werden. Die jeweiligen Optionen besitzen Auswirkungen auf die Wirtschaftlichkeit und die Akzeptanz eines Systems.

Gestaltungsfragen zum Zeithorizont

Zeithorizont der Zielsetzungen: Üblicherweise werden für kurzfristig-operative und langfristig-strategische Zielsetzungen gewisse Zeitperioden vorgegeben. Fraglich ist, wie innerhalb des CRM-Konzeptes - das sowohl langfristige wie auch kurzfristig wirkende Zielsetzungen beinhaltet - diese Zeithorizonte sinnvollerweise zu bemessen sind. Strategisch ist sicher eine gedehnte Ausrichtung angesichts der Längerfristigkeit des CLV und der Kundenbindung zu erwarten. Daneben sind prozessuale Zielsetzungen vielfach zeitlich kürzer anzusetzen.

Aufwände der Ermittlung von Größen: Mit der Ermittlung von Größen sind Aufwände verbunden. Auch wenn Zielgrößen im System teilweise automatisch erfasst werden können, besteht immer noch ein Aufwand in der Erfassung, der Überprüfung und Interpretation entsprechender Größen. Grundsätzlich sind hochaggregierte Zielsetzungen mit großen Konsolidierungs- und Umrechnungsaufwänden verbunden; die Vielzahl an zu bearbeitenden Daten trägt einen entscheidenden Anteil dazu bei.

Gestaltungsfrage zur Gewichtung von Anforderungen

Anforderungsgewichtung: Für die Konzeption eines CRM-Anreizsystems sind eine Reihe von Anforderungen, wie beispielsweise Wirtschaftlichkeit, Leistungsorientierung, Akzeptanz, Einfachheit, Flexibilität und Realisierbarkeit, identifiziert worden. Für die Gestaltung eines innovativen CRM-Anreizsystems ist zu berücksichtigen, welchen Anforderungen welcher Stellenwert beizumessen ist.

Die Beantwortung dieser hier nocheinmal zusammengestellten offen gebliebenen Fragestellungen zur Gestaltung ist von grundlegender Bedeutung für die weitere Ausgestaltung des CRM-Anreizsystems. Hierfür gilt es im Folgenden, die Erfahrung und das Wissen von Experten einzubeziehen.

5 Empirische Untersuchung

In diesem Teil werden die noch offen gebliebenen Gestaltungsfragen durch eine Ex-pertenbefragung konkretisiert. Dabei wird die bisher eingenommene Abstraktionsebene beibehalten, denn in diesem Zusammenhang kann es nicht darum gehen, weitere Details zu klären, sondern aufgezeigte Optionen und Design-Möglichkeiten für die Gestaltung eines allgemeinen Ansatzes für ein CRM-Anreizsystem noch stärker zu präzisieren.

Aus der bestehenden Methodenvielfalt wurde als geeignete Vorgehensweise der Bereich der Prognosetechniken und aus diesem speziell die *Delphi-Methode* ausgewählt; zunächst müssen die allgemeinen Grundlagen und Besonderheiten bei der Anwendung dieser Technik näher ausgeführt werden.

Aus den möglichen Varianten von Zielsetzungen bei Delphi-Befragungen wird nur *die-jenige* näher beleuchtet, die in den Kontext der vorliegenden Untersuchung passt. Für die-se Variante erfolgt die Bestimmung weiterer zentraler Untersuchungsbestandteile, wie Expertenauswahl, Fragebogenbestimmung und Verfahrensweise.

Die Ergebnisse der Expertenbefragung werden am Ende dieses Teils zusammengefasst und ausführlich diskutiert; sie werden dann in einem Workshop auf Vollständigkeit und Richtigkeit hin überprüft, bevor sie Eingang in ein *innovatives CRM-Anreizsystem* finden, das im nächsten Teil vorgestellt wird (Teil 6).

5.1 KONZEPTION DER UNTERSUCHUNG

5.1.1 Festlegung der Untersuchungsziele

Mittels einer Expertenbefragung soll der Aussagegehalt des CRM-Anreizsystems erhöht werden, indem die bereits erarbeiteten Gestaltungsvorschläge in Beziehung gesetzt wer-den zur Erfahrung der befragten Sachverständigen; dabei werden diese stärker konkretisiert und soweit möglich auch quantifiziert. Besondere Relevanz hat hier der Aspekt der Realisierbarkeit und dabei speziell der der Durchsetzbarkeit.

5.1.2 Bestimmung des Untersuchungsdesigns

Zur Lösung von Problemen - wie in diesem Fall der weiteren Konkretisierung offener Gestaltungsfragen - gibt es im Allgemeinen eine Vielzahl von Methoden, die sich auf unterschiedliche Art und Weise klassifizieren lassen. Teilt man diese etwa ihrer Funktion nach ein, können zum Beispiel *Aufbereitungs-, Prognose-, Such-, Simulations-, Bewertungs- und Managementmethoden* unterschieden werden.[1028] Im Zusammenhang dieser Untersuchung scheinen Prognoseverfahren besonders geeignet, weil es bei der Ermittlung von Aussagen zu offenen Gestaltungsaspekten vorrangig darum geht, subjektive Einschätzungen abzugeben.

5.1.2.1 Bestimmung des gewählten Methodenrepertoires

Unter den *Prognosetechniken*, die prinzipiell in Frage kämen, rangieren Kreativitätstechniken, Cross-Impact-Methode, Trendanalyse, Szenario-Technik, Delphi-Technik, Netzplantechnik und Simulation.[1029]

Zur Auswahl der in diesem Zusammenhang besonders *geeigneten* Prognosemethode werden nochmals wesentliche Merkmale der Gestaltungssituation zusammengefasst:

- Die Gestaltung eines CRM-Anreizsystems ist eine hochkomplexe *innovative* Aufgabenstellung.

- Die Mehrzahl der Gestaltungsfragen ist nicht mittels eines deterministischen Ansatzes eindeutig für sich zu lösen.

- Die möglichen Optionen des Designs stehen weitgehend fest.

- Zur Zeit liegen keine beziehungsweise kaum verfügbare verwendbare Daten zu erfolgreichen Anreizsituationen im Zusammenhang mit CRM vor.

[1028] Vgl. Timpe & Zangemeister et al. (1995), Kapitel 5, S.3

[1029] Vgl. Timpe & Zangemeister (1995), Kapitel 5, S.7ff. mit einer ausführlichen Schilderung wesentlicher Methoden

Viele Prognoseverfahren basieren in unterschiedlichem Ausmaß auf Vergangenheitsdaten, welche in diesem Falle explizit *nicht* vorliegen.[1030] Wenn es hier primär um das Erfassen von Voraussagen kompetenter Experten geht, wird ein Befragungsverfahren nötig, das *einerseits* mit relativ wenig Vergangenheitsdaten auskommt, *andererseits* in der Lage sein muss, *Meinungen* zu erfassen und zu aggregieren.

In diesem Zusammenhang bietet sich die *Delphi-Methode* als besonders geeignete Vorgehensweise an.[1031] Sie wurde ursprünglich gerade dazu entwickelt, durch die Befragung mehrerer Gutachter und die Rückkopplung der jeweiligen Ergebnisse tragfähige Aussagen über Fragenkomplexe zu erhalten, die bisher weitgehend unbearbeitet geblieben waren beziehungsweise vorläufig noch nicht geklärt werden konnten.[1032] Da sie als Methode Intuition, Erfahrung, Wissen sowie Spekulation bewusst zulässt, ist sie gerade für die Beurteilung von Sachverhalten geeignet, für die bisher keine brauchbaren Erklärungsmodelle vorliegen, so dass subjektive Prognosen gerechtfertigt sind, die allerdings mit Sachverstand gekoppelt sein sollten.[1033]

5.1.2.2 Verwendung der Delphi-Methode in dieser Untersuchung

Zentrale Aspekte für die Verwendung dieser Methode sind die Auswahl der Experten, die Erstellung des Fragebogens, die Bestimmung des Vorgehens und die Auswertung der Ergebnisse.[1034] Zunächst werden *Begriff* und *Stellenwert* der Delphi-Methode näher erläutert.

[1030] Vgl. Becker (1974), S.5; Story & Hurdley et al. (2001), S.487

[1031] Vgl. Story & Hurdley (2001), S.487, S.488 und S.491; Ward et al. (1999), S.84ff.; Heinzl & Srikanth (1995), S.11; Becker (1974), S.40 und S.41; Rowe et al. (1991), S.236; Gupta & Clarke (1996), S.186-187; Rowe & Wright (1999), S.354; Häder & Häder (1994), S.13; Cuhls (1998d), S.31

[1032] Vgl. Becker (1974), S.7; Häder & Häder (2000), S.11; Stewart (2001), S.922; Story & Hurdley (2001), S.488; Rowe et al. (1991), S.236; Dalkey & Helmer (1963), S.458ff.; Woudenberg (1991), S.132; Bronner & Matiaske (1991), S.1229f.

[1033] Vgl. Becker (1974), S.40f.; Woudenberg (1991), S.131; Story & Hurdley et al. (2001), S.487; Häder & Häder (1998), S.9

[1034] Vgl. Häder (2000), S.2

Begriffsklärung und Stellenwert

Zur *Delphi-Methode* gibt es mittlerweile eine Vielzahl unterschiedlichster Definitionen.[1035] TIMPE & ZANGEMEISTER (1995) verstehen unter der Delphi-Technik beispielsweise "*ein systematisches Verfahren der Befragung von Experten über die Wahrscheinlichkeit des Eintritts vorausschaubarer Ergebnisse.*"[1036]

In der einschlägigen Literatur kristallisieren sich nach HÄDER et al. (2000) bei einer Vielzahl von Studien in Bezug auf die Begriffsbildung zwei Standpunkte heraus:[1037] Zum einen wird die Delphi-Methode aufgefasst als ein *Werkzeug*, mit dem Gruppenmeinungen besser erfasst und Gruppendiskussionen besser strukturiert werden können; zum anderen wird die Methode hinsichtlich ihres Beitrages zur *Lösung von Problemen* hervorgehoben. Nahezu allen Definitionen der Delphi-Methode scheint eine Idee zu Grunde zu liegen: Nach HÄDER & HÄDER (2000) besteht diese darin: "*in mehreren Wellen Expertenmeinungen zur Problemlösung zu nutzen und in diesen Prozess ein anonymes Feedback einzubauen.*"[1038]

Zusammenfassend kann demnach die Delphi-Methode als ein *intuitives Prognoseverfahren* aufgefasst werden,[1039] das unterschiedlichste Anliegen verfolgen kann.[1040] Für die betriebswirtschaftliche Perspektive ist sie als "*Methode der strukturierten Gruppenbefragung*"[1041] vor allem hinsichtlich ihrer prognostischen Potenziale von Interesse.[1042] Sie lässt sich in die Theorienkomplexe zu Entscheidungsfindung und Informationsgewinnung einordnen.

[1035] Eine umfassende Übersicht zu Delphi-Definitionen geben Häder & Häder (1998), S.4f.; auch Häder & Häder (1994), S.10 und S.11.; Cuhls (1998d), S.31 und S.33.

[1036] Vgl. Timpe & Zangemeister (1995), S.35; Gupta & Clarke (1996), S.185; Schöllhammer (1970), S.131; Story et al. (2001), S.487; Bronner & Matiaske et al. (1991), S.1229; Kammel (1991), S.223; Masser & Foley (1987), S.217-218; eine umfassende Übersicht geben Häder & Häder (1998), S.4f.;

[1037] Vgl. Häder & Häder (2000), S.12f.

[1038] Vgl. Häder & Häder (2000), S.13, (1998), S.6; Stewart (2001), S.922; Hartman & Baldwin (1995); S.244; Story & Hurdley et al. (2001), S.487; Rowe & Wright (1999), S.368

[1039] Vgl. Becker (1974), S.6; Kammel (1991), S.223; Gupta et al. (1996), S.185; Cuhls (1998d), S.31

[1040] Vgl. Häder & Häder (2000); Hartman & Baldwin (1995), S.244

[1041] Vgl. Häder & Häder (1994), S.9; Becker (1974), S.136; Albach (1970)

[1042] Vgl. Becker (1974), S.6; Häder & Häder et al. (1995), S.2

In Wissenschaft und betrieblicher Praxis hat die Delphi-Methode sich zu einem international verwendeten Verfahren entwickelt.[1043] Die Anwendungsmöglichkeiten für Delphi haben sich vervielfältigt, womit eine zunehmende Variantenvielfalt korreliert. Während die Methode ursprünglich hauptsächlich zur Vorhersage langfristiger Prognosen in den Bereichen Technik und Wissenschaft verwendet wurde, dient sie mittlerweile auch zur "policy formation" und dabei speziell zur Entscheidungsfindung.[1044] Die folgende Abbildung stellt eine Reihe von Anwendungsfeldern dar (vgl. Abbildung 5.1).[1045]

ABBILDUNG 5.1: ANWENDUNGSGEBIETE DER DELPHI-METHODE

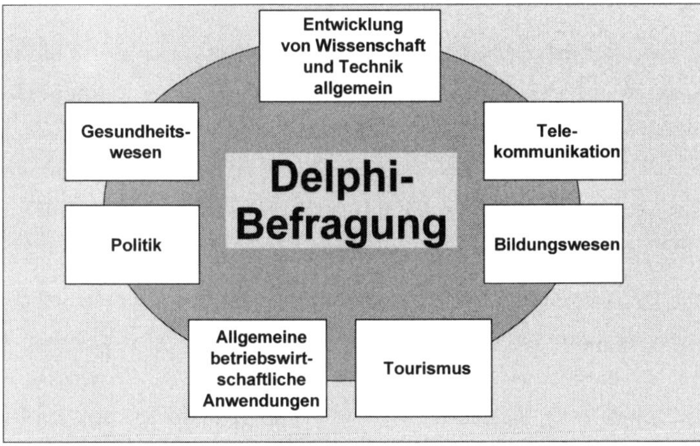

Entwicklung von Wissenschaft und Technik allgemein

Gesundheitswesen

Telekommunikation

Delphi-Befragung

Politik

Bildungswesen

Allgemeine betriebswirtschaftliche Anwendungen

Tourismus

Quelle: inhaltlich nach Häder & Häder (2000), S.13f.

[1043] Vgl. Becker (1974); Häder (2000), (2000b); Häder & Häder (2000), (1998); S.6; Timpe & Zangemeister (1995), Kapitel 5; Beck & Glotz et al. (2000); Stewart (2001); S.922ff.; Hartman & Baldwin (1995), S.244ff.; Cuhls (1998), (1998b), (1998c), (1998d); Story & Hurdley et al. (2001), S.487ff.; Rüttgers (1997), S.1-10; Heinzl & Srikanth (1995), S.11; Rowe & Wright (1999), S.357-362; Tichy (1997), S.193ff.; Cuhls(1998d)

[1044] Vgl. Rowe & Wright (1999), S.355

[1045] Beispiele für Delphi-Anwendungen Timpe & Zangemeister (1995), S.39; Story & Hurdley et al. (2001), S.488; Häder & Häder (1994), S.11f.; Tichy (1997), S.193ff. mit einer Auflistung konkreter Studien; Bauer (2000), S.219; Brosi et al. (1999), S.11f.

Klassische Merkmale einer Delphi-Untersuchung

Obwohl es in Wissenschaft und Praxis unterschiedliche Varianten der Delphi-Methode gibt, besitzen sie elementare Gemeinsamkeiten, die wegen ihrer Wichtigkeit für die vorliegende Untersuchung weiter ausgeführt werden. Diese bestehen im Wesentlichen darin, dass

- eine nach bestimmten Kriterien ausgewählte *anonym* bleibende *Expertengruppe*

- in bestimmter Form *mehrstufig* befragt wird und

- durch eine *Rückkopplung* der Ergebnisse eine Annäherung zwischen den Aussagen erreicht werden kann.[1046]

Expertengruppe: Der Expertenbegriff ist dabei weit gefasst.[1047] Gemeint sind entweder Personen, die im fraglichen Fachgebiet forschen, oder solche, die in diesem beruflich aktiv sind. Die Experten sind als Gruppe aufzufassen, weil sie mit ihrem Wissen und ihrer Autorität an der Lösung eines Problems beziehungsweise der Klärung einer Fragestellung gemeinsam beteiligt sind.[1048] Grundsätzlich sind im Vorfeld *Größe* und *Struktur* der Gruppe und die verwendeten *Auswahlkriterien* festzulegen.

Anonymität: Die Anonymität ist wesentlicher Bestandteil des Verfahrens und soll gruppenkonformes Verhalten von Gutachtern sowie einen möglichen "Gesichtsverlust" bei Änderungen der Einschätzungen verhindern.[1049] Sie wird durch die Verwendung von Fragebögen gewährleistet; die Gutachter bleiben bei der Beantwortung der Fragen jeweils für sich und geben ihr Urteil *isoliert* voneinander ab.[1050]

Sämtliche individuellen Aussagen aller Experten zu bestimmten Punkten werden bei der Auswertung in einer Gesamtaussage zusammengefasst, dies unterstützt die Anonymität zusätzlich.[1051]

[1046] Vgl. Timpe & Zangemeister (1995), S.35f.; Becker (1974), S.17; Woudenberg (1991), S.133; Heinzl & Srikanth (1995), S.11; Kammel (1991); S.225; Rowe et al. (1991), S.237; Gupta & Clarke (1996), S.186; Rowe & Wright (1999), S.354; Story & Hurdley et al. (2001), S.489; Masser & Foley (1987), S.218; Häder & Häder (1998), S.11; Häder & Häder (1994); S.14-15

[1047] Vgl. Cuhls (1998), S.10; Cuhls (1998d), S.42

[1048] Vgl. Becker (1974), S.8; Story & Hurdley et al. (2001), S.487; teilweise Masser & Foley (1987), S.218

[1049] Vgl. Cuhls (1998), S.10; Becker (1974), S.13 und S.33; Cuhls (1998d), S.37

[1050] Vgl. Becker (1974), S.12; Rowe et al. 81991), S.237

[1051] Vgl. Becker (1974), S.8

Mehrstufigkeit: Die Delphi-Befragung vollzieht sich mehrstufig; das heißt, dass sie mehrere Schritte umfasst: Eine Serie von Befragungen mündet in die Auswertung der zusammengetragenen Ergebnisse. Dieser Mehrstufigkeit liegt die Hypothese eines Lernprozesses zu Grunde,[1052] bei dem jede Runde den Wissensstand der Experten erhöht.[1053] Die Anzahl der Runden hängt unter andererem vom Erkenntnisstand über das fragliche Gebiet ab, wobei zwei bis vier Runden Erfahrungswert sind.[1054] Beim ersten Durchlauf werden noch ziemlich pauschal Meinungen erfragt, im weiteren Verlauf der Untersuchung wird gefordert, zu einzelnen Aussagen konkreter Stellung zu beziehen.[1055]

Gruppenurteile und Rückkopplung: Rückkopplung bedeutet, dass die jeweiligen Ergebnisse der Vorrunde den Experten zu Beginn des neuen Durchlaufs vorgelegt werden, damit diese die geäußerten Meinungen überdenken können;[1056] dabei werden im Standardmodell nur solche Informationen "*rückgekoppelt*", die sich unmittelbar aus der Vorrunde ergeben.[1057] Das Spektrum der individuellen Einschätzungen kann dann mit Hilfe von in der Praxis zur Ermittlung von Gruppenurteilen üblicherweise verwendeten statistischen Maßzahlen wie *Median M* und *Quartile Q(25%)* und *Q(75%)* beschrieben werden.[1058] Diese Verfahrensweise ist praktikabel und für die Experten gut nachzuvollziehen.[1059]

[1052] Vgl. Becker (1974), S.19

[1053] Vgl. Stewart (2001); S.922; Story & Hurdley et al. (2001), S.487; Dalkey et al. (1963), S.458; Masser & Foley (1987), S.218

[1054] Die Anzahl der Delphi-Runden variiert in der Literatur stark; eine optimale Rundenzahl scheint es nicht zu geben. Hartmann & Baldwin schlagen 3 Runden vor. Vgl. auch Becker (1987); Cuhls (1998b), S.3; Rowe et al. (1991), S.237; Woudenberg (1991), S.133; Tichy (1997), S.204

[1055] Vgl. Stewart (2001), S.922

[1056] Vgl. Cuhls (1998), S.10; Rowe et al. (1991), S.237; Becker (1994), S.25

[1057] Vgl. Becker (1974), S.38

[1058] Vgl. Becker (1974), S.21f.; S.32; Heinzl & Srikanth (1995); Kammel (1991), S.225; Cuhls (1998b), S.10; (1998d), S.41; Rowe et al. (1991), S.237; Rowe & Wright (1999), S.354; Story & Hurdley et al. (2001), S.490; Bronner et al. (1991), S.1231f.; Masser & Foley (1987), S.218; Häder & Häder (1994), S.21. Der *Median* leitet sich ab aus der Mitte des geordneten Datensatzes, die Streuung der Einschätzungen um den Median kann mittels von Quartilen angegeben werden, wobei 50% der Antworten innerhalb der Q(25%) und Q(75%) Quartile um den Median liegen. Andere Maßzahlen wie beispielsweise das *arithmetische Mittel* würden durch extreme Aussagen oder Schätzungen stark beeinflusst; ein Zentralwert wie der Median und die Quartilsspanne verhalten sich etwas stabiler gegenüber einer moderaten Anzahl von Ausreißern am jeweiligen Ende des Wertebereiches.

[1059] Vgl. Becker (1974), S.38

284

Zielsetzungen von Delphi-Befragungen

Nach HÄDER (2000) sind wesentliche *Zielsetzungen* von Delphi-Befragungen die *Ideen-aggregation*, die möglichst exakte *Vorhersage* eines *unsicheren Sachverhaltes*, die genaue *Ermittlung der Ansichten* einer Gruppe *von Experten* zu einem Sachverhalt und die *Konsensbildung* unter Teilnehmern.[1060] Die folgende Abbildung fasst diese zusammen (vgl. Abbildung 5.2).

ABBILDUNG 5.2: ZIELSETZUNGEN VON DELPHI-BEFRAGUNGEN

Quelle: Eigene Darstellung, inhaltlich nach Häder (2000), S.2f.

Die *Ermittlung von Expertenansichten* ist diejenige Zielsetzung, die am besten mit dem Vorhaben dieser Befragung übereinstimmt.[1061] Nach neueren Erkenntnissen ist sie wohl auch die am häufigsten angewandte Zielvariante.[1062] Bei ihr werden die Expertenmeinungen auch einer Quantifizierung unterzogen, die zu Ergebnissen führt, welche ihrerseits wieder Schlussfolgerungen auf zu treffende Entscheidungen erlauben.

[1060] Vgl. Häder (2000), S.2f.; Gupta & Clarke (1996), S.186; Story & Hurdley et al. (2001), S.490-491; Woudenberg (1991); Cuhls (1998d), S.36
[1061] Vgl. Häder (2000), S.3
[1062] Vgl. Häder (2000), S.7

In diesem Falle können beispielsweise Quantifizierungen bestimmte Entscheidungen über einzelne offene Gestaltungsfragen ermöglichen.

Größe der Expertengruppe: Bei *dieser* Variante können sowohl Totalerhebungen mit sehr großen Gruppen durchgeführt als auch - mittels einer *bewussten Auswahl* - Experten selektiv bestimmt werden. Dabei ist es wichtig, eine *ausreichende* Gruppengröße zu bestimmen und Zufallsstichproben zu vermeiden.[1063] Experimentell konnte gezeigt werden, dass mit zunehmender Größe Fehler in Form von Gruppenirrtümern abnehmen und die Zuverlässigkeit der Urteile steigt.[1064] In der einschlägigen Literatur wird auf Grund empirischer Untersuchungen vorgeschlagen, als Mindestmenge in einer Delphi-Befragung sieben Experten zu wählen;[1065] daneben werden auch zehn bis zwölf Experten empfohlen.

Struktur der Expertengruppe: In *dieser* Variante der Delphi-Methode ist neben der Größe der Expertengruppe auch ihre Struktur von entscheidender Bedeutung für die Qualität der Ergebnisse,[1066] wobei nach HÄDER (2000) das *inhaltliche Fachgebiet* und die *Herkunft aus bestimmten Bereichen* (Wissenschaft, Unternehmen, öffentliche Einrichtungen) eine wichtige Orientierung bieten. Bei vielen Studien, die die Delphi-Methode anwenden, wird eine ausgewogene Mischung der Experten angestrebt.[1067] Das Normalverfahren geht davon aus, dass die Experten über ein gleich hohes Maß an Fachkenntnissen und Urteilsvermögen verfügen.

Kritische Würdigung der Delphi-Methode vor ihrer Anwendung

Bevor nun die Delphi-Methode im Rahmen dieser Untersuchung angewendet werden kann, ist es notwendig, sie zu bewerten, das heißt, kritisch zu würdigen und dabei gerade auch auf mögliche Schwachstellen hin zu untersuchen, die die Ergebnisse verfälschen beziehungsweise deren Bedeutung mindern könnten.

[1063] Vgl. Häder (2000), S.8
[1064] Vgl. Dalkey (1968), S.7f.; Cuhls (1998), S.10
[1065] Vgl. Dalkey & Brown et al. (1969), S.6; Becker (1974) nennt 7 Experten als Minimum.
[1066] Vgl. Hartman & Baldwin (1995), S.245; Story & Hurdley et al. (2001), S.494; S.497
[1067] Vgl. Häder (2000), S.9

Die offensichtlichen Vorteile, die sie bietet, seien dafür noch einmal übersichtlich zusammengefasst.[1068] Mit ihrer Hilfe können:

- effizient Informationen gewonnen werden, indem eine größere Gruppe von Experten ihre Autorität, ihre Erfahrungen und ihr Wissen mit einbringen;[1069]
- Aussagen dadurch präzisiert werden, dass während des Vorgangs die Experten weiter lernen und ihre Urteile überprüfen können;[1070]
- die positiven Effekte, die von einer Gruppenleistung ausgehen unter Ausschluss der teilweise negativen Dynamik einer Gruppe, wie beispielsweise des Hanges zur Konformität, ausgenutzt werden.[1071]

Diese Vorzüge ermöglichen, dass

- eine Reihe miteinander verbundener Variabler und multidimensionaler Merkmale erfasst und betrachtet werden, die vielfach für komplexe Problemstellungen charakteristisch sind;[1072]
- Problemstellungen, die bisher wenig oder gar nicht durchdrungen sind und für die kaum Entscheidungsdaten vorliegen, untersucht werden.[1073]

Als Haupt-Kritikpunkte werden in der Literatur oftmals genannt:[1074]

- situationsspezifische Faktoren erschwerten eine standardisierte Anwendung;
- der Prozess sei unzureichend strukturiert;[1075]
- die Frage nach der Zusammensetzung der Gruppe sei unzureichend geklärt, weil es keine Stringenz bei den Auswahlkriterien gebe;

[1068] Vgl. dazu auch allgemein Gupta & Clarke (1996); Linstone & Turoff (1975); Gutierrez (1989); Ray & Sahu (1989), (1990), Rowe et al. (1991); Masser & Foley (1987);, S.26; Tichy (1997), S.201f.

[1069] Vgl. Gupta & Clarke (1996), S.186; Ray & Sahu (1989), S.26

[1070] Vgl. Gupta & Clarke (1996), Gutierrez (1989)

[1071] Vgl. Schöllhammer (1970), S.131; Gupta & Clarke (1996), S.186; Rowe & Wright (1999), S.354; Story & Hurdley et al. (2001); Masser & Foley (1987), S.218; Woudenberg (1991), S.131 und S.132

[1072] Vgl. Gupta & Clarke (1996), S.186; Ray & Sahu (1989), S.26

[1073] Vgl. Häder & Häder (1998), S.9

[1074] Vgl. Rowe et al. (1991), S.240; Heinzl & Srikanth (1995), S.16; Gupta & Clarke (1996), S.187; Rowe & Wright (1999), S.367; Story & Hurdley et al. (2001), S.491; Masser & Foley (1987), S.218-219; Häder & Häder (1998), S.12-13; (1994), S.25f.; Tichy (1997), S.203; Cuhls (1998d), S.45

[1075] Vgl. Gupta & Clarke (1996), S.187

- die Einschätzung von Spezialisten habe unter Umständen entscheidenden Einfluss auf die Wertigkeiten einzelner Aussagen;[1076]

- der Austausch zwischen den Teilnehmern fehle ganz oder sei begrenzt;[1077]

- die Ergebnisse seien begrenzt verlässlich.[1078]

Trotz dieser Schwachstellen besteht weitgehend Einigkeit darüber, dass die Delphi-Technik einen umfassenden Beitrag zur Entscheidungshilfe sowie zur Erstellung von Prognosen liefert.[1079] Sie wird als wissenschaftliches Instrument zur Erfassung von Daten (Meinungen) verstanden.[1080] So konnte sie sich in unterschiedlichsten Problemstellungen durch ihre Ergebnisse profilieren.[1081] Auch im Vergleich mit anderen Verfahren, wie der Befragung von statistischen Gruppen oder der unstrukturierten Kommunikation innerhalb eines Gruppengespräches, hat sich die Delphi-Methode bewährt.[1082] *"Grundsätzliche Zweifel am Funktionieren des Delphi-Ansatzes finden sich in der neueren Literatur nicht mehr."*[1083]

Implikationen für diese Untersuchung

Damit die vorliegende Untersuchung von der Anwendung der Delphi-Methode optimal profitiert, ohne durch deren mögliche Schwachstellen Schaden zu nehmen, ist

- durch eine klare Strukturierung der Vorgehensweise für Stringenz zu sorgen;

- die Expertenauswahl transparent zu gestalten;

- die Gruppe in sinnvoller Größe zusammenzustellen;

[1076] Vgl. Story & Hurdley et al. (2001), S.493
[1077] Vgl. Hartman & Baldwin (1995), S.245; Gupta & Clarke (1996), S.187
[1078] Vgl. Gupta & Clarke (1996), S.187; Story & Hurdley et al. (2001), S.488; Rowe et al. (1991), S.243; Roew & Wright (1999), S.371; Häder & Häder (1998), S.11; Häder & Häder et al. (1995), S.3. Insbesondere werden in Bezug auf Ergebnisse von Delphi-Untersuchungen Fragestellungen nach der *Validität* oder *Reliabilität* der erzielten Ergebnisse diskutiert.
[1079] Vgl. Rowe et al. (1991), S.249; Gupta & Clarke (1996), S.186
[1080] Vgl. unter anderem Dijk (1989), S.203
[1081] Vgl. Häder & Häder (1998), S.12; Häder & Häder et al. (1995), S.41; Cuhls (1998d), S.41
[1082] Vgl. Untersuchung von Rowe & Wright (1999), S.366; Story & Hurdley et al. (2001), S.493; Häder & Häder (1998), S.16-17
[1083] Vgl. Häder & Häder (1998), S.12; Häder & Häder (1994), S.35. Festzustellen bleibt aber auch, dass noch weiterer Forschungsbedarf zur Delphi-Methode und ihres Potenzials besteht; so könnten Kriterien für Expertenauswahl und Vorgehensweise eine weitere inhaltliche Schärfung erfahren; ferner sind die Mechanismen der Urteilsfindung und Konsensbildung weiteren Analysen zu unterziehen. Rowe et al. (1991), S.249; Rowe & Wright (1999), S.353 und S.369, 370; Story & Hurdley (2001), S.494; Häder & Häder (1994), S.4 und S.16.

- die Ergebnisauswertung im Hinblick auf eine Verallgemeinerung vorsichtig durchzuführen.

5.2 DURCHFÜHRUNG DER UNTERSUCHUNG

Die Durchführung der Untersuchung vollzieht sich in drei wesentlichen Schritten, die in der nachfolgenden Abbildung dargestellt werden (vgl. Abbildung 5.3).[1084]

ABBILDUNG 5.3: VORGEHENSWEISE DELPHI-UNTERSUCHUNG

Schritt 1	Schritt 2		Schritt 3
	Delphi Prozess		
Vorbereitung der Untersuchung	**Daten- Ermittlung**	**Daten- Auswertung**	**Ergebnis- auswertung**
• Fragebogenerstellung • Expertenauswahl • Vorgespräche • Anschreibenerstellung • Terminvereinbarung	• Versendung Fragebögen (Ergebnisbögen) • Vereinbarung Interviews • Durchführung Interviews: – Beantwortung von Fragen zum Inhalt – Erfassung der Argumente bei extremen Meinungen • Vollständigkeitsprüfung und Plausibilisierung • Konsolidierung der Fragebögen	• Bestimmung von Gruppenmeinungen: – Berechnung Mediane – Berechnung 25%- und 75 %-Quartile • Plausibilisierung der Ergebnisse • Erstellung von Ergebnisbögen • Vorbereitung von Feedback und ggf. nachfolgender Befragungsrunde	• Bestimmung finaler Ergebnisse • Interpretation der Meinungsfindung • Ableitung von Implikationen für ein CRM-Anreizsystem

Wiederholung, bis eine stabile Gruppenmeinung beziehungsweise Meinungspole auftreten

Quelle: Eigene Darstellung

Die *Vorbereitung* (Schritt 1) umfasst wesentliche Punkte, wie die Expertenauswahl und die Fragebogenbestimmung. Die eigentliche Untersuchung vollzieht sich innerhalb des "*Delphi-Prozesses*" (Schritt 2), der aus zwei zyklisch aufeinander abfolgenden Unterschritten, der *Datensammlung* und der *Datenauswertung,* besteht. Abschließend erfolgt die *Ergebnisauswertung* (Schritt 3).

[1084] Vgl. Übersicht zum Standardverfahren bei Cuhls (1998d), S.31f.; auch Timpe & Zangemeister (1995), S.35f.

5.2.1 Vorbereitung der Untersuchung

Hier soll nur auf die zentralen Punkte der *Fragebogenerstellung* und der *Experten-auswahl* weiter eingegangen werden.[1085]

5.2.1.1 Fragebogenerstellung

Bei der Ermittlung von Aussagen zu offenen Gestaltungsaspekten geht es um das Er-fassen von Meinungsspektren. Dazu werden Fragen formuliert, für die mögliche Ant-worten vorgegeben werden, die das denkbare Spektrum abdecken, ohne sich zu überlappen. Im Rahmen der Diskussion wird ausführlich auf einzelne Fragen einge-gangen; aus diesem Grund wird nachfolgend nur die Struktur des Fragebogens und der wesentlichen Fragenblöcke beschrieben (vgl. Abbildung 5.4).[1086]

In einer Einleitung (Block 1) werden vorab einige grundlegende Informationen zu den Experten sowie zur jeweiligen Befragungsrunde erfragt.[1087]

Anschließend (Block 2) wird danach gefragt, wie viele CRM-Zielsetzungen maximal ein-geführt werden sollen; dabei geht es im Prinzip um die Bestimmung einer sinnvollen *Anzahl* von Bemessungsgrundlagen. In der bereits dargelegten Konzeption eines CRM-Anreizsystems ist eine Vielzahl möglicher Zielsetzungen identifiziert worden, von denen nicht alle in den Fragebogen aufgenommen werden, weil es auf dieser Abstraktions-ebene nur um die *optimale*, das heißt aus Expertensicht realisierbare Menge möglicher CRM-Ziele auf verschiedenen Ebenen geht.[1088]

Als dritter Punkt werden die möglichen Beitragspotenziale einzelner Prozesse zu CRM-Zielsetzungen bestimmt (Block 3). Im Rahmen der Gestaltung eines CRM-Anreizsystems sind für zentrale Prozesse an der Kundenschnittstelle prinzipielle Beitragspotenziale zu einzelnen Komponenten aufgezeigt worden. Diese sollen nach Möglichkeit durch die Experten quantifiziert und zur Erstellung einer Prozessbeitragsmatrix verwendet werden. Mittels dieser Einschätzungen können die Beiträge priorisiert werden.[1089]

[1085] Anschreiben, Interview-Termine und Expertenliste befinden sich im Anhang der vorliegenden Untersuchung.
[1086] Der Fragebogen befindet sich im Anhang B dieser Untersuchung.
[1087] Vgl etwa auch Struktur bei Ray & Sahu (1989), S.29
[1088] Vgl. Abschnitt 4.2.2.1; Abschnitt 4.5
[1089] Vgl. Abschnitt 4.2.2.1; Abschnitt 4.5

In Block 4 wird nach einer konkreten Anreizstruktur gefragt. Dabei gilt es, aus der bereits angedeuteten Vielzahl möglicher materieller Anreize die aus Sicht der Experten geeignetsten sowie die für die entsprechenden organisatorischen Ebenen gängigsten zu bestimmen, die im Rahmen der Inzentivierung von CRM Verwendung finden sollen.[1090]

ABBILDUNG 5.4: MAKROSTRUKTUR DES FRAGEBOGENS

2. CRM-Zielsetzungen – Bestimmung der Anzahl möglicher CRM-Zielsetzungen pro Ebene einer Organisation
3. CRM-Beitragspotenziale – Bestimmung von Beitragspotenzialen einzelner Prozesse zu zentralen Determinanten
4. Anreizstruktur eines CRM-Anreizsystems – Bestimmung von Anreizbestandteilen allgemein und für einzelne Ebenen
5. Zusammensetzung der Vergütung – Bestimmung möglicher variabler Anteile für Ebenen und Bereiche
6. Beteiligungsfelder – Bestimmung von sinnvollen Beteiligungsfeldern für einzelne Ebenen
7. Zeithorizonte – Bestimmung von sinnvollen Zeithorizonten für einzelne Zielgrößen
8. Ressourcenintensität – Bestimmung möglicher Aufwände zur Ermittlung von Zielgrößen
9. + 10. Wichtigkeit von Anforderungen – Bestimmung der Wichtigkeit und einer Rangfolge zentraler Anforderungen
11. Implementierungsaspekte – Konkretisierung wichtiger Fragen der Implementierung

Quelle: Eigene Darstellung

Die nächsten Fragen (Block 5) beziehen sich auf die Wahl der möglichen Zusammensetzungen von Vergütungen für die einzelnen Ebenen und Bereiche einer Organisation. Dabei ist es notwendig, die als möglich erachteten variablen Vergütungsbestandteile insgesamt zu determinieren. Diese Informationen helfen, die möglichen Spielräume für eine vermehrt kundenorientierte Vergütungsstruktur insgesamt einzuschätzen, in die die CRM-Anreizstrukturen entsprechend integriert werden könnten.[1091]

Anschließend wird danach gefragt, wie die Experten mögliche Zusammensetzungen der Beteiligungsfelder für unterschiedliche Ebenen allgemein beurteilen (Block 6). Aus

---

[1090] Vgl. Abschnitt 4.5; Abschnitt 3.4.1.1
[1091] Vgl. Abschnitt 4.5; Abschnitt 4.2.2.2

diesen Informationen sollen Schlüsse auf die entsprechende Gestaltung der Beteiligungsfelder für ein CRM-Anreizsystem für die unterschiedlichen Ebenen gezogen werden.

Nachfolgend (Block 7) soll für eine Reihe von Zielgrößen zunächst auf allgemeinem
Niveau, anschließend für CRM-Zielgrößen im Allgemeinen, der jeweils sinnvolle Zeithorizont angegeben werden.[1092]

Außerdem wird gefragt (Block 8), wie die Experten den Aufwand für die Ermittlung der
einzelnen CRM-Zielgrößen (wie etwa CLV, Kundenbindung oder Kundenprofitabilität)
bewerten.

Ferner (Block 9 und Block 10) sind die im Vorfeld identifizierten besonderen *Anforderungen* an ein CRM-Anreizsystem einer näheren Betrachtung zu unterziehen, die
ihren jeweiligen Stellenwert für eine mögliche Implementierung bestimmen hilft. Da in
der Praxis *nicht* alle Anforderungen in gleichem Ausmaß zu erfüllen sind, muss heraus-
gefunden werden, welche Bedeutung ihnen aus Expertensicht zukommt.

Zum Abschluss (Block 11) werden einige im Verlauf der Konzeption bereits ange-
klungene Aspekte der Implementierung weiter hinterfragt (Block 11).[1093] Zum einen
sollen die Experten Aussagen über die *Dauer einer Einführung* eines neuen CRM-Anreizsystems tätigen; zum anderen ist es wichtig, zu eruieren, welche *Formen von Zielvereinbarungen* es geben soll und *wie* neue CRM-Zielsetzungen eingeführt werden können.[1094]

5.2.1.2 Expertenauswahl

Wie bereits erwähnt, sind im Vorfeld der bevorstehenden Befragung Entscheidungen zu
Gruppengröße und *-struktur* zu treffen. Vor dem Hintergrund der bereits getätigten Ausführungen zur Zielsetzung der Befragung, zu den Umständen der Untersuchung sowie zu
den Erkenntnissen über die Delphi-Technik ist folgende *Expertenauswahl* angebracht:

Als *Gruppengröße* wird ein Teilnehmerrahmen von insgesamt 14 Experten angenommen,
womit eine genügend große Expertengruppe für diesen Anwendungsfall sichergestellt

[1092] Vgl. Abschnitt 4.5
[1093] Vgl. Abschnitt 4.5
[1094] Dabei ist zwischen Standardisierung und Individualisierung oder beiden Optionen zu entscheiden.

sein dürfte. Ihre Auswahl erfolgt nach den Erkenntnissen neuerer Untersuchungen,[1095] die zeigen konnten, dass das Gruppenurteil um so fundierter wird, je vielfältiger die im Expertenkreis repräsentierten fachlichen Kompetenzen und Erfahrungen sind.[1096] Eine heterogene Aufteilung macht insbesondere dann Sinn, wenn auf Grund der Problemstellung wenig Vergangenheitsdaten vorliegen und gleichzeitig der Probleminhalt relativ abstrakt gehalten ist, was bei der erstmaligen Konzeption eines CRM-Anreizsystems der Fall ist.

Hinsichtlich der *Gruppenstruktur* ist es erstrebenswert, Fachleute auszuwählen, die sich mit dem Themengebiet CRM-Anreizsystem unter den unterschiedlichsten Blickwinkeln auseinandersetzen können. Das mögliche Expertisefeld wird durch *drei* voneinander mehr oder weniger präzis unterscheidbare Faktoren bestimmt:

- die *Herkunft*, wobei zwischen Wissenschaft und Praxis differenziert werden kann (*Industrie, Beratung* und *öffentlichen Sektor*);

- die profunde Kenntnis von für diese Untersuchung immanent wichtigen übergreifenden *Themenkomplexen* wie *CRM* und *Anreizsysteme*;

- Sachverstand und Erfahrungen in Bezug auf angrenzende Themenkomplexe, wie Strategie, Organisation, Prozesse und IT.

Die mögliche Auswahl der Experten kann die nachfolgende Abbildung zeigen (vgl. Abbildung 5.5).

[1095] Vgl. Häder (2000)
[1096] Vgl. Beck & Glotz et al. (2000), S.17; Häder (2000); Bronner & Mathisake (1991), S.1230

ABBILDUNG 5.5: ÜBERBLICK EXPERTISESPEKTRUM

Herkunft der Experten	Kenntnisse zu übergreifenden Themen	Funktionale Kenntnisse
• Wissenschaft • Praxis – Industrie – Beratung – Öffentlicher Sektor	• CRM • Anreizsysteme	• Strategie • Organisation • Prozesse • IT

Eine möglichst breite Abdeckung dieser Bereiche durch Experten sichert die erforderliche Heterogenität der Gruppe

Quelle: Eigene Darstellung

Diesen Vorgaben entsprechend wurde die Expertengruppe zusammengestellt. Um die gewünschte Heterogenität zu erzielen, wurden konsequent Sachverständige aus unterschiedlichen Gebieten herangezogen; wobei ihre *Herkunft* auf die Bereiche *Wissenschaft* und *Praxis* - Industrie und Beratung - begrenzt wurde.[1097] Die Fachleute aus der Industrie kommen vornehmlich aus dem Vertrieb, einem für CRM und Kundenorientierung besonders geeigneten Bereich; dabei sind Software-Industrie, Großanlagenchemie und Energieversorgung vertreten - insgesamt alles Branchen, bei denen Ansätze wie CRM besonderen Sinn machen. Neben Vertretern der Wissenschaft werden auch Experten aus der Beratungsbranche befragt, die durch ihre Tätigkeit einen breiten Erfahrungsfundus mit einbringen. Einzelne Experten aus der Beratung besitzen als CRM-Spezialisten besondere Kenntnisse des Themengebietes sowie in mindestens einem angrenzenden Bereich.

[1097] Kundenorientierung und CRM im öffentlichen Sektor steckt zum gegenwärtigen Zeitpunkt vielfach noch in den Anfängen, weshalb aus diesem Gebiet keine zusätzlichen Erkenntnisse zu erwarten sein dürften.

5.2.2 Prozessablauf - Delphi-Prozess

Der konkrete Ablauf der Befragung orientiert sich an der allgemeinen Vorgehensweise zur Delphi-Befragung.[1098] Er vollzieht sich in zwei Teilschritten: der Sammlung und nachfolgenden Auswertung von Daten. Diese Schritte wurden wiederholt, bis brauchbare Ergebnisse vorlagen,[1099] was in diesem Fall nach zwei Runden eintrat.

5.2.2.1 Durchführung von Befragungsrunde 1

In dieser Untersuchung konnte auf eine offene vorgelagerte Befragungsrunde verzichtet werden, weil die wesentlichen Fragestellungen bereits identifizert worden waren.[1100] Insofern konnte direkt mit der Fragebogenaktion begonnen werden.[1101]

Datensammlung: Nach der Versendung der Fragebögen erfolgte die Befragung der Experten innerhalb eines persönlichen Interviews,[1102] dies erleichterte die Datensammlung und führte zu einer Beschleunigung des Prozesses. Die Experten erhielten am Anfang eine kurze Einführung in die Problem- und Aufgabenstellung der vorliegenden Untersuchung sowie in Ziele und Prozesse der durchzuführenden Delphi-Befragung. Während des Gespräches konnten die Experten Fragen stellen und die Bögen - sofern noch nicht erfolgt - schrittweise ausfüllen.[1103] Bevor der Bogen in die Erstellung des Feedbacks mit eingehen konnte, wurde nochmals die Vollständigkeit und Plausibilität der Angaben überprüft. In Zweifelsfällen wurde Rücksprache gehalten.

Datenauswertung/ Feedback: Anschließend wurden die Antworten und einzelnen Kommentare zusammengefasst und statistisch aufbereitet. Dabei wurden - soweit möglich - Mediane und Quartile bestimmt; in Fällen, in denen das nicht direkt möglich oder sinn-

---

[1098] Vgl. Abschnitt 5.1.2.2; auch Rowe et al. (1991), S.237; Rowe & Wright (1999), S.354; Cuhls (1998d), S.31f.

[1099] Als Abbruchkriterien dienen in der Literatur vielfach die *Stabilität* oder *Konvergenz* der Ergebnisse Zur Konvergenz und Stabilität vgl. etwa Scheibe et al. (1975), S.277 und S.280; Häder & Häder (1994), S.20. *Konvergenz* kann beispielsweise so bestimmt werden, dass eine bestimmte Anzahl von Angaben in einen vorgegebenen Bereich fallen. *Stabilität* kann etwa durch einen Vergleich der Veränderlichkeit der Antworten von Befragungsrunden bestimmt werden. So könnte beispielsweise eine Änderung kleiner als 10% ein Abbruchkriterium sein. Die Erfahrung einer größeren Anzahl von Studien hat gezeigt, dass vielfach zwei, maximal drei Runden ein befriedigendes Ergebnis liefern können. Danach ergeben sich in der Regel keine weiteren wesentlichen Argumente, die inhaltlich eine weitere Bereicherung bedeuten würden.

[1100] Vgl. Rowe & Wright (1999), S.355 und S.367; Abschnitt 4.5

[1101] Vgl. Rowe & Wright (1999), S.355; Story & Hurdley et al. (2001), S.489

[1102] Vgl. Dijk (1989), S.189. Vorwiegend erfolgten die Gespräche per Telefon, einige Gespräche erfolgten persönlich.

[1103] Vgl. unter anderem Cuhls (1998), S.11

voll war, wurden Platzvergaben durchgeführt oder die insgesamt erfolgten Nennungen festgehalten. Das Feedback bestand idealerweise in der Übermittlung der pro Frage berechneten Mediane, der 25%- und 75%-Quartile sowie der jeweiligen Argumente bei Abweichungen. Die aufbereiteten Ergebnisse der ersten Befragungsrunde wurden anschließend nochmals plausibilisiert und in einer nachvollziehbaren Auswertung konsolidiert.[1104]

5.2.2.2 Durchführung von Befragungsrunde 2

Der aus der ersten Befragungsrunde hervorgegangene Ergebnisbogen wurde zusammen mit einem neuen Anschreiben versandt, das die Experten über den Status der Befragung sowie über die weitere Vorgehensweise aufklärte. Anschließend wurden erneut Gesprächstermine für die zweite Befragungsrunde vereinbart.

Datensammlung: Vor dem Beginn der Interviews der zweiten Befragungsrunde wurden den Experten die Ergebnisse nochmals vorgestellt und letzte Fragen zu Verständnis und Vorgehensweise beantwortet. Bei der sich anschließenden Bearbeitung des Fragebogens wurde insbesondere darauf geachtet, dass die Argumente für abweichende Meinungen erfasst wurden. Bei der nachfolgenden Auswertung wurden diese angemessen berücksichtigt.[1105]

Datenauswertung/Feedback: Wie bei der ersten Runde wurden die Ergebnisse gesammelt und dabei besonders auf Vollständigkeit und Plausibilität hin überprüft. Anschließend wurden wie auf der vorhergehenden Stufe Mediane und Quartile bestimmt. Nach der zweiten Runde zeichnete sich eine gewisse Stabilität der Ergebnisse ab, so dass das Verfahren abgebrochen werden konnte.[1106] Die sich anschließende Interpretation der Ergebnisse hat einen hohen Stellenwert für den weiteren Gang der Untersuchung; aus diesem Grunde wird sie ausführlich dargestellt.

[1104] Sie wurden dazu in einen Ergebnisbogen zusammengefasst, der an die bisher verwendete Struktur des Fragebogens angelehnt wurde.

[1105] Vgl. Masser & Foley (1987), S.218; Woudenberg (1991); S.133; Rowe et al. (1991), S.244; Rowe & Wright (1999), S.354, S.355 und S.369; Story & Hurdley et al. (2001), S.489

[1106] Vgl. Masser & Foley (1987), S.218; Story & Hurdley (2001), S.490; Woudenberg (1991); Gutierrez (1989)

5.3 ERGEBNISAUSWERTUNG UND IMPLIKATIONEN

5.3.1 Darstellung und Analyse der Ergebnisse

Die Ergebnisse der zweistufigen Delphi-Befragung werden im nun Folgenden strukturiert aufbereitet und blockweise ausgewertet. Dazu erscheinen pro Frage und Runde die aggregierten Ergebnisse (Gruppenmeinungen) in Form von Median (M), 25%-Quartil (Q1) und 75%-Quartil (Q3). Bei vielen Datensätzen lässt sich bereits beim ersten Durchgang ein Trend zu einer einheitlichen Gruppenmeinung feststelllen, den der weitere Verlauf der Befragung bestätigt. Neben den pro Runde ermittelten statistischen Maßzahlen werden auch die Argumente wiedergegeben, die die Experten in Bezug auf bestimmte Einschätzungen angeführt haben. Aus den Resultaten der einzelnen Frageblöcke können bestimmte Schlussfolgerungen gezogen werden, die in die Konzeption eines *innovativen CRM-Anreizsystems* mit einfließen müssen.

Auswertung der CRM-Zielsetzungen (Block 2)
Die eingangs getätigte Vermutung, dass nur eine *begrenzte* Anzahl von neuen CRM-Zielsetzungen eingeführt werden sollte, konnte durch die Ergebnisse der Delphi-Befragung bestätigt werden. Nach zwei Befragungsrunden ergibt sich ein ziemlich klares Bild: Für die *strategische Ebene* geht man von insgesamt bis zu *zwei* strategischen CRM-Zielsetzungen aus, für die *operative Ebene* setzt man maximal *drei* Zielgrößen an, während man für die darunter liegende *Prozessebene* zwischen *sechs* bis *zehn* für realistisch erachtet. Die Anzahl der neu einzuführenden CRM-Zielsetzungen hängt davon ab, wieviele bereits implizit oder explitit vorliegen. Die weiter unten folgende Abbildung illustriert die für möglich gehaltene Anzahl von CRM-Zielsetzungen pro Ebene (vgl. Abbildung 5.6).

Die Argumentation für die Bestimmung der jeweils sinnvollen Größenordnung beruhte vielfach auf Überlegungen der Experten zu einer *realisierbaren* Operationalisierung des CRM-Konzeptes in einer betrieblichen Organisation. In Bezug auf die Zielsetzungen wäre diese Operationalisierung als Pyramide vorstellbar, bei der sich hierarchisch elementare CRM-Zielsetzungen von der *strategischen* über die *operative* Bereichs- und Segment- bis hinein in die *prozessuale* Ebene fortsetzen und, indem sie sich konsequent weiter verästeln, sukzessive konkretisieren.

Damit das sich dabei ergebende Gerüst von der betrieblichen Organisation akzeptiert werden kann, muss es überschaubar bleiben, das heißt - auf die Ebene der Implementierung übertragen - dass die Komplexität des Ansatzes den Rahmen des Machbaren nicht sprengt.

ABBILDUNG 5.6: AUSWERTUNG CRM-ZIELSETZUNGEN (BLOCK 2)

Frage	Maßzahlen	Runde 1	Runde 2
• 2.1 Wieviele CRM Ziele sind auf der strategischen Ebene sinnvoll?	• Q1 • M • Q3	2 2 2	2 2 2
• 2.2 Wieviele CRM-Ziele sind auf der operativen Ebene sinnvoll?	• Q1 • M • Q3	3 3 4	3 3 4
• 2.2 Wieviele CRM-Ziele sind auf der prozessualen Ebene sinnvoll?	• Q1 • M • Q3	(6-10) (6-10) (6-10)	(6-10) (6-10) (6-10)

Quelle: Eigene Darstellung, Ergebnisse der Delphi-Untersuchung

Auswertung der CRM-Beitragspotenziale (Block 3)

Mit Hilfe der folgenden Abbildung, die die mit Expertenmeinungen befüllte *Prozessbeitragsmatrix* wiedergibt, kann die bereits angekündigte notwendige Priorisierung einzelner Beiträge erfolgen (vgl. Abbildung 5.7).[1107] Dabei werden insbesondere solche auszuwählen sein, die aus Expertensicht signifikant auf die Determinanten von Kundenbindung (Kundenzufriedenheit und Wechselbarrieren) und Kundenprofitabilität (Umsatzerlöse und Kostenverbesserungen) einwirken können.[1108]

[1107] Vgl. Abschnitt 4.2.2.1
[1108] Vgl. Abschnitt 4.2.2.1

ABBILDUNG 5.7: AUSWERTUNG CRM-BEITRAGSPOTENZIALE (BLOCK 3)

Determinanten / Prozesse	Kundenbindung				Kundenprofitabilität			
	Kundenzufriedenheit		Wechselbarrieren		Umsatzerhöhung		Kostenverbesserung	
	Runde 1	Runde 2	Runde 1	Runde 2	Runde 1	Runde 2	Runde 1	Runde 2
Kundenakquisition	Q1=2 M=2 Q3=2	Q1=2 M=2 Q3=2	Q1=1 M=2 Q3=2	Q1=2 M=2 Q3=2	Q1=5 M=5 Q3=5	Q1=5 M=5 Q3=5	Q1=2 M=3 Q3=4	Q1=3 M=3 Q3=4
Ordermanagement	Q1=4 M=4,5 Q3=5	Q1=4 M=4 Q3=5	Q1=3 M=3,5 Q3=4	Q1=3 M=4 Q3=4	Q1=2 M=3 Q3=3	Q1=3 M=3 Q3=3	Q1=3 M=3 Q3=4	Q1=3 M=3 Q3=3
Kundenbetreuung	Q1=5 M=5 Q3=5	Q1=5 M=5 Q3=5	Q1=4 M=4 Q3=5	Q1=4 M=4 Q3=4	Q1=3 M=3 Q3=4	Q1=3 M=3 Q3=3	Q1=1 M=2 Q3=3	Q1=2 M=2 Q3=3
Leistungserbringung	Q1=5 M=5 Q3=5	Q1=5 M=5 Q3=5	Q1=4 M=4 Q3=5	Q1=4 M=4 Q3=5	Q1=2 M=3 Q3=3	Q1=3 M=3 Q3=3	Q1=3 M=3 Q3=4	Q1=3 M=3 Q3=3
Beschwerdemanagement	Q1=4 M=5 Q3=5	Q1=4 M=5 Q3=5	Q1=3 M=4 Q3=5	Q1=3 M=4 Q3=4	Q1=2 M=2,5 Q3=3	Q1=2 M=3 Q3=3	Q1=2 M=2 Q3=3	Q1=2 M=2 Q3=2
Kundenentwicklung	Q1=3 M=3 Q3=3	Q1=3 M=3 Q3=3	Q1=3 M=3 Q3=4	Q1=3 M=3 Q3=4	Q1=4 M=4,5 Q3=5	Q1=4 M=4 Q3=5	Q1=2 M=2 Q3=3	Q1=2 M=2 Q3=2
Kundenrückgewinnung	Q1=2 M=3 Q3=4	Q1=3 M=3 Q3=3	Q1=2 M=2,5 Q3=3	Q1=2 M=2 Q3=3	Q1=3 M=4 Q3=4	Q1=4 M=4 Q3=4	Q1=1 M=2 Q3=3	Q1=2 M=2 Q3=2

Quelle: Eigene Darstellung, Ergebnisse der Delphi-Untersuchung

Wie dieser Matrix zu entnehmen ist, schätzen die Experten in der zweiten Runde den Beitrag einzelner Prozesse zur Kundenbindung wie folgt ein: Hohe Werte in Bezug auf die *Kundenzufriedenheit* erreichen das Ordermanagement (M=4), die Kundenbetreuung (M=5), die Leistungserbringung (M=5) und das Beschwerdemanagement (M=5); für den Ausbau von *Wechselbarrieren* sind besonders relevant: Ordermanagement (M=4), Kundenbetreuung (M=4), Leistungserbringung (M=4) und Beschwerdemenagement (M=4). Im Hinblick auf die Kundenprofitabilität werden folgende Beiträge als bestimmend angesehen: Eine *Umsatzerhöhung* erfolgt primär durch Kundenakquisition (M=5), Kundenentwicklung (M=4) und Kundenrückgewinnung (M=4). Für die *Kostenverbesserung* ließen sich aus Sicht der Befragten keine herausragenden Potenziale identifizieren.

Die hier sichtbar werdenden Ergebnisse entsprechen weitgehend den Vermutungen, die im Laufe dieser Untersuchung über die Beitragspotenziale kundenrelevanter Prozesse geäußert worden sind. Das war zu erwarten, weil die Argumentation für die einzelnen Beiträge zwar erst in dieser Darstellung hinreichend klar identifiziert und umfassend genug aufbereitet worden sind, die Experten auf Grund ihrer Sachkenntnis aber selbstverständlich die entsprechenden Zusammenhänge in Teilen bereits erkannt hatten. Durch die Befragung wurde bisher zum Teil nur implizit vorliegendes Wissen in explizites umgewandelt und dabei systematisiert. Der eigentliche Beitrag der Expertenbefragung zu diesem Punkt der Untersuchung ist die auf diese Weise möglich werdende Quantifizierung der Prozessbeiträge im Gesamtzusammenhang.

Auswertung der Anreizstruktur eines CRM-Anreizsystems (Block 4)
In der Praxis wird im Zusammenhang mit Anreizsystemen immer wieder eine Vielzahl unterschiedlicher materieller Anreize genannt. In diesem Zusammenhang sollte festgestellt werden, welche nach Expertensicht als für ein CRM-Anreizsystem *sinnvoll* gelten dürfen; zum anderen sollte bestimmt werden, auf *welchen* Ebenen *welche* leistungsabhängigen Anreize zu verwenden sind.[1109]

Nach Meinung der Experten sind für ein CRM-Anreizsystem alle materiellen Anreize brauchbar. Dabei ist *folgende* Abstufung Konsens:

- *Erfolgsbeteiligung,*
- *Bonus,*
- *Tantieme,*
- *Prämie und*
- *Firmenwagen.*

Innerhalb dieser Reihenfolge gab es von Runde eins zu Runde zwei noch einen Platzwechsel zwischen Prämie und Tantieme, die Fünfergruppe blieb aber für sich bestehen. Auch die Plätze sechs bis zehn erfuhren zwei Stellenwechsel eine leichte Veränderung; dennoch war auch diese Gruppe ansonsten stabil (vgl. Abbildung 5.8).

[1109] Dabei werden für die Bestandteile der Anreizstruktur die in der Praxis vorherrschenden üblichen Begriffsbildungen zu Grunde gelegt.

ABBILDUNG 5.8: AUSWERTUNG ANREIZSTRUKTUR (BLOCK 4)

Frage	Rang	Runde 1	Runde 2
• 4.1 Was sind die 5 wichtigsten Anreizbestandteile, die in einem CRM-Anreizsystem Verwendung finden sollten?	• Rang 1	Erfolgsbeteiligung	Erfolgsbeteiligung
	• Rang 2	Bonus	Bonus
	• Rang 3	Prämie	Tantieme
	• Rang 4	Tantieme	Prämie
	• Rang 5	Firmenwagen	Firmenwagen
	• Rang 6	Altersversorgung	Altersversorgung
	• Rang 7	Reisen	Sondernutzungsrechte
	• Rang 8	Sonderkonditionen	Reisen
	• Rang 9	Sondernutzungsrechte	Sonderkonditionen
	• Rang 10	Freizeit	Freizeit
• 4.2 Was sind auf der strategischen Ebene die wichtigsten leistungsabhängigen Anreize?	• Rang 1	Bonus	Erfolgsbeteiligung
	• Rang 2	Erfolgsbeteiligung	Bonus
	• Rang 3	Tantieme	Tantieme
	• Rang 4	Prämie	Prämie
• 4.3 Was sind auf der operativen Ebene die wichtigsten leistungsabhängigen Anreize?	• Rang 1	Bonus	Bonus
	• Rang 2	Erfolgsbeteiligung	Erfolgsbeteiligung
	• Rang 3	Prämie	Prämie
	• Rang 4	Tantieme	Tantieme
• 4.4 Was sind auf der prozessualen Ebene die wichtigsten leistungsabhängigen Anreize?	• Rang 1	Bonus	Bonus
	• Rang 2	Prämie	Prämie
	• Rang 3	Erfolgsbeteiligung	Erfolgsbeteiligung
	• Rang 4	Tantieme	Tantieme

Quelle: Eigene Darstellung, Ergebnisse der Delphi-Untersuchung

Nach Meinung der Experten genießen *Erfolgsbeteiligung* und *Bonus* auf *strategischer* und *operativer* Ebene als leistungsabhängige Bestandteile eine besondere Bedeutung, wohingegen auf *prozessualer* Ebene die *Prämie* in den Vordergrund rückt. Um das Erreichen von vereinbarten CRM-Zielsetzungen auf strategischer und operativer Ebene zu belohnen, sollten also als Anreize für konsequente Leistungs- und Erfolgsorientierung Erfolgsbeteiligung und Boni eingesetzt werden. Auf prozessualer Ebene könnten neben dem Bonus *Prämien* gewährt werden.

Auswertung der Zusammensetzung der Vergütung (Block 5)

Die Ergebnisse der Expertenbefragung bestätigen die Machbarkeit eines Vergütungsprinzips, das Kundenorientierung stärker berücksichtigt. Bei dieser Vergütungsweise wird der variable Anteil der Vergütung nicht nur - wie das bisher vielfach praktiziert wird - von den unterschiedlichen Ebenen innerhalb der Unternehmenshierarchie abhängig gemacht, sondern auch von der jeweiligen Intensität der Ausrichtung auf den Kunden.[1110]

[1110] Vgl. Abschnitt 4.2.2.2

Die nachfolgende Zusammenfassung gibt die Meinung der Experten zu diesem Punkt wieder (vgl. Abbildung 5.9).

ABBILDUNG 5.9: AUSWERTUNG VERGÜTUNG* (BLOCK 5)

Bereich / Ebene	Kundenschnittstelle						Interne Prozesse					
	Vertrieb		Service		Kundendienst		Entwicklung		Produktion		Logistik	
	Runde 1	Runde 2	Runde 1	Runde 2	Runde 1	Runde 2	Runde 1	Runde 2	Runde 1	Runde 2	Runde 1	Runde 2
Strategisches Top-Management	Q1=30 M=60 Q3=70	Q1=50 M=60 Q3=60	Q1=30 M=40 Q3=40	Q1=40 M=45 Q3=50	Q1=30 M=40 Q3=50	Q1=40 M=50 Q3=50	Q1=30 M=30 Q3=30	Q1=30 M=30 Q3=40	Q1=20 M=30 Q3=30	Q1=30 M=30 Q3=40	Q1=20 M=30 Q3=30	Q1=30 M=30 Q3=40
Operatives Bereichs-/Segmentmanagement	Q1=40 M=45 Q3=50	Q1=50 M=50 Q3=50	Q1=20 M=30 Q3=30	Q1=30 M=30 Q3=30	Q1=20 M=30 Q3=30	Q1=30 M=30 Q3=30	Q1=20 M=25 Q3=30	Q1=20 M=25 Q3=30	Q1=20 M=30 Q3=30	Q1=20 M=25 Q3=30	Q1=20 M=25 Q3=30	Q1=20 M=30 Q3=30
Operatives Prozessmanagement	Q1=40 M=40 Q3=50	Q1=40 M=40 Q3=40	Q1=20 M=25 Q3=30	Q1=30 M=30 Q3=30	Q1=20 M=30 Q3=30	Q1=30 M=30 Q3=30	Q1=10 M=20 Q3=20	Q1=20 M=20 Q3=20	Q1=10 M=20 Q3=20	Q1=20 M=20 Q3=30	Q1=10 M=20 Q3=30	Q1=20 M=20 Q3=30

* Angaben in Prozent
Quelle: Eigene Darstellung, Ergebnisse der Delphi-Untersuchung

Auffällig ist hierbei, dass die Experten den variablen Vergütungsbestandteil auf den höheren Ebenen für die inneren Bereiche mit über 30% und für den Vertrieb mit bis zu 60% zwar relativ hoch einschätzen, dass aber in der Literatur - insbesondere für den Vertrieb - vielfach *noch höhere* Werte gefordert werden. Solche Unterschiede erklären sich möglicherweise dadurch, dass aus Expertensicht der Machbarkeit im Sinne einer organisatorischen Durchsetzbarkeit ein höherer Rang eingeräumt wird und es so zu einer gewissen Deckelung kommt. Interessant ist auch der auf *prozessualer* Ebene für den Vertrieb mit 40 %, für den Service mit 25% und für den Kundendienst mit 30 % relativ hoch eingeschätzte maximale variable Vergütungsanteil. Dieses Ergebnis lässt sich unter anderem dadurch erklären, dass nach Meinung der Sachverständigen gerade *dort*, wo in der Praxis wesentliche Teile der wertschöpfenden Tätigkeiten und der kundenorientierten Aktivitäten erfolgen, ein spürbar hoher leistungsabhängiger Vergütungsanteil gewährt werden sollte.

302

Auswertung der Beteiligungsfelder (Block 6)

Die durchgeführte Befragung bestätigt, dass auf der *strategischen Ebene* als Basis für eine erfolgsabhängige Vergütung primär berücksichtigt werden sollte, inwieweit die Ziele der Unternehmung erreicht worden sind. Einigkeit besteht auch darüber, dass daneben - wenn auch in wesentlich geringerem Umfang - Bereichsziele mit einbezogen werden sollten. Auf dieser Ebene werden Individualziele nur dann beachtet, wenn das strategische Management Vorbild- oder Mentorfunktion für die restlichen Ebenen der Unternehmung hat.

Auf der *Bereichsebene* ist nach Sicht der Experten der Stellenwert von Unternehmenszielen bei der Entscheidung über die Höhe des Anteils der variablen Vergütung geringer einzustufen; hier treten Bereichs- und Segmentzielsetzung eher in den Vordergrund, die auf dieser Ebene vom Bereichsmanagement auch in besonderem Maße beeinflusst werden kann. Beachtlich ist hier der Einfluss, der der Individualebene beigemessen wird: mit etwa 20% wird er spürbar honoriert.

Auf der *prozessualen Ebene* stehen *Individual- und Gruppenziele* klar im Vordergrund; auch die Bereichsebene spielt mit ungefähr 40% eine beachtliche Rolle. Überraschend ist hier der relativ hoch geschätzte Anteil von Unternehmenszielen als Beteiligungsfeld. Begründet wurde dies damit, dass es auf dieser Ebene für eine stärkere Motivation der Führungskräfte notwendig sei, die Realisierung von Unternehmenszielen zu fordern, auch wenn sie auf dieser Hierarchiestufe weniger zu beeinflussen sind. Damit soll verhindert werden, dass die Management-Basis von den Zielsetzungen der Spitze abgekoppelt wird. Im Rahmen der Verwirklichung strategischer Programme wie CRM könnte dies ein übergeordnetes Programmziel darstellen.

Die erzielten Ergebnisse deuten darauf hin, dass für das zu erstellende innovative CRM-Anreizsystem *alle* Beteiligungsfelder, die bereits im Rahmen der Untersuchung vorgeschlagen worden sind, auch zugelassen werden sollten.

Die nachstehende Abbildung verdeutlicht nochmals die soeben aufgezeigten Ergebnisse (vgl. Abbildung 5.10).

ABBILDUNG 5.10: AUSWERTUNG BETEILIGUNGSFELDER* (BLOCK 6)

Bereich / Ebene	Beteiligungsfelder für den variablen Vergütungsbestandteil					
	Unternehmensebene		Bereichs-/ Segmentebene		Gruppen-/ Individualebene	
	Runde 1	Runde 2	Runde 1	Runde 2	Runde 1	Runde 2
Strategisches Top-Management	Q1=50 M=70 Q3=70	Q1=60 M=70 Q3=70	Q1=20 M=25 Q3=30	Q1=30 M=30 Q3=30	Q1=0 M=5 Q3=10	Q1=10 M=10 Q3=10
Operatives Bereichs-/ Segmentmanagement	Q1=20 M=30 Q3=30	Q1=30 M=30 Q3=30	Q1=50 M=60 Q3=60	Q1=50 M=50 Q3=60	Q1=10 M=20 Q3=30	Q1=10 M=15 Q3=20
Operatives Prozessmanagement	Q1=10 M=20 Q3=30	Q1=10 M=20 Q3=20	Q1=30 M=40 Q3=40	Q1=40 M=40 Q3=40	Q1=40 M=45 Q3=60	Q1=40 M=40 Q3=50

* Angaben in Prozent
Quelle: Eigene Darstellung, Ergebnisse der Delphi-Untersuchung

Auswertung der Zeithorizonte (Block 7)

Die Auswertung der Aussagen über sinnvolle Zeithorizonte bestätigt die bereits angegebenen Zeitspannen: für strategische Zielsetzungen etwa vier Jahre, für operative ungefähr zwei, für prozessuale circa ein Jahr.

Zu den CRM-Zielsetzungen und den mit ihnen assoziierten Zeithorizonten sei noch folgendes angemerkt: Die Experten sehen für den *Customer Lifetime Value* einen - wie bei strategischen Zielsetzungen üblichen - längeren Zeithorizont von M=5 Jahren vor, für die *Kundenbindung* vier (M=4) und die *Kundenprofitabilität* zwei Jahre (M=2). Auffallend sind in der ersten Befragungsrunde die relativ hohen Streuungen der Aussagen beim CLV und der Kundenbindung. Die zu beobachtenden beachtlichen Spannbreiten von Q1 und Q3 zum Median reduzieren sich jedoch im Laufe der Befragung.[1111] Die anfängliche Unsicherheit in diesem Punkt lässt sich dadurch erklären, dass die Experten

[1111] Ein derartiger Angleich der Meinungen wird oftmals in der Literatur auch als ein Nachteil der Delphi-Methode angesehen; ohne dies grundsätzlich in Frage stellen zu wollen, sei an dieser Stelle aber darauf hingewiesen, dass ein derartiger Angleich in erster Line doch nur wohl dann stattfinden wird, wenn für die Ausreißer keine entsprechenden Argumente zur Begründung vorliegen.

zunächst allgemein zu diesen Zielsetzungen befragt wurden, ohne dass Determinanten wie Branche, Unternehmensgröße und andere den CLV bestimmende Kontingenzfaktoren mit einbezogen worden wären. Überraschend ist auch, dass bei CLV und Kundenbindung beziehungsweise -profitabilität unterschiedliche Zeithorizonte angenommen wurden. Die Experten fordern hier, dass auf dem Weg hin zu einer Steigerung des CLV bei dessen Treibern sichtbare Ergebnisse vorgewiesen werden sollten. Die nachstehende Darstellung fasst die vorliegenden Einschätzungen zu den Zeithorizonten von Zielsetzungen zusammen (vgl. Abbildung 5.11).

ABBILDUNG 5.11: AUSWERTUNG ZEITHORIZONTE* (BLOCK 7)

Frage	Runde 1	Runde 2
• 7.1 Welchen Zeithorizont haben strategische Zielsetzungen in der Praxis im Allgemeinen?	Q1=3 M=4 Q3=5	Q1=4 M=4 Q3=5
• 7.2 Welchen Zeithorizont haben operative Zielsetzungen in der Praxis im Allgemeinen?	Q1=2 M=2 Q3=3	Q1=2 M=2 Q3=2
• 7.3 Welchen Zeithorizont haben prozessuale Zielsetzungen in der Praxis im Allgemeinen?	Q1=1 M=1 Q3=1	Q1=1 M=1 Q3=1
• 7.4 Welchen Zeithorizont sollte das CRM-Ziel Customer Lifetime Value haben (CLV)?	Q1=2 M=4,5 Q3=5	Q1=5 M=5 Q3=5
• 7.5 Welchen Zeithorizont sollte das CRM-Ziel Kundenbindung haben?	Q1=2 M=4 Q3=5	Q1=3 M=4 Q3=4
• 7.6 Welchen Zeithorizont sollte das CRM-Ziel Kundenprofitabilität haben?	Q1=2 M=2 Q3=3	Q1=2 M=2 Q3=2

* Angaben in Jahren
Quelle: Eigene Darstellung, Ergebnisse der Delphi-Untersuchung

Auswertung zur Ressourcenintensität (Block 8)

Neben der Einschätzung sinnvoller Zeithorizonte für Zielsetzungen ist die Ermittlung der Ressourcenintensität ein wesentlicher weiterer Punkt zur Bestimmung realistischer Zeitintervalle. Bei der Kontrolle, inwieweit Zielgrößen realisiert worden sind, entsteht Aufwand, der einerseits vom Umfang der zu erhebenden Daten, andererseits vom Grad der Aggregation von Zielgrößen innerhalb der Organisation abhängt.

Nach Meinung der Expertent nimmt dieser Aufwand mit steigender Verdichtung der Zielgrößen zu. Konsequenterweise produziert die Ermittlung des CLV für den *gesamten* Kundenstamm den größten Aufwand; auch die Bestimmung des Bereichs-/Segment-CLV

305

und der Bereichs-/Segment-Kundenbindung sind für viele Experten sehr arbeits- und ressourcenintensiv. Dagegen scheint es weniger problematisch zu sein, die jeweiligen Kundenprofitabilitäten zu erfassen; dies könnte aus der Tatsache herrühren, dass viele Unternehmen bereits über ausgefeilte Verfahren zur Ermittlung von Deckungsbeiträgen verfügen und somit bestimmte Hinweise auf Profitabilitäten vorliegen. Der Begriff der Profitabilität wird dabei von den Experten mit klaren Erwartungen gekoppelt, wohingegen Kundenbindung respektive CLV mittlerweile in der Fachwelt immer mehr als wichtige Zielgrößen anerkannt worden sind, ohne dass sie in der betrieblichen Praxis bisher ausreichend erprobt worden wären. Insofern sind die an sie geknüpften Erwartungen häufig unpräzis beziehungsweise divergent. Die Ergebnisse der Abschätzung einzelner Ermittlungsaufwände sind Gegenstand der folgenden Darstellung (vgl. Abbildung 5.12).

ABBILDUNG 5.12: AUSWERTUNG RESSOURCENINTENSITÄT* (BLOCK 8)

Frage	Runde 1	Runde 2
• 8.1 Aggregierter CLV	Q1=3 M=4 Q3=4	Q1=4 M=4 Q3=4
• 8.2 Bereichs-/ Segment-CLV	Q1=3 M=3,5 Q3=4	Q1=3 M=3 Q3=4
• 8.3 Bereichs-/Segment-Kunden-bindung	Q1=2 M=3 Q3=3	Q1=2 M=3 Q3=3
• 8.4 Bereichs-/Segment-Kundenprofitabilität	Q1=1 M=2 Q3=3	Q1=2 M=2 Q3=3
• 8.5 Individuelle Kundenbindung	Q1=1 M=3 Q3=3	Q1=2 M=3 Q3=3
• 8.6 Individuelle Kunden-profitabilität	Q1=1 M=1 Q3=2	Q1=1 M=1 Q3=2

* Angaben: (0) kleiner Aufwand...(4) großer Aufwand
Quelle: Eigene Darstellung, Ergebnisse der Delphi-Untersuchung

Auswertung der Anforderungen (Block 9 und 10)

Die Anforderungen, die im Allgemeinen an Anreizsysteme gestellt werden, sind, wie bereits aufgezeigt werden konnte, vielfältig. Die Fülle bestehender Anforderungen macht eine Priorisierung unumgänglich.

Wenn von den allgemeinen an *jedes* Anreizsystem zu stellenden Anforderungen hier nur die wichtigsten betrachtet werden, dann geschieht dies, um die Komplexität der Gestaltung eines CRM-Anreizsystems zu reduzieren. Wie bereits aus Block 9 ersichtlich wird, werden bei freier Einschätzung der Bedeutung einzelner Anforderungen im Prinzip fast alle für wichtig bis sehr wichtig gehalten. Erst die Frage nach einer Rangreihe (Block 10) macht Unterschiede in der Wertigkeit deutlich: Für die Experten steht *Realisierbarkeit* eindeutig an erster Stelle, dann folgen *Wirtschaftlichkeit, Akzeptanz, Transparenz* und schließlich *Einfachheit*. Aus Expertensicht sollte bei der Konzeption eines CRM-Anreizsystems vorrangig auf dessen Realisierbarkeit geachtet werden. Diese bildet den Nukleus der Anforderungen an die Gestaltungsarbeit und entscheidet über die Verwendbarkeit einzelner Konzeptbestandteile. Insgesamt gesehen sind die einzelnen Anforderungen immer auf den konkreten Einzelfall hin zu beziehen. Die folgende Zusammenfassung macht die Sichtweisen der Befragten deutlich (vgl. Abbildung 5.13).

ABBILDUNG 5.13: AUSWERTUNG ANFORDERUNGEN (BLOCK 9 + 10)

Wichtigkeit (Frage 9)*	Runde 1	Runde 2
• 9.1 Wirtschaftlichkeit	Q1=1; M=2; Q3=2	Q1=2 ; M=2 ; Q3=2
• 9.2 Transparenz	Q1=1; M=1; Q3=1	Q1=1 ; M=1 ; Q3=1
• 9.3 Akzeptanz	Q1=2; M=2; Q3=2	Q1=2 ; M=2 ; Q3=2
• 9.4 Einfachheit	Q1=1; M=1; Q3=2	Q1=1 ; M=1 ; Q3=1
• 9.5 Realisierbarkeit	Q1=2; M=2; Q3=2	Q1=2 ; M=2 ; Q3=2

Rangreihe (Frage 10)**	Runde 1	Runde 2
• 10.1 Wirtschaftlichkeit	Q1=2; M=2; Q3=4	Q1=2 ; M=2 ; Q3=2
• 10.2 Transparenz	Q1=4; M=4; Q3=4	Q1=4 ; M=4 ; Q3=4
• 10.3 Akzeptanz	Q1=2; M=3; Q3=3	Q1=3 ; M=3 ; Q3=3
• 10.4 Einfachheit	Q1=4; M=4; Q3=5	Q1=4 ; M=4 ; Q3=4
• 10.5 Realisierbarkeit	Q1=1; M=1; Q3=2	Q1=1 ; M= 1; Q3=1

* Angaben: (-2) unwichtig …. (+2) wichtig
**Angaben: (1) wichtigster Rang … (5) unwichtigster Rang
Quelle: Eigene Darstellung, Ergebnisse der Delphi-Untersuchung

Auswertung einzelner Implementierungsaspekte (Block 11)

Integrationsoptionen für neue Zielgrößen: In der ersten Runde gehen die Experten mehrheitlich (11 Nennungen) davon aus, dass für die Einführung *neuer* CRM-Zielgrößen eine *Gehaltserhöhung* die günstigste Voraussetzung darstellt. Mit drei Nennungen wurde auch

eine *relative Abwertung* bestehender Zielsetzungen genannt; einer Anregung zufolge
sollten ältere Zielgrößen durch neue ersetzt werden. Nach der zweiten Runde verfestigte
sich das anfängliche Bild: Die Option der *Gehaltserhöhung* vereinigt 13 Nennungen auf
sich, die Abwertung bestehender Zielsetzungen lediglich eine. Insgesamt gesehen schätz-
en die Experten also die *Gehaltserhöhung* als einen vielversprechenden Ansatz für die
Implementierung von neuen CRM-Zielsetzungen ein.

Zeithorizont für die Implementierung: Hinsichtlich des Zeithorizonts für eine Implementierung wird in der ersten Runde mit M=1; Q1=1 und Q3=2 eine eher kürzere Zeitdauer
favorisiert. Dieses Bild bestätigt sich in Runde zwei der Befragung, wobei die Werte für
M, Q1 und Q3 gleich bleiben. Als Begründung wurde angeführt, dass die aus einem unterstützenden CRM-Anreizsystem resultierenden schnellen Erfolge *nicht* durch eine zu
lange Implementierungsdauer konterkariert werden dürften. Somit sei die Einführung
stringent durchzusetzen. Diese Sichtweise ist angesichts der unsicheren Ausgangslage
und der hohen Scheiterraten von CRM-Vorhaben sicherlich angemessen.

Beschaffenheit der Zielvereinbarungen: Hinsichtlich der Zielvereinbarungen kann festgestellt werden, dass die Extreme *vollständige Standardisierung* (0 Nennungen) beziehungsweise *vollständige Individualisierung* (zwei Nennungen) von den Experten *nicht*
empfohlen werden. Vielmehr entscheidet sich die Mehrheit für beide Optionen zugleich
(in Runde 2 liegen 14 Nennungen bei dieser Option), wobei mehrfach vorgeschlagen
wurde, die höheren organisatorischen Ebenen hinsichtlich der Zielvereinbarungen stärker
zu standardisieren, den unteren aber zur Realisierung vereinbarter CRM-Bereichsziele
gewisse Individualisierungsmöglichkeiten zu gewähren.

5.3.2 Panelmortalität und Expertenfluktuation

Normalerweise ist bei Delphi-Untersuchungen als Panel-Studie mit einer gewissen Panel-
Mortalität von Runde zu Runde zu rechnen, insbesondere wenn die Expertengruppen sehr
groß sind und sich die Befragungen über eine mehrmonatige Zeitdauer erstrecken.[1112] In
diesem Falle gab es *keine* Panel-Mortalität. Die individuelle Ansprache der Experten
sowie der kurze Abstand (einige Wochen) zwischen den einzelnen Befragungsrunden

---

[1112] Vgl. Häder & Häder (1994), S.17; Häder (2002), S.156f.b

haben sicher dazu ihren Beitrag leisten können. Zudem bestand von Anfang an großes Interesse der Mehrheit der Experten an den Ergebnissen der Untersuchung; dies dürfte sich motivierend auf alle Teilnehmer ausgewirkt haben. Insgesamt blieb die Expertengruppe stabil; es war *keine* Fluktuation zu verzeichnen.

5.3.3 Workshop zur Überprüfung der Ergebnisse

Bevor die im Laufe der Untersuchung gewonnenen Erkenntnisse und die soeben aufgezeigten Ergebnisse der Delphi-Befragung in die Konzeption eines innovativen CRM-Anreizsystems eingehen können, wurden sie innerhalb eines *Workshops* vorgestellt und diskutiert. Dabei sollten sie noch einmal auf *Vollständigkeit* und *Richtigkeit* hin überprüft werden. Zudem war weiterer Diskussions- und Forschungsbedarf zu bestimmen (vgl. Abbildung 5.14).

ABBILDUNG 5.14: ZIELSETZUNG DES WORKSHOPS

- Schaffung eines gemeinsamen Verständnisses der Ausgangslage

- Diskussion zentraler Komponenten eines CRM-Anreizsystems und Bestimmung von Kontingenzfaktoren

- Ermittlung von Konfliktpotenzialen zwischen einzelnen Systemkomponenten und zwischen System und Umgebung

- Ermittlung weiterer Forschungsbedarfs

Quelle: Eigene Darstellung, Expertenworkshop vom 23.05.2002, HWP-Hamburg

Vorbereitung der Untersuchung

Die Experten, die für den Workshop ausgewählt worden waren, hatten alle in dieser oder jener Form Erfahrungen mit CRM und den angrenzenden Bereichen gemacht. Sie kamen aus der betrieblichen Praxis und besaßen eine mehrjährige Berufserfahrung; viele hatten zudem promoviert und dabei wissenschaftliche Arbeitsweisen kennengelernt.[1113]

Durchführung des Workshops

Um ein gemeinsames Verständnis bezüglich der Ausgangslage herzustellen, wurden vor der Präsentation der Ergebnisse die Workshop-Teilnehmer in die Problemstellung eingeführt. Dazu wurden der Forschungsstand zu CRM, das identifizierte Forschungsdefizit sowie die für diese Untersuchung gewählte Vorgehensweise näher erläutert. Eine Zusammenfassung wesentlicher konzeptioneller Grundlagen von CRM und unterstützenden Anreizsystemen schloss sich an. Darauf folgte die Präsentation der wesentlichen Grundzüge eines theoriegeleiteten CRM-Anreizsystems. Abschließend wurden offene Gestaltungsfragen benannt und die Ergebnisse der Delphi-Expertenbefragung blockweise vorgestellt und diskutiert.

Ergebnisse des Workshops

Insgesamt gesehen bestätigten die Experten die Ergebnisse aus der Delphi-Untersuchung. Im Verlauf der Diskussion konnte jedoch - wie beabsichtigt - eine Reihe von Kontingenzfaktoren ermittelt werden, die aus Sicht der Experten für die Gestaltung eines CRM-Anreizsystems in der betrieblichen Praxis von Relevanz sind.

Für die *strategische Ebene* wurde bemerkt, dass *CRM-Zielsetzungen* explizit zu benennen seien, falls sie nur implizit vorliegen; andernfalls müssten die notwendigen CRM-Zielsetzungen eingeführt werden. Mit Blick auf die Prozessbeitragsmatrix wurde kritisch angemerkt, dass im Rahmen der Delphi-Befragung primär Hebel auf Seiten der Kundenbindung gewählt worden und so eher Aspekte der *Effektivität* berücksichtigt worden waren. Der Bereich der *Effizienz* dagegen (insbesondere vertreten durch die CRM-Zielsetzung Kundenprofitabilität) müsste aus Sicht der Teilnehmer des Workshops in Zukunft *stärker* gewichtet werden, auch wenn die Beitragspotenziale hier insgesamt

---

[1113] Eine Liste mit den Workshopteilnehmern und ihres untersuchungsrelevanten Hintergrundes ist dem Anhang C der vorliegenden Untersuchung zu entnehmen.

niedriger eingeschätzt würden. Bei der Ausgestaltung der *CRM-Zielsetzungen* sind neben dem Aspekt der Branche auch das Produktportfolio, die historische Entwicklung, die Unternehmenskultur und die Reife beziehungsweise Größe einzelner Geschäftsfelder einzubeziehen.

Bezüglich der *Anreizstruktur* gab es in der Workshop-Gruppe darüber Konsens, dass alle aufgeführten Anreizbestandteile verwendet werden können. Bei der Gestaltung der Anreizstrukturen sei die Unternehmenskultur zu beachten; neben den bisher betrachteten *materiellen* Anreizen sollten im Rahmen eines CRM-Anreizsystems in der betrieblichen Praxis auch *immaterielle* zugelassen werden. Insgesamt müssten bei der Anreizgestaltung auch arbeitsrechtliche Spielräume auf unterschiedlichen Ebenen einer Organisation berücksichtigt werden.

Das gewählte *Verfahren der Leistungsbewertung* ist aus Expertensicht ein gängiges Verfahren. Allerdings seien aus Expertensicht Unternehmenskultur und Organisationsstruktur zu berücksichtigen, wenn es um die gemeinsame Erarbeitung von Zielvereinbarungen geht.

Alle vorgestellten *Beteiligungsfelder* können aus Sicht der Workshop-Teilnehmer für ein CRM-Anreizssystem eingesetzt werden; jedoch seien die aufgezeigten möglichen Vereinbarungen über Individualziele für das Top-Management eher von "symbolischem" Charakter. In der Praxis hingegen seien solche Zielsetzungen sehr stark von der Unternehmenskultur und möglicherweise auch von der Struktur der Eigentümer ab.

Die vorgeschlagenen *Zeithorizonte* wurden im Prinzip durch die Experten bestätigt, allerdings sei der CLV in Bezug auf Branchengegebenheiten näher zu spezifizieren. Bei ausgedehnten Zeithorizonten von Zielgrößen sollten nach Meinung der Workshop-Experten zwischenzeitlich Etappenziele erreicht werden können (Meilensteine), was den kürzeren Zeitrahmen erklären würde, der in der Delphi-Untersuchng für die CLV-Treiber gewählt wurde. Zur Bestimmung sinnvoller Zeithorizonte für CRM-Zielgrößen seien ebenfalls Branche, Reife der Unternehmung, Zusammensetzung des Produkt- und Dienstleistungsportfolios mit zu berücksichtigen.

Hinsichtlich der *Ausschüttungsperiode* wurde als *ein* wichtiges Kriterium für die zeitliche Taktung von Auszahlungen die durchschnittliche Verweildauer von Mitarbeitern im Unternehmen genannt. Die Erwartungshaltungen der Mitarbeiter sowie die Gegebenheiten des Marktes und die Konditionen der Wettbewerber in Bezug auf Auszahlungen sollten mit einbezogen werden. Eine Regelung, die von den Usancen des Marktes zu stark abweicht, könnte sich negativ auf die Motivation der Mitarbeiter auswirken. Auch die Finanzlage eines Unternehmens sowie steuerliche Erwägungen beeinflussen die Modalitäten von Auszahlungen.

Die *Kontingenzfaktoren*, die sich aus dem Workshop insgesamt ergeben haben, werden nachfolgend zusammengefasst (vgl. Abbildung 5.15).

ABBILDUNG 5.15: KONTINGENZFAKTOREN

Modul 1: Erfolgs- und Leistungs- kriterien	• Branche • Struktur der Geschäftsfelder • Kultur und historische Entwicklung • Produkt- und Service Portfolio
Modul 2: Anreiz- struktur	• Branche • Reifegrad der Unternehmung • Arbeitsrechtliche Beschränkungen • Unternehmenskultur
Modul 3: Verfahren Leis- tungsbewertung	• Organisationsstruktur • Unternehmenskultur
Modul 4: Beteiligungs- einheiten	• Branche • Unternehmenskultur • Eigentümerstruktur
Modul 5: Beteili- gungsperiode/ Frequenz	• Branche • Reifegrad der Unternehmung • Produkt- und Service Portfolio
Modul 6: Ausschüttungs- modalitäten	• Branche • Marktgegebenheiten • Steuerrecht & Finanzlage • Mitarbeiterfluktuation

Quelle: Eigene Darstellung; Ergebnisse Expertenworkshop vom 23.05.2002, HWP-Hamburg

Nach Meinung der Experten bestehen bei einer dynamischen Betrachtung der einzelnen Komponenten innerhalb des CRM-Anreizsystems *keine* wesentlichen Konfliktpotenziale. Dieses Ergebnis war dadurch vorbereitet worden, dass bei der Konzeption eines theorie-geleiteten Anreizsystems der Schnitt durch dessen Bestandteile so gewählt worden war, dass die einzelnen Gestaltungsaspekte, wie Bemessungsgrundlagen, Anreizstruktur, Ver-fahren der Leistungsbewertung, Zeithorizonte und Ausschüttungsmodalitäten, jeweils für sich konkretisiert und deshalb weitgehend voneinander *unabhängig* betrachtet werden konnten (vgl. Abbildung 5.16).

ABBILDUNG 5.16: ZUSAMMENSPIEL ZENTRALER KOMPONENTEN EINES CRM-ANREIZSYSTEMS

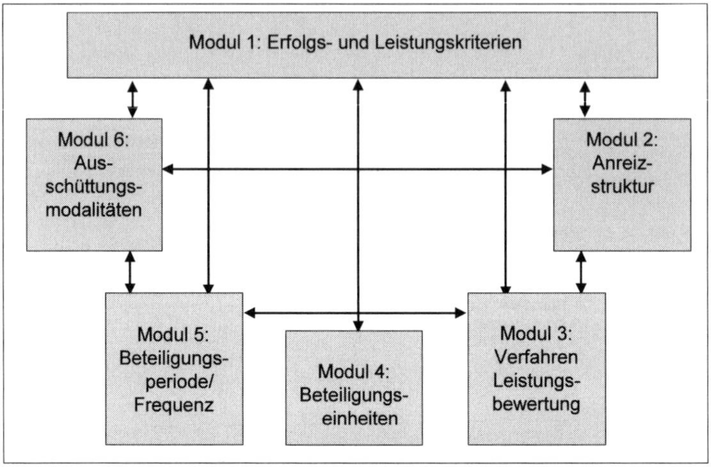

Modul 1: Erfolgs- und Leistungskriterien	

Modul 6: Ausschüttungsmodalitäten

Modul 2: Anreizstruktur

Modul 5: Beteiligungsperiode/ Frequenz

Modul 4: Beteiligungseinheiten

Modul 3: Verfahren Leistungsbewertung

Quelle: Eigene Darstellung, Expertenworkshop vom 23.05.2002, HWP-Hamburg

Wird das CRM-Anreizsystem als ein Bestandteil der Managementsysteme betrachtet, ergeben sich die bereits aufgezeigten Zusammenhänge (vgl. Abbildung 5.17).

ABBILDUNG 5.17: INTERAKTION CRM-ANREIZSYSTEM UND MANAGEMENTSYSTEME

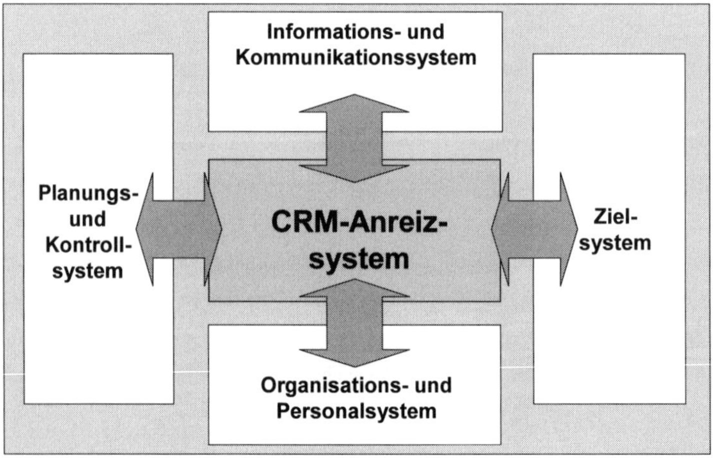

Informations- und Kommunikationssystem

Planungs- und Kontrollsystem

CRM-Anreizsystem

Zielsystem

Organisations- und Personalsystem

Quelle: Eigene Darstellung, Expertenworkshop vom 23.05.2002, HWP-Hamburg

5.3.4 Zusammenfassende Einschätzung der Befragungsergebnisse

Bei Delphi-Befragung und Workshop handelt es sich um notwendige Schritte zu einer weiteren Konkretisierung des Modells eines allgemeinen CRM-Anreizsystems. Da ein solches bisher in Theorie und Praxis nicht bestanden hat, gebietet der Ansatz einer explorativ empirischen Vorgehensweise, möglichst viele der bereits dazu vorhandenen Informationen aus Wissenschaft und Praxis zusammenzutragen, dabei auch nur implizit gegebenes Wissen explizit zu machen und zu verwenden.

Insgesamt lässt sich feststellen, dass die durch die verschiedenen Befragungen gewonnenen Erkenntnisse *die* Konzeption eines CRM-Anreizsystems bestätigen, die dieser Untersuchung zu Grunde liegt. Dabei fällt nicht ins Gewicht, dass - wie bei dieser Methode üblich und bereits dargestellt - die Ergebnisse nicht unbedingt repräsentativ sind. Allein ausschlaggebend ist die Tatsache, dass durch diese Vorgehensweise für das im Rahmen dieser Arbeit entwickelte theoriegeleitete CRM-Anreizssystem das Optimum an empirischer Absicherung erreicht werden konnte, das zur Zeit möglich ist. Auf diese Weise konnte erstmals ein CRM-Anreizsystem-Modell geschaffen werden, das den Versuch darstellt, das bestehende Forschungdefizit im Hinblick auf CRM-unterstützende Anreizstrukturen zu schließen, und die wissenschaftliche Debatte entsprechend anregen wird.

In einzelnen Punkten haben Delphi-Befragung und Workshop jedoch zu quantitativen Eingrenzungen bei konzeptionellen Bestandteilen geführt; so schlugen die Experten zum Beispiel für das Top-Management des Vertriebes für den maximal denkbaren variablen Vergütungsbestandteil an der Kundenschnittstelle bei 60% eine Deckelung vor.

Die soeben aufgezeigten Ergebisse lassen eine Reihe von Implikationen zu, die Eingang in ein *innovatives CRM-Anreizsystem* finden.

6 Zusammenfassende Integration der Forschungserkenntnisse in ein innovatives CRM-Anreizsystem

Nachdem die elementaren Grundlagen von CRM identifiziert und strukturiert aufbereitet (Teil 2) und das Fachgebiet der Anreizsysteme zielorientiert auf Beiträge zur Lösung der bestehenden Problematik untersucht wurde (Teil 3), konnte ein umfassendes allgemeines Konzept für ein *theoriegeleitetes CRM-Anreizsystem* entwickelt werden (Teil 4). An einigen Stellen der Konzeption blieben Fragen zum Design offen, die später mit Hilfe einer Expertenbefragung geschlossen werden konnten.

Die inhaltliche Fusion eines *theoriegeleiteten CRM-Anreizsystems* mit den Ergebnissen der Delphi-Befragung (Teil 5) führt nun zu einem *innovativen CRM-Anreizsystem* (Teil 6), das sämtliche *Erkenntnisse* und *Ergebnisse* verwertet. Die diesbezügliche Zusammenfassung bildet den Schwerpunkt der weiteren Ausführungen; verständlicher Weise werden dabei die konzeptionellen Bestandteile im Detail *nicht* noch einmal wiederholt, sondern der Akzent liegt nur auf der Darstellung der wesentlichen Zusammenhänge.

Zum einen soll noch einmal der *Gestaltungsrahmen* mit seinen ermittelten Voraussetzungen, Anforderungen und Annahmen beleuchtet werden, zum anderen die zentralen *Kernelemente,* wie Erfolgs- und Leistungskriterien, Anreizstruktur, Verfahren der Leistungsbewertung, Beteiligungsfelder, Zeithorizonte (Beteiligungsperiode und -frequenz) und Ausschüttungsmodalitäten.

6.1 ZUSAMMENFASSUNG DES GESTALTUNGSRAHMENS

Der Gestaltungsrahmen beinhaltet die grundsätzlichen Fragestellungen, die im Vorfeld der Konzeption eines Anreizsystems zu klären sind. Er setzt sich zusammen aus den *Voraussetzungen*, den *Anforderungen* sowie den *Annahmen* für die Gestaltung eines CRM-Anreizsystems.[1114] Ihre Gesamtheit bildet im Prinzip dessen *Hülle*. Diese ist in der vorliegenden Untersuchung schrittweise entwickelt und mittels einer vorgelagerten theoriegeleiteten Expertenbefragung erfolgreich überprüft worden (vgl. Abbildung 6.1).[1115] Auf diese Weise wurde der abgeleitete Rahmen bestätigt; zugleich ergaben sich ergänzend die Forderung nach *Flexibilität* und die Annahme der *Offenheit für verschiedene Organisationstypen*.

ABBILDUNG 6.1: GESTALTUNGSRAHMEN EINES CRM-ANREIZSYSTEMS

Voraussetzungen
- Bestehen eines umfassenden CRM-Konzeptes
- Vorhandensein grundlegender Kundeninformationen
- Bestehen einer Unternehmenskonzeption
- Funktionsfähigkeit der Führungssysteme

CRM-Anreiz-Systemkern

Anforderungen
- Wirtschaftlichkeit
- Leistungsorientierung
- Akzeptanz
- Einfachheit
- Realisierbarkeit
- Transparenz
- Flexibilität

Annahmen
- Branchenunabhängigkeit
- Beschränkung auf Führungskräfte
- Führung durch Zielvereinbarung
- Zielgrößenkonsistenz
- Offenheit für praxisrelevante Organisationstypen

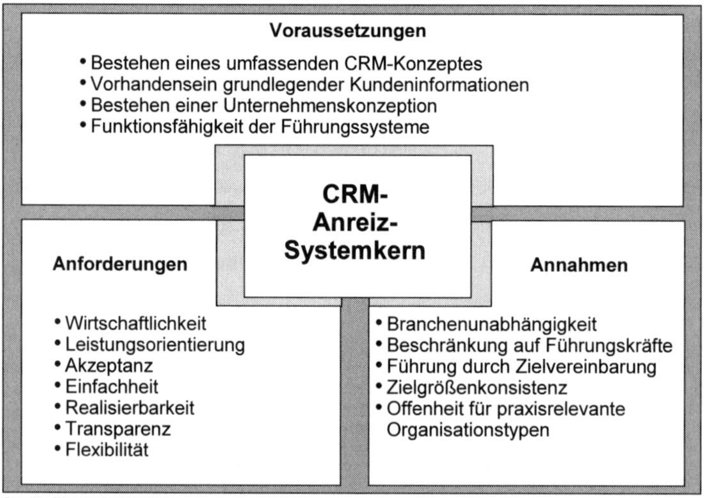

Quelle: Eigene Darstellung

Hinsichtlich der *Voraussetzungen*, wie des *Bestehens einer umfassenden CRM-Konzeption*, des *Vorhandenseins ausreichender Kundeninformationen*, der *Existenz einer Unternehmenskonzeption* sowie der *Funktionsfähigkeit des Managementsystems*, lässt sich zu-

[1114] Vgl. Abschnitt 4.2.1
[1115] Vgl. Abschnitt 2.4.2; Abschnitt 2.5.1; Abschnitt 2.5.2; Abschnitt 2.6; Abschnitt 2.7; Abschnitt 3.3.4; Abschnitt 3.4.1.5; Abschnitt 3.4.3.3; Abschnitt 3.6.2; Abschnitt 3.7; Abschnitt 4.2.1

sammenfassend bemerken, dass diese für die erfolgreiche Realisierung eines CRM-Konzeptes in einem Unternehmen vorliegen *müssen*.[1116]

Die im Vorfeld der Gestaltung zu bestimmenden vielfältigen Anforderungen an ein CRM-Anreizsystem sind auf eine besonders relevante Teilmenge zu reduzieren. Natürlich sind bei der Umsetzung eines CRM-Anreizsystems in der betrieblichen Praxis bei sämtlichen (auch den hier nicht weiter betrachteten) Anforderungen gewisse Niveaus sicherzustellen; dabei wird es kaum möglich sein, alle in gleichem Ausmaß zu realisieren.[1117] Eine Priorisierung ist notwendig. Die Ergebnisse aus der vorliegenden Delphi-Untersuchung können hierbei helfen. Die Experten lieferten die folgende Rangfolge: *Realisierbarkeit, Akzeptanz, Wirtschaftlichkeit, Einfachheit* und *Transparenz*. Dass die Forderung nach Realisierbarkeit an erster Stelle steht, zeigt, wie wichtig ein *praktikables* Konzept ist.

Die *Annahmen* zur Systemgestaltung, wie *Branchenunabhängigkeit, Beschränkung auf Führungskräfte, Führung durch Zielvereinbarung, Zielgrößenkonsistenz, Offenheit für praxisrelevante Organisationstypen*, dienen mit der durch sie möglich werdenden Beschränkung des Untersuchungsumfeldes einer Reduktion der Komplexität des Gesamtmodells. Insgesamt gilt es, zunächst einen *allgemeinen* Ansatz für ein CRM-Anreizsystem zu entwickeln, bevor auf einzelne Details weiter eingegangen werden kann.

6.2 ZUSAMMENFASSUNG DER KERNELEMENTE EINES CRM-ANREIZSYSTEMS

Konkretisierung der Erfolgs- und Leistungskriterien

Die möglichen *Erfolgs- und Leistungskriterien* sind bereits ausführlich bestimmt worden und werden deshalb in der nachfolgenden Abbildung nur noch einmal zusammengefasst dargestellt (vgl. Abbildung 6.2).[1118]

[1116] Vgl. Abschnitt 1.1.5; Abschnitt 2.5.1; Abschnit 3.4.3.3
[1117] Vgl. zu den Anforderungen 3.6.1 und Abschnitt 3.6.2
[1118] Vgl. Abschnitt 4.2.2.1

ABBILDUNG 6.2: AUFGLIEDERUNG DES CLV IM STRATEGISCHEN UND OPERATIVEN BEREICH

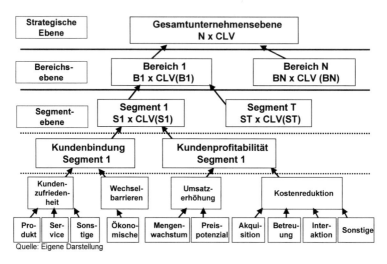

Quelle: Eigene Darstellung

Unter der Verwendung der Ergebnisse aus der Delphi-Untersuchung können die CRM-Zielsetzungen für ein Unternehmen weiter eingegrenzt werden.[1119] Aus den vorherigen Ausführungen können für die *strategische* Ebene bis zu *zwei* -, für die *operative* um *drei* - und für die *prozessuale* um *sechs bis zehn* CRM-Zielsetzungen eingeführt werden. Das Erreichen vereinbarter Ziele, wie beispielsweise von Zuwächsen bei einzelnen Zielgrößen, kann konsequent für alle Ebenen als *Erfolgs- und Leistungskriterium* verwendet werden.[1120]

Insgesamt sollte auf der *strategischen Ebene* bei der Bestimmung der CRM-Zielsetzungen neben einer Bestandskomponente des Kundenstammes (N) - in vielen Unternehmen ist diese Größe bereits Zielgröße auf oberster Ebene - auch eine Wertbeitragskomponente mit einbezogen werden (WN); diese liegt in der betrieblichen Praxis bereits in vielen Fällen *implizit* vor, bedarf allerdings einer *expliziten* Benennung. Dort, wo sie bisher gänzlich fehlt, muss sie eingeführt werden.

[1119] Vgl. Abschnitt 5.3; Abschnitt 4.5
[1120] Vgl. Abschnitt 4.2.2.1; Abschnitt 4.2.2.3

Auf dieser Ebene spielen die hochaggregierten Zielgrößen strategischer Programme eine Rolle; insofern gehört ein wenig aussagekräftiger rechnerischer Durchschnitts-CLV (über alle Kunden) *nicht* dazu.[1121] Die nachfolgende Abbildung fasst die CRM-Zielsetzungen für die einzelnen Ebenen übersichtlich zusammen (vgl. Abbildung 6.3).

ABBILDUNG 6.3: ZIELGRÖSSEN-STRATEGISCHE UND OPERATIVE EBENE

Ebene	Zielgröße	Bezeichnung
• strategische Ebene	• WN • N	• Wertbeitrag des Kundenstammes • Kundenstamm der Unternehmung
• operative Ebene (Bereiche)	• WB • B • CLV(B)	• Wertbeitrag des Bereichs-Kundenstammes • Kundenstamm des Bereiches • Durchschnittlicher Bereichs-CLV
• operative Ebene (Segmente)	• S • CLV(S) • KP(S) • KB(S)	• Kundenstamm des Segmentes • Durchschnittlicher Segment-CLV • Kundenprofitabilität des Segmentes • Kundenbindungsindex des Segmentes

Quelle: Eigene Darstellung, Ergebnisse der Delphi-Befragung

Für die *Bereichsebene* können bis zu *drei* CRM-Zielsetzungen gewählt werden. Insgesamt ist neben einer vielfach bestehenden Bestandskomponente (B) ein Wertbeitrag des Bereichskundenstammes (WB) als CRM-Zielsetzung erforderlich.[1122] Um das CLV-Konzept von höchster Ebene ausgehend sukzessive weiter zu verfeinern, sollte nun auf der Bereichsebene, wo Kundengruppen vielfach homogener werden, konsequent auch die Einführung eines expliziten Bereichs-CLV als CRM-Zielgröße erfolgen.[1123]

Für die *Segmente* eines Bereichs könnte eine Übertragung des soeben beschriebenen Konzeptes erfolgen. Insgesamt vollzieht sich auf dieser Ebene die weitere Konkretisierung übergeordneter CRM-Zielsetzungen. Neben einer oftmals bereits vorliegenden

---

[1121] Vgl. Abschnitt 4.2.2.1
[1122] Vgl. Abschnitt 4.2.2.1; Abschnitt 5.3.1
[1123] Vgl. Abschnitt 4.2.2.1

Bestandskomponente (S) ist - dem kaskadierenden CLV-Prinzip folgend - auf die Einführung eines aussagekräftigen Segment-CLV(S) zu achten, der hier insbesondere Sinn macht, weil auf Segmentebene Kundengruppen zunehmend vergleichbarer werden.[1124] Neu und als Schnittstelle zur prozessualen Ebene einer Organisation besonders relevant ist hier die Einführung der CRM-Zielsetzungen *Kundenbindung* KB(S) und *Kundenprofitabilität* KP(S), die durch ihre zentralen Determinanten in der Prozesslandschaft weiter operationalisiert werden können.

Für die *prozessuale Ebene* vollzieht sich die Selektion der CRM-Zielsetzungen mit Hilfe der Prozessbeitragsmatrix (vgl. Abbildung 6.4).

ABBILDUNG 6.4: PROZESSBEITRAGSMATRIX AUS EXPERTENSICHT

	Kundenbindung		Kundenprofitabilität	
	Zufriedenheit • Produkt • Service • Sonstige	**Wechselbarrieren** • Sunk Costs • Beendigungskosten • Wechselrisiko	**Erlöse** • Volumen • Preispotenzial	**Kosten** • Akquisitionskosten • Betreuungskosten • Interaktionskosten • Sonstige
Kunden-akquisition	• Servicezu-friedenheit **2**	• Sunk Costs • vertragl. Bindungen **2**	• Neue Erlöse • Erlöspotenziale **5**	• Akquisitionskosten **3**
Orderma-nagement	• Servicezu-friedenheit **4**	• Beendigungskosten • Verhandlungskosten **4**	• Erlöspotenziale **3**	• Betreuungskosten • Interaktionskosten **3**
Kundenbe-treuung	• Servicezu-friedenheit **4**	• Wechselkosten • Sonderkonditionen **4**	• Erlöspotenziale **3**	• Betreuungskosten **2**
Leistungs-erbringung	• Service-/Produkt-zufriedenheit **5**	• Wechselrisiko • Beendigungskosten **4**	• Erlöspotenziale **3**	• Nachbesserung **3**
Beschwerde-management	• Servicezu-friedenheit **5**	• Wechselrisiko **4**	• Folgekäufe **3**	• Beschwerdekosten **3**
Kundenent-wicklung	• Service-/Produkt-zufriedenheit **5**	• Maßnahmenspez. Barrieren **4**	• Cross und Up-selling **4**	• Betreuungskosten **2**
Kundenrück-gewinnung	• Servicezu-friedenheit **5**	• Sunk Costs **2**	• Folgekäufe **4**	• Rückgewinnungs-kosten **2**

Quelle: Eigene Darstellung; Ergebnisse der Delphi-Befragung

Dabei können maximal *zehn* Zielgrößen der Rangfolge der Beiträge entsprechend ausgesucht werden. Konsequenterweise wird "Top-Down" mit den wichtigsten Feldern, die die Ziffer "5" tragen, begonnen; danach schließen sich die Felder "4" an, bis zehn Zielgrößen insgesamt erreicht worden sind. Im Zusammenhang hiermit sei angemerkt, dass bei bestehender Verteilung der Potenziale eine Lastigkeit von Beiträgen zu Gunsten der

---

[1124] Vgl. Abschnitt 4.2.2.1

Kundenbindung erfolgen und die Effizienzkomponente vernachlässigt würde (vgl. Abbildung 6.4).

Sinnvoller wäre, für *Effektivität* und *Effizienz* ein ausgewogenes Verhältnis bezüglich der Wahl von Zielgrößen vorzuschlagen und damit fünf Zielsetzungen auf Beitragspotenziale der Kundenbindung zu legen, die restlichen dem Bereich der Kundenprofitabilität zuzuordnen.[1125] Der Matrix entsprechend können die jeweiligen mit Beitragseinschätzungen versehenen Feldeinträge für einzelne Prozesse verwendet werden, um CRM-Zielvereinbarungen zu erstellen.[1126]

Wird dieser Gedankengang weiter verfolgt, können als wesentliche Treiber der *Kundenzufriedenheit* insbesondere die Prozesse Kundenbetreuung, Leistungserbringung und Beschwerdemanagement (mit ihren Beiträgen zur Service- und auch Produktzufriedenheit) gewählt werden. Für die *Wechselbarrieren* böten sich etwa Ordermanagement, Kundenbetreuung und Leistungserbringung sowie Beschwerdemanagement als maßgeblich beitragende Prozesse an (Wechselrisiko, Sonderkonditionen, Wechsel- und Beendigungskosten).

Auf Seiten der *Kundenprofitabilität* werden die Beitragspotenziale zu übergeordneten CRM-Zielsetzungen insgesamt als *geringer* eingeschätzt. Als hier aussichtsreichere Kandidaten zur *Umsatzsteigerung* können etwa Kundenakquisition, -entwicklung und Kundenrückgewinnung identifiziert werden (Erlöspotenziale durch Neukunden, Cross- und Up-selling sowie Folgekäufe); zur *Kostenreduktion* können die Prozesse Kundenakquisition, Ordermanagement und Leistungserbringung nennenswerte Beiträge liefern (hier können Akquisitions-, Betreuung- und Interaktionskosten sowie Nachbesserungen optimiert werden).

Bei der weiteren Ausgestaltung der Erfolgs- und Leistungskriterien in der betrieblichen Praxis sind nach Expertensicht Branche, Struktur der Geschäftsfelder und Unternehmensgröße, Kultur und die historische Entwicklung sowie das bestehende Produkt- und Serviceportfolio einer Unternehmung mit einzubeziehen.[1127]

[1125] Vgl. Abschnitt 2.6.2.4
[1126] Vgl. die ausführlichen Prozessbetrachtungen in Abschnitt 4.2.2.1
[1127] Vgl. Abschnitt 5.3.3

Konkretisierung der Anreizstrukur

Eine kundenorientierte Vergütung ist Grundlage für die erfolgreiche Realisierung eines CRM-Anreizsystems.[1128] Zum einen schafft sie Platz für die Einführung neuer leistungsabhängiger CRM-Zielgrößen, zugleich kann durch einen spürbaren Anteil der Kopplung der variablen Vergütung einzelner Bereiche an kundenorientierte Zielsetzungen erwartet werden, dass sich Mitarbeiter in Richtung auf eine echte Kundenorientierung bewegen. In Anlehnung an das bisherige theoriegeleitete Konzept *und* die Ergebnisse aus Delphi-Befragung und Workshop wird ein Modell vorgeschlagen, bei dem der variable Anteil der Vergütung von der Hierarchieebene *und* der Dimension *Kundennähe/-kontakt* abhängt (vgl. Abbildung 6.5).[1129]

ABBILDUNG 6.5: MÖGLICHER VARIABLER VERGÜTUNGSBESTANDTEIL*

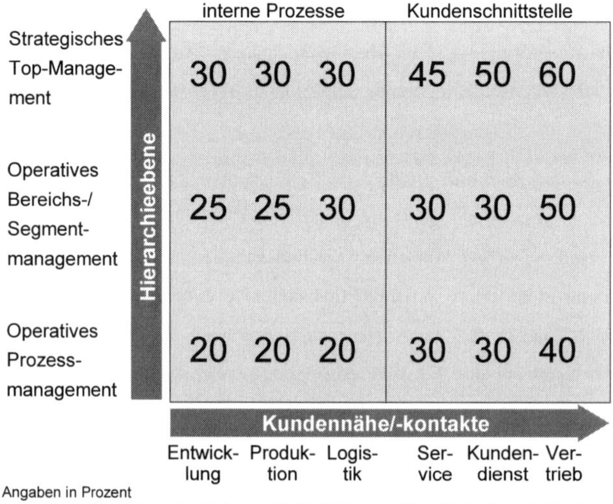

	interne Prozesse			Kundenschnittstelle		
Strategisches Top-Management	30	30	30	45	50	60
Operatives Bereichs-/ Segmentmanagement	25	25	30	30	30	50
Operatives Prozessmanagement	20	20	20	30	30	40
Kundennähe/-kontakte	Entwicklung	Produktion	Logistik	Service	Kundendienst	Vertrieb

(Hierarchieebene – senkrechte Achse)

* Angaben in Prozent
Quelle: Eigene Darstellung; Ergebnisse der Delphi-Befragung (Block 5), Mediane (2. Runde)

[1128] Vgl. Abschnitt 4.2.2.2
[1129] Vgl. Abschnitt 4.2.2.2 und 5.3.1

Hinsichtlich der Verwendbarkeit einzelner materieller Anreizbestandteile für ein CRM-Anreizsystem kann zusammenfassend festgestellt werden, dass prinzipiell *alle* gängigen materiellen Anreize eingesetzt werden können. Bevorzugt genannt wurden seitens der Experten *Erfolgsbeteiligung, Bonus, Prämie, Tantieme* und *Firmenwagen*.[1130]

Für die leistungsabhängige Vergütung haben auf *strategischer* und *operativer* Ebene *Erfolgsbeteiligung* und *Bonus* besonderen Stellenwert. Konsequenterweise wird empfohlen, diese mit Leistungszielen und entsprechenden Bemessungsgrundlagen zu koppeln. Auf *prozessualer Ebene* gewinnt die *Prämie* an Bedeutung; auf dieser Ebene können besondere Erfolge mittels einer Prämie - neben einem jährlichen leistungsabhängigen Bonus - belohnt werden.[1131]

Um ein CRM-Anreizsystem für die betriebliche Praxis weiter zu optimieren, müssten in die Gestaltung neben den vorherrschenden materiellen Anreizen auch *immaterielle* einbezogen werden. Dazu sind die Unternehmenskultur, der Reifegrad einer Unternehmung (Start-Up oder Großunternehmen), rechtliche Beschränkungen (allgemeine Gleichbehandlungsgrundsätze sowie arbeitsrechtliche Bestimmungen) zu beachten.[1132]

Verfahren der Leistungsbewertung

Das Verfahren der Leistungsbewertung, das die Verwirklichung von CRM-Zielvereinbarungen mit einer leistungsabhängigen Vergütungskomponente koppelt und somit im besonderen Maße das Prinzip der Leistungsorientierung umsetzt,[1133] ist insgesamt ein in der betrieblichen Praxis immer häufiger verwendeter Ansatz, der sich besonders für die Unterstützung strategischer Programme mit komplexen Zielsetzungen eignet (vgl. Abbildung 6.6).

[1130] Vgl. Abschnitt 5.3.1
[1131] Vgl. Abschnitt 4.2.2.2; Abschnitt 5.3.1
[1132] Vgl. Abschnitt 5.3.3
[1133] Vgl. Abschnitt 4.2.2.3

**ABBILDUNG 6.6: ZIELVEREINBARUNG ALS BASIS EINER LEISTUNGS-
ORIENTIERTEN VERGÜTUNG**

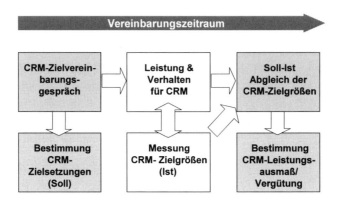

Quelle: Eigene Darstellung

Insgesamt stellt sich hinsichtlich der Zielvereinbarungen die Frage, inwiefern diese standardisiert beziehungsweise individualisiert werden sollen.[1134] Die Expertenbefragung lieferte die Erkenntnis, dass hauptsächlich auf den Ebenen mit weitgehend aggregierten Zielgrößen, wie zum Beispiel der strategischen Ebene, CRM-Zielvereinbarungen zu standardisieren seien, damit Beiträge einzelner Bereiche besser gemessen werden können.[1135] Für die darunter liegenden Ebenen sollen aus Expertensicht die Bereichs- beziehungsweise Segmentzielsetzungen soweit wie möglich und sinnvoll standardisiert werden, damit die Beiträge dieser Entitäten vergleichbar werden.

Je weiter allerdings in der CRM-Zielhierarchie eine Bewegung nach unten - in Richtung auf die Prozesslandschaft - erfolgt, desto mehr werden - branchen- und unternehmens- spezifisch- individualisierende Anpassungen innerhalb des CRM-Zielsystems notwendig sein, um das CRM-Zielsystem passend zu machen.

[1134] Vgl. Abschnitt 4.5; Abschnitt 4.2.2.3
[1135] Vgl. Abschnitt 5.3.1

Nach Ansicht der Experten können für die oberen Ebenen 80 Prozent der Zielvereinbarungen standardisiert werden, der Rest wäre entsprechend individuell zu gestalten. Erfolgt eine Bewegung in Richtung auf die unteren Ebenen, kippt das Verhältnis (vgl. Abbildung 6.7).

ABBILDUNG 6.7: STANDARDISIERUNG VS. INDIVIDUALISIERUNG

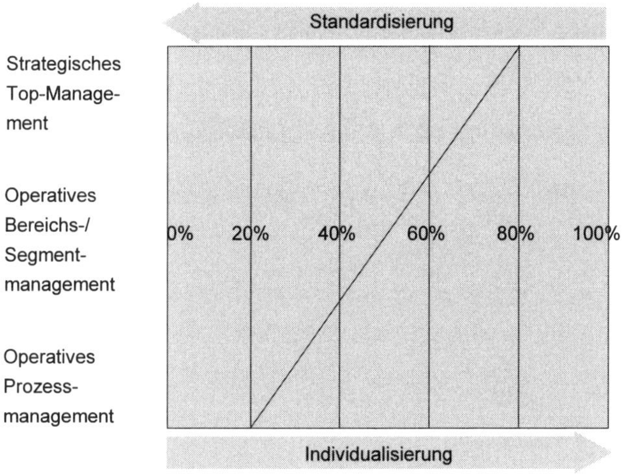

* Angaben in Prozent
Quelle: Eigene Darstellung; Ergebnisse der Delphi-Befragung (Block 10+11)

Konkretisierung der Beteiligungsfelder

Innerhalb der Konzeption eines theoriegeleiteten CRM-Anreizsystems konnten bereits die wesentlichen Beteiligungsfelder zur Unterstützung eines CRM-Anreizsystems identifiziert werden.[1136] Zu konkretisieren war deren sinnvolle Aufteilung auf die jeweiligen Ebenen einer Organisation. Die aus der Befragung erzielten Ergebnisse bestätigen die bisher getätigten Überlegungen, denen zufolge für die *Top-Management-Ebene* der primäre Beteiligungsanteil in Unternehmenszielen besteht; Bereichsziele und - eher symbolisch zu betrachtende - Individualziele sind auf dieser Ebene nachgeordnet.[1137]

[1136] Vgl. Abschnitt 4.2.2.4
[1137] Vgl. Abschnitt 4.2.2.4

Für das *operative Bereichs- und Segmentmanagement* spielen die von Bereichs- und Unternehmensebene vorgegebenen Ziele eine zentrale Rolle, wobei Individualziele ebenfalls noch untergeordenet sind, allerdings bereits höheren Stellenwert haben als auf der strategischen Managementebene.

Auf der *operativen Prozessebene* kehrt sich das Verhältnis um: Individual- und Gruppenziele rücken verstärkt in den Vordergrund; Bereichs- und Unternehmensziele haben hier vor allem die Funktion, eine Entkopplung vom übergeordneten Management zu verhindern (vgl. Abbildung 6.8).

ABBILDUNG 6.8: BESTIMMUNG MÖGLICHER BETEILIGUNGSFELDER*

	Unternehmens-ebene	Bereichs-/ Segment-ebene	Gruppen-/ Individual-ebene
Strategisches Top-Management	60	30	10
Operatives Bereichs-/ Segment-management	30	50	20
Operatives Prozess-management	20	40	40

* Angaben in Prozent
Quelle: Eigene Darstellung; gerundete Ergebnisse der Expertenbefragung (Block 6); Mediane (2.Runde)

Die in einer Unternehmung zu implementierenden strategischen Programme wie CRM müssen sich in die bestehende Struktur von Beteiligungsfeldern einfügen lassen. Nur ein gewisser Anteil der Zielsetzungen für Führungskräfte bezieht sich auf das CRM-Konzept. Ihre Beiträge zu einer erfolgreichen Umsetzung des CRM-Vorhabens können mit Hilfe eines allgemeinen "Beteiligungsfeldschlüssels" bestimmt werden.

Für einen Top-Manager, für den eine bestimmte CRM-Zielverantwortung festgelegt wird, könnte sein CRM-Beitrag entsprechend der nachfolgenden Abbildung (vgl. Abbildung 6.9) konkretisiert werden.

327

ABBILDUNG 6.9: BEISPIEL TOP-MANAGEMENT CRM-BETEILIGUNGS-
FELDER

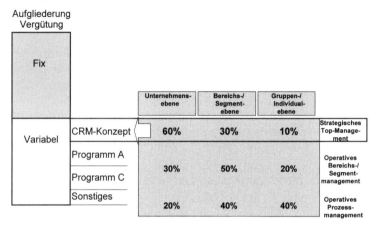

Quelle: Eigene Darstellung; Delphi-Untersuchungsergebnisse

Bei der Bestimmung von CRM-Beteiligungsfeldern sind nach Expertensicht neben den bisher genannten Überlegungen Branche, Unternehmenskultur und Eigentümerstruktur zu berücksichtigen.[1138]

Konkretisierung der Zeithorizonte

Die Bestimmung einzelner Zeithorizonte ist angesichts des Abstraktionsgrades des vorliegenden Modells schwierig. Insgesamt sind charakteristische Zeithorizonte von bis zu fünf Jahren für *strategische*, von bis zu zwei Jahren für *operative* Bereichs- und Segmentzielsetzungen und von bis zu einem Jahr für *prozessuale* Zielsetzungen ermittelt worden.[1139]

Für den CLV hat sich in der Expertenbetrachtung insgesamt eine *langfristige* Sichtweise als günstig erwiesen; diese korrespondiert mit der Meinung vieler Autoren in der Literatur. Für die Zielgröße Kundenbindung erscheinen ein mittel- bis langristiger und für die

---

[1138] Vgl. Abschnitt 5.3.3
[1139] Vgl. Abschnitt 5.3.1, Abschnitt 3.4.1.3 und Abschnitt 4.2.2.5

Kundenprofitabilität ein mittel- bis kurzfristiger Zeithorizont in Bezug auf zu erzielende sichtbare Erfolge als sinnvoll. Insgesamt ist nach Meinung der Experten der Kundenwert über *längere* Zeit bei gleichzeitiger Verbesserung der Kundenbindung zu optimieren. Die dazu notwendigen Investitionen sollen vertretbare Summen nicht überschreiten. Für die betriebliche Praxis ist die genaue Determinierung der Zeithorizonte abhängig von Industriespezifika, wie Branche, Wettbewerb, Innovations- und Produktzyklen und Produkteigenschaften.[1140]

Unter Berücksichtigung aller zur Verfügung stehenden Informationen aus Literatur und Praxis könnten die CRM-Zielsetzungen zeitlich wie folgt eingeordnet werden (vgl. Abbildung 6.10).

ABBILDUNG 6.10: ZEITHORIZONTE VON CRM-ZIELSETZUNGEN*

	Literatur/ Praxis	Experten-sicht	CRM-Bandbreite	Mögliche Einordnung der CRM-Zielsetzungen
Strategische Zielsetzungen	• 3 - 5 Jahre	• 4 Jahre	• 5 Jahre	• Wertbeitrag des Kundenstammes (WN) • Kundenstamm der Unternehmung (N)
Bereichs-/ Segment-zielsetzungen	• 1 - 2 Jahre	• 2 Jahre	• 4 Jahre	• Wertbeitrag Bereichs-/ Segment Kunden-stämme (WB(I)), (WS(B(I))) • Kundenstamm des Bereiches-/ Segmentes (B), (S) • Kundenbindung Segment (KB(S))
			• 2 Jahre	• Kundenprofitabilität Segment (KP(S))
Prozessuale Zielsetzungen	• 1 Jahr	• 1 Jahr	• 1 Jahr	• Prozessbeiträge zu KB(S) und KP(S)

* Die Angaben gelten nur für einen allgemeinen Ansatz für ein CRM-Anreizsystem
Quelle: Eigene Darstellung, Ergebnisse der Delphi-Untersuchung (Block 7+8)

[1140] Vgl. Abschnitt 5.3.1

Konkretisierung der Ausschüttungsmodalitäten

Die vorgeschlagenen Prinzipien der Ausschüttung sind von den Experten bestätigt worden (vgl. Abbildung 6.11). Dabei waren Bewertungsrisiko (Irrtum der Bewertung eines Mitarbeiters beziehungsweise Anwendung eines zur Bewertung ungeeigneten Verfahrens) und die Ausschüttungshöhe zentrale Gesichtspunkte. Werden mit CRM verbundene Anreize nun in ein solches Schema eingefügt, sind mit hohen Risiken versehene größere Ausschüttungen zeitlich zu strecken. Somit besteht die Möglichkeit, im Falle eines Irrtums die notwendigen Angleichungen in Folgeperioden durchführen zu können.

Bei einer solchen Vorgehensweise sind aber auch Marktgegebenheiten, Wettbewerberverhalten, Erwartungen der Mitarbeiter bezüglich der zu erfolgenden Auszahlung sowie die Fluktuation von Mitarbeitern mit einzubeziehen.[1141] Insgesamt wird ein Kompromiss zu finden sein zwischen der Notwendigkeit, auf der Anreizseite wettbewerbsfähig zu bleiben, und dem Risiko, die leistungsorientierte Vergütung nach dem neuen CRM-Ansatz kalkulierbar zu halten.

ABBILDUNG 6.11: DIMENSIONEN DER CRM-ANREIZ-AUSSCHÜTTUNG

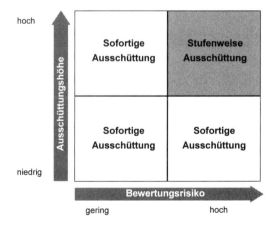

Quelle: Eigene Darstellung, inhaltlich in Anlehnung an Becker (1987), S.41

[1141] Vgl. Abschnitt 5.3.1

Konkretiserung weiterer Implementierungsaspekte

Die Einführung neuer Zielgrößen stellt eine der großen Herausforderungen bei der Implementierung eines Anreizystems dar.[1142] Zusammenfassend kann festgestellt werden, dass vor dem Hintergrund der erfolgten Befragung die Option der *Gehaltserhöhung* als vielversprechend angesehen wurde, wenn neue CRM-Zielsetzungen eingeführt werden sollen.

Als *Implentierungszeitraum* für ein CRM-Anreizsystem scheint ein Jahr ein ambitioniertes Ziel zu sein, jedoch werden schnelle Erfolge bei CRM-Realisierungen erforderlich sein, damit man die notwendigen Investitionen auch durchsetzen kann.[1143]

[1142] Vgl. Abschnitt 4.2.2.1
[1143] Vgl. Abschnitt 5.3.1; Abschnitt 1.1.5

7 Schlussbetrachtung

In diesem Teil wird der wissenschaftliche Beitrag der vorliegenden Untersuchung noch einmal überblicksartig zusammengefasst.

Im Anschluss daran erfolgt ein kurzer Ausblick auf die weitere Entwicklung des CRM-Konzeptes sowie die Möglichkeit einer zukünftigen Entwicklung weiterer strategischer Programme und der begleitenden Anreizsysteme.

Aus der bisherigen Untersuchung ergibt sich in verschiedenen Bereichen Forschungsbedarf. Die nachfolgenden Ausführungen sollen einen Beitrag dazu leisten, die Debatte über die Anreizgestaltung bei CRM in die richtige Richtung zu leiten, indem sie auf noch zu klärende Fragen hinweisen und mögliche kritische Punkte besonders herausgreifen.

7.1. ZUSAMMENFASSUNG DES WISSENSCHAFTLICHEN BEITRAGES

Der wissenschaftliche Beitrag der vorliegenden Untersuchung besteht einmal darin, eine *strukturierte Abhandlung* über das *Themengebiet CRM* zu liefern; zum anderen will sie das identifizierte Forschungsdefizit hinsichtlich der Anreizgestaltung beim CRM-Konzept schließen, indem sie das Gestaltungsmodell *eines allgemeinen CRM-Anreizsystems* zur Verfügung stellt.[1144]

Strukturierender Beitrag zum wissenschaftlichen Themengebiet CRM: Der Zustand, in dem sich die wissenschaftliche CRM-Diskussion zur Zeit befindet, ist geprägt von einer überflüssigen ausufernden Begriffsdebatte.[1145] Die entstehenden "Worthülsen", die konzeptionell unausgereiften Ansätze haben bisher oftmals gerade *nicht* dazu beigetragen, den grundlegenden Gedanken des CRM-Konzeptes erfolgreich in der Unternehmenswelt zu implementieren. Gleichzeitig wird in der Praxis immer wieder versucht - vielfach ohne

---

[1144] Vgl. Abschnitt 1.3.3
[1145] Vgl. Abschnitt 2.1.2 und insbesondere auch Fazit am Ende von Abschnitt 2.1.2.6

das entsprechende Gesamtverständnis von der Komplexität des Vorhabens - *irgendwie* geartete CRM-Ansätze einzuführen.

Solche Vorhaben sind allerdings vielfach von vornherein zum Scheitern verurteilt, wenn die konzeptionelle Grundlage unvollständig ist, die notwendigen Voraussetzungen in den Bereichen Strategie, Organisation, Prozesse und IT seitens des Unternehmens nicht ausreichend geschaffen werden oder eine Beschränkung entsprechender Vorhaben auf eine einzige CRM-Dimension (wie beispielsweise IT) erfolgt.[1146]

Die unbefriedigende Situation, in der sich die Diskussion der *"CRM-Community"* befindet, erinnert in Ansätzen an die zurückliegende TQM-Debatte.[1147] Damals wurden TQM-Ansätze *ohne* die entsprechende theoretische Grundlage, wie beispielsweise eine zuvor erfolgte systematische Operationalisierung des Konzeptes, implementiert. Als Lehre aus der hohen Anzahl *gescheiterter* Vorhaben wurde mit einer strukturierten wissenschaftlichen Aufbereitung der TQM-Materie begonnen; mittlerweile ist dieser Ansatz in vielen Unternehmen erfolgreich realisiert worden. Aus dieser Debatte sowie den in ihrem Verlauf gewonnenen Erkenntnissen können für CRM hilfreiche Implikationen abgeleitet werden: Eine wissenschaftlich strukturierte Aufbereitung des Themengebietes ist vonnöten; dabei gilt es insbesondere auch, über geeignete Anreizstrukturen nachzudenken.

Im Rahmen der vorliegenden Untersuchung wurden wichtige Schritte unternommen, das CRM-Konzept inhaltlich strukturiert und umfassend aufzubereiten. Ihre Darstellung trägt wesentlich dazu bei, dass das bisher in vielen Abhandlungen "schwammig" wirkende CRM-Konzept an Profilschärfe gewinnt:

Ausgangspunkt war eine ausführliche Auseinandersetzung mit der CRM-*Begriffsbildung*, wobei auf unterschiedliche Spektren von Definitionen eingegangen und die Notwendigkeit einer CRM-Definition aufgezeigt wurde, die eindeutig und umfassend zugleich ist. Dazu wurden zentrale *Dimensionen* von CRM identifiziert und zu einer Kategorisierung bestehender CRM-Definitionen herangezogen. Um die bisher wenig fruchtbare Debatte über die Abgrenzung von CRM von benachbarten Ansätzen zu beenden, wurde auf eine

---

[1146] Vgl. Abschnitt 1.1.5 und Abschnitt 1.3.3
[1147] Vgl. Kotler & Armstrong (2001), S.680f.

klare Abgrenzung der Begriffe CRM, Relationship Marketing, eCRM und One-to-One Marketing Wert gelegt.

Außerdem wurde das CRM-Konzept inhaltlich weiter verdichtet, indem seine zentralen *Haupteigenschaften*, wie zum Beispiel Segmentorientierung, Wertorientierung, Multi-Kanal-Integration, Prozessorientierung, funktionale Integration und IT-Unterstützung bestimmt und beschrieben wurden. Darüber hinaus konnten die elementaren *CRM-Zielsetzungen Kundenbindung* und *Kundenprofitabilität* identifiziert und auf den *CLV* als übergeordnete Zielgröße bezogen werden. Damit gelang die Einordnung des CRM-Konzeptes als eines strategischen Programmes in das Umfeld von Ansätzen des wertorientierten Managements.

Die Analyse aktueller Herausforderungen an CRM-Ansätze sowie die Identifikation von Schwachstellen bestehender Vorhaben führte zur Erkenntnis einer Reihe von Anforderungen, die an ein *erfolgreiches* CRM zu stellen sind. Die mit einer Einführung von CRM verbundenen Änderungsbedarfe und notwendigen Anpassungen innerhalb einer Unternehmung wurden identifiziert und erstmalig umfassend dargestellt. Die strukturierte Aufbereitung von CRM gipfelte in der Entwicklung eines *CRM-Bezugsrahmens*, der durch eine detaillierte Analyse der Zielsetzungen deren weitere Konkretisierung ermöglichte und dabei das Zusammenspiel der einzelnen Komponenten sichtbar machte. In diesem Zusammenhang konnte auch an der Kundenschnittstelle ein Prozessmodell für das CRM-Konzept abgeleitet werden.

Eine solche strukturierte und umfassende Aufbereitung des Fachgebietes CRM war für die Erstellung eines CRM-Anreizsystems unerlässlich.

Konzeption eines allgemeinen CRM-Anreizsystems: Innerhalb dieser Untersuchung gelingt es erstmalig, nach umfassender inhaltlicher Bestimmung und Darstellung wesentlicher CRM-Inhalte sowie geeigneter grundlegender Elemente von Anreizsystemen, ein *allgemeines flexibles* und *offenes Gestaltungsmodell* für ein *CRM-Anreizsystem* zu entwickeln. Dazu sind wesentliche Fragestellungen zur Inzentivierung von CRM identifiziert und detailliert bearbeitet worden, die bisher *nicht* ausreichend genug untersucht worden waren.

Bei der Konkretisierung einzelner Gestaltungsdimensionen wurden im Hinblick auf CRM

- sinnvolle CRM-Erfolgs- und Leistungskriterien für unterschiedlichste Ebenen,

- eine für Kundenorientierung geeignete Anreizstruktur,

- ein für das Vorhaben sinnvolles Verfahren der Leistungsbewertung,

- für CRM geeignete Beteiligungsfelder,

- die Länge der Beteiligungsperiode und -frequenz für CRM-Zielgrößen sowie

- eine sinnvolle Ausschüttungsperiode und -frequenz

ermittelt und umfassend dargestellt. Als Synthese ergibt sich also aus einer Kombination von CRM-spezifischen Inhalten und der allgemeinen Struktur von Anreizsystemen der umfassende Vorschlag eines Gestaltungsmodells für ein CRM-Anreizsystem. Der Anspruch der vorliegenden Untersuchung ist es dabei, die wissenschaftliche CRM-Debatte insbesondere in Bezug auf die CRM-Anreizgestaltung anzuregen und weiter voranzutreiben. Die Erkenntnisse aus dieser Untersuchung liefern dazu einen wesentlichen Beitrag: Zum einen lässt sich so die Komplexität der Anreizproblematik von CRM besser durchdringen, entsprechende Ansätze werden handhabbarer. Zum anderen kann das vorliegende Gestaltungsmodell in seiner an vielen Stellen sehr konkret ausdifferenzierten Form durch andere Experten auf bestimmte Branchen übertragen, dabei angepasst und entsprechend weiter ausdifferenziert werden.

Neben einem neuen Blickwinkel auf die Problematik der CRM-Anreizgestaltung, den die vorliegende Untersuchung insgesamt bietet, kann aus der entwickelten Konzeption eine Vielzahl von neuen Erkenntnissen für die Wissenschaft abgeleitet werden; daneben vermag das CRM-Anreizsystem auch für die Praxis eine Reihe von Implikationen zu liefern. So wird zum Beispiel deutlich, dass das CRM-Zielsystem einen umfassenden Bezugsrahmen für eine praxisnahe CRM-Zielgestaltung bildet.

7.2 AUSBLICK ZU CRM UND STRATEGISCHEN ANSÄTZEN

7.2.1 Einschätzung der weiteren Entwicklung von CRM

Angesichts der hohen Dynamik in der Entwicklung einer Vielzahl von Branchen und Märkten wird CRM nach Aussage von Experten für weitere Industrien zunehmende Bedeutung erlangen; damit wird die entwickelte Problematik in nächster Zukunft ihre Aktualität behalten.[1148] Die angedeutete Entwicklung ist zwar *nicht* auf allen Märkten zu erwarten, aber auf vielen, insbesondere solchen, mit den identifizierten spezifischen Merkmalen im Hinblick auf Markbedingungen und Kundenbedürfnisse.[1149]

Unter Verwendung der vorliegenden Ergebnisse sollte es folglich möglich werden, in Zukunft die bisher hohen Quoten von gescheiterten CRM-Vorhaben zu verringern.[1150] So wird die Tragweite einer CRM-Einführung im Hinblick auf Änderungs- und Anpassungsbedarfe in den Bereichen, wie Strategie, Organisation, Prozesslandschaft und IT, realistischer eingeschätzt werden können. In diesem Zusammenhang wird es möglich sein, die wesentlichen *kritischen* Fragestellungen bei einer Einführung eines CRM-Konzeptes zielorientiert zu behandeln und konsequent zu lösen.

7.2.2 Entwicklung strategischer Ansätze im Allgemeinen

Wie aus dieser Untersuchung ersichtlich wird, ist das Anreizsystem *einer* der wesentlichen Hebel für die erfolgreiche Implementierung eines strategischen Programmes innerhalb der Organisation eines Unternehmens.[1151] Nach dem Grundatz "*what gets measured gets done*" können Anreizsysteme und unterstützende Controlling-Strukturen dazu beitragen, Führungskräfte im Sinne der strategischen Zielsetzung zu gewünschten Verhaltensweisen zu motivieren.

Für die Entwicklung neuer strategischer Programme und unterstützender Anreizstrukturen könnten das vorliegende CRM-Anreizsystem und die dieser Untersuchung zu Grun-

---

[1148] Vgl. Abschnitt 1.1; Abschnitt 2.3; Abschnitt 2.3.2.1
[1149] Vgl. dazu etwa Abschnitt 2.3
[1150] Vgl. Abschnitt 1.1.5
[1151] Vgl. Abschnitt 3.4.3

de liegende Vorgehensweise zukünftigen Vorhaben eine wertvolle strukturelle und konzeptionelle Hilfestellung bieten.

7.3 ZUSAMMENFASSUNG WEITEREN FORSCHUNGSBEDARFES

Der weitere Forschungsbedarf ist vielfältig. Er gilt in erster Linie

- einer *Konretisierung konzeptioneller Zusammenhänge* innerhalb des Gestaltungsmodells,

- der *Berücksichtigung von Kontingenzfaktoren* durch den sukzessiven *Abbau von getätigten Annahmen* sowie

- der *Implementierung* des Ansatzes.

Konkretisierung konzeptioneller Zusammenhänge
Innerhalb des Modells ist über mehrere Abstraktionsniveaus eine Reihe von komplexeren Zusammenhängen zwischen den verschiedenen CRM-Zielsetzungen über unterschiedliche Ebenen hinweg identifiziert und detailliert beschrieben worden. Diese sind für eine Überprüfung der Natur der Zusammenhänge einer weiteren empirischen Überprüfung zu unterziehen.

- *Beitragspotenziale von CRM-Top-Zielen*: Der Zusammenhang zwischen CRM-spezifischen Top-Zielsetzungen und der Steigerung des Unternehmenswertes ist umfassenden Korrelationsanalysen zu unterziehen, damit die möglichen Beitragsspektren von CRM in Bezug auf eine Steigerung des Wertes des Kundenstammes und somit eines Beitrages zur Verbesserung des Unternehmenswertes quantitativ noch besser eingeschätzt werden können.[1152]

- *Beitragspotenziale von CLV-Treibern*: Damit die Treiber des CLV, wie Kundenbindung und -profitabilität, und die Beiträge ihrer zentralen Determinanten mit entsprechenden Gewichtungen innerhalb des Zielsystems versehen werden können, sind die einzelnen Einflusspotenziale auf den CLV noch spezieller zu untersuchen.

[1152] Vgl. zum *Shareholder Value* etwa Bernhardt & Witt (1997), S.85ff.

- *Beitragspotenziale auf Prozessebene*: Auf der Prozessebene wurde eine Vielzahl von Beitragspotenzialen erkannt. Experten haben im Rahmen der Prozessbeitragsmatrix erste quantitative Einschätzungen von möglichen Beiträgen geliefert. Diese Einschätzungen gilt es zu überprüfen, insbesondere sind auch Abhängigkeiten einzelner Elemente der Matrix voneinander noch genauer zu analysieren.

Berücksichtigung von Kontingenzfaktoren:[1153]

Die Erstellung des allgemeinen Modells eines CRM-Anreizsystems erfolgte unter einigen Annahmen. Diese wurden getätigt, um zunächst grundsätzliche konzeptionelle Zusammenhänge identifizieren und diskutieren zu können, bevor mögliche Ausprägungen des Modells untersucht werden dürfen.[1154]

- *Aufhebung der Branchenunabhängigkeit*: Das Modell bedarf zur weiteren Verfeinerung und praktischen Anwendung einer Anpassung an spezifische Branchencharakteristika. Dabei haben einzelne Ziele und ihre Determinanten mal mehr und mal weniger Gewicht und damit unterschiedliche Beitragsmöglichkeiten. Insgesamt gilt es, Gewichtungen innerhalb des CRM-Zielsystems sowie die korrelierenden Zeithorizonte und die unterstützende Anreizstruktur den besonderen Branchengegebenheiten anzupassen.

- *Weiterentwicklung für praxisrelevante Organisationstypen*: Das entwickelte Modell muss auf eine Vielzahl von möglichen *Organisationstypen* übertragen werden können, wie zum Beispiel die divisionale -, die funktionale -, die Prozess- oder die Matrixorganisation. Für sie alle sind im Hinblick auf CRM Konfliktpotenziale zwischen organisatorischen Entitäten zu antizipieren und durch eine entsprechende Priorisierung von Zielsetzungen und eine intelligente Gestaltung der CRM-Beteiligungsfelder abzubauen.

- *Berücksichtigung unternehmensspezifischer Besonderheiten*: Des Weiteren muss bei der Ausgestaltung eines CRM-Anreizsystems eine Reihe von unternehmensspezifischen Faktoren, wie beispielsweise Unternehmensgröße, Marktstellung,

---

[1153] Vgl. Balkin & Gomez-Mejia (1987), S.169ff.; Abschnitt 2.6.1.1; Abschnitt 2.6.1.2; Abschnitt 5.3.3
[1154] Vgl. Abschnitt 4.2.1 mit einer Zusammenfassung; Abschnitt 3.7.3; Abschnitt 2.7.3

Stadium des Produktlebenszyklus, Ertragslage und Organisationsumfeld bei der Gestaltung von Anreizstrukturen konkreter einbezogen werden.[1155]

Implementierung eines CRM-Anreizsystems

- *Schaffung einer Datenbasis*: Die Implementierung eines CRM-Anreizsystems und insbesondere die damit verbundene Erstellung entsprechender Daten können von der Wissenschaft genutzt werden, das vorliegende Informationsdefizit bezüglich der Anreizgestaltung von CRM zu reduzieren.

- *Einrichtung wissenschaftlicher Testfelder*: Die Realisierung von CRM-Anreiz-strukturen, die sich in sogenannten Pilot-Projekten oder *Testwelten* vollzieht, kann dazu dienen, aus wissenschaftlicher Sicht das Konzept um eine Vielzahl zu-sätzlicher Aspekte, wie beispielsweise ein umfassendes *Indikatorsystem* für ein-zelne Positionen in der Organisation, zu erweitern.

- *Überprüfung von Anforderungen*: Anforderungen, wie Akzeptanz, Transparenz, Wirtschaftlichkeit und Realisierbarkeit, müssen bei der Konzeption eines Anreiz-systems innerhalb des Designs Berücksichtigung finden;[1156] eine *Überprüfung* des jeweiligen Erfolges ist nur anhand eines konkreten Modells und vorher be-stimmter Standards möglich. Insbesondere müssen Einflussgrößen untersucht werden, die die Realisierung von Anforderungen fördern oder verhindern.

- *Entwicklung geeigneter Implementierungsansätze*: Aus erfolgreich realisierten CRM-Vorhaben sollte eine Anleitung für eine bestmögliche Implementierung ab-geleitet werden.[1157] Dabei sind neben den üblichen "Best Practices" auch inhalt-liche Vorgaben zu machen, mittels derer wesentliche Konzeptbestandteile sicher berücksichtigt werden können.

[1155] Vgl. Balkin & Gomez-Mejia (1987), S.180; (1990), S.154; Eggers (1997); S.43, S.51f., S.55f.; Cisek (1994), S.413; Freimuth (1993), S.507f.; auch Abschnitt 5.3.3
[1156] Vgl. Abschnitt 4.3
[1157] Vgl. auch Grewe (2000)

339

Literaturverzeichnis & Anhang

absatzwirtschaft (2000). CRM-2000: Aufklärung tut Not, H.7, S.100-104.

absatzwirtschaft (2000). Sales Excellence 2001, H.10, S.42-48.

absatzwirtschaft (2000). Fallstudie GEHE. Kundenorientierung vor Vereinfachung der Organisation, H.12, S.50-54.

absatzwirtschaft (2001). eCRM Studie 2001. Innovative Kundenbindung im Internet.

absatzwirtschaft (2002). Customer Relationship Management, H.2, S.43

Ackermann, K.-F. (1974). Anreizsysteme. In: Grochla, E. (Hrsg.). Handwörterbuch der Betriebswirtschaftslehre, Band 1., Schaeffer-Poeschel, Stuttgart, S.155-163.

Achrol, R. S. (1991). Evolution of the Marketing Organization: New Forms for Turbulent Environments. In: Journal of Marketing, Jg. 55, (1991), October, S.77-93.

Adam, D. (1998). Produktions-Management, Gabler, Wiesbaden.

Adrian, W. (1987): Strategische Unternehmensführung und Informationssystemgestaltung auf der Grundlage kritischer Erfolgsfaktoren: Ein anwendungsorientiertes Konzept für mittelständische Unternehmen, Josef Eul, Köln.

Ahlert, D. & Becker, J. & Knackstedt, R. & Wunderlich, M. (2002). Customer Relationship Management im Handel: Strategien, Konzepte, Erfahrungen, Springer, Berlin.

Aijo, T. S. (1996). The Theoretical and Philosophical Underpinnings of Relationship Marketing: Environmental Factors Behind the Changing Marketing Paradigm, European Journal of Marketing, Jg. 30, (1996), H.2, S.8-18.

Akerlof, G. A. (1970). The Market for "Lemons": Quality Uncertainty and the Market Mechanism. In: Quarterly Journal of Economics, (1970), S.488-500.

Albach, H. (2000). Shareholder Value und Unternehmenswert. Theoretische Anmerkungen zu einem aktuellen Thema, WHU-Koblenz, Vallendar.

Albach, H. (1970). Informationsgewinnung durch strukturierte Gruppenbefragung. In: Zeitschrift für Betriebswirtschaft, Jg. 40, (1970), Ergänzungsheft, S.11-26.

Albert, H. (2000). Interaktives Customer Relationship Management im Multi-Dialog-Mix. In: Die Bank, (2000), H.5, S.352-354.

Albers, S. & Bielert, W. (1996). Kostenminimale Gestaltung von finanziellen Nebenleistungen für Führungskräfte. In: ZfB, 66. Jg, (1996), H.4, S.459-473.

Albers, S. (1996). Optimization models for salesforce compensation. In: European Journal of Operational Research, Jg. 89, (1996), H.1, S.1-17.

Albers, S. & Krafft, M. (1996). Zur relativen Aussagekraft und Eignung von Ansätzen der Neuen Institutionenlehre für die Absatzformwahl sowie die Entlohnung von Verkaufsaußendienstmitarbeitern. In: ZfB, Jg. 66, (1996), H.11, S.1383-1407.

Albers, S. (1995). Optimales Verhältnis zwischen Festgehalt und erfolgsabhängiger Entlohnung bei Verkaufsaußendienstmitarbeitern. In: zfbf, Jg.47, (1995), H.2, S.124-142.

Alewald, T. (1995). Leistung soll sich lohnen. In: Personalführung, (1995), H.10, S.846-851.

AMR Report (1999). Customer Relationship Management Software Report (1998)-(2003), AMR Research, Boston.

Anderson, E. W. & Fornell, C. & Rust, R. T. (1997). Customer Satisfaction, Productivity, and Profitability: Differences Between Goods and Services. In: Marketing Science, Jg. 16, (1997), H.2, S.129-145.

Anderson, E. W. & Fornell, C. & Lehmann, D. R. (1994). Customer Satisfaction, Market Share, and Profitability: Findings from Sweden. In: Journal of Marketing, Jg. 58, (1994), H.3, July, S.53-66.

Anderson, E. W. & Sullivan, M. (1993). The Antecendents and Consequences of Customer Satisfaction For Firms. In: Marketing Science, Jg. 12, (1993), Spring, S.125-143.

Anderson, H. & Andreasen, M. D. (1999). The CRM Handbook. From group to multi-individual, Norhaven.

Andresen, B. J. (2000). Deferred Compensation. In: Eyer, E. (Hrsg.). Report Vergütung: Entgeltgestaltung für Mitarbeiter und Manager, Düsseldorf, S.140-143.

Anthony, R. N. & Vijay, G. (2001). Management Control Systems, 10. Auflage, Mc Graw-Hill, Boston.

Arbeitskreis Organisation (1996). Organisation im Umbruch: (was) kann man aus bisherigen Erfahrungen lernen? In: Zeitschrift für betriebswirtschaftliche Forschung, Düsseldorf, Jg. 48, (1996), H.6, S.621-665.

Argyres, N. S. & Porter Liebeskind, J. (1999). Contractual Commitments, Bargaining, and Governance Inseparability: Incorporating History Into Transaction Cost Theory. In: Academy of Management Review, Jg. 24, (1999), H.1, S.49-63.

Arrow, K. J. (1991). The Economics of Agency. In: Pratt, John W. & Zeckhauser Richard J. (Hrsg.). Principals and Agents: The structure of business, Harvard Business School Press, Boston, S.37-51.

Ashby, W. R. (1956). An Introduction to Cybernetics, London.

Atkinson, J. W. (1957). Motivational Determinants of Risk Taking Behavior. In: Psychological Review, Jg. 64, (1957), S.359-372.

Auh, S. & Johnson, M. D. (1997). The Complex Relationship between Customer Satisfaction and Loyalty for Automobiles. In: Johnson, M. D. & Herrmann A. et al. (1997). Customer Retention in the Automotive Industry, Gabler, (2000), S.141-166.

Bach, V. & Österle, H. (2000). Customer Relationship Management in der Praxis, Springer, Berlin.

Backes-Gellner, U. (1993). Personalwirtschaftslehre - eine ökonomische Disziplin?! Zeitschrift für Personalforschung, Jg.7, (1993), H.4, S.513-529.

Backhaus, K. (1997): Relationship Marketing - ein neues Pradigma im Marketing? In: Bruhn, M. & Ahlert, D. (Hrsg.). Marktorientierte Unternehmensführung, Reflexionen - Denkanstöße - Perspektiven, Gabler, S.19-35.

Backhaus, K. & Büschken, J. (1995). Kundenbindung. Kein Freibrief für Gängelleien. In: Werben & Verkaufen, Special, (1995), Nr. 20, S.140f.

Backhaus, K. (1994). Arbeitsgruppe "Beziehungsmanagament" der Wissenschaftlichen Kommission für Marketing im Verband der Hochschullehrer für Betriebswirtschaftslehre, Dokumentation, 1. Workshop vom 27.-28.9.1993 in Frankfrut am Main, Münster.

Bäumler, H. (2000). E-Privacy. Datenschutz im Internet, Vieweg, Braunschweig.

Bagozzi, R. P. (1995). Reflections on Relationship Marketing in Consumer Markets. In: Journal of the Academy of Marketing Science, Jg. 23, (1995), H.4, S. 272-277.

Baiman, S. (1990). Agency Research in Managerial Accounting: A Second Look. In: Accounting, Organizations and Society, Jg.15, (1990), H.4, S.154-213.

Baker, G. P. & Jensen, M. C. & Murphy, K. J. (1988). Compensation and Incentives: Practice vs. Theory. In: The Journal of Finance, Jg. 43, (1998), H.3, July, S.593-616.

Balkin, D. G. & Gomez-Mejia, L. R. (1990). Matching Compensation and Organizational Strategies. In: Strategic Management Journal, Jg.11, (1990), H.11, S.153-169.

Balkin, D. B. & Gomez-Mejia, L.R. (1987). Toward A Contingency Theory Of Compensation Strategy. In: Strategic Management Journal, Jg. 8, (1987), S.169-182.

Balzer, A. & Sommer, C. (1998). Mehr Geld für die Chefs? In: Manager Magazin, (1998), September, S.214-228.

Band, W. A. (1991). Creating Value for Customers, John Wiley, New York.

Barnes, J. G. (1994). Close to the Customer: but is it Really a Relationship? In: Journal of Marketing Management, Jg. 10, (1994), S.561-570.

Bartol, K. M. (1999). Reframing Salesforce Compensation Systems: An Agency Theory-Based Performance Management Perspective. In: Journal of Selling and Sales Management, Jg. 19, (1999), H.3, S.1-16.

Barton, H. & Brown, D. & Cound, J. & Marsh, P. & Willey K. (1992). Does Top Management Add Value to Investment Decisions? In: Long Range Planning, Jg. 25, (1992), H.5, S.43-58.

Bartz, M. (2001). Umsatz steigern mit CRM und E-CRM. In: Fröschle, H. P. & Mörike, M. (Hrsg.). Customer Relationship Management, (2001), S.13-15.

Barua, A. & Lee, S. & Whinston, A. B. (1995). Incentives and Computing Systems. In: Organizational Science, Jg. 6, (1995), H.4, July-August, S.489-505.

Bastian, C.(2000). Mitarbeiterführung im Vertrieb: Anreizsysteme auf dem Prüfstand. In: Vertriebsmanagement, (2000), S.293-323.

Bauer, U. (2000). Controlling in der virtuellen Unternehmung. In: Controller-Magazin, Jg. 25, (2000), H.3, S.219-224.

Bauer, H. H. & Huber, F. & Bräutigam, F. (1997). Method Supplied Investigation of Customer Loyalty in the Automotive Industry - Results of a Causal Analytic Study. In: Johnson, M. D. & Herrmann, A. et al. (1997). Customer Retention in the Automotive Industry, Gabler, Wiesbaden, S.167-213.

Baumgartner, H. (1992). Anforderungen an die Gestaltung eines mehrdimensionalen strategischen Anreiz- und Belohnungssystems für Führungskräfte, Dissertation, Universität St. Gallen.

Bayus, B. (1992). Brand Loyalty and Marketing Strategy: An Application to Home Appliances. In: Marketing Science, Jg.11, (1992), H.1, S.21-38.

Beach, D. S. (1975). Managing people at work: readings in personnel, Macmillan, 2nd Edition, New York.

Bearden, W. O. & Teel, J. E. (1983). Selected Determinats of Customer Satisfaction and Complaint Reports. In: Journal of Marketing Research, Jg. 20, (1983), February, S.21-28.

Beck, U. (1986). Risikogesellschaft: auf dem Weg in eine andere Moderne, Suhrkamp, 1. Auflage, Frankfurt am Main.

Beck, K. & Glotz, P. & Vogelsang, G. (2000). Die Zukunft des Internet: internationale Delphi-Befragung zur Entwicklung der Online-Kommunikation. UVK-Medien-Verlags-Gesellschaft, Konstanz.

Becker, F. G. (1997). Erfolgs- und leistungsbezogene strategisch-orientierte Anreizsysteme. In: Marktforschung & Management, Jg. 41, (1997), H.3, S.112-119.

Becker, F. G. (1996). Aufgabenbezogene Leistungsbeurteilung. In: Personal, (1996), H.9, S.466-471.

Becker, F. G. (1992). Grundlagen betrieblicher Leistungsbeurteilungen, Schaeffer-Poeschel, Stuttgart.

Becker, F. G. (1990). Anreizsysteme für Führungskräfte, Poeschel, Stuttgart.

Becker, F. G. (1987). Innovationsfördernde Anreizsysteme. In: ZfP, (1987), H.1, S.29-60.

Becker, F. G. (1987). Entgeltsysteme für die strategische Unternehmensführung. In: Personalwirtschaft, Jg. 14, (1987), H.4, S.141-146.

Becker, F. G. (1987). Zur Anreizgestaltung eines strategisch-orientierten Anreizsystems. In: Zeitschrift für Führung und Organisation, (1987), H.3, S.159-164.

Becker F. G. & Holzer, H. P. (1986). Erfolgsbeteiligung und Strategisches Management in den USA. In: Die Betriebswirtschaft, Jg. 46, (1986), H.4, S.438-459.

Becker, W. A. (1980). Anforderungen an Planungsysteme: dargestellt am Beispiel der staatlichen Planung, Planungs- und organisationswissenschaftliche Schriften, Dissertation, München.

Becker, D. (1974). Analyse der Delphi-Methode und Ansätze zu ihrer optimalen Gestaltung, Inaugural, Dissertation Universität Mannheim.

Bell, D. (1989). Die nachindustrielle Gesellschaft, Campus, Frankfurt.

Belz, C. & Senn, C. (1995). Richtig umgehen mit Schlüsselkunden. In Harvard Business Manager, Jg. 17, (1995), H.2, S. 45-54.

Bennion, M. L. (1987). Segmenting and Positioning in a Basic Industry. In: Industrial Marketing Management, Jg. 16, (1987), S.9-19.

Berg, T. & Nelsen S. (2000). Customer Relationship Management. An Overview. Strategic Analysis Report, Gartner Group, (2000), S.1-20.

Berg, H. (1999). Globalisierung der Wirtschaft, Ursachen - Formen - Konsequenzen, Duncker, Berlin.

Bergen, M. & Dutta, S. & Walker, O. C. (1992). Agency relationship in marketing: a review of the implications and applications of agency and related theories. In: The Journal of Marketing, Jg. 56, (1992), H.3, S.1-24.

Berger, R. (1997). Chancen und Risiken der Internationalisierung aus Sicht des Standortes Deutschland. In: Krystek, U. & Zur, E. (Hrsg.). Internationalisierung - Eine Herausforderung für die Unternehmensführung, S.19-33.

Berger, R. & Hoock, R. (1998). Mit kundenorientierter Organisation und Kultur zur Weltspitze. In: Betsch, O. (Hrsg). Handbuch Privatkundengeschäft, Frankfurt am Main, S.859-871.

343

Berry, L. L. & Parasumaran, A. (1992). Service-Marketing. Wettbewerbsvorsprung durch erstklassige Qualität, Frankfurt am Main.

Berry, L. L. (1983). Relationship Marketing, Emerging Perspectives on Services Marketing, American Marketing Association, Chicago, S.25-28.

Berry, L. L. (1983): Relationship Marketing of Services - Growing Interest, Emerging Perspectives. In: Journal of the Academy of Marketing Science, Jg. 23, (1985), Fall, S.236-245.

Berson, A. & Smith, S. & Thearling, K. (2000). Building Data Mining Applications for CRM, McGraw Hill, New York.

Bernhardt, W. & Witt, P.(1997). Stock Options und Shareholder Value. In: Zeitschrift für Betriebswirtschaft, Jg. 67, (1997), H.1, S.85-101.

Betsch, O. (1998). Handbuch Privatkundengeschäft: Entwicklung, State of the Art, Zukunftsperspektiven, Knapp, Frankfurt am Main.

Biong, H. & Selnes, F (1996). The strategic role of the salesperson in established buyer-seller relationships, Working Paper, Marketing Science Institute, S.98-118.

Biong, H. & Selnes, F. (1995). Relational Selling Behaviour and Skills in Long-term Industrial Buyer-Seller Relationships. In: Journal of the Academy of Marketing Science, Jg. 4, (1995), H.4, S.483-498.

Biong, H. (1993). Satisfaction and Loyalty to Suppliers within the Grocery Trade. In: European Journal of Marketing, Jg.27, (1993), H.7, S.21-38.

Bitner, M. J. (1995). Building Service Relationships: It's all about promises. In: Journal of the Academy of Marketing Science, Jg. 23, (1995), H.4, S.246-251.

Bitner, M. J. (1990). Evaluating Service Encounters: The Effects of Physical Surroundings and Employee Responses. In: Journal of Marketing, Jg. 54, (1990), April, S.69-82.

Biskamp, S. (2001). Beehren Sie uns bitte bald wieder. In: Connectis, (2001), April, S.26-30.

Bleicher, K. (1999). Das Konzept Integriertes Management: Visionen - Missionen- Programme, 5. Auflage, Campus, Frankfurt.

Bleicher, K. (1997). Marketing im Spannungsfeld von Wettbewerbs- und Potential-orientierung. In: Bruhn, M.& Ahlert, D. (1997). Marktorientierte Unternehmensführung, Wiesbaden, S.37-55.

Bleicher, K. (1993). Strategische Anreizsysteme. Flexible Vergütungssysteme für Führungskräfte, Schriften Entwicklungstendenzen im Management, Schäffer-Poeschel, Stuttgart.

Bleicher, K. (1992). Strategische Anreizsysteme. Flexible Vergütungssysteme für Führungskräfte, Schäffer Poeschel & Neue Züricher Zeitung, Stuttgart.

Bleicher, K. (1992). Das Konzept Integriertes Management, 2. Auflage, Frankfurt am Main.

Bleicher, K. (1991). Konzept Integriertes Managment, Frankfurt am Main.

Bleicher, K. (1990). Ansätze, Modelle und Trends für leistungsabhängige, variable Entgeltsysteme für Führungskräfte. In: "Kursunterlagen Anreizsystme", Institut für Betriebswirtschaft an der Hochschule St. Gallen.

Bleicher, K. (1989). Strategische Anreizsysteme. In: Riekhof, H.-C. (Hrsg.). Strategieentwicklung, Konzeptze und Erfahrungen, Stuttgart, S.377-393.

Bleicher, K. (1985). Zur strategischen Ausgestaltung von Anreizsystemen für die Führungsgruppe in Unternehmungen. In: Zeitschrift für Führung und Organisation, Jg. 54, (1985), H.1, S.21-27.

Bliemel, F. & Fassott, G. (2000). Electronic Commerce und Kundenbindung. In: Electronic Commerce, 3. Auflage, Wiesbaden, 2000, S.11-26.

Bliemel, F. & Eggert, A. (2000). Stärkt Customer Care die Kundenbeziehung?: Eine kausalanalytische Untersuchung aus Kundensicht. In: Dienstleistungsmanagement, Wiesbaden, S.197-211.

Bliemel, F. & Stief, J. (1999). What constitutes a relationship? Towards a conceptualisation of Relationship Marketings' s central construct, Kaiserslauterner Schriftenreihe Marketing.

Bliemel, F. & Eggert, A. (1998). Kundenbindung - die neue Sollstrategie? In: Marketing, ZFP, Jg. 20, (1998), Heft1, 1. Quartal, S.37-46.

Bliemel, F. & Eggert, A. (1998). Kundenbindung aus Kundensicht: Grundlegende Konzeptionalisierung und explorative Befunde. Kaiserslauterner Schriftenreihe Marketing, Kaiserslautern.

Bliemel, F. & Eggert, A. (1997). Relationship Marketing under Fire. In: Kaiserslauterner Schriftenreihe Marketing, H. 4, Lehrstuhl für Marketing der Universität Kaiserslautern, Kaiserslautern.

Bloemer, J. M. M. & Kasper, Hans D. P. (1995). The Complex Relationship between Consumer Satisfaction and Brand Loyalty. In: Journal of Economic Psychology, Jg. 16, (1995), H.2, S.311-329.

Blois, K. J. (1998). When is a Relationship a Relationship? In: Gemünden, H. G. & Ritter, T. & Walter, A.(Hrsg.) Relationships and networks in international markets, Oxford, S.53-64.

Blois, K. J. (1996). "When is a Realtionship a Relationship?" In: Gemünden, H. G. & Ritter, T. & Walter, A. (Hrsg.). Proceedings of the 12th International Conference on Industrial Marketing and Pruchasing, Karlsruhe, Volume 1, S.107-123.

Blois, K. J. (1996). Relationship Marketing in Organizational Markets: When is it appropriate? In: Journal of Marketing Management, Jg. 12, (1996), S.161-173.

Bloom, M. (1999). The Performance Effects Of Pay Dispersion On Individuals And Organizations. In: Academy of Management Journal, Jg. 42, (1999), H.1, S.25-40.

Bokranz, R. (1991). Entlohnungsgrundsätze in Industriebetrieben, Teil 1: Arbeitskosten, Produktivität und grundsätzliche Anforderungen an ergebnisbezogene Entlohnungsgrundsätze. In: Personal, Jg. 43, (1991), H.9, S.300-303.

Bokranz, R. (1991). Entlohnungsgrundsätze in Industriebetrieben, Teil 2: Auswahl von Entlohnungsgrundsätzen. In: Personal, Jg. 43, (1991), H.10, S.352-356.

Bokranz, R. (1991). Entlohnungsgrundsätze in Industriebetrieben, Teil 3: Rechtliche Möglichkeiten und praktische Umsetzung. In: Personal, Jg. 43, (1991), H.12, S.448-451.

Bolton, R. N. (1998). A Dynamic Model of the Duration of the Customer's Relationship with a Continous Service Provider: The Role of Satisfaction. In: Marketing Science, Jg. 17, (1998), H.1, S.45-65.

Bolton, R. N. & Drew, J. (1991). A Multistage Model of Consumer's Assessments of Service Quality and Value. In: Journal of Consumer Research, Jg. 17, (1991), March, S.375-384.

Bonoma, T. V. & Zaltman, G. (1978). Industrial Marketing Management, Chicago.

Bordoloi, C. (2000). CRM Projects: A Framework for Success, CRM Forum.

Borg, I. & Bergermaier, R. (1992). Über die zweifelhafte Strategie, Leistung durch monetäre Anreize erhöhen zu wollen. In: Personalführung, (1992), H.8, S. 642-649.

Boslet, M. (2001). CRM- Promise, Peril and Eye-Popping Price. In: The Industry Standard Magazine, 06. August 2001, www.thestandard.com/ article/0,1902,28230, 00. html.

Bosetzky, H. (1974). Veränderung der Organisationsstruktur im Wandel des Führungsverhaltens. In: Macharzina, K. & Rosenstiel, L. (Hrsg.). Führungswandel in Unternehmung und Verwaltung, Gabler, Wiesbaden, S.229-252.

Bower, J. L. & Chsristensen, C. M. (1995). Disruptive technologies: catching the wave. In: Harvard Business Review, Jg.73, (1995), H.1, S.43-53.

Brandt, J. & Schneider, U. G. (Hrsg). (2001). Handbuch Kundenbindung. Service und Kundenorientierung; Interviews mit namhaften Experten; Methoden und Maßnahmen der Kundenbindung, 1. Auflage, Berlin.

Brehm, S. S. & Brehm, J. W. (1981). Psychological reactance: a theory of freedom and control. Acad. Pr., New York.

Breisig, T. (2000). Entlohnen und Führen mit Zielvereinbarungen. Orientierungs- und Gestaltungshilfen für Betriebs- und Personalräte sowie für Personalverantwortliche. Bund-Verlag, Frankfurt am Main.

Brezina, R. (2001). Analytisches Customer Relationship Management. Entscheidungsunterstützung in kundenorientierten Unternehmen. In: Controlling, (2001), H. 4/5, April-Mai, S.219-226.

Bronner, R. & Mathisake, W. & Stein, F. A. (1991). Anforderungen an Spitzen-Führungskräfte: Ergebnisse einer Delphi-Studie. In: Zeitschrift für Betriebswirtschaft, Jg. 61, (1991), H.11, S.1227-1242.

Brockhoff, K. (1979). Delphi-Prognosen im Computer Dialog. Experimentelle Erprobung und Auswertung kurzfristiger Prognosen, J. C. Mohr, Tübingen.

Brodie, R. & Coviello, N. E. & Brookes, R. W. & Little, V. (1997). Towards a Paradigm Shift in Marketing? An Examination of Current Marketing Practices. In: Journal of Marketing Management, Jg. 13, (1997), H.5, S.383-406.

Brosi, W. & Krekel, E. M. & Ulrich, J. G. (1999). Delphi als ein Planungsinstrument der Berufsbildung? Erste Ergebnisse einer BIBB-Studie. In Berufsbildung in Wissenschaft und Praxis, Jg. 28, (1999), H.6, S.11-16

Brown, S. A. (2000). Customer Relationship Management. A Strategic Imperative in the World of e-Business, PWC, John Wiley & Sons, Toronto.

Bruhn, M. & Meffert, H. (2001). Handbuch Dienstleistungsmanagement, 2. Auflage, Gabler, Wiesbaden.

Bruhn, M. (2000). Kundenerwartungen - Theoretische Grundlagen, Messung und Managementkonzept. In: ZfB, Jg. 70, (2000), H.9, S.1031-1054.

Bruhn, M. & Homburg, C. (2000). Handbuch Kundenbindungsmanagement, 3. Auflage, Gabler, Wiesbaden.

Bruhn, M. (1999). Kundenorientierung: Bausteine eines exzellenten Unternehmens. Dt. Taschenbuch-Verlag, München.

Bruhn, M. & Ahlert, D. (1997). Marktorientierte Unternehmensführung. Reflexionen - Denkanstöße-Perspektiven. Festschrift für Heribert Meffert zum 60. Geburtstag. Gabler, Wiesbaden.

Bruhn, M. (1995). Internes Marketing als Forschungsgebiet der Marketingwissenschaft - Eine Einführung in die theoretischen und praktischen Probleme. In: M. Bruhn (Hrsg.). Internes Marketing: Integration der Kunden- und Mitarbeiterorientierung, , Gabler, Wiesbaden, S.13-61.

Bruhn, M. (1991). Ingenieurswissenschaftliche Methodik zur interdisziplinären Systementwicklung, Springer, Berlin.

Bruhn, M. (1985). Marketing und Konsumentenzufriedenheit. In: WISU, 14. Jg, (1985), H.6, S.300-307.

Bruns, M. (1991). Systemtechnik, Methoden zur interdisziplinären Systementwicklung, Springer, Berlin.

Buchanan, R. W. T. & Gillies, C.S. (1990). Value Managed Relationships: The Key to Customer Retention and Profitability. In: European Marketing Journal, Jg. 8, (1990), S.523-526.

Büchel, A. (1969). Systems Engineering. In: io, Jg. 38, (1969), H.9, S.373-385.

Bullinger, H.-J. (1997). Wirtschaft 21 - Perspektiven, Prognosen, Visionen. In: Der Deutsche Bundestag. (Hrsg.). Zur Ökonomie der Informationsgesellschaft, Bonn, S. 69-141.

Bund Jackson, B. (1985). Winning and Keeping Industrial Customers: The Dynamics of Customer Relationships, Lexington Books, Lexington.

Bund Jackson, B. (1985). Build Customer Relationships that Last. In: Harvard Business Review, (1985), November-December, S. 2-9.

Burmann, C. (1991). Konsumentenzufriedenheit als Determinante der Marken- und Händlerloyalität. Das Beispiel der Automobilindustrie. In: Marketing ZFP, Jg. 13, (1991), H.4, IV.Quartal, S.249-258.

Burnett, K. (2001). The Handbook of Key Customer Relationship Management, Prentice Hall, London.

Buzzell, R. D. (1997). Changing Requirements for Effective Marketing. In: Bruhn, M. & Ahlert, D. (Hrsg.). Marktorientierte Unternehmensführung, S.499-511.

Campbell, J. P. (1970). Managerial Behavior, Performance, and Effectiveness, Mc-Graw-Hill, New York.

Carroll (1991/92). The Fallacy of Customer Retention. In: Journal of Retail Banking, Jg. 14, (1991), H.4, S.15-20.

Carroll, P. (1990). Upgrading the Retail Customer Mix. In: Journal of Retail Banking, Jg. 12, (1990), H.4, Winter, S.25-29.

Caufield, S. (2001). Does CRM Really Pay? In: A General Management Perspective, Mitchell Madison Group, CRM-forum, May 11, 2001, S.1-5.

Caufield, S. (2001). Does CRM Really Pay? A General Management Perspective. In: CRM The Ultimate Guide to the Efficient use of CRM, Vieweg, Braunschweig, S.17-22.

Capon, N. & Farley, J. U. & Hoenig, S. (1990). Determinants of Financial Performance: A Meta-Analysis. In: Management Science, (1990), October, S.1143-1159.

Chakravarthy, B. & Zajac, E. J. (1984). Tailoring Incentive Systems to a Strategic Context. In: Planning Review, Jg.12, (1984), November, S.30-35.

Chandler, A. D. (1990). Scale and scope: the dynamics of industrial capitalism, Belknap Press of Harvard Univ. Press.

Chandler, A. D. (1962). Strategy and Structure. Cambridge/London.

Chen, M. S. & Chang C. T. (1999). The Optimal Pricing and Compensation Strategies for Heterogeneous Salesforce. In: Asia-Pacific Journal of Operational Research, Jg. 16, (1999), S.125-137.

Cherry Tree & Co (2000). Extended Enterprise Applications, Spotlight Report, Edina, Minnesota.

Chien, C. S. & Moutinho, L. (2000). The External Contingency and Internal Characteristic of Relationship Marketing. In: Journal of Marketing Management, Jg.16, (2000), S.583-595.

Christopher, M. & Payne, A. & Ballantyne D. (1991). Relationship Marketing: Bringing Quality, Customer Service and Marketing Together, Butterworth, Oxford.

Churchill, Jr. & Gilbert, A. & Suprenant, C. (1982). An Investigation into the Determinants of Customer Satisfaction. In: Journal of Marketing Research, Jg. 19, (1982), S.64-73.

Ciborra, C. U. (1993). Teams, markets and systems: business innovation and information technology. 1. Auflage, Cambridge University Press.

Cisek, G. (2000). Entgeltmanagement - Eine personalstrategische Herausforderung. In: Personalführung und Organisation, Vahlen, München, S.369-383.

Cisek, G. (1994). Gestaltungsmöglichkeiten variabler Vergütung. In: Personal, (1994), H.9, S.412-415.

Clark, M. & Peck, H. & Christopher, M. & Payne, A. (1993). In: Payne, A. & Rapp, R. (Hrsg.). Handbuch Relationship Marketing. Konzeption und erfolgreiche Umsetzung, Vahlen, München, S.29-45.

CSC Research Services (2001). CRM-Forum. Why does CRM fail? http:///www.crm-forum.com/library/csc/csc-004/csc-004.html, Zugriff, 11.Mai 2001.

Coase, R. (1937). The Nature of the Firm. In: Economica, N.S., Jg. 4, (1937), S. 386-405.

Comer, J. M. & Zirger, B. J. (1997). Building a Supplier-Customer Relationship Using Joint New Product Development. In: Industrial Marketing Management, Jg. 26, (1997), H.2, S. 203-211.

Computerwoche (1999). CRM: "Die Kunst, Kunden nicht zu Tode zu lieben", H.50, S. 17-18.

Conjon, M. J. & Schwalbach, J. (2000). Executive Compensation: evidence from the UK and Germany. In: Long range Planning, Jg. 33, (2000), H.4, S.504-526.

Copulsky, J. R. & Wolf, M. J. (1990). Relationship Marketing: Positioning for the Future. In: Journal of Business Strategy, Jg. 11, (1990), H.4, July-August, 1990, S.16-20.

Cornelsen, J. (2001). Kundenbewertung mit Referenzwerten. In: Günter, B. & Helm, S. (Hrsg.). Kundenwert, Wiesbaden, S.155-187.

Cornelsen, J. (1996). Kundenwert - Begriff und Bestimmungsfaktoren, Arbeitspapier Nr. 43 des Lehrstuhls für Marketing, Universität Erlangen-Nürnberg.

Cornelsen, J. (2000): Kundenwertanalysen im Beziehungsmarketing. Theoretische Grundlegung und Ergebnisse einer empirischen Studie im Automobilbereich. Schriften zum Innovativen Marketing, GIM, Nürnberg.

Coviello, N. E. & Brodie, R. J. & Munro, H. J. (1997). Understanding Contemporary Marketing: Development of a Classification Scheme. In: Journal of Marketing Management, Jg.13, (1997), S.501-522.

Coyne, K. (1989). Beyond Service Fads - Meaningful Strategies for the Real World. In: Sloan Management Review, Jg. 30, (1989), Summer, S.69-76.

Cravens, D. W. (1995). The Changing Role. In: Marketing Management, Jg. 4, (1995), H.2, S.48-57.

Croft, M. (1995). The Bill to Change. In: Marketing Week, Jg. 17, (1995), November, S.29-30.

Crystal, G. S. (1991). Design of executive pay packages: Selecting and valuing short- and long-term compensation. In: Foulkes, F. K. Executive Compensation. A strategic guide for the 1990s, Boston, S.212-229.

Cuhls, K. (1998). Studie zur globalen Entwicklung von Wissenschaft und Technik. Zusammenfassung und Ergebnisse. Delphi ' 98 Umfrage des Fraunhofer Instituts für Systemtechnik und Innovationsforschung (ISI). Im Auftrag des Bundesministeriums für Bildung, Wissenschaft, Forschung und Technologie, bmbf, Karlsruhe.

Cuhls, K. (1998b). Studie zur globalen Entwicklung von Wissenschaft und Technik. Methoden- und Datenbestand. Delphi '98 Umfrage des Fraunhofer Instituts für Systemtechnik und Innovationsforschung (ISI). Im Auftrag des Bundesministeriums für Bildung, Wissenschaft, Forschung und Technologie, bmbf, Karlsruhe.

Cuhls, K. (1998c). Delphi, ein Kompaß für die Zukunft? In: Die Mitbestimmung, Jg. 44, (1998), H.3, S.43-44.

Cuhls, K. (1998d). Technikvorausschau in Japan. Ein Rückblick auf 30 Jahre Expertenbefragungen. Technik, Wirtschaft, und Politik, Schriftenreihe des Fraunhofer-Instituts für Systemtechnik und Innovationsforschung (ISI), Band 29, Physica, Heidelberg, S.31-45, (ZUMA-Auszug)

Cyert, R. M. & March, J. G. (1992). A Behavioral Theory of the Firm, 2. Auflage, Blackwell, Cambridge (MA).

Daenzer, W. F. & Huber F. (1997). (Hrsg.) Systems Engineering, Verlag Industrielle Organisation, Zürich.

Dalkey, N. (1969). The Delphi-Method. An Experimental Study of Group opinion. RAND, 5888-PR, June.

Dalkey, N. & Helmer, O. (1963). An Experimental Application Of The Delphi Method To The Use Of Experts. In: Management Science, Jg. 9, (1963), S.458-467.

Dallmer, H. (Hrsg.). Handbuch Direct Marketing, Gabler, 7. Auflage, Wiesbaden.

Daschmann, H. A. (1994): Erfolgsfaktoren mittelständischer Unternehmen: ein Beitrag zur Erfolgsfaktorenforschung, Schäffer-Poeschel,Stuttgart.

D'Aveni, R. (1995). Hypercompetition: managing the dynamics of strategic maneuvering, The Free Press, New York.

Davis, K. (1975). Evolving Models of Organizational Behavior. In: Beach, D. S. (Hrsg.). Managing people at Work, S.230-239.

Davis, S. M. (1987). Future Perfect, Addison-Wesley, Reading, MA.

Day, G. S. (1990). Market Driven Strategy: Processes for Creating Value, The Free Press, New York.

Day, R. (1984). Modeling Choices Among Alternative Responses to Dissatisfaction. In: Kinnear, T. (Hrsg.). Advances in Consumer Research, Ann Arbor, S.496-499.

Dearden, J. (1986). Appraising Profit Center Managers. In: Harvard Business Review, Jg. 50, (1986), July-August, S.80-87.

Decker, A. (2000). Starte-of-the-Art Report, "Dos" and "Don'ts" im Customer Relationship Management - Typische Erfahrungen aus der Beratungspraxis. In: Banking and information technology, (2000), H.4, S.42-53.

Deci, E. L. & Ryan, R. M.(1985). Intrinsic motivation and self-determination in human behavior, Plenum Press, New York.

Deci, E. (1972). The Effects of Contingent and Non-Contingent Rewards and Controls on Intrinsic Motivation. In: Organizational Behavior and Human Performance, (1972), H.8.

Dichtl, E. & Schneider, W. (1994). Kundenzufriedenheit im Zeitalter des Beziehungsmanagement. In: Lean-Management und Lean-Marketing, (1994), S.6-12.

Dick, A. S. & Basu, K. (1994). Customer Loyalty: Toward an Integrated Conceptual Framework. In: Journal of the Academy of Marketing Science, Jg. 22, (1994), H.2, S.99-113.

Dickenberger, D. & Gniech, G. & Grabitz, H.-J. (1993). Die Theorie der psychologioschen Reaktanz. In: Frey, D. & Irle, M. (Hrsg.). Theorien der Sozialpsychologie, Band I, Kognitive Theorien, Hans-Huber, S.243-273.

Die Bank (1999). Dem Kunden auf der Spur: Boom bei CRM Software: der europäische Markt für Customer Relationship Management. In: Geldinstitute, (1999), H. 11/12, S. 34.

Die Zeit (2001). Nr.18, 26. April 2001, Wirtschaft, S.29.

Dijk, J. van (1989). Popularising Delphi method. Developing an instrument to control technical change for employees. In: Quality and Quantity, Jg. 23, (1989), S.189-203.

Diller, H. (2001). Die Erfolgsaussichten des Beziehungsmarketing im Internet. In: Eggert, A. & Fassott, G. (Hrsg.). eCRM-Electronic Customer Relationship Management, Stuttgart, S.65-85.

Diller, H. (2000). Customer Loyalty: Fata Morgana or Realistic Goal? Managing Relationships with Customers. In: Relationship Marketing, Springer, Berlin, S.29-48.

Diller, H. & Cornelsen, J. & Ambrosius, T. (1997). Kundenerfolgsrechnungen in der Investitionsgüterindustrie. Theorie und Ergebnisse einer empirischen Studie. Arbeitspapier Nr. 61, Universität Erlangen-Nürnberg.

Diller, H. (1996). Kundenbindung als Marketingziel. In: Marketing, ZFP, Jg. 18, (1996), H.2, 2.Quartal, S.81-94.

Diller, H. (1995). Beziehungs-Marketing. In: Wirtschaftswissenschaftliches Studium, Jg. 24, (1995), H.9, S.442-447.

Diller, H. (1995b). Marketingorganisation und Markteinführung im Wandel. In: Diller, H. (Hrsg.). Wirtschaft, Gesellschaft und Staat im Umbruch, Berlin.

Diller, H. (1995c). Kundenbindung als Zielvorgabe im Beziehungs-Marketing, Arbeitspapier Nr. 40, (Hrsg.). Diller, H. Institut für Marketing, Universität Erlangen-Nürnberg.

Diller, H. (1994). Beziehungsmanagement und Marketing. In: Backhaus K. & Diller H. (Hrsg.). Beziehungsmanagement, Münster, Nürnberg, S.1-7.

Diller, H. (1992). Variety Seeking. In: Diller, H. (Hrsg.). Vahlens Großes Marketing-Lexikon, Beck-Vahlen, München.

Diller, H. (1991). Entwicklungstrends und Forschungsfelder der Marketingorganisation. In: Marketing, ZfP, Jg. 13, (1991), H.3, S.156-163.

Diller, H. & Kusterer, M. (1988). Beziehungsmanagment, Theoretische Grundlagen und explorative Befunde. In: Marketing ZFP, Jg. 10, (1988), H.3, S.211-220.

Dittmar, M. (2000). Profitabilität durch das Management von Kundentreue, Wiesbaden.

Dittrich, S. (2000), Kundenbindung als Kernaufgabe im Marketing - Kundenpotentiale langfristig ausschöpfen, Thexis, St. Gallen.

Dörfler, H.-W. (1993). Grundlagen der praktischen Gestaltung von Anreizsystemen zur Unternehmensführung, Universität Hamburg, Dissertation, auch Peter Lang, Frankfurt am Main.

Domsch, M. & Gerpott, T. J. (1985). Personalauswahl und Personalbeurteilung als Instrumente des Personal-Management in industrieller Forschung und Entwicklung (F+E). In: Moll, H. & Warnecke, H. J. (Hrsg.), RKW Handbuch, Forschung, Entwicklung, Konstruktion, Berlin, S.1-42.

Dowling, G. R. & Uncles, M. (1997). Do Customer Loyalty Programs Really Work? In: Sloan Management Review, Jg. 38, (1997), H.4, S.71-82.

Doyle, P. (1995). Marketing in the New Millenium. In: European Journal of Marketing, Jg. 29, (1995), H.13, S.23-41.

Drumm, H. J. (1989). Personalwirtschaftslehre, Berlin.

Drumm, H. J. (2000). Personalwirtschaft, 4. Auflage, Berlin.

Dünzl, H.-G./ Kirylak, L. D. (1995): Fokussierung auf den Kunden - Das Premier Customer Care Programm von BMW in den USA. In: Simon, H. & Homburg, C. (Hrsg.). Kundenzufriedenheit, S.403-413.

Duncan, T. & Moriaty, S. E. (1998). A communication-based marketing model for managing relationships. In: The Journal of Marketing, Jg. 62, (1998), H.2, S.1-13.

Dwyer, F. R. (1997). Customer Lifetime Valuation to Support Marketing Decision Making. In: Journal of Direct Marketing, Jg. 11, (1997), H.4, S.6-13.

Dwyer, F. R. (1989). Customer Lifetime Valuation to Support Marketing Decision. In: Journal of Direct Marketing, Jg. 3, (1989), H.4, S.8-15.

Dwyer, F. R. & Schurr, P. H. & Oh, S. (1987). Developing Buyer-Seller Relationships. In: Journal of Marketing. Jg. 51, (1987), H.2, April, S.11-27.

Ebers, M. & Gotsch, W.(1993). Institutionenökonomische Theorien der Organisation. In: Kieser, A. (Hrsg.). Organisationstheorien, Kohlhammer, Stuttgart, S.203-216.

Eckardstein, D. von & Janes, A. (Hrsg.). Neue Wege in der Lohnfindung in der Industrie, Manz, Wien.

Eckardstein, D. von (1995). Zur Modernisierung betrieblicher Entlohnungssysteme in industriellen Unternehmen. In: Eckardstein, D. von (Hrsg.). Neue Wege in der Lohnfindung in der Industrie, Wien, S.15-39.

Eggers, O. (1997). Funktion und Management der Forschung in Unternehmen. Dt. Univ. Verlag, Wiesbaden. Zugleich Dissertation Universität Kiel, 1996.

351

Eggert, A. & Fassott, G. (2001). eCRM. Electronic Customer Relationship Management: Management der Kundenbeziehungen im Internet-Zeitalter. Schäffer-Pöeschel, Stuttgart.

Eggert, A. & Fassott, G. (2001). Elektronisches Kundenbeziehungsmanagment (eCRM). In: Eggert, A. & Fassott, G. (2001). eCRM. Electronic Customer Relationship Management, S. 1-S.11

Eggert, A. (2001). Die zwei Perspektiven des Kundenwerts. Darstellung und Versuch einer Integration. In: Günter, B. & Helm, S. (Hrsg). Kundenwert, Wiesbaden, S.39-55.

Eggert, A. (2000). Konzeptionalisierung und Operationalisierung der Kundenbindung aus Kundensicht. In: Marketing, ZFP, (2000), H.2, 2.Quartal, S. 119-130.

Eggert, A. (2001). Konzeptionelle Grundlagen des elektronischen Kundenbeziehungsmanagements. In: Eggert, A. & Fassott, G. (2001), eCRM: Electronic Customer Relationship Management, S.89-106.

Eggert, A. & Stief, J. (1999). What constitutes a Relationship? Towards a Conceptualization of Relationship Marketing's central Construct. In: McLoughlin, D. & Horan, C. (Hrsg.). Proceedings of the 15th Annual IMP Conference, University College, Dublin, S.1-15.

Eggert, A. & Helm, S. (1999). Führt Kundenzufriedenheit zu Weiterempfehlungen? Eine kausalanalytische Untersuchung des Zusammenhanges zwischen Kundenzufriedenheit, Kundenbindung und Weiterempfehlungen, Kaiserslauterner Schriftenreihe Marketing, H.6, Universität Kaiserslautern.

Eggert, A. (1998). Paradigmenwechsel im Marketing? Plädoyer gegen die Wiederbelebung einer überholten Vorstellung. Kaiserslauterner Schriftenreihe Marketing, H.5, Universität Kaiserslautern.

Eisenhardt, K. M. (1989). Agency Theory: An Assessment and Review. In: Academy of Management Review, Jg. 14, (1989), H.1, S.57-74.

Elschen, R. (1991). Gegenstand und Anwendungsmöglichkeiten der Agency Theorie. Zeitschrift für betriebswirtschaftliche Forschung, zfbf, 43. Jg. (1991), H.11, S.1002-1012.

Elschen, R. (1991): Shareholder Value und Agency Theorie - Anreiz- und Kontrollsysteme für Zielsetzungen der Anteilseigner. In BfuP, 43. Jg. (1991), S.209-220.

Emmert, T. A. & Buchta, D. & Elgass, P. (2000). Kundenpotenziale ausschöpfen mit CRM. In: Information Managment & Consulting, Jg. 15, (2000), H.1, S.23-28.

Engelhardt, W. H. & Freiling, J. (1995). Die integrative Gestaltung von Leistungspotentialen. In: Zeitschrift für betriebswirtschaftliche Forschung, Jg. 47, (1995), H.10, S.899-918.

Ertl, R. (2000). Kundenbarometer - Theoretische und empirische Evaluierung und Gestaltungsvorschläge, Wiesbaden.

Evers, H. (1998). Variable Bezüge für Führungskräfte: Wertorientierung als Herausforderung. In: Pellens, B. (Hrsg.). Unternehmenswertorientierte Entlohnungssysteme, Schaeffer-Poeschel, Stuttgart, S.55-67.

Evers, H. & Hören, M. von (1996). Bonussysteme als Umsetzungshebel zielorientierter Unternehmensführung. In: Personal, (1996), H.09, S.456-461.

Evers, H. (1994). Zukunftsweisende Anreizsysteme für Führungskräfte. In: Kienbaum, J. (Hrsg.).Visionäres Personalmanagement, Schäffer-Poeschel, Stuttgart.

Evers, H. (1992). Zukunftsweisende Anreizsysteme für Führungskräfte. In: Keinbaum, J. (Hrsg.) Visionäres Personalmanagement, Stuttgart, S.439-455.

Evers, H. (1991). Anreize für Führungskräfte und Anreizpotentiale in der Mitarbeiterführung. In: Schanz, G. (Hrsg.). Handbuch Anreizsysteme in Wirtschaft und Verwaltung, Stuttgart, S.737-751.

Evers, H. (1989). Incentives im Außendienst: Modellcharakter für andere Bereiche? In: Personalführung, (1989), H.4, S.364-366.

Evers, H. (1987). Entgeltpolitik für Führungskräfte. In: Kieser, A. & Reberer, G. & Wunderer, R. (Hrsg.). Handwörterbuch der Führung, Stuttgart, S.200-210.

Fama, E. F. & Jensen, M. C. (1983). Separation of ownership and control. In: Journal of Law and Economics, Jg. 26, (1983), June, S.301-325.

Fama, E. F. (1980). Agency Problems and the theory of the firm. In: Journal of political Economy, Jg. 88, (1980), S.288-306.

Fassott, G. (2001). Towards a Conceptual Framework for Global E-CRM. Working Paper, Kaiserslauterer Schriftenreihe Marketing, No. 18, Juni 2001.

Filiatrault, P. & Lapierre, J. (1997). Managing Business-to-Business Marketing Relationships in Consulting Engineering Firms. In: Industrial Marketing Management, Jg. 26, (1997), H.2, S.213-222.

Finkelmann, D. & Goland, A. (1990). How not to satisfy your Customers. In: The McKinsey Quarterly, (1990), Winter, S.2-12.

Firat, A. F. & Shultz, C. J. (1997). From segmentation to Fragmentation: markets and marketing strategy in the postmodern era II. In: European Journal of Marketing, Jg. 31, (1997), H.3/4, S.183-207.

Fletcher, D. (1998). SMEs and the Internationalization process, Center for Growing Business, Nottingham Business School, research paper, July 1998, http://www. nbs.ntu. ac.uk/DEPTS/CGB/research/papers/gip.htm, 11.05.2001.

Fließ, S. (1996). Prozessevidenz als Erfolgsfaktor der Kundenintegration. In: Kleinaltenkamp, M. & Fließ, S. & Jacob, F. (Hrsg). Customer Integration - Von der Kundenorientierung zur Kundenintegration, Wiesbaden, S.91-103.

Flint, D. J. & Woodruff, R. B. & Gardial, S. F. (1997). Customer Value Change in Industrial Marketing Relationships. A Call for New Strategies and Research. In: Industrial Marketing Management, Jg. 26, (1997), H.2, S.163-175.

Fochler, K. (2001). Die DV technologische Integration der Kundenschnittstelle in Unternehmen. In: Link, J. (Hrsg). CRM, S.139-169.

Fornell, C. (1996). The American Customer Satisfaction Index: nature, purpose, and findings. In: The Journal of Marketing, Jg. 60, (1996), H.4, S.7-18.

Fornell, C. & Johnson, M. & Anderson, E. & Cha, J. & Bryant, B. (1996). The American Customer Satisfaction Index: Nature, Purpose and Findings. In: Journal of Marketing, Jg. 60, (1996), October, S.7-18.

Fornell, C. (1995). The Quality of Economic Output: Empirical Generalizations about its Distribution and Relationship to Market Share. In: Marketing Science, Jg. 14, (1995), S.G203-G211.

353

Fornell, C. (1992). A National Customer Satisfaction Barometer: The Swedish Experience. In: Journal of Marketing, Jg. 55, (1992), January, Nr. 1, S. 6-21.

Fornell, C. & Wernerfelt, B. (1987). Defensive Marketing Strategy by Consumer Complaint Management: A Theoretical Analysis. In: Journal of Marketing Research, Jg. 24, (1987), November, S.337-346.

Fornell, C. & Westbrook, R. (1984). The Vicious Circle of Consumer Complaints. In: Journal of Marketing, Jg. 48, (1984), Summer, H.4, S.68-78.

Fournier, S. & Dobscha, S. & Mick, D. G. (1998). Preventing the Premature Death of Relationship Marketing. To save relationship marketing, managers will need to separate rhetoric from reality. In: Harvard Business Review, (1998), January - February, S.43-51; Reprint, S.1-8.

Fournier, S. & Dobscha S. & Mick D. G. (1998). Preventing the Premature Death of Relationship Marketing. In: Harvard Business Review, (1998), Januar/Februar, S.43-51.

Fournier, G. (1994). Informationstechnologie in Wirtschaft und Gesellschaft, Berlin.

Franz, K.-P. (2001). Der Kundenwert in Modellen des Wertmanagement. In: Günter, B. & Helm S. (2001). Kundenwert, S.371-384.

Frielitz, C. & Martin, S. & Wilde, K. D. & Hippner, H. (2000). CRM-2000: Aufklärung tut Not. Absatzwirtschafts-Studie zu CRM. In: absatzwirtschaft, (2000), H.7, S.100-104.

Freiling, J. (2001). Kundenwert - eine vergleichende Analsyse ressourcenorientierter Ansätze. In: Günter, B. & Helm, S. (Hrsg.). Kundenwert, Wiesbaden, S.81-102.

Freimuth, J. (1993). Anforderungen an Anreizsysteme im Rahmen einer lernenden Organisation. In: Personal (1993), H.11, S.507-511.

Frese, E. (1995). Organisationstheoretische Anmerkungen. In: Costen, H. (Hrsg.). Produktion als Wettbewerbsfaktor: Beiträge zur Wettbewerbs- und Produktionsstrategie, Gabler, Wiesbaden, S. 157-172.

Frey, B. S. & Osterloh, M. (2000). Managing Motivation. Wie Sie die neue Motivationsforschung für Ihr Unternehmen nutzen können, Gabler, Wiesbaden.

Frey, B. S. & Osterloh, M. (1997). Sanktionen oder Seelenmassage? Motivationale Grundlagen der Unternehmensführung. In: DBW, Jg. 57, (1997), H.3, S.307-321.

Frey, B. S. (1992). Tertium Datur: Prining, Regulating and Intrinsic Motivation. In: Kyklos, Jg. 45, (1992), H.2, S.161-184.

Frielitz, C. & Hippner, H. & Martin, S. & Wilde, K. D. (2000). CRM-2000. Erfahrungen, Einschätzungen und Bedürfnisse aus Anwendersicht. Auszug aus Hippner, H. & Wilde, K. D. Marktstudie CRM 2000. Sonderpublikation Absatzwirtschaft.

Fritz, W. & Ölnitz, D. von der (2001). Marketing: Elemente marktorientierter Unternehmensführung, 3. Auflage, Kohlhammer, Stuttgart.

Fritz, W. (1995). Marketing-Managment und Unternehmenserfolg: Grundlagen und Ergebnisse einer empirischen Untersuchung. 2. überarbeitete und ergänzte Auflage, Schäffer-Poeschel, Stuttgart.

Fröschle, H. P. & Möricke, M. (2001). Customer Relationship Management, Praxis der Wirtschaftsinformatik, dpunkt.

Fröschle, H. P. (2001). CRM-Unterstützungspotenziale. In: Fröschle, H.-P.& Möricke, M. (Hrsg.). Customer Relationship Management, Praxis der Wirtschaftsinformatik, dpunkt, S.5-12.

Gabbott, M. & Hogg, G. (1994). Consumer Behaviour and Services: A Review. In: Journal of Marketing Management, (1994), H.10, S.311-324.

Gadde, L. E. & Snehota, I. (1999). Developing Effective Supply Strategy. Is Outsourcing, Single Sourcing and Partnering With Suppliers the Only Solution. In: McLoughlin, D. & Horan, C. (Hrsg.) Proceedings of the 15th Annual IMP Conference. University College, Dublin, S.1-20.

Gaitanides, M. & Müffelmann, J. (1996). "Die Prozeßorganisation ist der Kerngedanke": Ein Porträt des Erfolgsautors Dr. M. Hammer. In: Zeitschrift für Führung und Organisation, Jg. 65, (1995), H.3, S.186-189.

Gaitanides, M. (1994). Prozessmanagment: Konzepte, Umsetzungen und Erfahrungen des Reengineering, Carl Hanser, München.

Gaitanides, M. & Westphal, J. & Wiegels, I. (1991). Zum Erfolg von Strategie und Struktur des Kundenmanagements: Organisatorische Gestaltung, Grundtypen, Strategie, Effizienz. In: Zeitschrift für Führung und Organisation, Jg. 60, (1991), H.1, S.15-21; und Teil 2: Jg.60, (1991), H.2, S.121-124.

Galbraith, J. R. & Kazanijan, R. K. (1986). Strategy Implementation: Structure, Systems and Process, 2. Auflage, St. Paul, MN.

Garrett, A. (2000). CRM: winning and keeping customers in the new economy. In: Management today, May 2000, Supplement, S.3-10.

Gartner Group (2000), Hunter, M.: Tutorial case: The implications of a Successful CRM-Strategy, Gartner Symposium, Itxpo, October 16-20, 2000.

Gartner Group (1999). CRM-Report, Gartner Group Survey on CRM.

Gedenk, K. (1998) Agency-Theorie und die Steuerung von Geschäftsführern. In: DBW, Jg. 58, (1998), H.1, S.22-37.

Gedenk, K. (1994). Strategie-orientierte Steuerung von Geschäftsführern, Wiesbaden.

Geist, M. N. & Köhler, R. (1981). Die Führung des Betriebes. Poeschel, Stuttgart.

Geldinstitute (1999). Dem Kunden auf der Spur: Boom bei CRM-Software: der europäische Markt für Customer Relationship Management (CRM), Jg. 30, (1999), H.11-12, S.34

Geldinstitute (1999). Database Marketing für die individuelle Kundenansprache, Jg. 30, (1999), H.11-12, S.35-36.

Gemünden, H. G. & Ritter, T. & Walter, A. (1998). Relationships and networks in international markets, Elsevir, Oxford, S.53-64.

George, M. & Freeling, A. & Court, D. (1997). Reinventing the Marketing Organization. In: McKinsey Quarterly, (1997), H.4, S.43-62.

Georgi, D. (2000). Kundenbindungsmanagement im Kundenlebenszyklus. In: Bruhn, M. & Homburg, C. (Hrsg.). Handbuch Kundenbindungsmanagement. 3. Auflage, Wiesbaden, S.227-247.

Gerecke, U. (2001). Customer Relationship Management. Strategische Ansichten des CRM unter IT-Gesichtspunkten. In: Controlling, (2001), H.4/5, S.235-241.

Gerpott, T. (2000). Kundenbindung - Konzepteinordnung und Bestandsaufnahme der neueren empirischen Forschung. In: Die Unternehmung, Jg. 54, (2000), H.1, S.23-42.

Gerpott, T. & Rams, W. (2000). Kundenbindung, -loyalität und -zufriedenheit im deutschen Mobilfunkmarkt. Ergebnisse einer empirischen Studie. In: DBW, Jg. 60, (2000), H.6, S.738-755.

Gerpott, T. & Domsch, M. (1991). Anreize im Bereich der industriellen Forschung und Entwicklung. In: Schanz, G., (Hrsg.). Handbuch Anreizsysteme in Wirtschaft und Verwaltung, Poeschel, Stuttgart, S.999-1023.

Gerth, N. (2001). Zur Bedeutung eines neuen Informationsmanagments für den CRM-Erfolg. In: Link, J. (Hrsg.). CRM, S.103-116.

Ghoshal, S. & Moran, P.(1996). Bad for Practice: A Critique of the Transaction Cost Theory. In: Academy of Mangement Review, Jg. 21, (1996), H.1, S.13-47.

Giering, A. (2000). Der Zusammenhang zwischen Kundenzufriedenheit und Kundenloyalität: eine Untersuchung moderierender Effekte, DUV, Wiesbaden.

Gierl, H. (2000). Kundenbindungsaktivitäten im Vergleich. In: Database Marketing (2000), H.1, S.14-17.

Gierl, H. (1993). Zufriedene Kunden als Markenwechsler. In: absatzwirtschaft, Jg. 36, (1993), H.2, S.90-94.

Gieseking, O. & Sehnke, E. & Roos, J. (1998). Leistungs- und erfolgsorientierte Vergütung von Team- und Gruppenarbeit. In: Personalführung, (1998), H.7, S.22-32.

GIGA Group CRM Conference (2001). Customer Relationships in an e-Wold, 24-27 April 2001, Frankfurt, Conference Invitation, S.1.

Gillenkirch, R. (1997). Gestaltung Optimaler Anreizverträge. Motivation, Risikoverhalten und beschränkte Haftung. Beiträge zur betriebswirtschaftlichen Forschung Band 82, Gabler, Wiesbaden.

Gniech, G. & Dickenberger, D. (1992). Die Reaktanz-Theorie. Bremer Beiträge zur Psychologie, Universität Bremen, SG Psychologie.

Gomez-Mejia, L. R. (1994). Executive Compensation: A Reassessment And A Future Research Agenda. In: Research in Personnel and Human Resource Management, Jg. 12, (1994), S.161-222.

Gomez-Mejia, L. R. (1992). Structure and Process Diversitication, Compensation Strategy, and Firm Performance. In: Strategic Management Journal, Jg. 13, (1992), S.381-397.

Gomez-Mejia, L. R. & Welbourne, T. M. (1989). Strategic Design of Executive Compensation Programs. In: Gomez-Mejia, L. R. (Hrsg.): Compensation and Bene-fits, Washington, D.C., S.216-269.

Gomez-Mejia, L. R. & Tosi, H. & Hinkin, T. (1987). Managerial Control, performance, and executive compensation. In: Academy of Management Journal, Jg. 30, (1987), S.51-70.

Goodstein, L. D. & Butz, H. E. (1998). Customer Value: The Linchpin of Organizational Change. In: Organizational Dynamics, Jg. 27, (1998), H.1, S.21-34.

Gordon, T. J. & Helmer, O. (1964). Report on Long-range Forecasting Study, Rand Corporation, S.2982.

Gosh, M. & John, G. 2000). Experimental Evidence for Agency Models of Salesforce Compensation. In: Marketing Science, Jg. 19, (2000), H.4, Fall, S.348-365.

Gouthier, M. & Schmid, S. 2001). Kunden und Kundenbeziehungen als Ressource von Dienstleistungsunternehmen. In: DBW, Jg. 61, (2001), S.223-239.

Grant, A. W. H. & Schlesinger, L. A. (1995). Realize your Customers' Full Profit Potential. In: Harvard Business Review, (1995), September-October, S.59-72.

Grawert, A. (1997). Strategische Anreizsysteme - Grenzen extrinsischer Motivation. In: Knebel, H. & Wagner, D. (Hrsg.). Management by Zander: Konzepte - Erfahrungen - Perspektiven, S.39-54.

Greenberg, P. (2001). CRM - At the speed of light. Capturing and Keeping Customers in Internet Real Time, Computerworld IT Books, McGraw-Hill, Berkeley.

Grewal, D. & Sharma, A. (1991). The Effect of Salesforce Behavior on Customer Satisfaction: An Interactive Framework. In: Journal of Personal Selling & Sales Management, Jg. 11, (1991), H.3, Summer, S.13-21.

Grewe, A. (2000). Implementierung neuer Anreizsysteme. Grundlagen, Konzepte, Gestaltungsempfehlungen. Schriften zum Management, Band 15, Rainer Hampp, München.

Grönroos, C. (2000). Service Management and Marketing. A Customer Relationship Management Approach, 2. Auflage, Wiley & Sons, Chichester.

Grönroos, C. (1997). Relationship Marketing: Interaction, Dialogue and Value. Meddelanden Working Papers, Helsinfors, April 1997, S.1-22.

Grönroos, C. (1997). Value-driven Relational Marketing: from Products to Resources and Competencies. In: Journal of Marketing Management, Jg.13, (1997), S.407-419.

Grönroos, C. (1996). Relationship Marketing: A Structural Revolution in the Corporation. In: Development, Management and Governance of Relationships: Proceedings of the 1996 International Conference on Relationship Marketing. Sheth, J. N. and Söllner, A., eds. Berlin, 1996, Humbold University Press, S.313-320.

Grönroos, C. (1996b). Relationship Marketing Logic. In: Asia-Australia Marketing Journal, Jg. 4, (1996), H.1, S.7-18.

Grönroos, C. (1995). Designing a long range marketing strategy for services. In: Marketing Strategies, (1995), S.153-165.

Grönroos, C. (1994). From Marketing Mix to Relationship Marketing: Towards a paradigm shift in Marketing. In: Management Decision, Jg. 32, (1994), H.2, S.4-20.

Grönroos, C. (1994). Quo Vadis marketing? Toward a Relationship Marketing Paradigm. In: Journal of Marketing Management, Jg. 10, (1994), H.5, S.347-360.

Grönroos, C. (1994). From Marketing Mix to Relationship Marketing towards a paradigm shift in Marketing. In: Management Decision, Jg. 28, (1994), H.2, S.4-20.

Grönroos, C. (1990). Service management and marketing. Managing the moments of truth in service competition, Lexington, MA.

Grönroos, C. (1990). Relationship approach to marketing in service contexts: the marketing and organizational behavior interface. In: Journal of Business Research, Jg. 20, (1990), S.3-11.

Grönroos, C. (1989). Defining Marketing: A Market-Oriented Approach. In: Journal of Marketing, Jg. 23, (1989), S.52-60.

Grönroos, C. & Gummesson, E. (1985). The Nordic School of Service Marketing. In Grönroos, C. & Gummesson, E. (1985). Service Marketing - Nordic School Perspectives, Stockholm University, S.6-11.

Grönroos, C. (1985). Strategic Management and marketing in the service sector. Chartwell-Bratt, Old Orchard.

Grönroos, C. (1983). Marketing in Service Firms, Liber, Malmö.

Günter, B. & Platzek, T. (1992). Management von Kundenzufriedenheit. Zur Gestaltung des Aftersales-Netzwerkes. In: Marktforschung & Management, Jg. 36, (1992), H.3, S.109-114.

Günter, B. (2001). Kundenwert - mehr als nur Erlös. In: Günter, B. & Helm, S. (Hrsg.). Kundenwert, Wiesbaden, S.213-233.

Günter, B. & Helm, S. (2001). (Hrsg.) Kundenwert. Grundlagen - Innovative Konzepte - Praktische Umsetzungen, Gabler, Wiesbaden.

Gummesson, E. (2000). Proceedings of the 8th International Colloquium in Relationship Marketing, Stockholm, 6.-9. Dezember 2000.

Gummesson, E. (1999). Total relationship marketing: from the 4Ps - product, price, promotion, place - of traditional marketing management to the 30Rs - the thirty relationships - of the new marketing paradigm, Butterworth Heinemann, Oxford.

Gummesson, E. (1997). Relationship Marketing as a Paradigm Shift: Some Conclusions from the 30R Approach. In: Management Decision, Jg. 35, (1997), H.4, S.267-272.

Gummesson, E.(1996). Toward a Theoretical Framework of Relationship Marketing. In: Development, Management and Governance of Relationships: Proceedings of the 1996 International Conference on Relationship Marketing. J.N. Sheth and A. Söllner, eds. Berlin, Humbolt University Press, S.5-18.

Gummesson, E. (1996). Relationship Marketing and Imaginary Organizations. A Synthesis. In: European Journal of Marketing. Jg. 30, (1996), H.2, S.31-44.

Gummesson, E. (1994). Relationship Marketing. From 4Ps to 30Rs, Stockholm University.

Gummesson, E. (1987). The New Marketing - Developing Long-Term Interactive Relationships. In: Long Range Planning, Jg. 20, (1987), H.4, S.10-20.

Gupta, U. G. & Clarke, R. E. (1996). Theory and Applications of the Delphi Technique: A Bibliography (1975 -1994). In: Technological Forecasting & Social Change, Jg. 53, (1996), S.185-211.

Guthof, P. (1995). Strategische Anreizsysteme. Gestaltungsoptionen im Rahmen der Unternehmensentwicklung, DUV, Gabler, Wiesbaden.

Guthof, P. (1994). Strategische Anreizsysteme. Gestaltungsoptionen im Rahmen der Unternehmensentwicklung, Hochschulschrift, Dissertation, Universität St.Gallen.

Gutierrez, O. (1989). Experimantal Techniques for Information Requirement Analyis. In: Information & Management, Jg. 16, (1989), S.31-43.

Haag, J. (1992). Kundendeckungsbeitragsrechnungen - Ein Prüfstein des Key-Account-Managements. In: DBW, Jg. 52, (1992), H.1, S.25-39.

Haberfellner, R.& Daenzer, W. F. (1997). Systems Engineering. Verlag Industrielle Organisation, 9. Auflage, Zürich.

Haberfellner, R. & Daenzer, W. F. (1994). Systems Engineering. Verlag Industrielle Organisation, 8. Auflage, Zürich.

Häder, M. (2002). Delphi-Befragungen. Ein Arbeitsbuch, Westdeutscher Verlag, Wiesbaden.

Häder, M. (2000). Die Expertenauswahl bei Delphi-Befragungen, ZUMA, Mannheim, How-to-Reihe, (2000), Nr.5, S.1-15.

Häder, M. (2000b). Mobilfunk verdrängt Festnetz: Übersicht zu den Ergebnissen einer Delphi-Studie zur Zukunft des Mobilfunks, ZUMA-Arbeitsbericht 00/95, Mannheim.

Häder, M. & Häder, S. (2000). Die Delphi-Technik in den Sozialwissenschafte: methodische Forschungen und innovative Anwendungen. Internationales Symposium, ZUMA, Westdt. Verlag, Wiesbaden.

Häder, M. & Häder, S. (1998). Neuere Entwicklungen bei der Delphi-Methode, Literaturbericht II, ZUMA-Arbeitsbericht 98/05, Mannheim.

Häder, M. & Häder, S. & Ziegler, A. (1995). Punkt- vs. Verteilungsschätzungen: Ergebnisse eines Tests zur Validierung der Delphi-Methode. ZUMA- Arbeitsbericht, 95/05, Mannheim.

Häder, M. & Häder, S. (1994). Die Grundlagen der Delphi-Methode. Ein Literaturbericht. ZUMA-Arbeitsbericht 94/02, Mannheim.

Härtel, H. H. & Jungnickel, R. (1996). Grenzüberschreitende Produktion und Strukturwandel - Globalisierung der deutschen Wirtschaft, HWWA - Veröffentlichung, Band 29, Nomos, Baden-Baden.

Hagen, R. (1985). Anreizsysteme zur Strategiedurchsetzung. (Dissertationstitel: Anreizsysteme zur Durchsetzung von strategischen Zielen bei Geschäftsbereichsleitern in divisionalen Unternehmen, Wuppertal), Verlag René F. Wilfer, Spardorf.

Hague, J. & Powers, C. (1992). Postindustrial lives, roles & relationships in the 21st century, Sage, Newbury Park, London.

Hagenauer, T. (1995). Von der Ermessensgrundlage zum zielorientierten Bonus. In: Personal, Jg. 47, (1995), H.7, S.324-327.

Hahn, D. (1996). PuK. Conttrollingkonzepte. 5. Auflage, Gabler, Wiesbaden.

Hahn, D. & Willers, H.G. (1990). Unternehmensplanung und Führungskräftevergütung. In: Hahn, D. & Taylor, B. (Hrsg.). Strategische Unternehmensplanung, strategische Unternehmensführung, Physica, Heidelberg, S.494-503.

Hahn, D. (1990). Integrierte Organisations- und Führungskräfteplanung im Rahmen der strategischen Unternehmensplanung. In: Hahn, D. & Taylor, B. (Hrsg.). Strategische Unternehmensplanung, strategische Unternehmensführung, Physica, Heidelberg, S.401-423.

Hahn, D. (1988). Führung und Führungsorganisation. In: Zeitschrift für betriebswirtschaftliche Forschung, Jg. 40, (1988), S.112-137.

Hahn, D. & Willers, H. G. (1986). Unternehmensplanung und Führungskräftevergütung. In: Hahn D. & Taylor, B. (Hrsg.). Strategische Unternehmensplanung, Heidelberg, S.391-400.

Haigh, T. (1992). Aligning executive total compensation with business strategy. In: Schweiger, D. M. & Papenfuss, K. (Hrsg.) Human resource planning, Gabler, Wiesbaden, S.391-400.

Hallberg, G. (1995). All consumer are not created equal: the differential marketing strategy for brand loyalty and profits, John Wiley & Sons.

Hamel, W. (2001). Kundenwertorientierte Anreizsysteme. In: Günter, B. & Helm, S. (2001). Kundenwert, Wiesbaden, S.405-424.

Hamner, C. W. (1975). How to Ruin Motivation with Pay. In: Compensation Review, Jg. 7, (1975), S.17-27.

Hansen, U. & Emmerich, A. (1998). Sind zufriedene Kunden wirklich zufrieden? Eine Differenzierung des Kundenzufriedenheitskonstruktes auf der Grundlage organisationspsychologischer Erkenntnisse. In: Jahrbuch für Absatz und Verbrauchs-forschung, Jg. 44 , (1998), H.4, S.220-238.

Hansen, U. & Henning-Thurau, T. (1995). Konsum-Kompetenz als Zielgröße eines be-ziehungsorientierten Konsumgütermarketing - Explorative Befunde. In: Diller, H. (Hrsg.). Beziehungsmanagement, Dokumentation des 2. Workshops der Arbeits-gruppe "Beziehungsmanagement" der wissenschaftlichen Kommission für "Marke-ting" im Verband der Hochschullehrer für Betriebswirtschaft e.V. vom 29. - 30. Sep-tember in Heiligenstadt, S.69-96.

Hansen, U. & Jeschke, K. & Schöber, P. (1995). Beschwerdemanagement - Die Karriere einer kundenorientierten Unternehmensstrategie im Konsumgütersektor. In: Marke-ting ZFP, Jg. 17, (1995), H.2, S.77-88.

Hansotia, B. J. & Wang, P. (1997). Analytical challenges in customer acquisition. In: Journal of Interactive Marketing, Jg. 2, (1997), H.2, Spring 1997, S.7-19.

Hartman, F. T. & Baldwin, A. (1995). Using Technology To Improve Delphi Method. In: Journal of Computing in Civil Engineering, Jg. 9, (1995), H.4, S.244-249.

Harvard Management Update (2000). A Crash Course in Customer Relationship Ma-nagement, March 2000, Newsletter from Harvard Business School Publishing, Bos-ton, S.1-5.

Hauser, J. R. & Clausing, D. (1998). Wenn die Stimme des Kunden bis in die Produktion vordringen soll. In: Simon, H. & Homburg, C. (Hrsg.). Kundenzufriedenheit: Kon-zepte - Methoden - Erfahrungen, 3. aktualisierte und erweiterte Auflage, Gabler, Wiesbaden, S.59-79.

Heckhausen, H. (1989). Motivation und Handeln, 2te überarbeitete und ergänzte Auflage, Springer, Berlin.

Heinzl, A. & Srikanth, R. (1995). Entwicklung der betrieblichen Informationsver-arbeitung. In: Wirtschaftsinformatik, Jg. 37, (1995), H.1, S.10-17.

Helmke, S. & Dangelmaier, W. (2001). Marktspiegel Customer Relationship Manage-ment - Anbieter von CRM-Software im Vergleich, Gabler, Wiesbaden.

Helm, S. & Günter, B. (2001). Kundenwert - Herausforderung der Bewertung von Kundenbeziehungen. In: Günter, B. & Helm, S, (Hrsg). Kundenwert, Wiesbaden, S. 3-35.

Helm, S. (2001). Der Wert von Kundenbeziehungen aus der Perspektive des Trans-aktionskostenansatzes. In: Günter, B. & Helm, S. (Hrsg.), Kundenwert, Wiesbaden, S.103-123.

Hempel, D. (1977). Consumer Satisfaction with the Home Buying Process: Concept-ualization and Measurement. In: Hunt, H. (Hrsg.). Conceptualization and Measure-ment of Consumer Satisfaction and Dissatisfaction, Cambridge, S.275-299.

Henning-Thurau, T. & Hansen, U. (2000). Relationship Marketing: gaining competitive advantage through customer satisfaction and customer retention, Springer, Berlin.

Henning-Thurau, T. & Hansen, U. (2000). Relationship Marketing. Some Refelections. In: Henning-Thurau, T. & Hansen, U. (Hrsg.). Relationship Marketing, Springer, Berlin, S.3-27.

Henning-Thurau, T. (2000). Relationship Marketing Success Trough Investments in Customers. In: Henning-Thurau, T. & Hansen, U. (Hrsg.). Relationship Marketing, Berlin, S.127-146.

Henning-Thurau, T. & Klee, A. (1997). The Impact of Customer Satisfaction and Relationship Quality on Customer Retention - A Critical Reassessment and Model Development. In: Psychology & Marketing, Jg. 14, (1997), H.8, S.737-765.

Hentschel, B. (1991). Beziehungsmarketing. In: Das Wirtschaftsstudium, Jg. 20, (1991), H.1, S.25-28.

Hentze, J. & Metzner, J. (1989). Personalwirtschaftslehre 1. Grundlagen, Personalbedarfsermittlung, -beschaffung, -entwicklung und -einsatz.; 4. Auflage, Haupt, Bern.

Hentze, J. & Metzner, J. (1991): Personalwirtschaftslehre 2. Personalerhaltung und Leistungssimulation, Personalfreistellung und Personalinformationswirtschaft. UTB für Wissenschaft, Bern.

Hermanns, A. & Thurm, M. (2000). Customer Relationship Marketing - Die Wiederentdeckung des Kunden im Marketing. In: Controlling, Jg. 12, (2000), H. 10, Oktober, S.469-476.

Hermanns, A. & Flory, M. (1997). Elektronische Kundenintegration im Business-to-Business Bereich - Grundlagen, Akzeptanz, Perspektiven. In: Link, J. (Hrsg.). Handbuch Database-Marketing. 2. korr. Auflage. IM-Fachverlag, Marketing-Forum, Ettlingen, S.601-614.

Hermanns, A. (1988). CAS-Systeme für das Database Marketing. In: Jahrbuch der Absatz und Verbrauchsforschung, Jg. 34, (1988), H.3, S.263-283.

Hermanns, A. & Prieß, S. (1987). Computer Aided Selling (DAS). Computereinsatz im Außendienst von Unternehmen, München.

Herrmann, A. & Huber, F. & Braunstein, C. (2000). Kundenzufriedenheit garantiert nicht immer Gewinn. In: Harvard Business Manager, Jg. 22, (2000), H.1, S.45-55.

Herrmann, Andreas & Johnson, M. D. (1999). Die Kundenzufriedenheit als Bestimmungsgröße der Kundenbindung. In: Schmalenbachs Zeitschrift für betriebswirtschaftliche Forschung, Jg. 51, (1999), S.579-598.

Herrmann, A. & Huber, F. (1997). Kundenloyalität als Erfolgsdeterminate im Marketing: Ergebnisse einer kausalanalytischen Studie im Automobilsektor. In: Journal für Betriebswirtschaft, Jg. 47, (1997), H.1, S.4-25.

Herzberg, F. & Mausner, B. & Bloch Snyderman, B. (1967). The motivation to work. Wiley, 2nd edition, 6. print, New York.

Heskett, J. & Jones, T. & Lovemenn, Gary & Sasser, E. & Schlesinger, L. A. (1994). Putting the Service Profit Chain to Work. In: Harvard Business Review, Jg. 72, (1994), H.2, March/April, S.164-174.

Heskett, J. & Jones, T. & Lovemann, G. & Sasser, E. & Schlesinger, L. A. (1994). Dienstleister müssen die ganze Service-Gewinn-Kette nutzen. In: Harvard Business Manager, Jg. 16, (1994), H.4, S.50-61.

Hettich, S. & Hippner, H. & Wilde, K. D. (2000). Customer Relationship Management (CRM). In: Das Wirtschaftsstudium, Jg. 29, (2000), H.10, S.1346-1366.

Hilb, M. (1991). Konzept eines strategischen und integrierten Personalmanagements, NZZ, 26.11.1991, S.75.

Hildebrand V. & Mairon, C. (2001). Strategische Wettbewerbsvorteile durch Electronic Selling. In: Link, J. (Hrsg.). CRM, S.75-101.

Hildebrand, V. (1997). Individualisierung als strategische Option der Marktbearbeitung: Konzeption, situative Determinaten, Erfolgswirkungen und informationstechnologische Umsetzung, Kassel, Univ. Diss.

Hinterhuber, H. H. & Matzler, K. (Hrsg.) (2000) Kundenorientierte Unternehmensführung: Kundenorientierung, Kundenzufriedenheit, Kundenbindung, 2. aktualisierte und erweiterte Auflage, Gabler, Wiesbaden.

Hinterhuber, H. H. & Friedrich, S. A. & Matzler, K. & Stahl, H. K. (2000). Die Rolle der Kundenzufriedenheit in der stategischen Unternehmensführung. In: Hinterhuber H. H. & Matzler, K. (Hrsg.). Kundenorientierte Unternehmensführung, Wiesbaden, S.3-22.

Hinterhuber, H. H. (1989). Strategische Unternehmensführung 1: Strategisches Denken: Vision, Unternehmungspolitik, Strategie, 4. Auflage, Berlin.

Hippner, H. & Martin, S. & Wilde, K. D. (2001). CRM-Systeme - Eine Marktübersicht. In: Fröschle, H. P & Mörike, M. (Hrsg.). Customer Relationship Management, S.27-36.

Högen, C. von (1996). Wo stehen Marketing und Vertrieb?: Vergütung 1996. In: absatzwirtschaft, Jg. 39, (1996), H.8, S.70-76.

Höfner, K. & Schuster, H.- W. (1992). Strategien zur Steigerung der Kundenloylaität. In: Marktforschung & Management, Jg. 36, (1992), H.3, S.123-126.

Höhler, G. (1988). Die Zukunftsgesellschaft, Ullstein, Frankfurt.

Hölzle, P. (1999). Prozeßorientierte Personalarbeit. Vom Personal- zum Führungs-Controlling, Peter Lang, Reihe Arbeitswissenschaft in der betrieblichen Praxis, Band 13. Frankfurt am Main.

Hoitsch, H.-J. & Lingau, V. (1995). Differenzierungsstrategie und Variantenvielfalt. In: WiSt, (1995), H.8, S.390-395.

Hoffmann, M. & Mertiens, M. (Hrsg.) (2000). Customer Lifetime Value Management. Kundenwert schaffen und erhöhen: Konzepte, Strategien, Praxisbeispiele, Gabler, Wiesbaden.

Hoffmann, F. (1980). Führungsorganisation I, Mohr, Tübingen.

Holland, H. (1998). Erfolgreiche Strategien der Kundenbindung - Von der Automobilbranche lernen, Wiesbaden.

Holmstrom, B. & Milgrom, P. (1994). The Firm as an Incentive System. In: The American Economic Review, Jg. 84, (2000), H.4, September, S.972-991.

Holt, S. (1999). Relationship Marketing and Relationship Managers: A Customer Value Perspective, Working Paper, Cranfield.

Holubeck, P. & Rohde, M. (2000). Ertragsorientierter Versicherungsverkauf: Vermittlungsprovisionen in Abhängigkeit vom embedded value. In: Versicherungswirtschaft, Jg. 55, (2000), H.18, S.1396-1398.

Holzner, M. (1998). *Direktmarketing Virtuelle Berater*. In: Wirtschaftswoche, Rubrik Management+Wissen, (1998), H. 51, S.128.

Homburg, C. & Stock, R. (2001). Kundenorientiertes Führungsverhalten. Die weichen Faktoren meßbar machen. In: zfo, Jg. 70, (2001), H.1, S.13-19.

Homburg, C. & Faßtnacht, M. (2001). Kundennähe, Kundenzufriedenheit und Kundenbindung bei Dienstleistungsunternehmen. In: Bruhn, M. & Meffert, H. (Hrsg.) Handbuch Dienstleistungsmanagement, Wiesbaden, S.441-463.

Homburg, C. & Bruhn, M. (2000). Kundenbindungsmanagement - Eine Einführung in die theoretischen und praktischen Problemstellungen. In: Handbuch Kundenbindungsmanagement, Gabler, 3. Auflage, Wiesbaden, S.4-36.

Homburg, C. & Sieben, F. G. (2000). Customer Relationship Management (CRM) - Strategische Ausrichtung statt IT-getriebenem Aktivismus. In: Bruhn, M. & Homburg, C. Handbuch Kundenbindungsmanagement, Wiesbaden, S.472-501.

Homburg, C. & Faßtnacht, M. & Werner, H. (2000). Operationalisierung von Kundenbindung und Kundenzufriedenheit. In: Bruhn, M. (Hrsg.). Handbuch Kundenbindungsmanagement, Wiesbaden, S.505-527.

Homburg, C. & Stock, R. (2000). Der Kundenorientierte Mitarbeiter, Bewerten, Bewegen. Begeistern. Wiesbaden.

Homburg, C. & Giering, A. & Hentschel, F. (2000) Der Zusammenhang zwischen Kundenzufriedenheit und Kundenbindung. In: Bruhn, M. & Homburg, C. Handbuch Kundenbindungsmanagement, 3. Auflage, Wiesbaden, S. 81-112.

Homburg, C. & Giering, A. (2000). Kundzufriedenheit: Ein Garant für Kundenloyalität? In: Absatzwirtschaft (2000), H.1-2, S.82-91.

Homburg, C. & Jensen, O. (2000). Kundenorientierte Vergütungssysteme: Voraussetzungen, Verbreitung, Determinanten. In: ZfB, Jg. 70, (2000), H.1, S.55-74.

Homburg, C. & Workman, J. P. & Jensen, O. (2000). Fundamental Changes in Marketing Organization: The Movement toward a Customer-Focused Organizational Structure. In: Journal of the Academy of Marketing Science, Jg. 28, (2000), H.4, S.459-478.

Homburg, C. & Giering, A. & Hentschel, F. (1999). Der Zusammenhang zwischen Kundenzufriedenheit und Kundenbindung. In: DBW, Jg. 59, (1999), H. 2, S.174-195.

Homburg, C. & Schäfer, H. (1999). Customer Recovery - Profitabilität durch systematische Rückgewinnung von Kunden, Arbeitspapier 39, Reihe Management Know-How, Institut für Marktorientierte Unternehmensführung (IMU), Uni Mannheim.

Homburg, C. & Werner, H. (1998). Kundenorientierung mit System: mit Customer Orientation Management zu profitablem Wachstum, Campus, Frankfurt.

Homburg, C. & Hocke, G. (1998). Change Management durch Re-Engineering?: Eine Bestandsaufnahme. In: zfo, Jg. 67, (1998), H.5, S.294-299.

Homburg, C. & Faßtnacht, M. (1998). Kundennähe, Kundenzufriedenheit, Kundenbindung bei Dienstleistungsunternehmen. In: Bruhn, M. & Meffert, H. (Hrsg.) Handbuch Dienstleistungsmanagement: von der strategischen Konzeption zur praktischen Umsetzung, Gabler, Wiesbaden, S.405-428.

Homburg, C. & Rudolph, B. (1998). Theoretische Perspektiven zur Kundenzufriedenheit und Kundenbindung. In: Simon, H. & Homburg, C. (Hrsg.). Kundenzufriedenheit: Konzepte - Methoden -Erfahrungen, 3. Auflage, Wiesbaden, S.33-59.

Homburg, C. & Daum, D. (1997). Marktorientiertes Kostenmanagement. Kosteneffizienz und Kundennähe verbinden, 1. Auflage, FAZ-Verlag, Frankfurt am Main.

Homburg, C. (1995). Kundennähe von Industriegüterunternehmen: Konzeption - Erfolgsauswirkungen - Determinanten, Gabler, Wiesbaden.

Hoskisson, R. E. & Hitt, M. A. (1988). Strategic control systems and relative R&D investment in large multiproduct firms. In: Strategic Management Journal, Jg. 9, (1988), S.650-621.

Howell, R. A. & Soucy, S. R. (1990). Customer Profitability - As Critical as Product Profitability. In: Management Accounting, Jg. 72, (1990), H.4, S.43-47.

Hubig, C. (1998). Informationsselektion und Wissensselektion. In: Bürgel, H. D. (Hrsg.). Wissensmanagement, Springer, Berlin, S.3-18.

Huettemann, H. H. (1993). Anreizmanagement in schrumpfenden Unternehmungen, DUV, Wirtschaftswissenschaft, Wiesbaden.

Hujer, R. & Kokot, S. & Wellner, M. (1999). Die Modellierung der Determinanten der ex post Dimension von Kundenbindung, Arbeitspapier (20/12/1999), Johann Wolfgang von Goethe Universität, Frankfurt am Main.

Hungenberg, H. (1990). Gestaltung eines Systems der Führungskräfteentwicklung. In: Hahn, D. & Taylor, B. (Hrsg.). Strategische Unternehmensplanung, strategische Unternehmensführung, Physica, Heidelberg, S.443-461.

Hunt, K. H. (1977). Conceptualization and Measurement of Consumer Satisfaction and Dissatisfaction. Proceedings of Conference Conducted by Marketing Science Institute with Support of National Science Foundation, April 11-13,1976, MSI, Cambridge, Mass.

Hurwich, M. R. (1986). Strategic compensation designs that link pay to performance. In: Journal of Business Strategy, Jg. 7, (1986), S.79-85.

Husmann, U. & Reichel, F. G. (1998). Unternehmenserfolgsabhängiges Entgelt in der Metall- und Elektro-Industrie. In: Angewandte Arbeitswissenschaft, (1998), H.158, S.22-36.

IDC Report (1999). Building a Customer Centric Enterprise: CRM Initiatives in Western Europe. An End-User Survey. Document # P 25F, July 1999, International Data Corporation.

IDC Report (1999b). Becoming Customer-Centric. Customer Relationship Management (CRM) Offerings in Western Europe. Document # P09F, April 1999, International Data Corporation.

Isele, S. J. (1991). Managerleistung: messen - beurteilen - honorieren, Schulthess Polygraph, Zürich.

Itoh, H. (1994). Job Design, Delegation and Cooperation. A Principal-Agent-Analysis. In: European Economic Review, Jg. 38, (1994), H.3/4, S.691-700.

Jackson, D. W. Jr (1994). Relationship Selling: The Personalization of Relationship Marketing. In: Asia-Australia Marketing Journal, Jg. 2, (1994), H.1, S.45-54.

Jacob, F. (1995). Produktindividualisierung: ein Ansatz zur innovativen Leistungsgestaltung im Business-to-Business Bereich, Gabler, Wiesbaden.

Jaeger, H.-G. (1996). Gewinnorientierte Entlohnung im Vertrieb: Deckungsbeitragsprovision und Profitcenter-Beteiligungen in der Praxis mittelständischer Unternehmer, Haufe, Freiburg.

Jäger, B. (1994). Energie und Rohstoffwesen IV, Vorlesungsmanuskript, TU Berlin, Berlin.

Janes, A. & Prammer, K. (1995). Gestaltung von Entgeltsystemen aus systemscher Perspektive. In: Eckardstein, D. von (Hrsg.). Neue Wege in der Lohnfindung in der Industrie, Wien, S.40-60.

Jaworski, B. J. & Kohli, A. K. (1996). Market Orientation: Review, Refinement, and Roadmap. In: Journal of Market Focused Management, Jg.1, (1996), H.2, S.119-135.

Jensen, M. C. & Murphy, K. J. (1990). CEO Incentives - It's Not How Much You Pay, But How. In: Harvard Management Review, (1990), May-June, S.138-153.

Jensen, M. C. (1983). Organization Theory and Methodology. In: The Accounting Review, Jg. 58, (1983), S.319-339.

Jensen, M. C. & Meckling, W. H. (1976). Theory of the Firm: Managerial Behavior, Agency Costs and Ownership Structure. In: Journal of Financial Economics, Jg. 3, (1976), S.305-360.

Jeschke, K. & Schulze, H. S. & Bauersachs, J. (2000). Internal Marketing and its Consequences for Complaint Handling Effectiveness. In: Relationship Marketing, Berlin, S.193-216.

Jeschke, K. (1995). Nachkaufmarketing: Kundenzufriedenheit und Kundenbindung auf Konsumgütermärkten, Peter Lang, Frankfurt am Main.

Johnson, M. D. & Fornell, C. (1991). A framework for comparing customer satisfaction across individuals and product categories. In: Journal of Economic Psychology, Jg. 12, (1991), S.267-286.

Jones, T. O. & Sasser, E. W. (1995). Why Satisfied Customers Defect. In: Harvard Business Review, Jg.73, (1995), H.6, November-December, S.88-99.

Joseph, K. & Kalwani, M. U. (1998). The Role of Bonus Pay in Salesforce Compensation Plans. In: Industrial Marketing Management, Jg. 27, (1998), H.2, S.147-159.

Jung, M. K. P. & Riegler, C.(1999). Accounting Information, salesforce compensation and acquisition of new customers. In: The European Accounting Review, Jg. 8, (1999), H.3, S.421-441.

Kaas K. P. & Runow H. (1984). Wie befriedigend sind die Ergebnisse der Forschung zur Verbraucherzufriedenheit? In: DBW, 44 Jg., (1984), Nr.3, S.451- 460.

Kahle, U. & Hasler, W. (2001). Informationsbedarf und Informationsbereitstellung im Rahmen von CRM Projekten. In Link, J. (Hrsg.). CRM, S.213-234.

Kahn, B. E. (1998). Dynamic Relationships With Customers: High-Variety Strategies. In: Journal of the Academy of Marketing Science, Jg. 26, (1998), H.1, S.45-53.

Kaluza, B. & Kemminer, J. (1997). Dynamisches Supply Management und dynamische Produktdifferenzierungsstrategie: moderne Konzepte für schlanke Industrieunternehmen, Diskussionsbeiträge des Fachbereiches Wirtschaftswissenschaft, Univ. Gesamthochschule Duisburg, Bd. 241.

Kalwani, M. U. & Narayandas, N. (1995). Long-Term Manufacturer-Supplier Relationships: Do They Pay Off for Supplier Firms? In: Journal of Marketing, Jg. 59, (1995), January, S.1-16.

Kammel, A. (1991). Konzeptionelle Bausteine einer zielgerichteten Unterstützung der betrieblichen Personalwirtschaft durch Personalcontrolling, Dissertation TU Braunschweig.

Kanter, R. M. (1987). From Status to Contribution: Some Organizational Implications of the changing Basis for Pay. In: Personnel, (1987), January S.12-37.

Kaplan, R. S. (1984). The Evolution of Management Accounting. In: The Accounting Review, Jg. 59, (1984), S.390-418.

Kaplan, R. S. (1982). Advanced Management Accounting, Prentice Hall, Englewood Cliffs.

Karg, M. (2001). Kundenakquisition als Kernaufgabe im Marketing, Thexis, St. Gallen, Dissertation.

Kasper, H. (1988). On Problem Perception, Dissatisfaction And Brand Loyalty. In: Journal of Psychology, Jg. 9, (1988), S.387-397.

Katzenbach, J. R. & Smith, D. K. (1994). Teams: der Schlüssel zur Hochleistungsorganisation, Manager Edition, Ueberreuter, Wien.

Keese, O. J. & Graf, T. (2000). Kundenorientierung auf dem Prüfstand. CRM aus der Sicht des Außendienstes. In: Versicherungswirtschaft, (2000), H.3, S.164-168.

Kehl, R. E. & Rudolph, B. J. (2001). Warum CRM projekte scheitern. In: Link, J. (Hrsg.). CRM, S.253-273.

Kehl, R. E. (2001). Customer Lifetime Value und Churn Management im Kundenbeziehungsmanagement. In: Controlling, (2001), H.4/5, April-Mai, S.203-211

Kern, H. (1999). Kundenbindungsmanagment in der Versicherungswirtschaft. In: Versicherungswirtschaft, Jg. 54, (1999), H.14, S.999-1001.

Kieser, A. (1993). Oganisationstheorien, Kohlhammer, Stuttgart.

Kinikin, E. (2001). Top 10 CRM Success Factors - Doing it Right, Giga Group, Ideabyte, August 21, S.1-2.

Kinikin, E. (2000). Optimizing CRM: How to Avoid Becoming a CRM Failure "Statistic", Giga Group, Cambridge, Planning Assumption, S.1-7.

Kirschke, R. & Nöken, S. (1998). Mass Customization verbindet die große Serie mit Losgröße 1. In: Maschinenmarkt, Jg.104, (1998), H.23, S.58-60.

Klawa, M.-A. (2000). CRM für den Mittelstand. In: Database-Marketing, (2000), H.1, S.10-19.

Klee, A. (1999). Strategisches Beziehungsmanagement: Ein integrativer Ansatz zur Steuerung der Qualität von Geschäftsbeziehungen auf industriellen Märkten. Dissertation Universität Hannover.

Kleinaltenkamp, M. (2000). Kundenbindung durch Kundenintegration. In: Bruhn, M. & Homburg, C. (Hrsg.). Handbuch Kundenbindungsmanagement, 3. Auflage, Gabler, Wiesbaden, S.337-354.

Kleinaltenkamp, M. (1997). Geschäftsbeziehungsmanagement, Schriftenreihe Technischer Vertrieb, Springer, Berlin.

Kleinaltenkamp, M. (1996). Customer Integration: von der Kundenorientierung zur Kundenintegration, Gabler, Wiesbaden.

Kleinaltenkamp, M. (1994). Institutionsökonomische Begründung der Geschäftsbeziehung: In: Backhaus, K. & Diller H. (Hrsg.). Proceedings of the 1st workshop on Beziehungsmanagement, Münster, Verband der Hochschullehrer für Betriebswirtschaftslehre.

Klenk, P. & Turturica, W. (2000). Datenschutzgesetz-Novelle: Kosequenzen für das CRM. In: Bank + Markt und Technik, Jg. 29, (2000), H.11, S.35-39.

Knicker, T. (1996). Führen mit Zielen. Ein praktischer Wegweiser. In: Personal (1996), H.9, S.462-465.

Köhler, R. (2000). Kundenorientiertes Rechnungswesen als Voraussetzung des Kundenbindungsmanagements. In: Bruhn, M. & Homburg, C. (Hrsg.). Handbuch Kundenbindungsmanagement, Gabler, Wiesbaden, S.415-444.

Kofman, F. & Lawarreé, J. (1993). Collusion in Hierarchical Agency. In: Econometrica, Jg. 61, (1993), H.3, S.629-656.

Kohli, A. K. & Jaworski, B. J. (1990). Market Orientation: The Construct, Research Proposition, and Managerial Implications. In: Journal of Marketing, Jg. 54, (1990), April, S.1-18.

Kohn, A. (1993). Why Incentives Cannot Pay. In: HBR, Jg. 71, (1993), H.5, S.54-64.

Kohn, A. (1988). Incentives Can be Bad for Business. INC, January (1988), S.93-94.

Korte, C. (1995). Customer satisfaction measurement: Kundenzufriedenheitsmessung als Informationsgrundlage des Hersteller- und Handelsmarketing am Beispiel der Automobilwirtschaft, Lang, Schriften zu Distribution und Handel, Band 15, Frankfurt am Main.

Kossbiel, H. (1994). Überlegungen zur Effizienz betrieblicher Anreizsysteme. In: Die Betriebswirtschaft, Jg. 54, (1994), H.1, S.75-93.

Kotler, P. & Bliemel, F. (2001). Marketing-Management. Analyse, Planung, Verwirklichung, 10. Auflage, Schäffer-Poeschel, Stuttgart.

Kotler, P. & Armstrong, G. (2001). Principles of Marketing, 9th Edition, Prentice Hall, Upper Saddle River, New Jersey.

Kotler, P. & Bliemel, F. (1999). Marketing Management: Analyse, Planung, Umsetzung und Steuerung, 9. überarbeitete und aktualisierte Auflage, Schäffer-Pöschel, Stuttgart.

Kotler, P. (1997). The Role of the Marketing Department in the Organization of the Future. In: Bruhn, M. et al. (Hrsg.). Marktorientierte Unternehmensführung, S.490-496.

Kotler, P. (1997). Marketing Managment: Analysis, Planning, Implementation, and Control, 9th edition, Prentice Hall, Englewood-Cliffs.

Kotler, P. (1992). Marketing's New Paradigm. What's Really Happening Out There. In: Planning Review, Jg. 20, (1992), H.5, S.50-52.

Kotler, P. & Bliemel, F. (1992). Marketingmanagement. Analyse, Planung, Umsetzung und Steuerung. 7. Auflage, Schäffer-Poeschel, Stuttgart.

Koppenburg, H. D. & Becker, K.-D.(1999). Ziel- und erfolgsorientierte Entgeltgestaltung im Vertrieb. In: Angewandte Arbeitswissenschaft, (1999), H.161, S.1-15.

Krafft, M. (2002). Kundenbindung und Kundenwert. Habilitationsschrift, Universität Kiel, Physica, Heidelberg.

Krafft, M. (1999). Der Kunde im Fokus: Kundennähe, Kundenzufriedenheit, Kundenbindung - und Kundenwert. In: Die Betriebswirtschaft, Jg. 59, (1999), H.4, S.511-530.

Krafft, M. (1995). Außendienstentlohnung im Licht der neuen Institutionenlehre. Neue betriebswirtschaftliche Forschung, Band 142, Gabler, Wiesbaden; zugleich Universität Kiel 1994, Dissertation.

Kramarsch, M. (1999). Incentive-Systeme mit Erfolgszielen. In: Personalwirtschaft, Jg. 26, (1999), H.10, S.64-67.

Kramarsch, M. (1997). Vergütung im Marketing und Vertrieb: Neue kreative Anreize sind gefordert. In: Marktforschung & Management, Jg. 41, (1997), H.3, S.106-111.

Kriegesmann, B. (2000). Innovationsorientierte Anreizsysteme. In: Personalführung und Organisation, Vahlen, München, S.385-397.

367

Kriegesmann, B. (1993). Innovationsorientierte Anreizsysteme - Ein empirisch fundierter Beitrag zur Gestaltung und Umsetzung typenspezifischer Anreizstrukturen für innovative Mitarbeiter. Dissertation Universität Bochum.

Krogh, G. von & Nonaka, I. & Nishiguchi, T. (2000). Knowledege Cration. A Source of Value. Macmillan Press Ltd, London.

Krogh, G. von & Roos, J. & Kleine, D. (1998). Knowing in Firms. Understanding, Managing and Measuring Knowledge, SAGE, London.

Krogh, G. von & Roos, J. (1996). Managing Knowledge. Perspektives on cooperation and competition. SAGE, London.

Krüger, U. (1999). Kundenorientierung aus Sicht einer Sparkasse. In: Müller, S. (Hrsg.). Kundenzufriedenheit und Kundenbindung, Beck, München, S.115-130.

Krüger, S. M. (1997). Profitabilitätsorientierte Kundenbindung durch Zufriedenheitsmanagement: Kundenzufriedenheit und Kundenwert als Steuergröße für die Kundenbindung in marktorientierten Dienstleistungsunternehmen, Schriftenreihe Schwerpunkt Marketing, Bd. 47,. Dissertation Universität München, FGM, München.

Krüger, G. (1991). Einführung einer optimalen Lohn- und Gehaltsstruktur. In: Personal, Jg. 43, (1991), H.3, S.72-76.

Krüger-Strohmayer, S. (2000). Profitabilitätsorientierte Kundenbindung durch Zufriedenheitsmanagement, 2. Auflage, München.

Krystek, U. & Zur, E. (1997). Internationalisierung als Herausforderung für die Unternehmensführung, Springer, Berlin.

Krystek, U. & Zur, E. (1997). Eine Einführung. In: Krystek, U. & Zur, E. (Hrsg.). Internationalisierung als Herausforderung für die Unternehmensführung.

Küll, U. (2000). ERP goes CRM. In: Computerwoche Extra, (2000), H.2, S.31-33.

LaBarbera, P. & Mazursky, D. (1983). A Longitudinal Assessment of Consumer Satisfaction, Dissatisfaction: The Dynamic Aspect of the Cognitive Process. In: Journal of Marketing Research, Jg. 20, (1983), November, S.393-404.

Lasogga, F. (2000). Optimierung der Wertschöpfungskette mit Hilfe des Customer Relationship Management. In: Jahrbuch für Absatz- und Verhaltensforschung, Jg. 46, (2000), H.4, S.371-385.

Lambert, D. M. & Sharma, A. & Levy, M. (1997). What Information Can Relationship Marketers Obtain from Customer Evaluations of Salespeople? In: Industrial Marketing Management, Jg. 26, (1997), H.2, S.177-187.

Lamneck, S. (1988). Qualitative Sozialforschung, Teil 1: Methodologie, Verlag Psychologie-Union, München.

Lattmann, C. & Krulis-Randa J. S. (1986). Stellungnahme zur Arbeit von Fred G. Becker und H. Peter Holzer mit dem Titel: "Erfolgsbeteiligung und Strategisches Management in den USA. Darstellung verschiedener Systeme zur Beteiligung von Führungskräften an langfristigem und strategischem Unternehmenserfolg."; Die Betriebswirtschaft, Jg. 46, (1986), H.4, S.438-459.; DBW (1986), H.5, S.644-647.

Laux H. (1995). Erfolgssteuerung und Organisation 1. Anreizkompatible Erfolgsrechnung, Erfolgsbeteiligung und Erfolgskontrolle, Springer, Berlin.

Laux, H. (1989). Die Steuerung von Entscheidungsprozessen bei Informationsasymmetrie und Zielkonflikt als Gegenstand der neueren betriebswirtschaftlichen Organisationstheorie, In: Zeitschrift für Wirtschafts- und Sozialwissenschaften, Jg. 109, (1989), S.513-583.

Laux, H. (1988). (Pareto-) Optimale Anreizsysteme bei sicheren Erwartungen. In: zfbf, Jg. 40, (1988), H.11, S.959-989.

Laux, H. (1988). (Pareto-) Optimale Anreizsysteme bei unsicheren Erwartungen. In: zfbf, Jg. 40, (1988), H.12, S.1093-1111.

Lawler, E. E. III (1990). Strategic pay: aligning organizational strategies and pay systems, 1st ed, Jossey-bass, San Francisco.

Lawler, E. E. III (1989). Pay for Performance: A strategic analysis. In: Gomez-Mejia, L. R. (Hrsg.). Compensation and Benefits, Washington D.C. S.136-181.

Lawler, E. E. III (1971). Pay and Organizational Effectiveness: A Psychological View, Mc-Graw Hill, New York.

Lee, D. (2000). The Customer Relationship Management Survival Guide- Everything you need to know, before you need to know it, HYM Press, St.Paul.

Leichtfuß, R. & Bonacker, M. (1992). Erfolgsorientierte Anreizsysteme. In: Die Bank, (1992), H.11, S.624-631.

Leitzmann, C. J. & Keese, O. J. (2000). Der systematische Kampf um den profitablen Kunden. In: Versicherungswirtschaft, Jg. 55, (2000), H.15, S.1142-1144.

Leptien, C. (1996). Anreizsysteme in Forschung und Entwicklung. DUV, Wiesbaden.

Levitt, T. (1983). After the Sale is Over... In: Harvard Business Review, Jg. 61, (1983), H.5, September-October, S.87-93.

Levinthal, D. (1988). A Survey of Agency Models of Organizations. In: Journal of Economic Behavior and Organization, Jg. 9, (1988), S.153-185.

Li, F. & Nicholls, J. A. F. (2000). Transactional or Relationship Marketing: Determinants of Strategic Choisces. In: Journal of Marketing, Jg. 16, (2000), H.449-464.

Liljander, V. (2000). The Importance of Internal Relationship marketing for External Relationship Success. In: Relationship Marketing, Berlin, S.161-192.

Lindemayer, M. (2001). CRM: Boom ohne Ende. In: Computerwoche, (2000), H.7, S.48.

Link, J. & Gerth, N. (2001). eCRM als strategische und organisatorische Herausforderung. In: Eggert, A. & Fassott, G. (Hrsg.). eCRM: Management der Kundenbeziehungen im Internet-Zeitalter, S.305-326

Link, J. (2001). Grundlagen und Perspektiven des Customer Relationship Managment. In: Link, J. (Hrsg.). CRM, 2001, S.1-34.

Link, J. & Tiedtke, D. (2001). Database Marketing. In: Management Lexikon, München, S.173-174.

Link, J. (2001). Customer Relationship Management, Erfolgreiche Kundenbeziehungen durch integrierte Informationssysteme, Springer, Berlin.

Link, J. (2001). Grundlagen und Perspektiven des Customer Relationship Management. In: Link, J.(2001). CRM, S.1-34.

Link, J. & Gerth, N. (2000). Kundenbindung durch Online-Marketing. In: Bruhn, M. & Homburg, C. (Hrsg.). Handbuch Kundenmanagement, 3.Auflage, Gabler, Wiesbaden, S.355-384.

Link, J. & Hildebrand, V. (1997). Ausgewählte Konzepte der Kundenbewertung im Rahmen des Data Base Marketing. In: Link, J. (Hrsg.) Handbuch Database-Marketing, Ettlingen, S.159-174.

Link, J. & Brändli, D. & Schleuning, C. & Kehl R. E. (1997). Handbuch Database-Marketing. 2. korrigierte Auflage, IM-Verlag Marketing Forum, Ettlingen.

Link, J. (1995). Welche Kunden rechnen sich? In: absatzwirtschaft, 38. Jg, (1995), Nr. 10, S.108-110.

Link, J. & Hildebrand, V. (1994). Verbreitung und Einsatz des Database Marketing und CAS, Vahlen, München.

Link, J. & Hildebrand, V. (1993). Database-Marketing und Computer Aided Selling: strategische Wettbewerbsvorteile durch neue informationstechnische Systemkonzeptionen, Vahlen, München.

Linstone, H. & Turoff, M. (1975). The Delphi-Method: Techniques and Applications, Addison-Wesley, Reading, MA.

Littig, P. (2002). Gemeinsame Sache mit dem Konkurrenten. In: technologie & management, Jg. 51, (2002), H.1-2, S.16-19.

Lohmann, F. (1999). Ursachen von Kundenloyalität: ein umfassendes Erklärungsmodell. In: Kundenzufriedenheit und Kundenbindung, München, S.179-196.

Lorange, P. (1980). Corporate Planning. Prentice Hall, Englewood Cliffs, N.J.

Low, B. (1996). Opportunistic Behavior in Business Relationship: A Synthesis of the Transaction Cost Economics and the Network Governance: Proceedings of the 1996 International Conference on Relationship Marketing, Sheth, J. N. & Söllner, A., Humbolt University Press, Berlin, S.35-49.

Lynch, J. E. (1994). Only Connect: The Role of Marketing and Strategic Management in the Modern Organization. In: Journal of Marketing Management, Jg. 10, (1994), S.527-542.

Maaßen, H. (1986). Die mitarbeiterbezogene Planung, Planungs- und Organisationswissenschaftliche Schriften, Band 48, München.

Macharzina, K. & Rosenstiel L. von (1974). Führungswandel in Unternehmung und Verwaltung, Betriebswirtschaftlicher Verlag, Kontaktstudium, Band 1, Wiesbaden.

Maier, H. & Schindler, U. (1996). Human Resources Management in Banken, Strategien, Instrumente und Grundsatzfragen, Wiesbaden.

Malik, F. (1990). Selbstorganisation, Evolution und Unternehmensführung. In: Balck, H. (Hrsg.). Neuorientierung im Projektmanagement. Verlag TÜV, Köln, S.114-124.

March, J. G. & Simon, H. A. (1958). Organizations. Wiley, New York.

Maskin, E. & Tirole, J. (1990), (1992) The principal agent relationship with informed principal. In: Econometrica, Part 1: Jg. 58, (1990), H. 2/3, S.379-409., Part 2: Jg. 60, (1992), H.1, S.1-42.

Maslow, A. H. (1954). Motivation and personality. Harper, New York.

Masser, I. & Foley, P. (1987). Delphi Revistited: An Expert Opinion in Urban Analysis. In: Urban Studies, Jg. 24, (1987), S.217-225.

Mattheis, P. & Vietor, M. (2000). E-CRM als Prozesserweiterung zum Kunden. In: Information Managment & Constuting, Jg. 15, (2000), H.1, S.18-22.

Matthes, E. & Lottermann S. (1997). Abschied von kollektiven Vergütungssystemen. In: Personalführung, Jg. 30, (1997), H.9, S.898-903.

Mattsson, L. G. (1998). Relationship Marketing in a network perspective: In Relationships and networks in international markets, Oxford.

Matzler, K. & Stahl, H. K. (2000). Kundenzufriedenheit und Unternehmenswertsteigerung. In: DBW, Jg. 60, (2000), H.5, S.626-641.

Matzler, K. & Bailom, F. (2000). Messung von Kundenzufriedenheit. In: Hinterhuber, H. H & Matzler, K. (Hrsg.). Kundenorientierte Unternehmensführung, Wiesbaden, S.197-229.

Mayer, C. (1998). Financial Systems and Corporate Governance: A Review of the International Evidence. In: Journal of Institutional and Theoretical Economics, Jg. 154, (1998), H.1, S.144-165.

McClelland, D. C. (1961). The Achieving Society, van Nostrand, Princeton.

McClenaken, J. S. (2000). Connecting with the future. In: IW industry-week, 17.4.2000, S.45-50.

McCollough, M. A. & Bharadwaj, S. G. (1992). The Recovery Paradox: An Examination of Consumer Satisfaction in Relation to Disconfirmation, Service, Quality, and Attribution-based Theories. In: Allen, C. T. (Hrsg), Marketing Theory and Application, Chicago, S.102-107.

McKenna, R. (1999). Real-Time. Preparing for the age of the never satisfied customer, Harvard Business School Press, Boston.

McKenna, R. (1995). Real-Time Marketing. Harvard Business Review, Jg. 73, (1995), (July-August), S.87-95.

McKenna, R. (1993). Marketing is everything. In: Harvard Business Review.

McKenna, R. (1991). Relationship Marketing. Own the Market Through Strategic Customer Relationships, London.

McKenzie, R. (2001). The Relationship Based Enterprise. Powering Business Success Through Customer Relationship Management. McGraw Hill Ryerson, Toronto.

McLoughlin, D. & DeBurca, S. (1996). When is a Relationship Really a Relationship? (When Do Organizations And Consumers Engage In Long Term Interactive Relationships?) In: Gemünden, H. G. & Ritter, T. & Walter, A. (Hrsg.) (1996). Proceedings of the 12th International Conference on Industrial Marketing and Purchasing, Band 2. Karlsruhe, S.1013-1026.

Medoff, J. L. & Abraham, K. G. (1980). Expericence, Performance, and Earnings. In: The Quarterly Journal of Economics, (1980), December, S.703-736.

Meffert, H. (2000). Marketing. Grundlagen marktorientierter Unternehmensführung. Konzepte - Instrumente - Praxisbeispiele, 9. Auflage, Gabler, Wiesbaden.

Meffert, H. (2000b). Kundenbindung als Element moderner Wettbewerbsstrategien. In: Bruhn, M. & Homburg C. (Hrsg.). Handbuch Kundenbindungsmanagement, Gabler, Wiesbaden, S.115-135.

Meffert, H. (1999). Kundenbindung als Element moderner Wettbewerbsstrategien In: Bruhn, M. & Homburg, C. (Hrsg.). Handbuch Kundenbindungsmanagement, Wiesbaden.

Meffert, H. & Burmann, C. (1998). Value-Added-Services im Privatkundengeschäft der Banken. In: Betsch, O. (Hrsg.). Handbuch Privatkundengeschäft, S.387-396.

Meinhövel, H. (1999). Defizite der Principal-Agent-Theorie, Josef Eul, Lohmar. Zugleich Dissertation Universität Bochum, 1998.

Meltzer, M. (2001). Customer Profitability - Information just isn't enough. In: CRM, SCN-Education B.V. (Hrsg.). Vieweg, 1. Auflage, S.323-337.

Melumad, N. D. & Mookherjee, D. & Reichelstein S. (1995). Hierarchical Decentralization of Incentive Contracts. In: Rand Journal of Economics, Jg. 26, (1995), H.4, S.654-672.

Melumad, N. D. & Mookherjee, D. & Reichelstein S. (1992). A Theorry of Responsibility Centers. In: Journal of Accounting and Economics, Jg.15, (1992), H.4, S.445-484.

Meridien Research (2000). Corporate CRM Spending Update, Corporate Customer Management, Volume 4, Brief Number 5, November 28, 2000, S.1-4.

Mertens, P. (1995). Mass Customization. In: Wirtschaftsinformatik, Jg. 37, (1995), H.6, S.503-506.

Meyer, A. & Schaffer, M. (2001). Die Kundenbeziehung als ein zentraler Unternehmenswert - Kundenorientierung als Werttreiber der Kundenbeziehung. In: Günter, B. & Helm, S. (Hrsg). Kundenwert, S.57-80.

Meyer, A. & Dornach, F. (2000). Kundenmonitor Deutschland - Qualität und Kundenorientierung: Jahrbuch der Kundenorientierung in Deutschland, München.

Meyer, A. & Ertl, R. (1998). Kundenorientierung als Wettbewebsvorteil. In: Betsch, O. (Hrsg.). Handbuch Privatkundengeschäft: Entwicklung, State of the Art, Zukunftsperspektiven, Knapp, Frankfurt am Main, S.171-188.

Meyer, A. & Dornach, F. (1996). Das Deutsche Kundenbarometer 1996 - Qualität und Zufriedenheit. In: Jahrbuch der Kundenzufriedenheit in Deutschland e.V., Deutsche Marketing Vereinigung e.V und Deutsche Post AG (Hrsg.), München.

Meyer, A. & Oevermann, D. (1995). Kundenbindung. In: Tietz, B. (Hrsg.). Enzyklopädie der Betriebswirtschaftslehre, Band 4, Handwörterbuch des Marketing, 2. Auflage. Schäffer-Poeschel, Stuttgart, S.1340-1351.

Meyer, A. & Dornach, F. (1993). Das Deutsche Kundenbarometer - Qualität und Zufriedenheit, Düsseldorf.

Meyer, A. & Dornach, F. (1992). Was leistet das "Deutsche Kundenbarometer"?: Feedback für strategische Vorteile. In: Ideen für strategische Vorteile, Düsseldorf, S.120-136.

Meyer, A. (1983). Dienstleistungs-Marketing. Erkenntnisse und praktische Beispiele, Augsburg.

Meyer, G. & Roos, U. (1998). Kundenorientierung und Kundenbindung aus Sicht einer Versicherung. In: Müller, Stefan (Hrsg.). Kundenzufriedenheit und Kundenbindung, Beck, München, S.131-143.

Michel, S. (1999).Wiederherstellung von Kundenzufriedenheit nach Servicefehlern. In: Manager Bilanz, (1999), Januar, S.12-17.

Milgrom, P. & Roberts, J. (1992). Economics, Organization and Management, Prentice-Hall, Englewood-Cliffs.

Mishra, D. P. & Heide, J. B. & Cort, S. G. (1998). Information Asymmetry and Levels of Agency Relationships. In: Journal of Marketing Research, Jg. 35, (1998), August, S.277-295.

Montgomery, C. A. & Porter, M. E. (1996). Strategie, Ueberreuter, Wien.

Morgan Stanley Dean Witter (2000). Report zur AOL/TW Fusion, AOL/TW Report, S.2.

Morgan, R. M. & Hunt, S. D. (1994). The Commitment-Trust Theory of Relationship Marketing. In: Journal of Marketing, Jg. 58, (1994), S.20-38.

Morris, M. H. & Pitt, L. F. (1994). The Organization of the Future: Unity of Marketing and Strategy. In: Journal of Marketing Management, Jg. 10, (1994), S.553-560.

Müller, Christian (1995). Agency-Theorie und Informationsgehalt. In: DBW, Jg. 55, (1995), H.1, S. 61-76.

Müller, Stefan (1998). Kundenzufriedenheit und Kundenbindung: Strategien und Instrumente von Fianzdienstleistern, Beck, München.

Müller-Stewens, G. & Willeitner, S. & Schäfer, M. (1997). Stand und Entwicklung von Cross-Border-Akquisitionen. In: Krystek, U., Zur, E. (Hrsg.). Internationalisierung: Eine Herausforderung für die Unternehmensführung, Berlin, Springer, S.89-117.

Müller, W. & Riesenbeck, H. J.(1991). Wie aus zufriedenen Kunden anhängliche Kunden werden. In: Harvard Manager, Jg. 13, (1991), H.3, S.67-79.

Mulhern, F. J. (1999). Customer Profitability Analysis: Measurement, Concentration, and Research Directions. In: Journal of Interactive Marketing, Jg. 13 (1999), H.1, Winter, S.25-40.

Nagel, K. & Rasner, C. (1996). Herausforderung Kunde. Neue Dimensionen der kunden- und marktorientierten Unternehmensführung, Verlag Moderne Industrie, Landsberg, Lech.

Naisbitt, J. & Aburdene, P. (1991). Megetrends 2000, New Directions For Tomorrow, AVON Books, New York.

Narayandas, D. (1998). Measuring and Managing the Benefits of Customer Retention. In: Journal of Service Research, Jg. 1, (1998), H.2, S.108-128.

Narver, J. C. & Slater, S. F. (1990). The Effect of a Market Orientation on Business Profitability. In: Journal of Marketing, (1990), October, S.20-33.

Naumann, E. (1995). Creating Customer Value. Thompson Executive Press, Cincinnati.

Nelsen, S. & Berg, T. (2000). Customer Relationship Management: An Overview. Strategic Anylysis Report, August 1, Gartner Group.

Netzel, W. & Ebener, R. (1997). Beschwerden als Instrument zur Kundenbindung. In: Betriebswirtschaftliche Blätter, Jg. 46, (1997), H.6, S.291-294.

Newell, F. (2000). Loyalty.com. Customer Relationship Management in the New Era of Internet Marketing, McGraw Hill, New Yor.

Newell, F. (1997). The New Rules of Marketing: How to use One-To-One Relationship Marketing to Be the Leader in your Industry, Irwin Professional.

Nicklisch, H. (1992). Budgetierung und Rechnungswesen. In: Zeitschrift für Handel und Handwerk, (1992), S.50.

Nilsson, J. E. & Dicken, P. & Peck, J. (1996). The Internationalization Process, European firms in global competition, Paul Chapman Publishing, London, S.1-12.

Nilsson, J. E. (1996). Introduction: the internationalization process. In: The Internationalization Process, Paul Chapman Publishing, London, S.1-12.

Nöken, S. & Kirschke, R. (1998). Mass Customization verbindet die Serie mit Losgröße 1. Individualisierung schafft Wettbewerbsvorteile. In: Maschinenmarkt, Jg. 104, (1998), H. 23, S.58-60.

Oevermann, D. (1996). Kundenbindungsmanagement von Kreditinstituten. Schriftenreihe Schwerpunkt Marketing, Univ. Diss.: Kundenbindung im Privatkundengeschäft von Kreditinstituten - Erklärungsansatz und Managementaspekte, FGM-Verlag, München.

Oggenfuss, C. W. (1995). Vom Marketing-Mix zum Retention-Mix. In: Thexis, (1995), H.4, S.54-60.

Oliver, R. L. (1999). Whence Consumer Loyalty. In: Journal of Marketing, Jg. 63, (1999), Special Issue, S.33-44.

Oliver, R. L. (1997). Satisfaction, New York.

Oliver, R. L. & Swan, J. E. (1989). Consumer Perceptions of Interpersonal Equity and Satisfaction in Transactions: A Field Survey Approach. In: Journal of Marketing, Jg. 53, (April), S.21-35.

Oliver, R. L. & DeSarbo W. S. (1988): Response Determinants in Satisfaction Judgements. In: Journal of Consumer Research, Jg. 14, (1988), March, S.495-507.

Oliver, R. L. (1981). Measurement and Evaluation of Satisfaction Process in Retail Setting. In: Journal of Retailing, Jg. 57, (1981), Fall, S.25-48.

Oliver, R. L. (1980). A Cognitive Model of the Antecedents and Consequences of Satisfaction Decisions. In: Journal of Marketing Research, Jg. 17, (1980), November, S.460-469.

Oliver, R. L. (1977). Effects of Expectation and Disconfirmantion on Postexposure Product Evaluations: An Alternative Interpretation. In: Journal of Applied Psychology, Jg. 62, (1977), H.4, S.480-486.

Osnabrügge, G. & Stahlberg, D. & Frey, D. (1985). Die Theorie der kognitiven Kontrolle. In: Frey, D. & Irle, M. (Hrsg.). Theorien der Sozialpsychologie, Band III: Motivations- und Informationsverarbeitungstheorien, Bern, S.127-172.

Ostrom, A. & Iacobucci, D. (1995). Consumer Trade-Offs and the Evaluation of Services. In: Journal of Marketing, Jg. 59, (1995), January, S.17-28.

Palloks, M. (1988). Langfristige Geschäftsbeziehungen als strategischer Erfolgsfaktor. In: Lachnit, L. & Lange. C. & Palloks, M. (Hrsg.). Zukunftsfähiges Controlling: Konzeption, Umsetzungen, Praxiserfahrungen, München, S.247-274.

Palmer, A. (1994). Relationship Marketing: Back to Basics? In: Journal of Marketing Management, Jg. 10, (1994), S.571-579.

Parsis, D. (2001). Auswahl und Bedeutung von Hard- & Softwarekomponenten im Customer Relationship Management. In Link, J. (Hrsg.). CRM, S.171-212.

Parvatiyar, A. (1996). Aussage während der 12ten Internationalen Konferenz on Industrial Marketing und Purchasing, Karlsruhe, September.

Parvatiyar, A. & Sheth, J.N. (1994). The Emergence of Relationship Marketing. In: Sheth, J.N. Parvatiyar, A. (Hrsg.): Relationship Marketing; Theory, Methods, Applications, 2nd Proceedings of the Relationship Marketing Conference, Atlanta 1994.

Patel, J. (2001). IT Impact: With CRM Don't forget the Customer. In: Information Week, (2001), May, News, S.1.

Patt, P. J. (1990): Strategische Erfolgsfaktoren im Einzelhandel: Eine empirische Analyse am Beispiel des Bekleidungsfachhandels, 2. Auflage, Peter Lang, Frankfurt am Main.

Patterson, P. & Johnson, L. & Spreng, R. (1997). Modeling the Determinants of Consumer Satisfaction for Business to Business Professional Services. In: Journal of the Academy of Marketing Science, Jg. 25, (1997), H.1, S.4-17.

Patzak, G. (1982). Systemtechnik, Planung komplexer innovativer Systeme, Springer, Berlin.

Payne, A. (2000). Customer Relationship Management, Cranfield University, Working Paper. CRM key Note. www. crm-forum / library/aca/aca-10/aca-10.htm.

Payne, A. & Rapp, R. (1999). Handbuch Relationship Marketing. Konzeption und erfolgreiche Umsetzung, Vahlen, München.

Payne, A. & Rapp, R. (1999). Relationship Marketing: Ein ganzheitliches Verständnis von Marketing. In: Payne, A. & Rapp, R. (Hrsg.), Relationship Marketing, S.3-16.

Payne, A. & Holt, S. (1999). Diagnostic Customer Value: A Review of the Literature and an Framework for Relationship Value Management, Cranfield Working Paper.

Payne, A. & Frow, P. (1999). Developing a Segmented Service Strategy: Improving Measurement in Relationship Marketing. In: Journal of Marketing Management, Jg. 15, (1999), H. 8, S.797-818.

Payne, A. & Christopher, M. & Clark, M. & Peck, H. (1998). Relationship Marketing for Competitive Advantage. Winning and keeping customers, Butterworth Heinemann.

Payne, A. & Frow, P. (1997). Relationship Marketing: Key Issues for the Utility Sector. In: Journal of Marketing Management, Jg. 13, (1997), S.463-477.

Payne, A. & Christopher, M. & Peck, H. (1995). Relationship Marketing for Competitive Advantage, Butterworth-Heinemann.

Peck, H. (1999). Relationship Marketing: strategy and implementation, Butterworth-Heinemann, Oxford.

Pepels, W. (1986). Ursachen & Auswirkungen veränderter Marketbedingungen. In: Management heute, Jg. 28, (1986), S.17-19.

Peppard, J. (2000). Customer Relationship Management (CRM) in Financial Services. In: European Management Journal, Jg. 18, (2000), H.3, June, S.312-327.

Peppers, D. & Rogers, M. (1999a). The One to One Manager, Currency Doubleday, New York.

Peppers, D. & Rogers, M. (1999b). The One to One Fieldbook, Currency Doubleday, New York.

Peppers, D. & Rogers, M. & Dorf, B. (1999c). Is Your Company Ready For One-To-One Marketing? In: Harvard Business Review, (1999), Januar-Februar, S.3-12.

Peppers, D. & Rogers, M. (1997). The One to One Future, New York.

Peppers, D. & Rogers, M. (1993). The One to One Future. Currency Doubleday, New York.

Peter, S. I. (1997). Kundenbindung als Marketingziel: Identifikation und Analyse zentraler Determinanten, Wiesbaden.

Petersen, T. (1989). Optimale Anreizsysteme: betriebswirtschaftliche Implikationen der Prinzipal-Agent-Theorie. Beiträge zur betriebswirtschaftlichen Forschung, Gabler, Wiesbaden.

Petro. T. M. (1990a). Profitability: The Fifth „P" in marketing. In: Bank Marketing, (1990), September, S.48-52.

Petro, T. M. (1990b). Who are your best customers? In: Bank Marketing, (1990), October, S.48-52.

Pfeiffer, U. (2000). Sollte ein mittelständisches Unternehmen auf externe Berater bei der CRM-Einführung setzten? In: Database Marketing, (2000), H.1, S.13.

Picot, A. & Reichwald, R. & Wigand, R. T. (1998). Die grenzenlose Unternehmung: Information, Organisation und Management; Lehrbuch zur Unternehmensführung im Informationszeitalter, 3. Auflage, Gabler, Wiesbaden.

Picot, A. & Rippberger, T. & Wolff, B. (1996). The Fading Boundaries of the Firm: The Role of Information and Communication Technology. In: Journal of Institutional and Theoretical Economics, Jg. 152, (1996), H.1, S.65-88.

Piller, F. T. (2000). Mass Customization. Ein wettbewerbsstrategisches Konzept im Informationszeitalter, Gabler, Wiesbaden & DUV Edition Wissenschaft.

Piller, F. T. (1998). Kundenindividuelle Massenproduktion. Die Wettbewerbsstrategie der Zukunft, Carl Hanser, München.

Pine, J., B. II & Peppers, D. & Rogers, M. (1995). Do You Want To Keep Your Customers Forever? In: Harvard Business Review, (1995), S.103-114.

Pine, B. J. (1993). Mass Customization. Harvard Business School Press, Boston.

Pine, B. J. & Victor, B. & Boynton, A. C. (1993). Making Mass Customization Work, Harvard Business Review, Jg. 71, (1993), September-October, S.108-119.

Plakoyiannaki, E. & Tzokas, N. (2000). Customer Relationship Management (CRM). A conceptual framework and research agenda. In: Gummesson, E. (Hrsg.). Proceedings of the 8th International Colloquium in Relationship Marketing. Stockholm, 6.-9. Dezember 2000.

Plinke, W. (1997). Grundlagen des Geschäftsbeziehungsmanagements. In: Kleinaltenkamp, M. & Plinke, W. (Hrsg.). Geschäftsbeziehungsmanagement, S.1-62.

Plinke, W. (1991). Investitionsgütermarketing. In: Marketing, Jg.13, (1991), H.3, S.172-177.

Plinke, W. (1989). Die Geschäftsbeziehung als Investition. In: Specht, G. & Silberer, G. & Engelhardt, W. H. (Hrsg.). Marketing-Schnittstellen: Herausforderungen für das Management, Stuttgart, S.305-325.

Polzer, M. (1995). Einführung neuer Entgeltsysteme - der Kompromiß über die Leistung! In: Eckardstein, D. von & Janes A. (Hrsg.). Neue Wege in der Lohnfindung in der Industrie, Wien, S.148-170.

Prange, C. (1996). Interorganisationales Lernen: Lernen in, von und zwischen Organisationen. In: Schreyögg, G. & Conrad, P. (Hrsg.). Managementforschung 6 - Wissensmanagement, Gruyter, Berlin, S.163-189.

Pratt, J. W. & Zeckhauser, R. J. (1985). Principals and Agents: An Overview. In: Pratt, J. W. & Zeckhauser, R. J. (Hrsg.). Principals & Agents: The Structure of Business, Harvard Business School Press, Boston, S.1-35.

Preß, B. (1999). Spezifische Bindungen in Geschäftsbeziehungen, Arbeitspapier Nr.12, der Berliner Reihe "Business-to-Business-Marketing". Kleinaltenkamp, M. (Hrsg.). Freie Universität Berlin.

Probst, G. & Raub, S. & Romhardt, K. (1999). Wissen managen: wie Unternehmen ihre wertvollste Ressource optimal nutzen. FAZ & Gabler, 3. Auflage, Wiesbaden.

Pümpin, C. & Prange, J. (1991): Management der Unternehmensentwicklung, Phasengerechte Führung und der Umgang mit Krisen, Campus, Frankfurt.

Quartapelle, A. Q. & Larsen, G. (1996). Kundenzufriedenheit. Wie Kundentreue im Dienstleistungsbereich die Rentabilität steigert, Springer, Berlin.

Rangan, K. V. & Moriaty, R. T. & Swartz, G. S. (1992). Segmenting Customers in Mature Industrial Markets. In: Journal of Marketing, Jg. 56, (1992), October, S.72-82.

Rapp, R. (2000). Customer Relationship Management. Das neue Konzept zur Revolutionierung von Kundenbeziehungen, Campus, Frankfurt.

Rapp, R. (2000b). Integration kundenorientierter Strategie; Organisation und Informationsmanagement. In: Information Management & Consulting, Jg. 15, (2000), H.1, S.13-17.

Rappaport, A. (1999). New Thinking on How to Link Executive Pay with Performance. In: Harvard Business Review, (1999), March-April, S.91-101.

Rappaport, A. (1978). Executive incentive vs. corporate growth. In: Harvard Business Review, Jg. 56, (1978), July-August, S.81-88.

Ravald, A. & Grönroos, C. (1996). The Value Concept of Relationship Marketing. In: European Journal of Marketing, Jg. 30, H.2, S. 19-30.

Ray, P. & Sahu, S. (1990). Productivity Management in India. In: International Journal of Operations and Production Management, Jg. 10, (1990), S.25-51.

Reber, G. (1980). Anreizsysteme. In: Grochla, E. (Hrsg.). Handwörterbuch der Organisation, 2. Aufl., Stuttgart, S.78-86.

Reikhof, H. C. (1989). Strategieentwicklung, Konzepte und Erfahrungen, Stuttgart.

Reichheld, F. F. (2001). Lead for Loyalty. In: Harvard Business Review, (2001), July-August, S.76-84.

Reichheld, F. F. & Sasser, E. W. (2000). (Überarbeitete Version). Zero Migration: Dienstleister im Sog der Qualitätsrevolution. In: Bruhn, M. & Homburg, C. (Hrsg.) (2000). Handbuch Kundenbindungsmanagement, 3. Auflage, Wiesbaden, S.137-152.

Reichheld, F. F. (1997). Der Loyalitäts-Effekt. Die verborgene Kraft hinter Wachstum, Gewinnen und Unternehmenswert, Campus, Frankfurt am Main.

Reichheld, F. F. (1996). Learning from Customer Defections. In: Harvard Business Review, Jg. 74, (1996), March-April, S.56-69.

Reichheld, F. F. (1993). Treue Kunden müssen auch rentabel sein. In: Harvard Business Manager, (1993), H.3, S.106-114.

Reichheld, F. F. (1993). Loyalty-Based Management. In: Harvard Business Review, (1993), March-April, S. 64-73.

Reichheld, F. F. & Sasser, E. W. (1991). Zero Migration. Dienstleister im Sog der Qualitätsrevolution. In: Harvard Business Manager, 13. Jg, (1991), H.4, S.108-116.

Reichheld F. F. & Sasser, E. . (1990). Zero Defections: Quality comes to Services. In: Harvard Business Review, Jg. 68, (1990), H.5, September-October, S.105-111; oder auch in: Harvard Manager, Jg. 13, H.4, S.108-116 unter dem Titel Zero Migration: Dienstleister im Sog der Qualitätsrevolution.

Reischel, G. (2001). Gefährliche Netze, Carl Urberreuter, Stuttgart.

Reiß, M. (1997). Programme, Projekte und Prozesse, Schaeffer-Poeschel, Stuttgart.

Reiß, M. (1997). Change Management als Herausforderung. In Reiß, M. & Rosenstiel, L. (Hrsg.). Change Management, Stuttgart, S.4-29.

Richins, M. (1983). Negative Word-of-Mouth by Dissatisfied Consumers: A Pilot Study. In: Journal of Marketing, Jg. 47, (1983), Winter, S.68-78.

Rieker, S. A. (1995). Bedeutende Kunden: Analyse und Gestaltung von langfristigen Anbieter-Nachfrager-Beziehungen in industriellen Märkten. Univ. Diss. FU Berlin, 1994, Dt. Univ. Verlag, Reihe: Gabler, Wiesbaden.

Rieper, U. (2000). Mit E-CRM Kundenpotenziale ausschöpfen. In: Versicherungsbetriebe, Jg. 30, (2000), H.4, S.22-24.

Rifkin, J. (1997). Das Ende der Arbeit und ihre Zukunft, Fischer, Frankfurt am Main.

Rigby, D. K. & Reichheld, F. F. & Schefter, P. (2002). Avoidung the Four Perils of CRM. In: Harvard Business Manager, (2002), February, S.101-109.

Roberts, P. W. & Greenwood, R. (1997). Integrating Transaction Cost and Instutional Theories: Toward a Constrained Efficiency Framework for Understanding Organizational Design Adoption. In: Academy of Management Review, Jg. 22, (1997), H.2, S.346-373.

Roche, I. (2000). Why You Should implement CRM. URL: http: // www. crm-forum.com /crm_forum/crm_forum_presentations/ wysi/ppr.htm. Stand 15. März 2001.

Ropohl, G. (1999). Allgemeine Technologie: Eine Systemtheorie der Technik, 2. Auflage, Hanser, München.

Ropohl, G. (1979). Eine Systemtheorie der Technik, Hanser, München.

Ropohl, G. (1975). Systemtechnik, Grundlagen und Anwendung, Hanser, München.

Rosenstiel, L. von (2000). Grundlagen der Organisationspsychologie: Basiswissen und Anwendungshinweise, 4. überarbeitete Auflage, Schäffer-Poeschel, Stuttgart.

Rosenstiel, L. von (1974). Leistungsmotivation und Arbeitszufriedenheit. In: Marchazina, K. & Rosenstiel, L. von (Hrsg.). Führungswandel in Unternehmung und Verwaltung, S.117-128.

Rosenstiel, L. von (1975). Die motivationalen Grundlagen des Verhaltens in Organisationen: Leistung und Zufriedenheit, Duncker, Berlin.

Rosenstiel, L. von (1991). Motivation von Mitarbeitern. In: Rosenstiel, L. von & Regnet, E. & Domsch, M. (Hrsg.). Führung von Mitarbeitern. Handbuch für erfolgreiches Personalmanagement, Schäffer, Stuttgart, S.144-162.

Rothwell, W. J. & Kazanas, H. C. (1989). Strategic Human Resource Development, Prentice-Hall, Englewood-Cliffs.

Rousek, O. (1995). Integrative Anreizsysteme. Eine modellorientierte Untersuchung im Rahmen des Principal Agent Modells. Dissertation, Johann Wolfgang von Goethe Universität Frankfurt.

Rowe, G. & Wright, G. (1999). The Delphi technique as a forecasting tool: issues and analysis. In: International Journal of Forecasting, Jg. 15, (1999), S.353-375.

Rowe, G. & Wright, G. & Bolger, F. (1991). Delphi: A Reevaluation of Research and Theory. In: Technological Forecasting and Social Change, Jg. 39, (1991), S.235-251.

Rubinstein, A. (1989). Optimal flexibility of rules: the tale of the wise principal and the naïve agent. In: European Journal of Political Economy, Jg. 5, (1989), H.2/3, S.219-227.

Rudolf-Sipötz, E. (2001). Kundenwert: Konzeption - Determinanten - Management. Dissertation St.Gallen, Thexis, St. Gallen.

Rudolph, A. & Rudolph, M. (2000). Customer Relationship Marketing - individuelle Kundenbeziehungen, Cornelsen, Berlin.

Rüggeberg, H. (1997): Strategisches Markteintrittsverhalten junger Technologieunternehmen: Erfolgsfaktoren der Vermarktung von Produktinnovationen, Deutscher Universitätsverlag, Wiesbaden.

Rühli, E. (1991). Strategische Unternehmensführung heute. In: Rühli, E. & Keller, A. (Hrsg.). Kulturmanagement in schweizerischen Industrieunternehmungen, Bern, Haupt, S.15-56.

Rühli, E. & Keller, A. (Hrsg.). (1991). Kulturmanagement in schweizerischen Industrieunternehmungen, Haupt, Bern.

Rüttgers, J. (1997). Delphi, Kongreß für die Zukunft. In: Berichte / Forschungsinstitut der Internationalen Wissenschaftlichen Vereinigung Weltwirtschaft und Weltpolitik, Berlin, Jg.7, (1997), H.63, S.1-10.

Rust, R. T. & Zeithaml, V. A. & Lemon K. N. (2000). Driving Customer Equity, New York.

Rust, R. T. & Zahorik, A. J. & Keiningham, T. L. (1996). Service Marketing, Harper Collins, New York.

Rust, R. T. & Zahorik, A. J. & Keiningham, T. L. (1995). Return on Quality (1995). Making Service Quality Financially Accountable. In: Journal of Marketing, 59. Jg, (1995), H.2, April, S.58-70.

Salter, M. S. (1973). Tailor Incentive Compensation to Strategy. In: Harvard Business Review, Jg. 51, (1973), March-April, S.94-102.

Sarvilinna, E. (2000). From Product Walls to Channel Walls? In: CRM-Relations (2000), H.1, S.1.

Schäfer, H. & Karlshaus, J. T. & Sieben, F. (2000). Profitabilität durch systematisches Rückgewinnen von Kunden. In: absatzwirtschaft, (2000), H.12, S.56-64.

Schanz, G. (1991). Motivationale Grundlagen der Gestaltung von Anreizsystemen. In: Schanz, G. (1991). Handbuch Anreizsysteme, S.4-30.

Schanz, G. (1991). Handbuch Anreizsysteme in Wirtschaft und Verwaltung, Poeschel, Stuttgart.

Scheibe, M. & Skutch, M. & Schofer, M. (1975). Experiments in Delphi Methodology. In: Linstone, H. A. & Turoff, M. (Hrsg.). The Delphi Technique, Addison-Wesley, London.

Scheidl, K. (1991). Die Bedeutung der Entgeltgerechtigkeit für die Leistungsmotivation. In: Schanz, G. (Hrsg.). Handbuch Anreizsysteme, Stuttgart, S.257-273.

Schindler, M. (2000). Wissensmanagement in der Projektabwicklung. Josef Eul, Reihe Wirtschaftsinformatik, Band 32, Lohmar.

Schleunig, C. (1997). Die Analyse der einzelnen Interessenten und Kunden als Grundlage für die Ausgestaltung des Database Marketing. In: Link, J. & Brändli, D. & Schleuning C. & Kehl, R. (Hrsg.). Handbuch Database Marketing, Ettlingen, S.143-157.

Schleuning, C. (1994). Dialogmarketing: Theoretische Fundierung, Leistungsmerkmale und Gestaltungsansätze, Ettlingen.

Schmalen, H. (1994). Das hybride Kaufverhalten und seine Konsequenzen für den Handel: Theoretische und empirische Betrachtungen. In: Zeitschrift für Betriebswirtschaft, Jg. 64, (1994), S.1221-1240.

Schmengler, H. J. & Thieme, M. (1995). Die Bedeutung eines Bonusprogrammes im Marketing einer Luftverkehrsgesellschaft. In: Marketing, Jg. 17, (1995), H.2, S.130-135.

Schmidt, H. (1993). Mitarbeiterorientierte Personalpolitik durch Flexibilisierung der betrieblichen Leistungen. In: Personal, Jg. 45, (1993), H.11, S.493-497.

Schmittlein, D. C. & Cooper, L. G. & Morrison, D. G. (1993). Truth in Concentration in the Land of (80/20) Laws. In: Marketing Science, Jg. 12, (1993), Spring, S.167-183.

Schöllhammer, H. (1970). Die Delphi-Methode als betriebliches Prognose- und Planungsverfahren. In: zfbf, Jg. 22, (1970), H.2, S.128-137.

Schönert, O. (1998). Integrationspotentiale von Informations- und Kommunikationstechnologien für internationale Unternehmungen. In: Kutschker, M. (Hrsg.). Integration in der internationalen Unternehmung, Gabler, Wiesbaden, S.271-295

Schötthofer, P. (2001). Rechtliche Aspekte des Customer Relationship Management. In: Link, J. (Hrsg.). CRM, S.276-303.

Schrempp, J. (1997). In: Krystek, U. & Zur, E. (Hrsg). Internationalisierung. Eine Herausforderung für die Unternehmensführung, Springer, Berlin, Geleitwort.

Schreyögg, G. (1978). Umwelt, Technologie und Organisationsstruktur. Eine Analyse des kontingenztheoretischen Ansatzes, Haupt, Bern.

Schütze, R. (1994). Kundenzufriedenheit: After-Sales-Marketing auf industriellen Märkten, Wiesbaden.

Schulz, B. (1995). Kundenpotentialanalyse im Kundenstamm von Unternehmen, Frankfurt.

Schultz, D. E. (2000). Learn to Differentiate CRM's two faces. In: Marketing News, Jg. 20, (2000), November, S.11.

Schwalbach, J. (1999). Der Zusammenhang von Kompensation und Performance im internationalen Vergleich. In: Personal, Jg. 51, (1999), H. 3, S.114-118.

Schwalbach, J. (1998). Motivation, Kompensation und Performance. Vortrag gehalten im Rahmen des Eröffnungsprogrammes des 52. Deutschen Betriebswirtschafter-Tag, 28. September 1998, Berlin, www. wiwi.hu-berlin.de/im/ vortraege/ htm. Zugriff erfolgt am 25.05.01.

Schwalbach, J. & Graßhoff, U. (1997). Managementvergütung und Unternehmenserfolg. In: ZfB, Jg. 67, (1997), H.2, S.203-217.

Schwaninger, M. (1994). Managementsysteme, Schriftenreihe St. Galler Management-Konzept, Campus, Frankfurt am Main.

Schwaninger, M. (1993). Managementsysteme, St. Gallen.

Schwede, S. (2000). Vision und Wirklichkeit von CRM. In: Information Management & Consulting, Jg. 15, (2000), H.1, S.7-12.

Schweiger, D. M. & Papenfuss, K. (Hrsg.). (1992) Human Resource Planning, Gabler, Wiesbaden.

Schwetz, W. (2000). Customer Relationship Management. Mit dem richtigen CAS/CRM System Kundenbeziehungen erfolgreich gestalten, Gabler, Wiesbaden.

Schwetzler, B. (1999). Shareholder Value Konzept, Managementanreize und Stock Option Plans. In: DBW, Jg. 59, (1999), H.3, S.332-350.

SCN Education B.V. (2001). (Hrsg.). Customer Relationship Management. The Ultimate Guide to Efficient Use of CRM, 1. Auflage, Vieweg, Wiesbaden.

Seyfried, M. (1998). Lebensphasenmodell - Kundenwertmanagement in erster Näherung. In: Betsch, O. (Hrsg.). Handbuch Privatkundengeschäft: Entwicklung, State of the art, Zukunftsperspektiven, Knapp, Frankfurt am Main, S.351-367.

Shapiro, B. P. & Rangan, V. K. & Moriarty, R. T. & Ross, E. B. (1987). Manage Customers for Profits (Not Just Sales). In: Harvard Business Review, Jg. 65, (1987), H.5, September-October, S.101-108.

Sharma, A. (1997). Professional As Agent: Knowledge Asymmetry in Agency Exchange. In: Academy of Management Review, Jg. 22, (1997), H.3, S.758-798.

Shaw, R. (2001). CRM Definitions - Defining Customer Relationship Marketing and Management: In: Customer Relationship Management. The Ultimate Guide to the Efficient Use of CRM, Vieweg, Wiesbaden, S.23-27.

Shaw, R. (2000). Shareholder Value or stakeholder value?: That is the question. In: Schuster, L. (Hrsg.) Shareholder value management in banks, MacMillan, Basingstoke, Hampshire, S.36-51.

Sheaves, D. E. & Barnes, J. G. (1997). The Fundamentals of the Concept to Guide Marketing Implementation. In: Advances in Services Marketing and Management, Greenwich, Jg. 5, (1996), S.215-245.

Sheshunoff, A. & Valentine, L. (1999). Customer Relationship Management. In: Banking Journal, Jg. 91, (1999), H.10, S.54-66

Sheth, J. N. & Shamara, A. (1997). Relationship Marketing. An Agenda for Inquiry. In: Industrial Marketing Management, Jg. 26, (1997), H.2, S.87-89.

Sheth, J. N. & Sharma, A. (1997). Supplier Relationships. Emerging Issues and Challenges. In: Industrial Marketing Management, Jg. 26, (1997), H.2, S.91-100.

Sheth, J. N. & Parvatiyar A. (1995). Relationship Marketing in Consumer Markets. Antecedents and Consequences. In: Journal of the Academy of Marketing Science, Jg. 23, (1995), H.4, S.255-271.

Sheth, J. N. & Parvatiyar, A. (1994) Relationship Marketing: Theory, Methods and Applications, Emory University Publishing.

Sidow, H. D. (1993). Key Account Management, 2. Auflage, Landsberg am Lech.

Simon, H. & Homburg, C. (1998). Kundenzufriedenheit: Konzepte - Methoden - Erfahrungen, 3. aktualisierte und erweiterte Auflage, Gabler, Wiesbaden.

Simon, H. & Homburg, C. (1998). Kundenzufriedenheit als strategischer Erfolgsfaktor. In: Simon, H. & Homburg, C. (Hrsg.). Kundenzufriedenheit: Konzepte - Methoden - Erfahrungen, 3. aktualisierte und erweiterte Auflage, Gabler, Wiesbaden, S.17-31.

Simon, H. & Homburg, C. (1995). Kundenzufriedenheit: Konzepte - Methoden - Erfahrungen, Gabler, Wiesbaden.

Simonian, H. (1996). Differences by region. In: Financial Times, (1996), 5. März, S. I.

Simons, R. & Westermann, K. (1997). Standortdebatte und kein Ende? In: Simons, R. & Westermann, K. (Hrsg.). Standortdebatte und Globalisierung der Wirtschaft, Presseverlag, Marburg, S.14-25.

Skerswetat, J. (2001). Einführung von CRM im Bankenumfeld. In: Eggert, A. & Fassott, G. (Hrsg.). Electronic Customer Relationship Management, Stuttgart, S.347-359.

Slater, S. F. & Narver, J. C. (1995). Market Orientation and the Learning Organization. In: Journal of Marketing, Jg. 59, (1995), July, S.63-74.

Slater, S. F. & Narver J. C. (1994). Market Orientation, Customer value, and Superior Performance. In: Business Horizons, Jg. 37, (1994), H.2, S.22-28.

Slywotzky, A. J. & Shapiro, B. P. (1994). Neues Marketingdenken: der loyale Kunde zählt, nicht die schnelle Mark. In: Harvard Business Manager, Jg. 16, (1994), H.2, S.85-94.

Smith, A. K. & Bolton, R.N. (1998). An Experimental Investigation of Customer Reactions in Service Failure and Recovery Encounters. In: Journal of Service Research, Jg. 1, (1998), H.1, S.65-81.

Smock, M. & Watkins, R. (2000). CRM or C3i? Why 80% of CRM Initiatives Fail, Sente, Inc, CRM Forum,http://www.crm-forum. com/library/art/art-081/art-081.htm.

Söllner, A. (1994). Grundriß des Arbeitsrechts, 11. Auflage, Vahlen, München.

Söllner, A. (1987). Grundriß des Arbeitsrechts, 9. Auflage, Vahlen, München.

Spahlinger, L. I. & Herrmann, A. & Huber, F. (2000). Vom Kundschafts- zum Kundenwertmanagement. In: Absatzwirtschaft, (2000), Sondernummer, Oktober, S.182-188.

Specht, G. & Silberer, G. & Engelhardt W. H. (1989). (Hrsg.). Marketing-Schnittstellen: Herausforderungen für das Management, Stuttgart.

Stahl, M. J. & Gringsby, D. W. (1997). Strategic Management: Total Quality and Global Competition, Blackwell Business, Oxford.

Stahl, H. K. & Matzler, K. & Hinterhuber H. H. (2001). Kundenwert und Shareholder Value - Versuch einer Synthese. In: Günter B. & Helm S. (2001), Kundenwert, S. 351-370.

Stahl, H. K. (2000). Kundenloyalität kritisch betrachtet. In: Hinterhuber, H. H. & Matzler K. (Hrsg.). Kundenorientierte Unternehmensführung. Wiesbaden, S.83-101.

Stahl, H. K. & Hinterhuber H. H. & Friedrich, S. A. & Matzler, K. (2000). Kundenzufriedenheit und Kundenwert. In: Hinterhuber, H. H. & Matzler, K. (Hrsg.). Kundenorientierte Unternehmensführung, Wiesbaden, S.177-196.

Stahl, H. K. (1996). Zero-Migration: Ein kundenorientiertes Konzept der strategischen Unternehmensführung. Reihe: Neue betriebswirtschaftliche Forschung, 179, Univ. Diss. Innsbruck 1995, Gabler, Wiesbaden.

Stata, R. & Maidique, M. A. (1980). Bonus system for balanced strategy. In: Harvard Business Review, Jg. 58, (1980), H.6, November-December, S.156-163.

Stauss, B. (2000). Kundenbindung durch Beschwerdemanagement. In: Bruhn, M. & Homburg, C. (Hrsg.). Handbuch Kundenbindungsmanagement. 3. Auflage, Wiesbaden, S.293-318.

Stauss, B. & Neuhaus, P. (2000). Das Qualitative Zufriedenheitsmodell (QZM). In: Hinterhuber H. H. & Stahl, M. (Hrsg.) Kundenorientierte Unternehmensführung, Wiesbaden, S.67-81.

Stauss, B. (1999). Kundenzufriedenheit. In: Marketing, ZfP, Jg. 21, (1999), H.1, 1. Quartal, S.5-24.

Stauss, B. & Seidel, W. (1998). Beschwerdemanagement: Fehler vermeiden - Leistung verbessern - Kunden binden, 2. Auflage, Hanser, München.

Stauss, B. & Neuhaus P. (1997). The Qualitative Satisfaction Model. In: International Journal of Service Industry Management, Jg. 8 (1997), H. 3/4, S.236-249.

Stauss, B. & Seidel, W. (1996). Beschwerdemanagement: Fehler vermeiden - Leistung verbessern - Kunden binden, 1. Auflage, Hanser, München.

382

Stauss, B. (1995). Beschwerdemanagement. In: Tietz, B. (Hrsg.). Handwörterbuch des Marketing, Stuttgart, S.226-238.

Stauss, B. & Hentschel, B. (1992). Messung von Kundenzufriedenheit. Merkmals- oder ereignisorientierte Beurteilung von Dienstleistungsqualität. In: Marktforschung & Management, Jg. 36, (1992), H.3, S.115-122.

Stehle, W. (1991). Mitarbeiterbeurteilung. In: Rosenstiel, L. von & Regnet, E. & Domsch, M. (Hrsg.). Führung von Mitarbeitern. Handbuch für erfolgreiches Personalmanagement, Schäffer, Stuttgart, S.163-187.

Steinig, R. (1998). Zielgruppenbildung im Spannungsfeld von Einzelkundenmanagement und Mengengeschäft. In: Betsch, O. (Hrsg.). Handbuch Privatkundengeschäft, S.287-299.

Stern, L. W. & Reve T. (1980). Distribution Channels as Political Economies. A Framework for Comparative Analysis. In: Journal of Marketing, Jg. 44, (1980), H.2, S.52-64.

Stewart, J. (2001). Is the Delphi technique a qualitative method? In: Medical Education, Jg. 35; (2001), Part 10, S.922-923.

Stock, R. (2002). Kundenorientierung auf individueller Ebene: Das Einstellungs-Verhaltens-Modell. In: DBW, Jg. 62, (2002), H.1, S.59-75.

Stolzenburg, J. H. (1997). Wahlmöglichkeiten für Mitarbeiter. In: Personalwirtschaft, Jg. 24, (1997), H.2, S.28-30.

Stolzenburg, J. H. & Diemer, P.W. (1992). Cafeteria-Vergütungssysteme: Höherer Nutzen bei gleichen Kosten. In: Personalführung, Jg. 25, (1992), H.5, S.370-375.

Stonich, P. J. (1984). The Performance Measurement and Reward System: Critical to Strategic Management. In: Organizational Dynamics, Jg.12, (1984), Winter, S.45-57.

Stonich, P. J. (1981). Using rewards in implementing strategy. In: Strategic Management Journal, Jg. 2, (1981), S.345-352.

Storbacka, K. (1997). Segmentation Based on Customer profitability - A Retroperspective Analysis of Retail Bank Customer Bases. In: Journal of Marketing Management, 13. Jg. (1997), H.5, S.479-492.

Storbacka, K. (1994). The nature of customer relationship profitability: analysis of relationships and customer bases in retail banking, Svenska Handelshögskolan, Dissertation, Helsingfors.

Story, V. & Hurdley, L. & Smith, G. & Saker, J. (2001). Methodological and practical implications of the Delphi technique in marketing decision making: a reassessment. In: The marketing review, Jg. 1, (2001), H.1, S.487-504.

Stroh, L. K. & Brett, J. M. & Baumann, J. P. & Reilly, A. H. (1996). Agency Theory And Variable Pay Compensation Strategies. In: Academy of Management Journal, Jg. 39, (1996), H.3, S.751-767.

Sturm, D. & Thiry A. (1991). Building Customer Loyalty. In: Training & Development Journal, (1991), April, S.34-36.

Svoboda, M. (1997). Erfolg durch Zielvereinbarung. In: Personalwirtschaft, Jg. 24, (1997), H.12, S. 35-41.

Sweat, J. (2001). CRM Migration. In: Information Week, News, May 21.

Swift, R. S. (2001). Accelerating Customer Relationships. Using CRM and Relationship technologies, Prentice Hall, Upper Saddle River.

Tax, S. S. & Brown, S. W. (2000). Kundenbeschwerden: Was Fairness bringt. In: Harvard Business Manager, (2000), H.1, S.94-107.

Tax, S. S. & Brown, S. S. & Chandrashekaran, M. (1998). Customer Evaluations of Service Complaint Experiences: Implications for Relationship Marketing. In: Journal of Marketing, Jg. 62, (1998), April, S.60-76.

Tehranian, H. & Waegelein, J. F. (1985). Market Reaction to Short-Term Executive Compensation Plan Adoption. In: Journal of Accounting and Economics, Jg. 7, (1985), S.131-144.

Teltzrow, M. & Günther, O. (2001). eCRM: Konzeption und Möglichkeiten zur Effizienzmessung. In: Fröschle, H. P & Mörike, M. (Hrsg.). Customer Relationship Management, S.16-26.

Thedens, R. (1991). Integrierte Kommunikation - Einbettung der Direct-Marketing-Kommunikation in das Kommunikationsorchester. In: Dallmer, H. (Hrsg.). Handbuch Direct Marketing, 6. Auflage, Wiesbaden, S.17-29.

Thile, H. & Wambach, A. (1998). Agency costs and wealth effects in the principal agent model, Münchener Wirtschaftswissenschaftliche Beiträge, 98/07, München.

Tichy, G. (1997). Technologieprognosen und Technologiepolitik. In: Wirtschaft und Gesellschaft, Jg. 23, (1997), H.2, S.193-209.

Tietz, B. (1995) (Hrsg.). Enzyklopädie der Betriebswirtschaftslehre, Band 4, Handwörterbuch des Marketing. 2. Auflage, Schäffer-Poeschel, Stuttgart.

Tiedtke, D. (2001). Databased Online Marketing - personalisierte Kundenansprache über elektronische Netzwerke. In: Link, J. (Hrsg.), CRM, S.117-138.

Timpe, K. & Zangemeister, C. (1995). Systemtechnik-Skript zur Veranstaltung Systemtechnik, TU-Berlin, Kapitel 5, Methoden der Systemtechnik, Institut für Arbeitswissenschaften, Berlin.

Tiwana, A. (2001). The essential guide to knowledge Management, e-business and CRM applications, Prentice Hall, London.

Tjosvold, D. & Wong, C. (1994). Working with Customers: Cooperation and Competition in Retail Marketing. In: Journal of Marketing Management, Jg. 10, (1994), S.297-310.

Toffler, A. (1970). Der Zukunftsschock, 2. Auflage, Scherz, Bern.

Tomczak, T. & Rudolf-Sipötz, E. (2001). Bestimmungsfaktoren des Kundenwertes: Ergebnisse einer branchenübergreifenden Studie. In: Günter, B. & Helm, S. (Hrsg.). Kundenwert, Wiesbaden, S.127-154.

Tomczak, T. & Dittrich, S. (2000). Kundenbindung durch Kundenclubs. In: Bruhn, M. & Homburg, C. (Hrsg.). Handbuch Kundenbindungsmanagement, 3. Auflage, Gabler, Wiesbaden, S.251-268.

Tomczak, T. & Dittrich, S. (1999). Kundenbindung - bestehende Kundenpotenziale langfristig nutzen. In: Hinterhuber, H. H. & Matzler, K. (Hrsg.). Kundenorientierte Unternehmensführung: Kundenorientierung, Kundenzufriedenheit, Kundenbindung, 2. Auflage, Gabler, Wiesbaden, S.61-68.

Tosi, H. L. & Katz, J. P. & Gomez-Mejia, L. R. (1997). Disaggregating The Agency Contract: The Effects Of Monitoring, Incentive Alignment, And Term In Office On Agent Decision Making. In: Academy of Management Journal, Jg. 40, (1997), H.3, S.584-602.

Towers Perrin (2000). Euro Rewards 2000, Reward Challenges and Changes: Untersuchungsergebnisse.

Trauzettel, V. (1999). Dynamische Koordinationsmechanismen für das Controlling. Agencytheoretische Gestaltung von Berichts-, Budgetierungs- und Zielvorgabensystemen. Betriebswissenschaftliche Forschungsergebnisse Band 112, Dunker, Berlin.

Trawick, I. F. & Swan, J. E. (1981). A Model of Industrial Satisfaction/ Complaining Behavior. In: Industrial Marketing Management, Jg.10, (1981), S.23-30.

Treis, B. & Wolf, S. (1995). Kundenzufriedenheit durch Kundenbindung: neue Dimensionen für das Handelsmarketing. In: Bauer, H. H. (Hrsg.). Wege des Marketing, Festschrift zum 60. Geburtstag von Erwin Dichtl, Schriften zum Marketing Bd. 36, Dunker, Berlin, S.335-347.

Uhde, O. V. (2000). Structure follows Shareholder Value? Merkmale und Kennzeichen wertorientierter Unternehmensstrukturen in der deutschen Chemischen Industrie. In: ZfB, Jg. 70, (2000), H.3, S.331-358.

Ulrich, H. (1989). Integrative Unternehmensführung. In: Kirsch, W. & Picot, A. (Hrsg.). Die Betriebswirtschaftslehre im Spannungsfeld zwischen Generalisierung und Spezialisierung, Gabler, Wiesbaden, S.183-198.

Ulrich, H. (1988). Von der Betriebswirtschaftslehre zur systemorientierten Managementlehre. In: Wunderer, R. (Hrsg.). Betriebswirtschaftslehre als Management- und Führungslehre, Poeschel, Stuttgart, S.173-190.

Ulrich, H. (1987). Unternehmungspolitik, 2. Auflage, Haupt, Bern.

Ulrich, H. (1984). Management, Haupt, Bern, Stuttgart.

Ulrich, H. (1981). Die Betriebswirtschaftslehre als anwendungsorientierte Sozialwissenschaft. In: Geist, M. N. & Köhler, R. (Hrsg.). Die Führung des Betriebes, Poeschel, Stuttgart, S.2-25.

Uschatz, P. (1992): Variable Kaderentlöhnung. In: Management Zeitschrift, Jg. 63, (1992), H.3, S.74-78.

Uschatz, P. (1991). Gestaltung einer erfolgs- und leistungsbezogenen Kaderentlohnung, TH-Zürich, Dissertation, Zürich.

Vavra, T. G. (1995). Aftermarketing. How to Keep Customers for Life Through Relationship Marketing, Irwin Professional Publishing, Chicago.

Venohr, B. & Zinke, C. (2000). Kundenbindung als strategisches Unternehmensziel: Vom Konzept zur Umsetzung. In: Bruhn, M. & Homburg, C. (Hrsg.). Handbuch Kundenbindungsmanagement, Wiesbaden, S.153-172.

Vetschera, R. (1996). Multi-criteria agency theory, Diskussionsbeiträge, Univ. Fakultät für Wirtschaftswissenschaft und Statistik Serie 1, Universität Konstanz.

Vroom, V. H. (1964). Work and motivation, Wiley, New York.

Wälchli, A. (1995). Strategische Anreizgestaltung: Modell eines Anreizsystems für strategisches Denken und Handeln des Managements. Schriftenreihe des Instituts für betriebswirtschaftliche Forschung an der Universität Zürich, Haupt, Zürich.

Wäscher, D. (2000). Kundenorientierung und Kundenbindung im Fokus des Vertriebscontrolling. In: Controller-Magazin, (2000), H.5, S.403-406.

Wagner, F. (2001). Wertorientierte Steuerung des Vertretervertriebs in Zeiten von E-Business. In: Versicherungswirtschaft, Jg. 56, (2001), H.3, S.158-163.

385

Wagner, D. & Grawert, A. (1991). Motivation und Entgelt - ein vielschichtiges Problem. In: Personal, 43. Jg. (1991); H.10, S.346-350.

Walter, G. (2000). Customer Relationship Management bei Banken - Von reiner Transaktionsorientierung zu einem umfassenden Beziehungsansatz. In: Banking and Information Technology, (2000), H.4, S.9-53.

Ward, P. & Davies, B. J. & Wright, H. (1999). The Diffusion of Interactive Technology at the Customer Interface. In: International Journal of Technology Management, Jg.17, (1999), H.1/2, S.84-108.

Weber, J. (1998). Controlling von Kundenzufriedenheit. In: Simon, H. & Homburg, C. (1998). Kundenzufriedenheit: Konzepte - Methoden - Erfahrungen, 3. aktualisierte und erweiterte Auflage, Gabler, Wiesbaden, S.261-281.

Weber, J. (1993). Einführung in das Controlling, 4. überarbeitete Auflage, Schaeffer-Poeschel, Stuttgart.

Webster, F. E. (1992). The Changing Role of Marketing in the Corporation. In: Journal of Marketing, Jg. 56, (1992), H.4, October, S.1-17.

Wehrli, H. P. & Wirtz, B. W. (1997). Mass Customization und Kundenbeziehungsmanagement, Aspekte und Gestaltungsvarianten transaktionsspezifischer Marketingbeziehungen. In: Jahrbuch der Absatz- und Verbrauchsforschung, (1997), H.2, S.116-138.

Weilenmann, P. (1989). Dezentrale Führung: Leistungsbeurteilung und Verrechnungspreise. In: Zeitschrift für Betriebswirtschaft, Jg. 59, (1989), H.9, S.932-956.

Weinberg, P. (2000). Verhaltenswissenschaftliche Aspekte der Kundenbindung. In: Bruhn, M. & Homburg, C. (Hrsg.). Handbuch Kundenbindungsmanagement, Wiesbaden, S.40-53.

Weinkauf, W. (1998). Akquisitionskosten einer Kundenbeziehung - welchen Wert ist die Kundenbeziehung wert? In: Betsch, O. (Hrsg.) Handbuch Privatkundengeschäft, Frankfurt am Main, S.431-438.

Weinke, K. (1998). Lieferantenmanagement als Voraussetzung für Kundenzufriedenheit. In: Simon, H. & Homburg, C. (1998). Kundenzufriedenheit: Konzepte - Methoden - Erfahrungen, 3. aktualisierte und erweiterte Auflage, Gabler, Wiesbaden, S.81-95.

Weizsäcker, C. C. von (1999). Logik der Globalisierung. Vandenhoek und Ruprecht, Göttingen.

Werner, H. (1998). Merkmalsorientierte Verfahren zur Messung der Kundenzufriedenheit. In: Simon, H. & Homburg, C. (Hrsg.) Kundenzufriedenheit: Konzepte - Methoden - Erfahrungen, 3. Auflage, Gabler, Wiesbaden, S.145-165.

White, R. E. (1986): Generic Business Strategies, Organizational Context and Performance: An Empirical Investigation. In: Strategic Management Journal, Jg. 7, (1986), H.3, S.217-231.

Wiedemann, B. & Büssow, T. (2001). Measuring Market Performance. Zur Gestaltung eines Marketing- und Vertriebscontrolling in der Energiewirtschaft. In: Controlling, (2001), H.4/5, S.211-218.

Wienkamp, H. & Kramarsch, M. H. & Becker, Fred G. (1997). Entgeltmanagement. In: Marktforschung & Management, Jg. 41, (1997), H.3, S.98-119.

Wienkamp, H. (1997). Performanceorientierte Anreizsysteme im Finanz- und Dienstleistungsgeschäft. In: Marktforschung & Management, 41. Jg, (1997), H.3, S.98-105.

Wienkamp, H. (1996). Anreizförderung durch systematisches Gehaltsmanagement. In: Maier, H. & Schindler, U. (Hrsg.). (1996), Human Resources Management in Banken, Wiesbaden, S.261-290.

Wild, J. (1974). Organisation und Hierarchie. In: Schriftenreihe Führung und Organisation der Unternehmung, Jg. 42, (1974), S.45-54.

Wiltz, S. (1999). Steuerung von Gehaltsstrukturen bei Firmenzusammenschlüssen. In: Personal, (1999), H.1, S.14-20.

Willers, H. G. (1990). Vergütungssysteme für Führungskräfte in der Wirtschaft. In: Hahn, D. & Taylor, B. (Hrsg.). Strategische Unternehmensplanung, strategische Unternehmensführung, Physica, Heidelberg, S.485-493.

Wilton, P. & Nicosia, M. (1986). Emerging Paradigms for the Study of Consumer Satisfaction. In: European Research, Jg. 14, (1986), January, S.4-11.

Wilson, K. (1993). Managing the Industrial Sales Force of the 1990s. In: Journal of Marketing Management, Jg. 9, (1993), S.123-139.

Wimmer, F. (1985). Beschwerdepolitik als Marketinginstrument. In: Hansen, U. & Schoenheit, I. (Hrsg). Verbraucherabteilungen in privaten und öffentlichen Unternehmungen, Frankfurt, S.225-254.

Winter, S. (1998). Zur Eignung von Aktienoptionsplänen als Motivationsinstrument für Manager. In: zfbf, Jg. 50, (1998), H.12, S.1120-1142.

Winter, S. (1997). Möglichkeiten der Gestaltung von Anreizsystemen für Führungskräfte. In: DBW, Jg. 57, (1997), H.5, S.615-629.

Winter, S. (1996). Prinzipien der Gestaltung von Managementanreizsystemen, Gabler, Wiesbaden.

Wirtschaftswoche (2001). Nicht Optimal. CRM Software soll die Kundenbeziehungen revolutionieren. Doch viele Projekte scheitern, H.36, S.58.

Wirtschaftswoche (1998). Direktmarketing Virtuelle Berater, H.51, S.128,

Wirtz, J. (1993). A Critical Review of Models in Consumer Satisfaction. In: Asian Journal of Marketing, (1993), December.

Wiseman, R. M. & Gomez-Mejia, L. R. (1998). A Behavioral Agency Model of Managerial Risk Taking. In: Academy of Management Review, Jg. 23, (1998), H.1, S. 133-153.

Wöhe, G. (1993). Einführung in die allgemeine Betriebswirtschaftslehre, Vahlen, München.

Wolf, E. (1998). Technology Assessment - Technikfolgeabschätzung als angewandte Systemtechnik - Analyse und Vergleich, TU-Berlin.

Wollburg, R. (1999). Ungenutzte Option. Die rechtlichen Voraussetzungen für global wettbewerbsfähige Vergütungssysteme sind vorhanden. Doch nur wenige Firmen nutzen den Spielraum. In: Manager Magazin, (1993), März, S.168-170.

Wotruba, T. R. (1996). The Transformation of Industrial Selling: Causes and Consequences. In: Industrial Marketing Management, Jg. 25, (1996), H.5, S.327-338.

Woodruff, R. B. & Gardial, S. F. (1996). Know Your Customer: New Approaches to Customer Value and Satisfaction, Blackwell, Cambridge.

Woodruff R. B. & Cadotte E. E. & Jenkins, R. L. (1987). Expectations and Norms in Models of Consumer Satisfaction. In: Journal of Marketing Research, 24. Jg. (1987), August, S.305-314.

Woodruff, R. & Cadotte E. & Jenkins, R. (1983). Modeling Consumer Satisfaction Process Using Experienced-Based Norms. In: Journal of Marketing Research, Jg. 20 (1983), August, S.296-304.

Woudenberg, F. (1991). An Evaluation of Delphi. In: Technological Forecasting and Social Change, Jg. 40, (1991), S.131-150.

Yang, W.-T. & Kuo, C.-M. (1998). From the sides of firm to manage the salesforce compensation plans. In: Journal of Information and Optimization Sciences. Jg. 19, (1998), H.1; S.57-68.

Yi, Y. (1990). A Critical Review of Customer Satisfaction. In: Review of Marketing, Jg.13, (1989), S.68-123.

Yip, G. S. (1996). Die globale Wettbewerbsstrategie- weltweit erfolgreiche Geschäfte, 18. Auflage, Gabler, Wiesbaden.

Zahn, E. (1998). Wissen und Strategie. In: Bürgel, H. D. (Hrsg.). Wissensmangement. Springer, Berlin, S.41-52.

Zahn, E. (1996). Strategische Erneuerungen für den globalen Wettbewerb. In: Zahn, E. (Hrsg.). Strategische Erneuerungen für den globalen Wettbewerb, Poeschel, Stuttgart, S.1-29.

Zeithaml, V. & Berry, L. L. & Parasumaran, A. (1996). The Behavioral Consequences of Service Quality. In: Journal of Marketing, Jg. 60, (1996), April 1996, S.31-46.

Zeithaml, V. & Berry L. L. & Parasuraman, A. (1993). The Nature and Determinants of Customer Expectations of Service. In: Journal of the Academy of Marketing Science. Jg. 21, (1993), Winter, S.1-12.

Zerres, M. (2000). Handbuch Marketing Controlling, 2. Auflage, Springer, Berlin.

Zerres, M. & Zerres, I. (1997). Unternehmensplanung, Erfahrungsberichte aus der Praxis, FAZ-Verlag, Frankfurt am Main.

Zezelj, G. (2000). In: Hofmann, M. (Hrsg.). Customer Lifetime Value Management, Gabler, Wiesbaden, S.9ff.

Zimmerling, J. & Werner, U. (2001). Schutz vor Rechtsproblemen im Internet, Springer, Berlin.

Zipkin, P. (2002). Massenprodukte kundenindividuell fertigen - rentabel nur in wenigen Branchen. In: Harvard Business Manager, Jg. 24, (2002), H.1, S.70-78.

Zwicker, E. (1996). Inzpla, unveröffentliches Manuskript zur inkrementalen Zielplanung, TU-Berlin.

Anhang

A 1 ERGÄNZUNGEN ZUR VORUNTERSUCHUNG

A 1.1 Gesprächsleitfaden zur Untersuchung

Verwendet wurde im Rahmen der explorativen Expertenbefragung die folgende Struktur als Gesprächsleitfaden: Die Fragen an die Experten wurden entsprechend der Struktur der Erkenntnisse, die in Teil 4 des Modells Eingang finden, strukturiert. *Voraussetzungen, Anforderungen* und *Annahmen*:

1. Voraussetzungen für die Gestaltung eines CRM-Anreizsystems

    1.1 Was sind die relevanten grundlegenden Voraussetzungen für die Erstellung eines CRM-Anreizsystems?

    1.2 Was sind aus dem Blickwinkel der allgemeinen Problematik der Gestaltung von Anreizsystemen die notwendigen Voraussetzungen für das Gestaltungsvorhaben eines CRM-Anreizsystems?

2. Anforderungen / Ziele an ein CRM-Anreizsystem

    2.1 Was sind die Ziele/Anforderungen, die an ein solches Anreizsystem zu stellen sind und an denen das Anreizsystem hinterher gemessen werden kann?

    2.2 Was sind die wichtigsten Anforderungen, denen ein CRM-Anreizsystem genügen müsste?

3. Annahmen zur Systemgestaltung und Eingrenzung des Modells

    3.1 Was sind mögliche und notwendige Annahmen für die Gestaltung eines CRM-Anreizsystems?

    3.2 Welche Annahmen sind davon wichtig für die Entwicklung eines theorie-geleiteten Anreizsystems für CRM?

A 1.2 Expertengespräche im Rahmen der Voruntersuchung

AUFLISTUNG EXPERTENGESPRÄCHE (1/3)

Experte	Unternehmen/ Institution	befragungsrelevanter Hintergrund	Gesprächstermin
• Prof. Dr. Christian Schuchardt	• Fachhochschule Bremen, Bremen	• Marketing-Experte • Beratungserfahrung • Vorm. Assistent Prof. Dr. Trommsdorf, Lehrstuhl für Marketing, TU Berlin	• Termin 1: **13.09.2001**, 9:00-10:00, FH Bremen, pers. Gespräch
• Prof. Dr. Michael Zerres	• Universität für Wirtschaft und Politik, Hamburg	• Marketing Experte • Lehrstuhl für Marketing an der HWP, Hamburg	• Termin 1: **14.09.2001** 16:00 -18:00, Scharbeutz, pers. Gespräch
• Dipl.Ing. Tim Hilpert	• Boston Consulting Group, Hamburg	• Experte für Strategie und Organisationsmodelle	• Termin 1: **30.11.2001**, 9:00-10:00, BCG Hamburg, Chilehaus, pers. Gespräch
• Dipl.Ing. Volker Nitzschke	• Siemens AG, Information and Communication Networks, Vertrieb	• Vertriebsexperte • Neue Technologien	• Termin 1: **30.11.2001** 17:00 -18:00, Siemens AG, Rohrdamm 85, Berlin, pers. Gespräch

Quelle: Eigene Darstellung

AUFLISTUNG EXPERTENGESPRÄCHE (2/3)

Experte	Unternehmen/ Institution	befragungsrelevanter Hintergrund	Gesprächstermin
• Dipl.-Ing Alpha Barry	• 4Flow AG, Berlin	• Vorstand Beratung und Vertrieb	• Termin 1: **30.11.2001**, 20:00 - 21:00, 4Flow AG, Hallerstrasse 1, Berlin, pers. Gespräch
• Felix Roth Seefrid	• Teamhaus GmBH	• Geschäftsführung	• Termin 1: **30.11.2001**, 15:00-16:00, TU Berlin, Ernst-Reuter Rang, pers. Gespräch
• Dipl.Ing. Tim Hilpert	• Boston Consulting Group, Hamburg	• Experte für Strategie und Organisationsmodelle	• Termin 2: **07.12.2001**, 09:00-10:00, BCG Hamburg, Chilehaus, pers. Gespräch
• Dr. Martin Hintze	• Goldman Sachs, London & Frankfurt	• Experte für M&A, Unternehmens-bewertungen • Vormals Assistent von Prof. Dr. Hahn, TU Berlin	• Termin 1:**10.12.2001**, 20:00-21:00, Hamburg-Frankfurt, Telefon- Interview

Quelle: Eigene Darstellung

AUFLISTUNG EXPERTENGESPRÄCHE (3/3)

Experte	Unternehmen/ Institution	befragungsrelevanter Hintergrund	Gesprächstermin
• Dr. Ulf Kleinau	• McKinsey & Company, Berlin & München, Senior Project Manager, Expert	• Experte für Strategie, IT, CRM und Geschäftsprozesse • Vormals Kraft Jacobs Suchard, Projekt-management	• Termin 1: **10.12.2001**; 17:00-18:00, Hamburg-Berlin, Telefon-Interview
• Dipl.Ing. Richard Gergen	• Ruettgers AG	• Unternehmens-entwicklung und Controlling • Vormals ADL, Consultant Chemicals	• Termin 1: **11.12.2001**; 17:30-18:30, Hamburg-Essen, Telefon-Interview
• Prof. Dr. Christian Schuchardt	• Fachhochschule Bremen, Bremen	• Marketing-Experte • Beratungserfahrung • Vorm. Assistent Prof. Dr. Trommsdorf, Lehrstuhl für Marketing, TU Berlin	• Termin 2:**14.12.2001**, 16:00-17:00, FH Bremen, pers. Gespräch
• Dr. Georg Rau	• McKinsey & Company, Frankfurt • Project Manager	• Experte für Vertrieb und Strategie	• Termin 1: **3.12.2001**; 17:30-18:30, Hamburg-Frankfurt, Telefon-Interview

Quelle: Eigene Darstellung

A 1.3 Ergebnisprotokoll der Voruntersuchung

Die folgenden Ausführungen sind eine Kurzfassung der Geprächsinhalte. Die Protokolle geben in anonymisierter Form die Ergebnisse wider. Innerhalb der Gespräche wurde versucht, mittels des bereits aufgeführten offenen Fragebogens die wesentlichen Voraus-setzungen, Anforderungen und Annahmen auf Richtigkeit und Vollständigkeit zu über-prüfen. Dabei wurden die Experten zunächst offen befragt und die entsprechenden Punkte aufgenommen; sofern einzelne Aspekte *nicht* genannt wurden, wurde nachgefragt.

Die Experten werden mit E1 bis E10 anonymisiert aufgeführt. Die *Voraussetzungen* lassen sich wie folgt darstellen: V1: Bestehen einer Unternehmenskonzeption, V2: Funk-tionsfähigkeit des Führungssystems, V3: Bestehen einer umfassenden CRM-Konzeption und V4: Vorhandensein grundlegender Kundeninformationen. Hinsichtlich der Anforde-rungen kann folgender Schlüssel verwendet werden: A1: Wirtschaftlichkeit, A2: Leis-tungsorientierung, A3: Akzeptanz, A4: Einfachheit, A5: Realisierbarkeit und A6: Trans-parenz. Die zu tätigenden Annahmen können mit N1: Branchenunabhängigkeit, N2:

Beschränkung auf Führungskräfte, N3: Führen durch Zielvereinbarung und N4: Zielgrößenkonsistenz beschrieben werden.

Die Expertengespräche der Voruntersuchung können unter Verwendung dieser Abkürzungen wie folgt zusammengefasst werden:

Der *Experte E1* nannte von selbst V1, V2, V3; A1, A2, A3, A4 sowie N1, N2, N3. Die fehlenden Punkte V4, A5 und A6 wurden auf Nachfrage hin bestätigt; N4 wurde dabei nicht genannt.

Experte E2: Nach längerem Gespräch wurden V1,V2, V3, V4 sowie A3, A4, A5, A6 und N1, N4 genannt. Ein Nachhaken bei den Anforderungen führte A1 und A2 zu Tage; N2 und N3 wurden im Nachhinein als richtig und notwendig erachtet. Hinzu kam die Forderung seitens des Experten nach *Flexibilität* eines CRM-Anreizsystems.

Experte E3: V1,V2 wurden wie A1, A2, A3 und N1, N2 sofort genannt, die folgenden Punkte V3,V4 auf Nachfrage; A4, A5 ebenfalls sowie N3. A6 wurde zwar befürwortet, dabei insgesamt für nicht so wichtig erachtet.

Experte E4: In diesem Gespräch wurden alle Faktoren V1,V2, V3, V4; A1, A2, A3, A4, A5, A6 und N1, N2, N3, N4 identifiziert. Daneben forderte der Experte, ein CRM-Anreizsystem nicht an *Organisationsstrukturen* im Vorfeld zu binden, sondern einen für verschiedene Strukturen offenen allgemeinen Ansatz zu schaffen.

Experte E5: Die Voraussetzungen V1,V2, V3, V4 wurden gemeinsam gefunden, die Anforderungen nannte der Befragte selbständig ohne Rückfrage A1, A2, A3, A4, A5, A6. N1, N2 wurden für notwendige Annahmen gehalten, N3 und N4 als sinnvoll erachtet.

Experte E6: V1,V2, V4; A1, A2, A4, A5 und N1, N2, N3 wurden genannt. V3 bei Nachfrage bejaht, A3, A6 beide als sinnvoll, aber nicht inbedingt zwingend gesehen. N4 erschien dem Experten hingegen auf Nachfrage als absolut notwendig.

Experte E7: V1,V2, V3, V4 und A1, A2, A3, A4, A5, A6 sowie N1, N2, N3, N4 wurden innerhalb des Gespräches genannt, dabei wurde in einzelnen Aspekten nachgefragt, bis die Aussage trennscharf genug gestaltet werden konnte.

Experte E8: V1,V2, V3, ; A1, A2, A3, A4, A5, A6 und N1, N3, N4 wurden innerhalb des Gespräches genannt; die Aspekte ergaben sich auf explizite Nachfrage. V4 und N2 ergaben sich bei Nachfrage. Zudem wurde *Flexibilität* eines Anreizsystems gefordert.

Experte E9: V1,V2, V3, V4 und A1, A2, A3, A4, A5, A6 konnten problemlos identifiziert werden, die Identifikation von Annahmen zur Gestaltung bereitete Schwierigkeiten. Auf Nachfrage konnten N1, N2, N3 bestätigt werden; N4 ist aus Sicht des Experten sinnvoll.

Experte E10: V1,V2, V3, V4; A1, A2, A3, A4, A5, A6 und N1, N2, N3, N4 wurden innerhalb des Gespräches ohne größere Nachfragen identifiziert.

Die Ergebnisse lassen sich insgesamt dahingehend interpretieren, dass die abgefragten Inhalte zum Gestaltungsrahmen seitens der Experten nach einer Reflektionsphase innerhalb des Gespräches en gros identifiziert werden konnten, sich in den Fällen, wo dies nicht sofort geschehen ist, spätestens nach Rückfragen ergeben haben. Neben einer erfolgten Bestätigung in Bezug auf Vollständigkeit und Richtigkeit konnten zwei weitere Gestaltungsaspekte, wie die *Forderung nach Flexibilität* sowie die *Annahme der Offenheit für bestimmte Organisationstypen* bestimmt werden.

B 1 ERGÄNZUNGEN ZUR DELPHI-UNTERSUCHUNG

B 1.1 Expertenliste

EXPERTENLISTE DELPHI-UNTERSUCHUNG (1/2)

Experte	Unternehmen/ Institution	befragungsrelevanter Hintergrund
• Hr. Michael Reich	• Mummert & Partner, Unit Manager, Hamburg	• CRM-Strategien, IT-Strategien; Energy Experte
• Hr. Florian Grebe	• Core Media AG, Key Account Manager, Hamburg	• Vertriebsexperte, Key Account Management
• Hr. Till Talaulikar	• TU-Berlin, Assistent, Lehrstuhl für Organisation	• Organisationstheorie, Personalwesen
• Hr. Philipp Häfner	• Mummert & Partner, Hamburg; Partner	• Marketing, Personalfragen, Optierung von Institutionen, Kundenorientierung
• Hr. Dr. Markus Aschauer	• Union Chimique Belge, (UCB), Brüssel	• Strategy, CRM-Projekte, Unternehmensentwicklung
• Hr. Dr. Hans-Peter Kaleberlah	• McKinsey & Company, Düsseldorf	• IT-Management, Experte für Strategie und Technologie
• Hr. Lars Manschewski	• HEW, Hamburg	• Implementierung eines CRM- Ansatzes bei der HEW

Quelle: Eigene Darstellung, Expertendaten der durchgeführten Delphi-Untersuchung

EXPERTENLISTE DELPHI-UNTERSUCHUNG (2/2)

Experte	Unternehmen/ Institution	befragungsrelevanter Hintergrund
• Hr. Dr. Ricco Deutscher	• Flatfox, Geschäfts- führung, Frankfurt	• New Business Development, Vertrieb und IT-Experte
• Hr. Dr. Joachim Philippi	• Mummert & Partner, Hamburg, Partner	• CRM-IT-Experte; Implementierung von CRM-Sys- temen und Architekturen, zahlreiche Projekte im CRM-Umfeld
• Hr. Stephan Henneberg	• McKinsey & Company, London	• CRM-Practice Expert Europe, zahlreiche Pro- jekte im CRM-Umfeld
• Hr. Ulrich Schumacher	• McKinsey & Company, Frankfurt	• CRM-Spezialitst, zahlreiche Projekte im CRM- Umfeld
• Hr. Dirk Rüssler	• Deutsche Telekom, Vertrieb, Hamburg	• Vertrieb, Kundenentwicklung- und -bindungs- maßnahmen
• Hr. Dr. Erhard Wetzke	• Mummert & Partner, Hamburg	• CRM-Strategie und Technologiespezialist, zahlreiche Projekte im CRM-Umfeld
• Hr. Dr. Christof Rehling	• MLP, Düsseldorf	• Finanzdienstleistungsexperte, Erfahrungen im Bereich Kundenbindung und -entwicklung

Quelle: Eigene Darstellung, Expertendaten der durchgeführten Delphi-Untersuchung

B 1.2 Fragebogen (Delphi-Untersuchung)

MAKROSTRUKTUR DES DELPHI-FRAGEBOGENS

2. CRM-Zielsetzungen
– Bestimmung der Anzahl möglicher CRM-Zielsetzungen pro Ebene einer Organisation

3. CRM-Beitragspotenziale
– Bestimmung von Beitragspotenzialen einzelner Prozesse zu zentralen Determinanten

4. Anreizstruktur eines CRM-Anreizsystems
– Bestimmung von Anreizbestandteilen allgemein und für einzelne Ebenen

5. Zusammensetzung der Vergütung
– Bestimmung möglicher variabler Anteile für Ebenen und Bereiche

6. Beteiligungsfelder
– Bestimmung von sinnvollen Beteiligungsfeldern für einzelne Ebenen

7. Zeithorizonte
– Bestimmung von sinnvollen Zeithorizonten für einzelne Zielgrößen

8. Ressourcenintensität
– Bestimmung möglicher Aufwände zur Ermittlung von Zielgrößen

9. + 10. Wichtigkeit von Anforderungen
– Bestimmung der Wichtigkeit und einer Rangfolge zentraler Anforderungen

11. Implementierungsaspekte
– Konkretisierung wichtiger Fragen der Implementierung

Quelle: Eigene Darstellung

C 1 ERGÄNZUNGEN ZUM WORKSHOP

C 1.1 Expertenliste

EXPERTENLISTE WORKSHOP ZUR ERGEBNISSICHERUNG

Experte	Unternehmen/ Institution	Befragungsrelevanter Hintergrund
• Hr. Reich (Moderation)	• Mummert & Partner, Unit Manager, Hamburg	• CRM-Strategien, IT-Strategien
• Fr. Fabisch	• Sponsoring & Consulting, Hamburg	• CRM, Hospitality, Kunden-Events
• Hr. Bauer	• Text- und Marketing- beratung	• CRM im operativen Einsatz für Vertrieb und Marketing
• Hr. Götte	• T-Systems Multilink, Genf	• CRM im operativen Bereich der TK und IT
• Hr. Schmitz	• Haarmann & Hemmelrath, Hamburg	• CRM-Strategie; CRM im Einsatz für Marketing und Vertrieb
• Hr. Hilpert	• Boston Consulting Group, Hamburg	• Experte für Srategie und Organisationsmodelle
• Hr. Ragge	• profunda, Hamburg	• CRM-Strategien, Marketing-Strategien
• Hr. Zerres	• HWP, Hamburg	• Marketing-Experte
• Fr. Baumgärtner	• Fachhochschule West- küste, Heide	• CRM-Strategien, Interne und externe Kommunikation
• Hr. Heider	• AT. Kearney, Berlin	• CRM-Strategien
• Hr. Passenheim	• Droege & Comp.; Bremen	• CRM-Strategien; Vertrieb und Marketing
• Hr. Wilck	• Marketingakademie	• Marketing
• Hr. Wilken	• agens Consulting, Hamburg	• Marketing, CRM in der Praxis

Quelle: Eigene Darstellung, Anwesenheitsliste Expertenworkshop vom 23.05.2002, HWP Hamburg

Gestaltung eines CRM-Anreizsystems
Expertenbefragung

1. Befragungsinformationen

1.1 Angaben zur Person

Name des Experten: _____

Unternehmen/Position: _____

1.2 Delphi - Stufe   ☐ 1   ☐ 2   ☐ 3

1.3 Befragungsangaben

Datum der Befragung: _____

Befragungsort/Uhrzeit _____

2. CRM-Zielsetzungen

Bitte schätzen Sie die *Anzahl* ab, wie viele CRM*-Zielsetzungen** pro Ebene maximal eingeführt werden sollten.

2.1 Wie viele CRM-Ziele sind auf der *strategischen* Ebene sinnvoll?   ☐ 1   ☐ 2   ☐ 3   ☐ 4   ☐ 5

2.2 Wie viele CRM-Ziele sind auf der *operativen* Ebene sinnvoll?   ☐ 1   ☐ 2   ☐ 3   ☐ 4   ☐ 5

2.3 Wie viele CRM-Ziele sind auf der *prozessualen* Ebene sinnvoll?   ☐ 1-5   ☐ 6-10   ☐ 11-15   ☐ 16-20   ☐ 21-25

Erklärungen:
* CRM ist ein Konzept, langfristige Kundenbeziehungen zu etablieren und zu fördern, wobei insbesondere Kundenbindung und Kundenprofitabilität erreicht werden sollen.
** CRM-Zielsetzungen sind für dieses Konzept spezifische Ziele, die es auf verschiedenen Ebenen einer Unternehmensorganisation einzuführen gilt, um das CRM-Konzept dort entsprechend zu verankern.

Bemerkungen: _____
_____
_____
_____
_____
_____
_____
_____

3. CRM-Beitragspotenziale von kundenrelevanten Prozessen

Bitte geben Sie für jede der angegebenen Determinanten/Prozess-Kombinationen (durch Eintrag einer Ziffer von 1..5) an, für wie bedeutend Sie deren Beitragspotenzial* halten.
Dabei heißt 1: *kein Beitrag*; 2: *kleiner* ..; 3: *mittlerer Beitrag*; 4: *bedeutender* ..; 5: *maßgeblicher Beitrag*.
Die erste Reihe der nachstehenden Matrix zeigt ein mögliches Beispiel für Beitragspotenziale eines Prozesses.

		Kundenbindung		Kundenprofitabilität	
	Determinanten **Prozesse**	Kundenzu- friedenheit	Wechsel- barrieren	Umsatzer- höhung	Kostenver- besserung
3.0	*Beispielprozess*	*4*	*5*	*2*	*1*
3.1	Kundenakquisition				
3.2	Ordermanagement				
3.3	Kundenbetreuung				
3.4	Leistungserbringung				
3.5	Beschwerdemanagement				
3.6	Kundenentwicklung				
3.7	Kundenrückgewinnung				

* *Erklärungen*:
1. Beitragspotenziale bedeuten das Ausmaß möglicher Einflüsse der nachstehenden Prozesse an der Kundenschnittstelle auf die CRM-Zielsetzungen Kundenbindung und Kundenprofitabilität.
2. Diese Zielsetzungen sind durch ihre zentralen beeinflussbaren Determinanten in der Matrix weiter konkretisiert worden. Wechselbarrieren meinen hier Hindernisse, die Kunden von einem Wechsel zu einem anderen Anbieter abhalten.

Bemerkungen: _____

_____

_____

_____

4. Anreizstruktur eines CRM-Anreizsystems

Bitte geben Sie durch Einfügen der Ziffern 1..5 an, welcher der folgenden Anreizbestandteile für Sie 1: am wichtigsten, 2: am zweit-wichtigsten,...5: am fünft-wichtigsten ist.

4.1 **Was sind die 5 wichtigsten** ☐ Bonus ☐ Prämie
Anreizbestandteile, die in ☐ Tantieme ☐ Erfolgsbeteiligung
einem CRM-Anreizsystem ☐ Altersversorgung ☐ Firmenwagen
Anwendung finden sollten? ☐ Sonderkonditionen ☐ Sondernutzungsrechte
(Rangreihe 1, 2, 3, 4, 5) ☐ Freizeit
 ☐ Reisen

Bitte geben Sie durch Einfügen der Ziffern 1 bis 2 an, welcher der folgenden Anreizbestandteile für Sie 1: am wichtigsten und 2: am zweit-wichtigsten ist.

4.2 **Was sind die 2 auf der *stra-*** ☐ Bonus ☐ Prämie
***tegischen* Ebene wichtigsten** ☐ Tantieme ☐ Erfolgsbeteiligung
leistungsabhängigen Anreize?
(Rangreihe 1, 2)

Bitte geben Sie durch Einfügen der Ziffern 1 bis 2 an, welcher der folgenden Anreizbestandteile für Sie 1: am wichtigsten und 2: am zweit-wichtigsten ist.

4.3 Was sind die 2 auf der *opera-*
 ☐ Bonus   ☐ Prämie

***tiven* Ebene wichtigsten**
 ☐ Tantieme   ☐ Erfolgsbeteiligung

leistungsabhängigen Anreize?

(Rangreihe 1, 2)

Bitte geben Sie durch Einfügen der Ziffern 1 bis 2 an, welcher der folgenden Anreizbestandteile für Sie : am wichtigsten und 2: am zweit-wichtigsten ist.

4.4 Was sind die 2 auf der *pro-*
 ☐ Bonus   ☐ Prämie

***zessualen* Ebene wichtigsten**
 ☐ Tantieme   ☐ Erfolgsbeteiligung

leistungsabhängigen Anreize?

(Rangreihe 1, 2)

Bemerkungen: _____

_____

_____

_____

---

5. Zusammensetzung der Vergütung

Bitte geben Sie in jeder Zelle der Matrix *in Prozent* an, wie hoch der *maximal mögliche variable Vergütungsbestandteil* für eine Ebene im jeweiligen Bereich sein kann.
Die erste Reihe zeigt ein mögliches Beispiel.

	Kundenschnittstelle			Interne Prozesse		
Bereich/ Ebene	Vertrieb	Service	Kunden- dienst	Entwick- lung	Produktion	Logistik
5.0	*Beispielebene*	*50 %*	*20 %*	*20 %*	*15 %*	*10 %*	*20 %*
5.1	Strategisches/ Top Management						
5.2	Operatives Bereichs-/ Seg- mentmanagement						
5.3	Operatives Prozess- management						
5.4	Gruppenleiter- ebene						

Bemerkungen: _____

_____

_____

_____

6. Beteiligungsfelder

Bitte füllen Sie die Felder der folgenden Matrix mit *Prozentbeträgen* so aus, dass pro Ebene der variable Vergütungsbestandteil auf die möglichen Beteiligungsfelder bezogen wird. Dabei muss die *Zeilensumme 100 %* ergeben.

Die erste Zeile zeigt ein mögliches Beispiel für eine Zuordnung.

	Beteiligungsfelder für den variablen Vergütungsbestandteil		
Bereich/ Ebene	Unternehmensebene	Bereichs/Segmentebene	Gruppen/ Individualebene
6.0 *Beispielebene*	*10 %*	*70 %*	*20 %*
6.1 Strategisches/ Top Management			
6.2 Operatives Bereichs-/ Segment-Management			
6.3 Operatives Management (Prozessebene)			
6.4 Gruppenleiterebene			

Bemerkungen: _____

_____

_____

_____

7. Zeithorizonte

Bitte schätzen Sie nachfolgend sinnvolle maximale Zeithorizonte *in Jahren* für einzelnen Zielgrößen im Allgemeinen und für ein CRM-Anreizsystem im Besonderen.

7.1 **Welchen Zeithorizont haben strategische Zielsetzungen in der Praxis im Allgemeinen?** ☐ 1 ☐ 2 ☐ 3 ☐ 4 ☐ 5 Jahre ☐ _____

7.2 **Welche Zeithorizonte haben Bereichs- und Segmentziel- setzungen im Allgemeinen?** ☐ 1 ☐ 2 ☐ 3 ☐ 4 ☐ 5 Jahre ☐ _____

7.3 **Welche Zeithorizonte haben prozessuale Zielsetzungen im Allgemeinen ?** ☐ 1 ☐ 2 ☐ 3 ☐ 4 ☐ 5 Jahre ☐ _____

7.4 **Welchen Zeithorizont sollte das CRM-Ziel *Customer Lifetime Value** haben?** ☐ 1 ☐ 2 ☐ 3 ☐ 4 ☐ 5 Jahre ☐ _____

7.5 **Welchen Zeithorizont sollte das CRM-Ziel *Kundenbin- dung*** haben?** ☐ 1 ☐ 2 ☐ 3 ☐ 4 ☐ 5 Jahre ☐ _____

7.6 **Welchen Zeithorizont sollte** ☐ 1 ☐ 2 ☐ 3 ☐ 4 ☐ 5 Jahre

das CRM-Ziel *Kundenprofit-* ☐ _____

abilität *** haben?**

Erklärungen:
* Der *CLV* beschreibt den Wert eines Kunden für eine Unternehmung über seine gesamte Lebensdauer hin betrachtet.
** *Kundenbindung* bedeutet vereinfacht die Bindung eines Kunden mittels geeigneter Maßnahemn an ein Unternehmen.
*** *Kundenprofitabilität* bezeichnet hier vereinfacht den Deckungsbeitrag eines Kunden.

Bemerkungen: _____
_____

---

8. Ressourcenintensität der Ermittlung von Zielgrößen

Bitte tragen Sie ein, wie hoch Sie die Aufwände für die Ermittlung schätzen.
Dabei bedeutet 0 kleinen Aufwand, 4 großen Aufwand etc.

	klein (0)	weniger klein (1)	neutral (2)	etwas größer (3)	groß (4)
8.1 Aggregierter CLV (des gesamten Kundenstammes)	☐	☐	☐	☐	☐
8.2 Bereichs-/Segment-CLV	☐	☐	☐	☐	☐
8.3 Bereichs-/Segment-Kundenbindung	☐	☐	☐	☐	☐
8.4 Bereichs-/Segment-Kundenprofitabilität	☐	☐	☐	☐	☐
8.5 Individuelle Kundenbindung	☐	☐	☐	☐	☐
8.6 Individuelle Kundenprofitabilität	☐	☐	☐	☐	☐

---

9. Wichtigkeit zentraler Anforderungen

Bitte tragen Sie ein, wie Sie die Anforderungen von ihrer Wichtigkeit her
einschätzen. Dabei steht -2 für völlig unwichtig, +2 für sehr wichtig etc.

	völlig unwichtig (-2)	weniger unwichtig (-1)	neutral (0)	ziemlich wichtig (+1)	sehr wichtig (+2)
9.1 Wirtschaftlichkeit	☐	☐	☐	☐	☐
9.2 Transparenz	☐	☐	☐	☐	☐
9.3 Akzeptanz	☐	☐	☐	☐	☐
9.4 Einfachheit	☐	☐	☐	☐	☐
9.5 Realisierbarkeit	☐	☐	☐	☐	☐

---

10. Rangreihe zentraler Anforderungen

Bitte tragen Sie nachfolgend eine Rangreihe für die Anforderungen ein, wobei 1 für den wichtigsten Rang und 5 für den unwichtigsten Rang zu setzen ist.

10.1 Wirtschaftlichkeit

10.2 Transparenz

10.3 Akzeptanz

10.4 Einfachheit

10.5 Realisierbarkeit

11. Implementierungsaspekte

11.1 **Welche Option ist für die Integration neuer Zielgrößen am sinnvollsten?** ☐ Gehaltserhöhung ☐ Relative Abwertung bisher bestehender Zielsetzungen

11.2 **Welcher Zeithorizont ist für die Implementierung eines CRM-Anreizsystems sinnvoll?** _____ Jahre

11.3 **Wie sollten innerhalb eines CRM-Anreizsystems die Zielvereinbarungen beschaffen sein?** ☐ standardisierte Zielvereinbarungen ☐ individuelle Zielvereinbarungen ☐ beide Arten

Bemerkungen: _____

_____

_____

_____

_____

_____

HAMBURGER SCHRIFTEN ZUR MARKETINGFORSCHUNG

herausgegeben von Michael Zerres

Carsten Greupner: **Strategisches Telekommunikations-Marketing. Konzeption eines adaptiven und innovativen Orientierungsrahmens auf der Basis einer telekommunikationsspezifischen Deregulierungsfolgenanalyse**
Band 1, ISBN 3-87988-168-5, München und Mering 1996, 411 S., € 34.15

Jens Freytag: **Apotheken-Marketing. Kundenbindung durch Beratung als strategischer Erfolgsfaktor**
Band 2, ISBN 3-87988-188-X, München und Mering 1996, 135 S., € 20.35

Thomas Zerres: **Die situativen Voraussetzungen des Haustürwiderrufsgesetzes. Eine marketingorientierte rechtswissenschaftliche Untersuchung**
Band 3, ISBN 3-87988-209-6, München und Mering 1997, 215 S., € 23.93

Markus J. Krechting: **Internationales Versandhandels-Marketing. Eine empirische Analyse strategischer Erfolgsfaktoren international übertragener deutscher Marketingkonzepte**
Band 4, ISBN 3-87988-277-0, 2., überarb. Aufl., München und Mering 1998, 328 S., gebunden, € 39.88

Meike Müller: **Gewerkschaftsmarketing. Eine vergleichende empirische Analyse in den alten und in den neuen Bundesländern, exemplarisch durchgeführt am Beispiel der IG Metall**
Band 5; ISBN 3-87988-215-0, München und Mering 1997, 182 S., € 21.88

Sönke Müller: **Der Börsengang der Telekom. Eine marketingorientierte Untersuchung der Interessenberücksichtigung unterschiedlicher Anspruchsgruppen vor dem Hintergrund der Diskussion um den Shareholder-Value-Ansatz**
Band 7, ISBN 3-87988-265-7, München und Mering 1998, 171 S., € 21.88

Jörg Fiedler: **Strategie und Kultur im Transformationsprozeß: Eine empirische Analyse am Beispiel des sächsischen Maschinenbaus**
Band 8: ISBN 3-87988-290-8, München und Mering 1998, 324 S., € 30.58

Bernd Curtius: **Qualitätsmanagement in gesetzlichen Krankenkassen. Entwicklung eines marketingorientierten Konzepts zur Erzielung komparativer Wettbewerbsvorteile**
Band 10, ISBN 3-87988-360-2, München und Mering 1998, 360 S., € 32.67

Bertram Schwemin: **Die Auswirkungen des Gesundheitsstrukturgesetzes auf das Krankenhauswesen. Eine Analyse der Erfolge und Defizite der Budgetierung, der Verzahnung und des Entgeltsystems, dargestellt am Beispiel der Hamburger Krankenhäuser und der Krankenhausausgaben einer Hamburger Krankenkasse**
Band 11, ISBN 3-87988-520-6, München und Mering 2000, 407 S., € 34.80

Peter M. Rose: **Analyse ausgewählter Methoden zur Identifikation dynamischer Kernkompetenzen**
Band 12, ISBN 3-87988-523-0, München und Mering 2000, 259 S., € 27.20

HAMBURGER SCHRIFTEN ZUR MARKETINGFORSCHUNG
herausgegeben von Michael Zerres

Oliver Kutz: **Strategisches Lizenzmarken-Management : eine empirische Analyse unter besonderer Berücksichtigung der kritischen Erfolgsfaktoren**
Band 13, ISBN 3-87988-526-5, München und Mering 2000, 349 S., € 27.20

Dirk Seifert: **Efficient Consumer Response. Supply Chain Management (SCM), Category Management (CM) und Collaborative Planning, Forecastingand Replenishment (CPFR) als neue Strategieansätze**
Band 14, ISBN 3-87988-585-0, München und Mering, 2., erw. Aufl. 2001, 469 S., € 49.90

Henrik Haenecke: **Krankenkassen-Marketing. Eine empirische Analyse der Erfolgsfaktoren**
Band 15, ISBN 3-87988-566-4, München und Mering 2001, 476 S., € 37.80

Ulrich H. Heider: **Markenbewertung. Die Marke als Quelle der Wertschaffung. Eine empirische Analyse am Beispiel der deutschen Automobilindustrie**
Band 16, ISBN 3-87988-583-4, München und Mering 2001, 299 S., € 29.65

Michael Zerres, Christopher Zerres (Hg.): **Gesundheitsmarketing. Analyse ausgewählter Träger des deutschen Gesundheitswesens unter besonderer Berücksichtigung einer Patientensouveränität**
Band 17, ISBN 3-87988-605-9, München und Mering 2001, 336 S., € 29.65

Thomas Zerres: **Rechtsrahmen des Marketing. Kritische theoriegeleitete Analysen der Konsequenzen sich verändernder rechtlicher Rahmenbedingungen für die effiziente Gestaltung adaptiver und innovativer Konzepte einer marktorientierten Unternehmensführung als Ansatz einer neuen Marketingdisziplin**
Band 18, ISBN 3-87988-698-9, München und Mering 2002, 334 S., € 27.80

Enno E. Wolf: **Konzeption eines CRM-Anreizsystems. Konzeption eines Anreizsystems zur Unterstützung einer erfolgreichen Implementierung von Customer Relationship Management**
Band 19, ISBN 3-87988-703-9, München und Mering 2002, 400 S., € 39,80